Geschichte des chinesischen Films

Stefan Kramer

Geschichte des chinesischen Films

Verlag J. B. Metzler
Stuttgart · Weimar

Angaben zum Autor:

Stefan Kramer,
geb. 1966; Studium der Sinologie und Filmwissenschaft in Bochum und Peking; 1996 Promotion; zahlreiche Publikationen zum Kino Ostasiens; Übersetzung der Autobiographie des Regisseurs Chen Kaige: »Kinder des Drachen« (1994) sowie des Buches »Die Geschichte der Qiuju« von Chen Yuanbin/ Zhang Yimou (1996); Buchveröffentlichung »Schattenbilder« (1996); tätig in der Filmwirtschaft.

Die Deutsche Bibliothek – CIP-Einheitsaufnahme

Kramer, Stefan :
Geschichte des chinesischen Films / Stefan Kramer.–
Stuttgart ; Weimar : Metzler, 1997
ISBN 3-476-01509-2

Gedruckt auf chlorfrei gebleichtem, säurefreiem und alterungsbeständigem Papier

ISBN 3-476-01509-2

Dieses Werk einschließlich aller seiner Teile ist urheberrechtlich geschützt. Jede Verwertung außerhalb der engen Grenzen des Urheberrechtsgesetzes ist ohne Zustimmung des Verlages unzulässig und strafbar. Das gilt insbesondere für Vervielfältigungen, Übersetzungen, Mikroverfilmungen und die Einspeicherung und Verarbeitung in elektronischen Systemen.

© 1997 J.B. Metzlersche Verlagsbuchhandlung und Carl Ernst Poeschel Verlag GmbH in Stuttgart

Einbandgestaltung: Willy Löffelhardt, unter Verwendung einer Abbildung von Kinowelt Lizenzverwertungs GmbH, München.
Satz: A&M dtp, Stuttgart
Druck und Bindung: Franz Spiegel Buch GmbH, Ulm
Printed in Germany
Verlag J.B. Metzler Stuttgart · Weimar

für Zhen Zhen

Hinweise

Die Auswahl der chinesischen Filmemacher und ihrer Werke wurde nach deren Bedeutung, internationalen Bekanntheit und Beispielhaftigkeit aber auch nach persönlichem Geschmack vorgenommen. Sie erhebt keinen Anspruch auf Vollständigkeit. Dabei werden die Regisseure als Auteurs ihrer Werke verstanden. Drehbuchautoren, Schauspieler, Kameraleute wie Künstler anderer Bereiche und Techniker, die oft ebenso an der Entstehung eines Films beteiligt waren, konnten nicht berücksichtigt werden, um den Rahmen dieser Arbeit nicht zu sprengen. Die Transkription der chinesischen Namen und Termini folgt im allgemeinen der Hanyu-Pinyin-Umschrift. Ausnahmen bilden Ortsnamen wie Peking oder Kanton sowie Personennamen taiwanesischer und Hongkonger Filmemacher, die in ihrer jeweils abweichenden Umschrift im internationalen Sprachgebrauch eingebürgert sind. Auch gebräuchliche Pseudonyme wurden übernommen, wobei die Geburtsnamen bei der jeweils ersten Nennung in Klammern nachgestellt sind. Die chinesischen Schriftzeichen im Register sollen die weitere Verwendung erleichtern. Fremdsprachige Zitate sind in die deutsche Sprache übertragen worden. Die Filmographie führt wichtige bzw. repräsentative Spielfilme in chronologischer Reihenfolge unter Hinweis auf Entstehungsort, Jahr, Regisseur und deutsche Erstaufführung mit teilweise abweichenden Verleihtiteln auf. Die Literaturliste versteht sich als Quellenverzeichnis wie als Auswahl weiterführender Lektüre zum chinesischen Kino und benachbarten Gebieten wie Literatur, Kunst, Geschichte und Politik. Darüber soll auch dem Nicht-Fachleser ermöglicht werden, Zusammenhänge zu erschließen. Von chinesischsprachigen Quellen wurden allerdings nur solche aufgenommen, die grundlegende Bedeutung für die Erforschung des chinesischen Kinos haben oder als filmhistorische Standardwerke zu verstehen sind.

Inhaltsverzeichnis

Vorwort von Helmut Martin X
Einleitung XIV

I. Kino im späten Kaiserreich und in der Republik (1896–1949) . 1

1. Kino im Spannungsfeld zwischen chinesischer Kunsttradition
   und westlicher Kolonialpolitik (1896–1949) 1
   Abendländisches Schattenspiel 3
   Pekinger Dramenfilme 5
   Unterhaltungskino und Theaterfilme 8

2. Träume nationaler Selbstbestimmung und sozialer
   Gerechtigkeit (1921–31) 12
   Kulturelle und politische Neuorientierung 13
   Die Bewegung des Vierten Mai 15
   Soziales Kino 17

3. Aufruf zum Kampf (1932–49) 21
   Patriotisches Kino und Ideologiestreit 21
   Vor dem Krieg 23
   Kriegspropaganda 30
   Bürgerkrieg 30

II. Filmproduktion der Volksrepublik China unter Mao Zedong (1942–1978) ... 39

1. Weg aus dem Untergrund (1942–48) 39
   Maos Yanan-Reden 40
   Die Yanan-Filmgruppe 42
   Das Dongbei-Filmstudio 44

2. Film als Staatskunst (1949-56) 46
   Aufbau und Ideologisierung 47
   Sozialistischer Realismus 49
   Vom *Weißhaarigen Mädchen* zur Wu-Xun-Kampagne 52
   Kommunistisches Heldenkino 56

3. Kino im Dienst der Kampagnenpolitik 59
   Die Kampagne der Hundert Blumen 59
   Der Große Sprung 63
   Volkserziehung 66
   Das Filmwesen in der Krise 72

4. Kulturrevolution 74
      Ideologisierung 75
      Politischer Radikalismus 77
      Jiang Qings Modellfilme 79
      Ideologische Entspannung 81

III. Kino zur Zeit Deng Xiaopings (1978–1996) 85

   1. Wiederaufbau und Reform (1978–84) 85
      Politische Neuorientierung 88
      Unterhaltungskino 92
      Pekinger Frühling 93
      Melodramen 98
      Reformkino 102

   2. Kunst und Kommerz (1984–89) 105
      Politik und Industrie 106
      Film ist Film 112
      Filmischer Realismus 114
      Wu Tianming 115
      Xie Fei 119
      Die Vierte Generation 122
      Xie Jin 126

   3. Tiananmen und die Antwort des Films (1989–96) 129
      Ideologie und Kritik 132
      Revolutionäre Nostalgie 135
      Film als Ware 137
      Xie Jin II 140
      Rückblick und Zukunftshoffnung 142

IV. Auf dem Weg zu internationaler Anerkennung: Das Avantgardekino der achtziger und neunziger Jahre 151

   1. Vergangenheitsbewältigung und Kulturkritik: die Fünfte Generation . 151
      Chen Kaige 156
      Huang Jianxin 168
      Tian Zhuangzhuang 179
      Wu Ziniu 186
      Zhang Yimou 190
      Andere Regisseure 217

2. Urbaner Realismus: die Sechste Generation 221
   Anpassung 222
   Auflehnung 223
   Perspektiven 230

V. Chinesisches Kino in Taiwan und Hongkong 233

1. Das Kino Taiwans 233
   Im Schatten Japans 233
   Das Propagandakino Chiang Kaisheks 234
   Das neue Kino Taiwans 238
   Schlußbild 252
2. Das Kino Hongkongs 253
   Zwischen Shanghai und Kanton 254
   Exil 255
   Film als Industrieprodukt 257
   Das Erbe Bruce Lees 259
   Urbanes Kino 260
   Chinas Schatten 264

VI. Anhang 271
   Filmographie 271
   Bibliographie 287
   Register 301

Vorwort

›Third Cinema‹: Das kulturelle China

Von außen her gesehen, so haben die Kritiker in Ost und West festgestellt, gehörten die 80er Jahre der chinesischen Literatur der Vergangenheitsbewältigung und dem nach Westen blickenden Experiment. In den 90er Jahren hat dagegen am meisten Chinas neuer Film nach außen gewirkt, wobei die jungen Regisseure der Fünften und Sechsten Generation nach wie vor so manche Gratwanderung zu absolvieren haben.

Chinas Literatur trat seit 1989 wieder zurück, wurde geradezu marginalisiert. Waren die Intellektuellen – Schriftsteller wie Filmregisseure – in den 80er Jahren noch von der chinesischen Regierung zur Legitimation des neuen Kurses oder gar einer sogenannten ›Neuen Ära‹ bemüht worden, brachte das offizielle China ihnen gegenüber seit den Tiananmen-Ereignissen vor allem Mißtrauen entgegen. Die Autoren waren darüber hinaus mit dem neuen Götzen des Marktes konfrontiert. Sie mußten sich gegen eine an allen Fronten aufstehende Unterhaltungsliteratur in den Print- und den visuellen Medien zur Wehr setzen, mußten überlegen, ob sie den Schritt »ins Meer« wagen, also fortan nun ebenfalls mit kommerziellen Augen um sich blicken sollten. Mit welchen Schwierigkeiten dies auch psychologisch für sie verbunden war, zeigt der Ausdruck für solch ungewohnte geschäftliche Orientierung selbst: »Ins Meer eintauchen« (xia-hai) sagt man gewöhnlich von einer jungen Dame, die im Begriff ist, den Schritt in die Prostitution zu tun. Geblendet von dem schnellen Erfolg hatten im übrigen bald Chinas Neureiche für ärmliche Schriftsteller, für diese mager-flexiblen Professoren und Kritiker, für all die Filmregisseure mit schwer zu verwirklichenden künstlerischen Visionen nur noch Mitleid, oder gar ein Gutteil Verachtung übrig.

Chinas indirekte, aber gut funktionierende Zensur war sowohl in den 80er wie in den 90er Jahren dem Film und dem Fernsehen gegenüber noch um ein Vielfaches strenger gewesen, als gegenüber dem gedruckten Buch der Schriftsteller. Die bekannten Regisseure wie Chen Kaige, Zhang Yimou oder Huang Jianxin, die erstmals im Ausland Preise für den chinesischen neuen Film und damit internationale Anerkennung ernteten, sind stark abhängig von Beziehungen, Finanzierungs- und Drehmöglichkeiten in Westeuropa, Taiwan-Hongkong und der Volksrepublik China und haben somit erheblich Schwierigkeiten, ihre eigenen Vorstellungen zu verwirklichen.

Trotz solcher Staffelung der Einwirkungsmöglichkeit und der Anerkennung von Literatur und Film in den 80er und 90er Jahren entstand da keine Rivalität der Genres. Im Gegenteil, die Kulturrevolution als beherrschender Ausgangspunkt der eigenen Biographien galt lange für Regisseure wie für Schriftsteller. Die meisten wichtigen chinesischen Filme gehen, wie Stefan

Kramer zeigt, auf literarische Vorlagen von Autoren der eigenen Generation zurück.

Als ich mit Stefan Kramer das kulturelle Beiprogramm parallel zur Ausstellung »Chinesische Malerei im 20. Jahrhundert« im Ostasiatischen Museum in Köln (Oktober 1996 bis Februar 1997) entwarf, wurde uns dazu im Überblick über Chinas heutige Kunstentwicklung erneut deutlich, wie eng die Beziehungen zwischen der chinesischen Malerei der Gegenwart, dem Film und der Literatur sind. Sicher sind hier auch kühne Experimente der postmodernen chinesischen Architektur in Hongkong, Taiwan und zunehmend in China selbst vom theoretischen Unterbau bis zur postmodernen Erscheinung einzubeziehen.

Ein prekäres Unterfangen allerdings ist, erneut aus unserer Perspektive gesehen, der Film und die chinesische Literatur, ob nun Prosa oder Lyrik, allemal geblieben. Chinesische Filme sind, wie Kramer schreibt, in den speziellen Kinos der Szene bei uns gezeigt worden, aber nur wenige Filme haben den Weg in die großen Lichtspielhäuser gefunden; viele haben wegen der Ängste der Regierenden auch ihr Publikum in China kaum erreicht. Chinas Romane und Erzählungen, die in den 80er Jahren über eine Reihe großer Verlage wie Hanser, Suhrkamp, Fischer oder Rowohlt den Weg zum Leser fanden, sind wieder in spezielle Publikationsreihen der Chinawissenschaftler und in die Programme der Kleinverlage zurückgefallen. Gleichzeitig hat sich das Publikum in China, wie angedeutet, der Unterhaltungsliteratur zugewendet, vergnügt sich an sex und crime, vieles davon in Übersetzungen aus Japan, Europa und Amerika hergenommen.

Die Theoretiker der Literatur und des Films der Dritten Welt haben solche Produkte, wie China sie neuerlich hervorgebracht hat, nach Fredric Jameson gern als »Nationale Allegorien« bezeichnet – als Auflehnung gegen die Dominanz auch im kulturellen Bereich der amerikanisch-europäischen Ersten Welt. Der auf die eigenen Insel-Realitäten gerichtete bentu-Regionalismus in Taiwan, die Besinnung der lokalen Taiwanesen auf ihren eigenen Nativismus, brachte derart die Folie des Neuen Taiwanesischen Films hervor, der wichtige Beiträge der Identitätsfindung in solch postkolonialer Situation leistete und mit Recht zum Bereich des Dritten Kino, des Third Cinema, des sich von der Peripherie ins Zentrum begebenden Films Ostasiens zu zählen ist.

Auch die Debatten in der VR China über Kultur am Ende der 80er Jahre ebenso wie die Literatur der ›Suche nach den Wurzeln‹ und der Einkehr nach Innen, sowie die Verfilmungen solcher Werke, haben in der Tat eigentlich weitgehend Stellvertreterkämpfe ausgetragen, weil das direkte politische Wort nicht gesagt werden konnte. Verfolgen wir die zunehmende Vielfalt der Themen der erfolgreichen chinesischen Filme, scheint die Charakterisierung als »Nationale Allegorie« allerdings dennoch so nicht völlig zuzutreffen. Rey Chow etwa bezeichnet die neuen Filme als eine postmoderne Auto-Ethnographie, eine interkulturelle Umsetzung in unsere postkoloniale Zeit. Sie hält dabei die »Ausstrahlung ästhetischer Reinheit und Schönheit«

für mindestens ebenso wichtig wie die Themen ländlicher Rückständigkeit oder der Widerstandskraft der alten feudalen Werteordnung. Fraglos haben Chinas jüngere Regisseure ihre Geschichten der Unterdrückung mit modischsten Film-Techniken gefällig gemacht, oft auch ganz der Unterhaltung wegen verwässert oder aufgegeben.

Über den chinesischen Film, ob nun aus der Volksrepublik, aus Taiwan oder Hongkong, hat es bei uns bisher kein verläßliches Nachschlagewerk gegeben, wenn wir Darstellungen für eine ganz breite Leserschaft wie etwa Ralph Umards *Film ohne Grenzen* über das Hongkong-Kino einmal beiseite lassen. Stefan Kramer hat in seinem Buch sowohl eine kompetente Übersicht über die frühen Jahre des chinesischen Films gegeben, als auch den geschilderten Durchbruch der 80er und 90er Jahre mit größerer Intensität dargestellt und als Interpret hinterfragt. Taiwans und Hongkongs Entwicklung sind einbezogen. Sein Studium der Film- und Asienwissenschaften hat ihn eng an die neuen Realitäten herangeführt. Er hat sich in dieser neuen Materie mit viel Instinkt orientiert, ist auf den Filmfestivals in Amerika, Hongkong und China zuhause, hat mit den meisten der bekannten chinesischen Regisseure Gespräche geführt und Interviews als Hintergrund für die vorliegende Darstellung aufgezeichnet. Sein erstes Buch, die Übersetzung der Autobiographie des Filmemachers Chen Kaige, *Kinder des Drachen. Eine Jugend in der Kulturrevolution,* hatte bereits eine große Öffentlichkeit erreicht; es war durch einen Vorabdruck im *Spiegel* (21. 3. 1994) noch weiter ausgreifend zur Kenntnis gebracht. Kramer hat sein profundes Wissen über den chinesischen Film auf mehreren Ebenen zugänglich gemacht, in Serien für große Tageszeitungen, in Fachzeitschriften des Films, in der vorliegenden Fassung für ein filminteressiertes Publikum und dazu in dem Kompendium *Schattenbilder* (1996) in einer wissenschaftlichen Gestaltung mit dem entsprechenden Anmerkungsapparat.

Stefan Kramer hat, wie man in seinen sorgfältigen Analysen der neuen Filme nachlesen kann, sich nicht mit inhaltlicher Wiedergabe und faktischem Hintergrund begnügt. Die akademischen Chinastudien und Filmwissenschaften, dazu der theoretische Bereich der cultural studies, haben eine Vielfalt von den chinesischen Film betreffender Sachliteratur geradezu aus dem Boden gestampft; wenn wir die neueren Texte, etwa von Rey Chow (1995) und Wimal Dissanayake (1994), über das asiatische und in Sonderheit das chinesische Kino einsehen, wird deutlich, wie sehr sich Kramer auf der Höhe dieser teilweise sehr anspruchsvollen und abgehobenen Diskussion bewegt. Der bisherige Neue Film trägt, das ist eine der wichtigsten Erkenntnisse, zu Chinas in abrupten Schüben vorangetriebenen Identitätsfindung bei. Er ist lebendiges Zeugnis des ›kulturellen China‹, das über China nach Taiwan, Hongkong, Singapur und überhaupt in die einflußreichen chinesischen Bevölkerungssegmente in Südostasien hinausgreift, ja bis ins ›chinesische Amerika‹, zu den zehntausenden von Auslandsstudenten und den rund zwei Millionen ›Chinese Americans‹ reicht. Über das vorliegende Filmbuch sind wir sichtlich mitten in diesen Prozess der in China gärenden Identitätsfindung hineinversetzt.

Helmut Martin
Köln, 1. Dezember 1996

Einleitung

Die Erfolge einer jungen Avantgarde chinesischer Filmemacher auf internationalen Festivals und in den weltweiten Lichtspielhäusern haben seit Mitte der achtziger Jahre die Aufmerksamkeit der Filmwelt auf das Kino im Reich der Mitte gelenkt. Als opulente Bilderbögen und beeindruckende Dramen aus der fernöstlichen Kultur und Zivilisation manifestieren sie für ein westliches Kino- und Fernsehpublikum gleichzeitig geheimnisvolle Exotik, ländliche Archaik und fremden Mythos. Filmwerke von renommierten Regisseuren wie Chen Kaige, Huang Jianxin, Tian Zhuangzhuang oder Zhang Yimou sind inzwischen zu Synonymen für chinesische Filmkunst geworden. Sie haben mit einer oft befremdlichen Filmsprache und ihrem eigentümlichen Rhythmus ein cineastisches Gegengewicht zum westlichen Mainstream etablieren können. Darüber haben sie dem weltweiten Publikum ihre Kultur nähergebracht und es für die nationale Kultur und Filmgeschichte Chinas sensibilisiert.

Der vorliegende filmhistorische Überblick über das Filmland China ist als Einführung in die chinesische Filmkultur zu verstehen. Damit hat er in erster Linie das Ziel, die Filme wie zugrunde liegende Motive, Intentionen und kulturelle wie soziopolitische Hintergründe einem westlichen Kinopublikum näherzubringen und gleichzeitig diese Lücke auf der filmhistorischen Landkarte zu schließen. Die Darstellung erhebt dabei keinen Anspruch auf Vollständigkeit; angesichts tausender Filmwerke, die in den vergangenen einhundert Jahren in China entstanden sind, wäre diese auch gar nicht zu erreichen. Vielmehr beschränkt sich diese Arbeit darauf, wesentliche Tendenzen des Filmschaffens herauszustellen und diese anhand exemplarischer Filmuntersuchungen zu belegen. Bei der Filmauswahl stehen Bedeutung und Beispielhaftigkeit im Vordergrund. Es werden aber auch bevorzugt die hierzulande bekannt gewordenen Werke des chinesischen Kinos herangezogen, um darüber direkte Bezüge zum persönlichen Erfahrungshorizont des Lesers und Kinozuschauers herzustellen. Darüber hinaus müssen zugunsten der filmhistorischen Perspektive viele andere Aspekte der Filmbetrachtung, wie der strukturalistische, der genrespezifische oder der psychologische Zugriff auf das Einzelwerk oder dessen biographische Interpretation, zwangsläufig unbeachtet bleiben, ohne diesen damit ihre spezifische Bedeutung abzusprechen. Der Film – als ›laufendes‹ und ›tönendes‹ Bild – bietet mehr Blickwinkel der Betrachtung als nahezu jedes andere Objekt kunstwissenschaftlicher Forschung. Insbesondere einige interdisziplinäre Forschungsansätze haben in jüngster Zeit verblüffende Perspektiven auf Filme aus China wie auch aus anderen Filmländern des sogenannten ›Dritten Kinos‹ geliefert. So ist die Filmforschung im Zeichen der ›Cultural Studies‹ zu einem durchaus relevanten Bereich von Gebieten wie Anthropologie, Ethnographie, Soziologie, Medienwissenschaft, Feminismusforschung, Kunst- oder Regionalwissenschaft avanciert. Weiterführende Studien aus diesen Lagern schärfen den Blick für das Detail der einzelnen Filme. Damit bestätigen sie zugleich die Einmaligkeit filmischen Ausdrucks, dem es noch immer an Reputation innerhalb der Kunst- und Kulturwissenschaften mangelt.

Allerdings erschließt sich die grundlegende Bedeutung des Films in China wie auch für den westlichen Zuschauer in erster Linie noch immer in der Wechselbeziehung zwischen Film, Kultur, Politik, Gesellschaft und den Kunsttraditionen. Dies umso deutlicher, da Film seit Beginn seiner Geschichte immer wieder politisch und ideologisch vereinnahmt wurde. Nur selten ist er in Händen seiner Schöpfer zu künstlerischer wie weltanschaulicher Unabhängigkeit gelangt. Filmsehen soll insbesondere bezüglich der Produkte aus fremden Kulturen, die hiesigen Sehgewohnheiten häufig krass zuwiderlaufen, mehr als Schaulust sein. Daher ist der notwendige Bezugsrahmen dieser Filmgeschichte über die filmästhetische Analyse der Werke chinesischer Filmemacher hinaus in erster Linie auch immer deren historischer, kunsthistorischer und gesellschaftlicher Kontext. Das Medium ist heute, nicht zuletzt durch seine Breitenwirkung und realistisch-anschauliche Visualität, mehr als jede andere Kunst interkultureller Vermittler und Aufklärer. Daher stellt die vorliegende Filmgeschichte die Aufarbeitung und Analyse der Korrelationen zwischen einer mit den ästhetischen Mitteln des Films dargestellten Realität und ihrer historisch-gesellschaftlichen Authentizität in den Vordergrund. Erst vor dem Hintergrund der tatsächlichen Motive und Intentionen der Einzelwerke wie der diesen zugrundeliegenden Kultur und historischen wie gesellschaftlichen Realität gewinnen auch andere Aspekte der Untersuchung an Relevanz.

Dabei erweist sich der chinesische Film als Reproduzent von Geschichte, zugleich aber auch als ihr aktiver Mitgestalter. Auf Grundlage der Filmprodukte werden Zusammenhänge zwischen den im Film gezeichneten Gesellschaftsbildern und der realen Geschichte und Gegenwart herausgestellt, unter der sie entstanden sind. Über den Film wird die chinesische Geschichte dieses Jahrhunderts wie dessen geistesgeschichtliche Vorbereitung begreifbar, wie umgekehrt nur über die politische und die Gesellschaftsgeschichte Chinas dessen Filmgeschichte zu verstehen ist. Film als spezifische Form von Geschichtsschreibung wie als Produkt von Geschichte: Filmgeschichte.

Ziel dieser ›Geschichte des chinesischen Films‹ ist es daher, wesentliche Tendenzen sowie die für das Verständnis von Zusammenhängen zwischen Film, Geschichte und Politik relevanten Gesichtspunkte herauszuarbeiten. Diese manifestieren sich zum einen in den verschiedenen Epochen der Filmgeschichte sowie deren Wechselspiel mit den anderen Künsten und dem kulturellen wie geistesgeschichtlichen Werdegang Chinas im 20. Jahrhundert. Die Kontinuitäten und Brüche in der Filmgeschichte sind im wesentlichen bedingt durch die politische und gesellschaftliche Entwicklung. Andererseits ist der Film in Händen einiger weniger unabhängiger Künstler zu einem Spiegel und kritischen Reproduzenten dieser Geschichte wie zugleich zu einem Mahner für die Zukunft geworden. Diese Zusammenhänge werden offengelegt, um den Leser – und Kinozuschauer – in die Lage zu versetzen, chinesisches Kino nicht allein aus der durchaus legitimen und notwendigen persönlichen Perspektive zu konsumieren, die der eigene Erfahrungshorizont und die hiesigen Sehgewohnheiten vorgeben. Für das bessere Durchdringen der Filme sollte der Rezipient die Motive, Intentionen und filmischen Ausdrucksformen chinesischer Filmkünstler zumindest in Ansätzen nachvollziehen können. Diese sind von den jahrtausendealten Traditionen und Denkschemata genauso geprägt wie von der wechselhaften jüngeren Geschichte mit all ihren politischen Zwängen und den individuellen Ausbruchsversuchen.

Bei der Einteilung in Kapitel folgt diese Arbeit im wesentlichen den Brüchen der geistesgeschichtlichen und politisch-ideologischen Umwälzungen in China. Dies erscheint insofern sinnvoll, als die technisch-ästhetischen Entwicklungen des internationalen Kinos sich in China zumeist nur mit Verzögerung und erheblichen Verzerrungen auswirkten. Darüber hinaus hatten Innovationen wie die Einführung des Tonfilms oder die Verwendung von Farbmaterial jeweils zunächst kaum Einfluß auf die inhaltliche Gestaltung der Filmwerke in China wie deren Motive, Intentionen und selbst Darstellungsweisen. Auf der anderen Seite brachten die prägnanten historischen Ereignisse jeweils entweder neue Ideale und mit ihnen neue filmische Ausdrucksformen hervor, oder sie wurden selber durch Entwicklungen innerhalb der Filmkunst beeinflußt.

Deutliche Brüche in der Gesellschafts- wie Filmgeschichte finden sich einmal im Jahre 1949, als der Film in der neugegründeten kommunistischen Volksrepublik China unter Mao Zedong vom industriellen Wirtschaftsprodukt und Medium des individuellen künstlerischen Ausdrucks zum staatspolitischen Instrument und parteilichen Sprachrohr umfunktioniert wurde. Einen weiteren Bruch markiert das Jahr 1978, als sich das Kino nach dem Tod Mao Zedongs unter dem neuen Machthaber Deng Xiaoping erstmals wieder einem Markt zu stellen hatte und dabei eine allmähliche inhaltliche und formale Liberalisierung erlebte. Diese markanten Wendepunkte hatten entscheidende Auswirkungen auf die Filmtheorie wie auf Themen, Fabeln und die ästhetische Gestaltung der einzelnen Werke. Daneben hatten einige weitere Ereignisse ebenfalls erheblichen Einfluß auf die Film- wie Gesellschaftsgeschichte. Diese wirkten sich allerdings – außerhalb signifikanter gesellschaftlicher Brüche – zumeist nur zögernd auf den Film aus. Das gilt für die Vierte-Mai-Bewegung des Jahres 1919 genauso wie für die japanische Okkupation weiter Teile Chinas seit den dreißiger Jahren, die Kampagnen der fünfziger und sechziger Jahre, und nicht zuletzt für die Niederschlagung der Demokratiebewegungen der Jahre 1979 und 1989.

Chinesische Filmhistoriker haben die Geschichte ihrer nationalen Kinematographie nach künstlerisch-ideologischen Kriterien in fünf Perioden eingeteilt. Diese Einteilung hat sich inzwischen allgemein eingebürgert und wurde daher – mit Vorbehalten – auch in diese Arbeit übernommen. Die Erste Generation bezeichnet demnach die frühen Pioniere des Mediums wie die Verfechter eines amerikanisch beeinflußten kommerziellen Kinos bis in die zwanziger Jahre. Die Abgrenzung zur Zweiten Generation entspricht dem Zeitraum der Herausbildung eines nationalen und sozialen Bewußtseins im Film. Daraus hat sich zum einen ein kunstorientiertes liberales und linksgerichtetes Kino, zum anderen aber auch ein Unterhaltungsgenre nach dem Vorbild hollywoodscher Komödien und Melodramen entwickelt. Die Dritte Generation umfaßt diejenigen Filmschaffenden, die seit den vierziger Jahren das kommunistische Filmwesen errichtet haben, das seit 1949 in der Volksrepublik China zum Instrument für Propaganda und Volkserziehung und damit zur Staatskunst erhoben wurde. Die Regisseure der Vierten Generation beendeten ihre Ausbildung während der politisch turbulenten Zeit in den späten fünfziger und frühen sechziger Jahren. Sie kamen zumeist erst nach Beendigung der radikalen Politik in den späten siebziger Jahren zur Ausübung ihres Berufs. Die international bekannte Fünfte Generation bezeichnet die Absolventen des ersten Abschlußjahrgangs der wiedereröffneten Pekinger Filmakademie im Jahre 1982 wie deren Mitstreiter. Sie waren neben ihrer Elterngeneration am stärksten von der Politik Maos betroffen, die ihr Leben von Beginn an maßgeblich geprägt hatte. So sind die Erfahrungen mit der Vergangenheit in ihren Werken zu unübersehbaren Abrechnungen mit ihren Peinigern und den Verantwortlichen der Ereignisse in Maos Reich avanciert, mit denen sich die Berufskollegen aus der Vierten Generation zumeist noch versöhnlich und machtkonform auseinandergesetzt hatten.

Gleichzeitig waren es diese jungen Avantgardisten, die neben der Masse der ästhetisch wertlosen und volksverdummenden filmischen Einheitsware im kommunistischen China eine eigenständige Filmkunst geschaffen haben. Sie haben sich nicht in den Staatsapparat einbinden lassen. Vielmehr standen sie diesem kritisch gegenüber und haben es nach der künstlerisch produktiven Periode der dreißiger und vierziger Jahre erstmals wieder vermocht, ihre Gesellschafts- und Kulturkritik weitgehend unabhängig künstlerisch zum Ausdruck zu bringen. Sie haben ihr Medium zu einem Instrument der Historiographie entwickelt, das sich nicht auf die unreflektierte Reproduktion ideologisch verfälschter Vergangenheit beschränkte. Vielmehr haben die Künstler ihre filmische Geschichtsschreibung als Dialog mit der Realität von Vergangenheit und Gegenwart verstanden.

Die von den Filmschaffenden der Fünften Generation geschriebenen Geschichten zielen allesamt auf die biographische und historisch-gesellschaftliche Authentizität ihrer Person und Zeit. Damit dient ihnen ihre filmische Geschichtsschreibung einerseits zu einer Vergangenheitsbewältigung, die Gesellschaft und Politik ihnen verweigern. Andererseits analysieren sie aber auch die Gegenwartsbedingungen, unter denen sie leben und arbeiten, sowie die kulturellen Wurzeln, aus denen sie künstlerisch schöpfen. Für ihr filmisches Schaffen stehen Schlagwörter wie individuelle Selbstbestimmung, gesellschaftliche Freiheit und Mitbestimmung im Sinne einer humanen Gesellschaft. Dabei lehnen sie die nach wie vor herrschenden theokratischen bzw. kommunistischen Dogmen genauso ab wie die neuen Heilsbringer einer importierten Modernisierung. Angesichts des heftigen Widerstandes durch die in starren Strukturen verkrustete Regierung in Peking wie durch die vielen ewig Gestrigen in Volk und Behörden wird es allerdings noch lange dauern, bis die Anklagen und Vorschläge der Künstler Gehör finden und sich ein wirklicher gesellschaftlicher Wandel in China durchsetzt.

Erst im Rahmen einer gesellschaftlichen Neustrukturierung wäre es aber möglich, den Film in China weiterzuentwickeln und über die politischen bzw. rein kommerziellen Genres hinaus auch andere Formen und Themen zu etablieren. Eine Neuorientierung der Filmkunst könnte z.B. im Rückgriff auf die reichen kulturellen Traditionen des Reichs der Mitte bestehen, die für die Leinwandkunst noch ungeahnte Perspektiven bieten. Nach einem Jahrhundert des gesellschaftlichen Wandels und nach fünf Jahrzehnten kommunistischer Herrschaft scheinen viele von ihnen aus dem gesellschaftlichen Bewußtsein verschwunden zu sein. Dies sind in erster Linie die Mythen und religiösen Traditionen, die trotz der marxistischen ›Erklärbarkeit aller Dinge‹ und der Versuche der Kommunisten, dieses ›Opium für das Volk‹ aus dessen Gedächtnis zu tilgen, stets unterschwellig wirksam waren. Nach dem mittlerweile offensichtlich gewordenen Zusammenbruch des Sozialismus in China und dem damit einhergehenden Ende aller kommunistischen Utopien von einem diesseitigen Paradies eröffnet sich seit den neunziger Jahren wieder viel Spielraum für die geheimnisvollen Seiten des menschlichen Daseins. Dazu gehören sowohl die Hoffnungen auf ein jenseitiges Paradies wie auch die Furcht vor dessen Gegenteil. Der Einbruch der Mythen in die scheinbar ganz und gar erklärte und aufgeklärte Gesellschaft der Gegenwart könnte in Zukunft auch für die Filmschaffenden in China wieder an Bedeutung gewinnen. Damit könnten sie sich in die reiche Tradition von Geistergeschichten und mythenumwobenen Märchen stellen, die bereits die bedeutendsten Romane der klassischen chinesischen Literatur befruchtet hatten. Deren visuelle Darstellung bietet unausschöpfliche gestalterische Möglichkeiten.

Allerdings bieten die realen Umstände des Filmemachens in China dazu zur Zeit noch keine Voraussetzungen. Dies zeigen die Werke und Arbeitsumstände einer jüngsten Generation Filmschaffender, die sich seit den frühen Neunzigern zu formen beginnt. Nach der Öffnung zum Ausland und der wirtschaftlichen Modernisierung haben sie zwar neue Themen und Darstellungsweisen in ihre Werke einfließen lassen, befinden sich dabei aber zunächst noch im engen Rahmen ihrer persönlichen Lebensumstände, die sie ohne tiefgreifendere filmische Stilisierung zumeist in Form eines fast dokumentarischen urbanen Realismus auf die Leinwände bannen. Nichtsdestoweniger ist es ihnen und ihrem Talent vorgegeben, das chinesische Kino in das 21. Jahrhundert zu führen.

In einer ›Geschichte des chinesischen Films‹ dürfen schließlich auch Taiwan und Hongkong nicht unerwähnt bleiben. Beide gehören zu den weltweit umsatzstärksten Filmländern. Allerdings können sie im Rahmen dieser Arbeit nur am Rande Erwähnung finden, indem auf ihren Charakter als chinesisches (!) Kino aufmerksam gemacht wird. Beide Filmländer haben eine eigene filmhistorische Behandlung verdient, die teilweise auch schon vorliegt. In dieser Arbeit werden in einem Überblick über die wesentlichen Tendenzen des Kinos in Taiwan und Hongkong insbesondere die Gemeinsamkeiten und Unterschiede ihrer Filmgeschichten zu der Chinas und untereinander herausgearbeitet. Beide schauen auf eine lange Geschichte zurück, die untrennbar mit dem chinesischen Mutterland verbunden ist. Auch in der Kunst haben sie in ihrer jeweiligen Ausprägung dessen Traditionen, Weltanschauung und Riten weitergeführt. Allerdings haben sie in den einhundert Jahren Filmgeschichte, politisch vom Mutterland getrennt, sehr unterschiedliche Entwicklungen durchgemacht. Diese haben sich unübersehbar in der Struktur des Filmwesens wie auch im einzelnen Produkt niedergeschlagen. Sowohl in Hongkong, der Schnittstelle Chinas zum Westen, das am 1. Juli 1997 in das Territorium Chinas integriert werden wird, wie auch in der Republik China auf Taiwan, deren politische Führung den Wiedervereinigungsgedanken mit dem Mutterland nach wie vor aufrecht erhält, wird ein chinesisches Gegenkino produziert. Darin tauchen teilweise sehr unterschiedliche, teilweise aber auch überraschend ähnliche Methoden und Betrachtungsweisen der kulturellen Identität und Geschichte der jeweiligen Heimat der Künstler auf. Eine gemeinsame Vor- bzw. Kulturgeschichte verbindet die chinesischen Staaten trotz langjähriger politischer Trennung und unterschiedlicher kultureller Entwicklungen unverändert. Insofern muß trotz unübersehbarer politischer und wirtschaftlicher, wie auch kultureller, künstlerischer und filmhistorischer Differenzen bezüglich des Hongkonger wie auch des taiwanesischen Filmwesens von chinesischem Kino gesprochen werden.

I. Kino im späten Kaiserreich und in der Republik (1896 – 1949)

1. Kino im Spannungsfeld zwischen chinesischer Kunsttradition und westlicher Kolonialpolitik (1896 – 1949)

Die französischen Filmpioniere Louis und Auguste Lumière kamen auf ihren Präsentationsreisen mit der technischen Attraktion des Cinématographen in den späten neunziger Jahren des 19. Jahrhunderts auch in den Fernen Osten. In den kolonial besetzten Gebieten Ost- und Südostasiens wollten sie ihre für die Entwicklung des Films bahnbrechende Erfindung populär machen. Darüber hinaus galt es, sich angesichts der starken Konkurrenz aus Amerika und Europa die weltweite Marktherrschaft zu sichern. Die Lumières stellten in den Metropolen Asiens ihren Projektionsmechanismus vor und bannten in der fremden Welt exotische Bilder aus dem Alltagsleben der für die Ausländer geöffneten Städte Peking, Tianjin, Kanton, Nanking und Shanghai auf Zelluloid. Mit diesen erreichten sie im Europa der Jahrhundertwende ein breites Publikum. Die Kameraleute der Lumières kamen im Sommer 1896 erstmals zu Filmaufnahmen nach Shanghai. Darüber hinaus projizierten sie in der französischen Konzession der weltoffenen Handelsmetropole und Hafenstadt im Mündungsdelta des Yangzi-Stroms, die den europäischen und amerikanischen Kaufleuten als wichtigstes Tor zum chinesischen Markt, den Militärs als Eingang nach Zentralchina diente, im Rahmen einer Varietévorstellung am 11. August jenes Jahres erstmals bewegliche Bilder auf eine Leinwand des Xu-Vergnügungsparks. Die Vorführung früher französischer Filmszenen wie *Le déjeuner de bébé* oder *La Sortie des usines*, die das in Shanghai lebende ausländische und westlich orientierte chinesische Publikum aus der Handelsschicht an jenem Abend zu sehen bekam, leitete die Geschichte des Kinos in China ein. Gleichzeitig legte sie den inhaltlichen und formalen Weg fest, den der Film im Reich der Mitte in den folgenden Jahrzehnten gehen sollte. An jenem Abend hatte das neue Medium auf seinem Eroberungszug durch die Welt noch nicht einmal seinen ersten Geburtstag hinter sich gebracht. Das in Auflösung befindliche chinesische Kaiserreich, das von da an mit der neuen Technik des Films konfrontiert wurde, blickte hingegen auf eine zwei Jahrtausende alte Zivilisation zurück. In ihr hatten die reichhaltigen Traditionen von Kunst und Literatur stets eine bedeutende Rolle gespielt und wesentlichen Anteil an der nationalen und kulturellen Selbstbestimmung vieler Dynastien gehabt.

Von den hochstilisierten Vogel- und Fischzeichnungen, die die frühesten Töpferwaren der Yangshao-Kultur während des Neolithikum geschmückt hatten, über die Entwicklung der Buchdruckerkunst, die schon im achten Jahrhundert die weite Verbreitung literarischer Werke und politisch-philosophischer Traktate ermöglichte, ist das Spektrum der Künste in China seit jeher äußerst vielfältig. Einige Gattungen verfügen über höchste gesellschaftliche Anerkennung. Sie nahmen schon zu Zeiten der Streitenden Reiche (zhanguo, 475–221 v.Chr.) auf Ethik und Politik im Staat ebenso großen Einfluß wie auf die ästhetischen und moralischen Empfindungen eines jeden Menschen.

Mehr noch als die visuellen Künste der Kalligraphie und Malerei spielte vornehmlich die Literatur schon seit dem Aufkommen früher Geschichtsschreibung und philosophischer Schriften im ersten vorchristlichen Jahrtausend eine bedeutende Rolle in der Gesellschaft – oder den Gesellschaften des damals noch nicht einheitlichen Staates. Die Literatur wird von den politischen Herrschern bis heute als mächtiges Instrument der Kritik gefürchtet, auf der anderen Seite von diesen aber auch zwecks eigener Machterhaltung und -legitimierung funktionalisiert. Dabei sind Schriftsteller nicht selten in höchste Ämter der Politik gelangt. Andererseits wurden sie während vieler Epochen ebenso leicht Opfer der Verfolgung durch die Herrscherhäuser, denen selbst umfangreiche Bücherverbrennungen selten fremd waren.

Doch neben Literatur, Kalligraphie und Malerei gehören auch Geschichtenerzählungen in Teehäusern und auf Marktplätzen, zeremonielle und religiöse Tänze in Tempeln, von Instrumenten begleiteter Gesang, Witz, Farce, Mimik und akrobatische Spektakel seit vielen Jahrhunderten zum festen Repertoire des Kulturlebens in China. Alle diese Bereiche darstellender Kunst haben im traditionellen Drama eine Art Überform gefunden. Dieses existiert seit seiner Entstehung im zwölften Jahrhundert in nahezu unveränderter Form. Das chinesische Drama hat nicht viel mit der europäischen Bühnenkunst gemeinsam. In Europa ist es erst durch eine seiner Spätformen, die Pekingoper (jingju), bekannt geworden. Bei vorwiegend unterhaltendem Charakter und moralisch-ethischen Inhalten, die allerdings eher im Hintergrund stehen, besitzt es einen hohen Abstraktionsgrad und ist daher grundlegend antinaturalistisch. Durch die streng formale Stilisierung des Bühnengeschehens und die Betonung des Gestischen im Spiel der Akteure kommt es der traditionellen chinesischen Vorstellungswelt und deren ästhetischen Idealen ausgesprochen nah. Diese basieren auf einer lyrischen Ebene. Die chinesische Bühnenkunst widerspricht somit grundlegend der vom aristotelischen Drama geprägten Ästhetik des frühen abendländischen Schattenspiels (xiyang yingxi), als das die Shanghaier Aufführung der lumiereschen Filmszenen, auf die fernöstliche – nicht technische – Schattenspieltradition verweisend, an jenem Abend angekündigt wurde.

Abendländisches Schattenspiel

Bis weit in die zwanziger Jahre stand das von den Kolonialherren, Filmpionieren und Handelsleuten ins Land gebrachte Medium – abgesehen von wenigen noch ungelenken Versuchen chinesischer Künstler – konkurrenzlos im Zeichen westlicher Ästhetik und Ideologie. Hinzu kam die anhaltend unstabile politische Situation im Land. Die Kolonialmächte machten den Film zu einer Ware innerhalb eines zukunftsträchtigen industriellen Komplexes. Dieser manifestierte sich bereits im zweiten Jahrzehnt des Jahrhunderts in der Abhängigkeit vom aufstrebenden Hollywood. Dabei beschränkten die kolonialen Eroberer die Filmentwicklung allerdings über Jahrzehnte hinweg auf ihre Einflußgebiete in China, die vorwiegend in den geöffneten Handelshäfen zu finden waren. Der Großteil der Bevölkerung auf dem Land bekam erst sehr viel später, in den dreißiger und vierziger Jahren, durch politisch engagierte chinesische Künstler Zugang zu dem neuen Medium. Diese etablierten allmählich ein chinesisches Gegenkino, das sich inhaltlich wie formal gegen die Filmimporte und ständigen Demütigungen der Fremdherrscher wie auch gegen die kulturelle Starre der chinesischen Nomenklatura stellte.

In seiner Frühphase fand der Film also zunächst noch keinen eigenen Platz im Spektrum der chinesischen Künste. Vielmehr wurde er zunächst von den Verbreitungsbestrebungen der jungen europäischen Kunstform durch kommerziell orientierte Filmkonzerne wie dem damaligen französischen Marktführer Pathé oder der amerikanischen Firma Mutoscope Hand Biograph geprägt. In ihren Händen wurde der Film rasch zu einem gewinnträchtigen industriellen Komplex ausgebaut, der auch in China seine Spuren hinterließ. Durch die vorrangig gewinnorientierte Handhabung der Kinematographie unterstützten die westlichen Produzenten und Distribuenten – bewußt oder unbewußt – die Kolonialpolitik ihrer Regierungen, indem sie jede mögliche Konkurrenz und damit auch jede eigenständige chinesische Entwicklung bereits im Keim erstickten, in ihren eigenen Werken hingegen fast ausschließlich ein in Europa und Amerika gängiges – publikumswirksames – Chinabild reproduzierten. Dieses suggerierte die zivilisatorische Unterlegenheit Chinas und dessen Abhängigkeit von seinen westlichen ›Schutzherren‹.

Als Pioniere taten sich um die Jahrhundertwende der Franzose Charles Pathé mit seiner rasch zum Marktführer aufgestiegenen Produktionsfirma

Pathé Frères sowie der im Auftrag der Edison Company durch Asien reisende amerikanische Photograph James Ricalton hervor. Dessen Kurzfilme mit Alltagsszenen aus der Welt des Fernen Ostens konnten in seiner Heimat genauso große Erfolge verbuchen wie seine Filmdokumentationen aus dem russisch-japanischen Krieg und dem antiimperialistischen Boxeraufstand in Peking. Letzteren hatten die europäischen Besatzungstruppen im Jahre 1900 blutig niedergeschlagen, um darauf eine noch rücksichtslosere Politik der Ausbeutung zu begründen. Nachdem es in Amerika und Europa bislang nur Reiseberichte und Erzählungen der aus China heimgekehrten Missionare und Kaufleute zu hören gab, begeisterte sich nun ein neugierig gewordenes Publikum an den exotischen Bildern aus dem Reich der Mitte, mit denen man der Welle der Chinoiserie gleichzeitig anschauliches – scheinauthentisches – Material lieferte.

Allerdings lassen sich von westlichen Firmen mit westlichem Kapital, westlichen Weltanschauungen und sogar für ein vorwiegend europäisches und amerikanisches – zumindest aber westlich orientiertes chinesisches – Publikum produzierte Filme wie Ricaltons *Shanghai Street Scene, Returning to China, Naval Life in China, Canton River Scene* und *Hongkong Wharf Scene* (alle 1897) oder der von Joseph Rosenthal für die Londoner Warwick Gruppe photographierte Film *Nankin Road Shanghai* (1900) auch im weiteren Sinne nicht einer Geschichte des chinesischen Films zuordnen. Sie alle, deren simple pseudo-mimetischen Inhalte im einzelnen bereits durch ihre prägnanten Titel verraten werden, präsentierten dem Publikum Bilder der Exotik, vor allem aber der Rückständigkeit chinesischer Zivilisation. Sie erzielten ihre ideologische Wirkung besonders in der Gegenüberstellung mit üppig ausgestatteten vermeintlich dokumentarischen Szenenbildern aus dem europäischen Alltagsleben. Diese fanden in der chinesischen Oberschicht der Küstenmetropolen ein nicht minder beeindrucktes Publikum als die Filmaufnahmen aus China in Europa und Amerika. Letztere sollten dem kulturell zerrissenen Europa jener Zeit zu neuem Selbstbewußtsein und Perspektiven verhelfen.

In der Tradition dieser frühen Gehversuche des Films stehen auch die vielen gleichermaßen rassistischen wie ideologisch-propagandistischen Machwerke, die in China wie auch in Europa und Amerika bis weit in die zwanziger Jahre hinein und teilweise noch darüber hinaus in großer Menge gedreht wurden. Sie konnten sich unter der Protektion der kolonialen Herrscher und in deren politischem Auftrag ungehindert verbreiten. Zugleich richteten sie sich nach den vergleichsweise harmlosen Anfängen der Produktionen von Louis Lumière, James Ricalton und Charles Pathé neben der grundsätzlichen Herausstellung angeblicher Rassenunterschiede bald immer radikaler gegen die lauter werdenden Rufe nach nationaler Selbstbestimmung in China. Der Film wurde alsbald zur Waffe der brutalen Unterdrückungsherrschaft durch die europäischen Kolonialmächte. In vermeintlich realistischen Leinwandbildern wurde China das Recht auf nationale Selbstbestimmung abgesprochen. Dabei wurde selbst das menschenverachtende Vorgehen der selbsternannten Missionare gegenüber dieser reichen Zivilisation und den dort lebenden Menschen dem Publikum noch als eine Form von Entwicklungshilfe präsentiert. Filme wie die britischen Produktionen *Beheading a Chinese Boxer* (o.J.) und *Boxer Attack on a Missionary Outpost* (o.J.), mit denen ihre Produzenten Rechtfertigungen für die willkürlichen Massaker der Kolonialherren an der chinesischen Zivilbevölkerung und den um ihre Freiheit kämpfenden Aufständischen lieferten, sind uns als Dokumente einer menschenverachtenden Kolonialpolitik erhalten geblieben. Selbst renommierte deutsche Regisseure wie Robert Reinert (*Opium*, 1919), Joe May (*Die Herrin der Welt*, 1919) und Fritz Lang (*Die Spinnen*, 1919) beteiligten sich mit ihren Spielfilmen an dieser frühen Form filmischer Propaganda. Aus derartigen rassistischen Machwerken, deren Themen und Darstellungsweisen sich während des 2. Weltkriegs noch verschärften, als japanische und deutsche Propagandisten im nordostchinesischen Changchun, der Hauptstadt des japanisch okkupierten Mandschukuo, ihre filmische Kriegspropaganda produzierten, bezogen Generationen von Menschen in aller Welt ihr Chinabild.

Pekinger Dramenfilme

Dem Treiben der Kolonialherren hatte man in China weder militärisch noch kulturell etwas entgegenzusetzen, zumal da es unter der sich nun im Niedergang befindlichen Herrschaft der mandschurischen Minderheit der Qing-Dynastie (1644–1911) ohnehin fremdbestimmt war. Das änderte sich auch nach Gründung der Republik China (1912) und der Machtübernahme des Despoten Yuan Shikai (1859–1916) nicht, der unter dem Mäntelchen der Demokratie eine neue Kaiserherrschaft zu errichten beabsichtigte aber keinerlei neue kulturelle Akzente setzen konnte. Entsprechend standen dem kolonialen Filmwesen in der Frühphase des chinesischen Kinos allenfalls die zaghaften Versuche traditionsbewußter einheimischer Künstler gegenüber, die auf Grundlage eigener Dramentraditionen den Film als bloßes Reproduktionsmedium darstellender Künste definierten. Ohne die spezifischen Möglichkeiten des neuen Mediums zu erkennen, gliederten sie es gewaltsam in das traditionelle Kunstspektrum ein und stülpten ihm die formalästhetischen Beschränkungen der klassischen darstellenden Kunst über. Damit versuchten sie, allerdings mit geringem Erfolg, ein grundlegend unfilmisches – chinesisches – Filmgenre gegen die kommerzielle Übermacht und technische Überlegenheit aus dem Ausland durchzusetzen. Klassisch ausgebildete Künstler in Peking, der kulturellen Metropole Chinas, griffen die jahrhundertealten chinesischen Dramentraditionen auf und verleugne-

Tan Xinpei in *Der Berg Dingjun* (Dingjunshan, 1905, R: Liu Zhonglun)

ten im Sinne konfuzianischer Traditionen, die das Infragestellen des Alten verboten, jeglichen selbständigen Charakter des neuen Mediums.
Die Geburtsstunde des Films als Medium der Konservierung und technischen Reproduktion chinesischer Bühnenkunst ist auf die von den Pekinger Fengtai-Photostudios in einem Tageslichtstudio produzierte Verfilmung des Dramas *Der Berg Dingjun* (*Dingjunshan*, 1905) zu datieren. Der Film wurde im Jahre 1909 erstmals der chinesischen Öffentlichkeit vorgeführt. Die Pekingoper *Der Berg Dingjun* basiert auf der *Geschichte der Drei Reiche*, die – auf frühen Dichtungen und Geschichtenerzählungen beruhend – von Luo Guanzhong (ca.1330–1400) als Roman (dt.: *Die drei Reiche*, 1981) niedergeschrieben worden war. Verfilmt wurden allerdings nur drei Szenen aus diesem historischen Roman mit einer Gesamtlänge von etwa zwanzig Minu-

ten. Darin verkörperte der namhafte Darsteller Tan Xinpei die Hauptrolle des legendären Generals Huang Zhong.

In der Wahl einer traditionellen Pekingoper als Form und Thema für die erste eigenständige chinesische Filmproduktion erweist sich bereits dessen teilweise bis heute andauernde Unterordnung unter die ästhetischen Traditionen der dramatischen Künste. Zugleich wird darin aber auch der Wille zur – zunächst noch hilflosen – Gegenkultur gegen den westlichen Film deutlich, der sich im lumièreschen Sinne auf die Reproduktion von Realität festlegte. Die Bühnenrealität der Dramenausschnitte, die die Pekinger Künstler auf die Leinwand bannten, spiegelte hingegen völlig andere Ansprüche als die halb-dokumentarischen, ideologisch und kommerziell orientierten Aufnahmen der Europäer und Amerikaner. Sie ordneten sich statt dessen vollends in die starre, dogmatische Ästhetik der Theaterkunst ein. Filmische Mittel und inhaltliche Aussagen spielten bei dieser Form des Kinos genauso wenig eine Rolle wie die dargestellte Handlung, wohingegen – der traditionellen Theaterrezeption gemäß – einzig die Vortragskunst der Akteure – deren Interpretation ihrer Rolle – die Aufmerksamkeit der Zuschauer erweckte.

Mit dieser lyrischen Lesart des Films verboten sich Entwicklungen, die sich von den Theatertraditionen hätten lösen können, von selber. Somit war das Ende dieser Form des Kinos bereits in ihrem Beginn angelegt. Sie war von vornherein nicht mehr als ein den bekannten Dramendarstellern willkommenes Instrument, ihre Eitelkeiten zu pflegen und sich und ihre Kunst auf Zelluloid unsterblich zu machen. Der frühe Weg des chinesischen Films mit seinen von starrer Kamera aus totaler Frontansicht aufgenommenen Bildern, die eine Theatersituation simulieren sollten, war also gleicherweise eigenständig im Sinne seiner Abgrenzung von den Filmimporten und Fremdproduktionen auf chinesischem Boden wie auch unfilmisch und verfangen in den eigenen inerten Traditionen, aus denen die Künstler zu jenem frühen Zeitpunkt noch keinen Ausweg finden konnten oder überhaupt zu suchen bereit waren.

Nicht anders als bei ihren westlichen Pendants aus demselben Zeitraum haben von den chinesischen Dramenverfilmungen nur in den wenigsten Fällen Kopien die wechselhafte Geschichte dieses Jahrhunderts unbeschadet überstanden. Filme, wie *Der Frühlingsduft stört die Studien* (*chunxiang nao xue*, 1920, R: Mei Lanfang) oder *Liang Shanbo und Zhu Yingtai* (*Liang Shanbo yu Zhu Yingtai*, 1926, R: Shao Zuiwen) legen dem heutigen Zuschauer Zeugnis ab von der Schauspielkunst berühmter Bühneninterpreten wie Mei Lanfang, Ouyang Yuqian oder Tan Xinpei. Bis in die späten zwanziger Jahre waren in Pekinger und zusehends auch Shanghaier Studios nahezu alle bekannten traditionellen Dramenthemen zu einer filmischen Adaption gekommen. Dies signalisierte neben den schwachen kommerziellen Erfolgen, die sie im Schatten des aufstrebenden Unterhaltungskinos und der amerikanischen und europäischen Filmimporte erzielen konnten, auch inhaltlich gewisserweise schon den Weg ans Ende der Sackgasse, in der sie sich von

Beginn an befunden hatten. Denn ihre Themen waren begrenzt. Sie ließen keinerlei Spielraum für Innovationen zu. Darüber hinaus bot ihre filmische Darstellungsweise in der Hand traditionsbewußter Künstler kaum Möglichkeiten einer Neuaufbereitung, die der Bühnenkunst in ihrer technisch reproduzierten Form zu neuer Attraktivität hätte verhelfen können.

Der Film war in seiner Form als bloßes Reproduktionsmedium klassischer Bühnenkünste konsensunfähig und zerstörte sich sozusagen in seiner Spannung zwischen Traditionen und neuen, zumal importierten Techniken selber. Indem sie ihren eigenen Charakter verleugneten, gerieten die Verfilmungen klassischer Dramen auch in der Zuschauergunst gegenüber den immer ausgefeilteren Unterhaltungsfilmen aus dem Westen ins Abseits. Die Fengtai-Photostudios verschwanden nach nur wenigen Produktionen endgültig von der Bildfläche, als ihre Gebäude im Jahre 1909 abbrannten. Ähnlich erging es vielen anderen in den darauf folgenden Jahren im Liulichang-Bezirk, dem damaligen kulturellen Zentrum Pekings, entstandenen Unternehmen, die vornehmlich auf Theaterfilme gesetzt hatten. Nichtsdestoweniger konnten bis in die heutige Zeit hinein immer wieder Verfilmungen traditioneller Dramen in den Kinos und mittlerweile auch auf den Fernsehbildschirmen große Erfolge feiern, nachdem man allmählich auch filmische Darstellungsweisen für die Bühnenkunst gefunden und sie dadurch für ein an immer aufwendigere und grellere Effekte gewöhntes Publikum attraktiver gemacht hat. Den Theatern in China haben die für Kino und Fernsehen aufbereiteten Dramenfilme durch ihre bequeme Konsumierbarkeit und vielseitige Gestaltbarkeit in der Zuschauergunst längst den Rang abgelaufen.

Unterhaltungskino und Theaterfilme

Sowohl im einzelnen Filmprodukt wie auch in der Gesamtsituation des Films in den ersten beiden Jahrzehnten des 20. Jahrhunderts spiegelt sich die Unfähigkeit Chinas zum kulturellen, politischen und sozialen Neuanfang unter der Herrschaft der Kolonialmächte und eines überkommenen Dogmenapparats. Die kommerzielle Übermacht, technische Überlegenheit und Kreativität des europäischen und insbesondere amerikanischen Kinos, das zusehends auf einen weltweiten Publikumsgeschmack zugeschnitten wurde, ließ angesichts künstlerischer Selbstbeschränkung und technischer wie infrastruktureller Unterentwicklung im Reich der Mitte zunächst kaum Freiräume für Innovationen im Hinblick auf die Entwicklung eines Films chinesischer Provenienz zu. Die den chinesischen Markt über Jahrzehnte hinweg dominierenden Aktivitäten ausländischer Filmgesellschaften hatten dennoch immerhin die Rolle des Motors für weitere Entwicklungen von chinesischer Seite sowie als technischer Ideenlieferant. Das machte sich im späten zweiten Jahrzehnt des 20. Jahrhunderts allmählich bemerkbar, als auch die politischen, gesellschaftlichen und kulturellen Entwicklungen in China auf den bevorstehenden Wandel hinzuweisen begannen. Dazu gehörten nach der Abdankung des Qing-Throns die Gründung der Republik China (1912), der Tod Yuan Shikais (1916) sowie der Beginn der Warlord-Periode im selben Jahr und die Oktoberrevolution (1917) in Rußland, die nachhaltigen Eindruck auch bei den häufig weit gereisten jungen Intellektuellen in China hinterließ. Hinzu kamen die geistige Erneuerungsbewegung des Vierten Mai 1919 in Peking, die Machtübernahme des von der jungen Sowjetunion und der Kommunistischen Internationalen unterstützten liberalen Sun Yatsen, die Gründung der Kommunistischen Partei Chinas (1921) und das brutale Vorgehen der britischen Truppen gegen streikende Seeleute in Hongkong.

All diese einschneidenden Ereignisse, mit denen eine immer mächtigere kulturelle und soziale Reformbewegung einherging, die zunächst die Literatur zu ihrem Sprachrohr machte, sollten sich schon bald auch auf das Filmwesen auswirken und dieses auch politisch determinieren und künstlerisch neu gestalten. Zunächst waren es allerdings chinesische Unternehmer in der weltoffenen Handelsmetropole Shanghai, die den Warencharakter des Films erkannten und seine kommerziellen Möglichkeiten nutzten. Damit beschleunigten sie zugleich die technische und infrastrukturelle Entwicklung dieser Kunstsparte und etablierten den Film auch in China als Unterhaltungsindustrie. Angesichts dadurch möglich gewordener höherer Produktionsbudgets und ausgefeilterer filmischer Darstellungsweisen fanden immer mehr Chinesen aus der ohnehin westlich orientierten sozialen Oberschicht Geschmack an der neuen Attraktion und ihren technischen Möglichkeiten. Deren wirtschaftliches Interesse und Engagement leistete allerdings zunächst der Verbreitung eines chinesischen Kinos nach dem formalen Vorbild des ausländischen Films Vorschub. Immerhin legten diese Filmunternehmer mit ihrer eigenen kommerziellen Orientierung den Grundstein für ein eigenständiges chinesisches Unterhaltungskino. Die dadurch steigende Popularität des Films war Voraussetzung dafür, daß nur wenige Jahre später zusehends Nischen auch für politische wie soziale Inhalte und kunstorientierte Formen im Film entstehen konnten.

Anders als das traditionsbewußte und von den rasanten wirtschaftlichen Entwicklungen weit abgelegene Peking war die Hafenstadt Shanghai, die sich bis heute den Status als chinesische Filmmetropole hat bewahren können, offen für alle modernen und auch ausländischen Errungenschaften. In Shanghai war das Kino im zweiten Jahrzehnt des 20. Jahrhunderts in der Hand fremdländischer Konzerne längst zu einem bedeutenden Wirtschaftsfaktor avanciert. Dabei hatte das Kino Hollywoods ästhetische Normen geschaffen, die auch in China teilweise bis heute ihre Gültigkeit beibehalten haben. Hollywood entwickelte in den frühen zwanziger Jahren, aufbauend auf dem epischen Erzählkino eines Edwin S. Porter oder David W. Griffith und den frühen Filmburlesken etwa eines Charles Spencer Chaplin, einen realistischen und kulturüberschreitend verständlichen Erzählstil. Auf dieser Grundlage gelang es auch chinesischen Filmschaffenden, das Kino breiter zu etablieren und seine technischen und künstlerischen Möglichkeiten auszuloten.

Auch chinesische Unternehmer und Künstler erkannten also bald die Notwendigkeit der inhaltlich-thematischen und ästhetischen Erneuerung. Sie brachten in den zwanziger Jahren immer mehr Filmwerke hervor, die sich von den Traditionen der Pekingoper lösten. Aus den Bemühungen dieser frühen unabhängigen chinesischen Produzenten, die zumeist noch immer auf die Mittel ihrer fremdländischen Sponsoren angewiesen waren, entstanden zunächst neue Genres wie der Landschaftsfilm (fengjingpian), der Erziehungsfilm (jiaoyupian) und der Nachrichtenfilm (shishipian). Neben dem traditionellen Bühnenfilm (gujupian) konnten sich auch erste Theaterfilme (xinjupian) mit modernen Spielhandlungen und aktuellen Themen auf den Leinwänden etablieren. Ihnen allen können trotz der engen formalen Bindung an ihre amerikanischen Vorbilder in gewisser Weise bereits eigene kulturelle Eigenschaften, zumindest aber eine chinesische Sichtweise auf die Dinge, zugesprochen werden. Dies war die Voraussetzung für weitere Entwicklungen in Richtung eines tatsächlich chinesischen Filmgenres.

Besonders die Verfilmungen von Stücken des modernen Sprechtheaters sollten zukunftsweisende Bedeutung haben, wie die weitere Entwicklung zeigt. Durch seine enge Bindung an die moderne Literatur, deren Reformierungsproze߻ dem Film damals schon weit vorausgeschritten war, hatte das Theater neue Formen und Themen entwickeln können, die auch vom Kino übernommen wurden. Die neuen Theaterfilme lösten sich vom amerikanischen Mainstream wie den traditionellen Dramen. Durch ihr Uneingebundensein in die formalen und inhaltlichen Dogmen der etablierten Künste boten sie ein geeignetes Forum für die Entwicklung filmischer Formen und die Propagierung reformerischer Ideen. Einen wichtigen Einschnitt in der chinesischen Filmgeschichte markierte der erste eigene Spielfilm *Unschuldiger Geist in der Opiumhöhle* (*heiji yuanhun*, 1916) des Schauspielers Zhang Shichuan. Dieser hatte sich kurz zuvor von seinem früheren Arbeitgeber, der in Hongkong ansässigen Asia Film Company, getrennt, die der amerikanische Filmpionier Benjamin Brodsky und der Hongkonger Theaterdirektor Li Minwei leiteten. In einer neu gegründeten Produktionsfirma stellte Zhang nun chinesische Unterhaltungsfilme her und etablierte das neue Genre der Filme mit sozialen Themen (shehuipian). Dieses sollte einige Jahre später eine wesentliche Rolle nicht nur innerhalb der Filmkunst sondern auch als Motor der gesellschaftlichen Erneuerung spielen. *Unschuldiger Geist in der Opiumhöhle* erzählt die tragische Geschichte einer chinesischen Familie, die durch das von den Kolonialherren ins Land gebrachte Opium zerstört wird. Damit erzeugte Zhang Shichuan unter Verwendung der Technik westlichen Theaters eine Art patriotischer Gegenpropaganda zu seinen europäischen und amerikanischen Pendants. Er bezog erstmals soziale und gesellschaftskritische Gedanken in den Film ein, die bis zu diesem Zeitpunkt innerhalb der auf Unterhaltung abgestellten darstellenden Künste wie auch der konfuzianischen Traditionen vollständig tabuisiert waren. Allerdings bedeutete die formalästhetische Abwendung von Hollywood wie auch von den chinesischen Kunsttraditionen zugunsten der Mittel des Sprechtheaters zugleich den Weg in neue Abhängigkeiten von der Bühnenkunst.

Derartige Filme mit reformerischen Ideen konnten sich allerdings gegenüber der kommerziellen Konkurrenz und kolonialen Propagandamaschinerie noch Jahre später nicht durchsetzen und blieben bis in die dreißiger Jahre die Ausnahme. Statt dessen machten sich zunächst immer mehr chinesische Unternehmer die Mittel und Themen der amerikanischen Filmindustrie zueigen, die in jenen Jahren in China mehr als achtzig Prozent Marktanteile innehatte. Immer mehr setzten sich nach amerikanischem Vorbild produzierte Filmburlesken (huajipian), Abenteuerfilme (maoxianpian), Liebesfilme (yanqingpian) und Kriminalfilme (zhentanpian) durch. In diesen allen verband sich die Hollywood-Ästhetik mehr oder weniger fruchtbar mit chinesischen Themen und Darstellungsweisen. Selbst die noch heute in Asien und im Westen gleichermaßen beliebten Martial-Arts-Filme haben in Kampffilmen (wudapian) aus jener Zeit ihre Wurzeln. Sie zeugen von der bereits damals erreichten Globalisierung des Films. Mit der Anpassung an einen internationalen Publikumsgeschmack und der Verleugnung der eigenen Kultur und Kunsttradition konnten sich in den zwanziger Jahren einige chinesische Filmkonzerne mit ihren jährlich insgesamt etwa fünfzig fertiggestellten Filmen eine Existenz in der mittlerweile unüberschaubar gewordenen Filmszene Shanghais sichern. Die meisten der 164 Produzenten, die in den frühen Zwanzigern aktiv waren, verschwanden allerdings nach nur wenigen Produktionen wieder von der Bildfläche. Festzuhalten ist, daß der Film seinen Kampf um Aufnahme in das Spektrum der Künste in China nach dem Scheitern der Dramenfilme zunächst verloren hatte und nun statt dessen in Händen findiger Geschäftsleute als industrielle Ware zwar recht erfolgreich war, darüber hinaus jedoch kaum kulturrelevante oder soziopolitische Aufmerksamkeit zu erregen vermochte.

Dem Film wurde von Intellektuellen und Künstlern damals noch kaum Interesse entgegengebracht. Das lag neben seinem Warencharakter an den unvergleichlich hohen Produktionskosten, die ein kunstorientierter chinesischer Film angesichts der noch wenig ausgebauten Kinolandschaft und Rezeptivität dieses Mediums damals nicht hätte einspielen können. In den frühen zwanziger Jahren kam eine Vorführstätte auf zehn Millionen Bürger. Wer die damaligen Zustände im bäuerlichen China kennt, kann ahnen, daß sich diese ungleichen Partizipationsmöglichkeiten räumlich noch deutlich zugunsten der Küsten- und Handelsstädte und der in ihnen lebenden sozialen Oberschicht verschoben. Diese wiederum war kaum an der eigenen kulturellen Tradition oder gar einer sozial-politischen Reform interessiert. Daher begrüßte sie die exotische und unterhaltende Form der Leinwandkunst, mit der sich zugleich die Illusion von Weltoffenheit und Modernität verband. So bot das Printmedium trotz der anhaltend hohen Illiteralität in China noch bis in die dreißiger Jahre hinein für Intellektuelle und politische Aktivisten weitaus größere Möglichkeiten der Verbreitung neuer Ideen als jede andere Kunst und auch der Film.

Wirkliche inhaltliche und formalästhetische Reformen im chinesischen Filmwesen gab es solange nicht, bis die linksgerichteten Künstler und Intellektuellen angesichts der gesellschaftlichen Umwälzungen und kulturellen Neuorientierung im Reich der Mitte den Film auch für ihre Zwecke als Medium des künstlerischen Ausdrucks entdeckten. Während sich in den zwanziger Jahren als chinesische Form des kommerziellen Films das noch heute – vorwiegend in Hongkong – erfolgreiche Genre des Kampf- und Mysterienfilms (wuxia shenguai pian) und das des historischen Kostümfilms (guzhuang pian) immer mehr durchsetzte, fanden Werke mit Themen, die auf politische Reformen drängten, zunächst weder einen Produzenten noch konnten sie auf ein breiteres Publikum hoffen.

Die Kampf-, Mysterien- und Kostümfilme hingegen waren meist filmische Adaptionen von Abenteuer- und Heldengeschichten, die als Fortsetzungsromane in Zeitungen erschienen, oder Verfilmungen klassischer Themen aus der Geschichtenerzählung. Sie machten in den späten zwanziger Jahren mit ihren konfuzianisch-moralischen Inhalten, ihren spannenden, unterhaltsamen Geschichten und ihrer glatten Ästhetik, mit der sie zugleich zum Vorbild für die Martial-Arts-Filme der siebziger und achtziger Jahre wurden, mehr als die Hälfte aller chinesischen Produktionen aus.

Diese ungleichen Verhältnisse sollten sich erst allmählich ändern, als der Film im Lauf der zwanziger Jahre weitere Verbreitung fand und ihn vor allem immer mehr politische Aktivisten und künstlerische Innovateure für sich entdeckten. Diese nutzten mit der Unterstützung einer immer größeren Menge von Menschen, die sich infolge der politischen und militärischen Ereignisse der zwanziger und dreißiger Jahre auf ihre Seite geschlagen hatten, das noch immer unbekannte Medium ungeachtet aller Widerstände für ihre reformerischen und revolutionären Zwecke.

2. Träume nationaler Selbstbestimmung und sozialer Gerechtigkeit (1921–31)

In den zwanziger Jahren begannen sich in China allmählich immer mehr Menschen geistig von der kolonialen Abhängigkeit und den feudalen Traditionen zu befreien. Junge Intellektuelle und Künstler waren während und nach dem 1. Weltkrieg von Studien- und Arbeitsaufenthalten im Ausland zurückgekehrt und hatten vielfältige politische und soziale Ideen mitgebracht.

Diese speisten sich aus den demokratischen Idealen der Arbeiterbewegung genauso wie aus der kommunistischen Ideologie. Damit verbunden waren auch neue künstlerische Vorstellungen, die die Dogmatik des jahrtausendealten Systems in China durchbrechen und die politischen Reformen begleiten sollten. In dieser geistigen Aufbruchstimmung, die damals über das Reich der Mitte hereinbrach, begründeten Künstler und Schriftsteller ausgehend vom westlichen und chinesischen Unterhaltungskino neue Genres und Darstellungsweisen. Im Hinblick auf ästhetische Aspekte und die politisch-soziale Funktion des Mediums ergibt sich bereits seit den zwanziger Jahren mit der Abwendung einer überwiegenden Zahl chinesischer Künstler von den Filmimporten praktisch ein zweiter Beginn der chinesischen Filmgeschichte. Diese Künstler und Intellektuellen beschritten mit sozialen und zunehmend nationalen Motiven alternative Wege. Damit begründeten sie die Wurzeln ihrer Kunst völlig neu. Diese Form des frühen chinesischen Kinos entwickelte sich mit wachsender kultureller und politischer Bedeutung parallel zu den ausländischen Produkten. Gemessen an ihren Marktanteilen beherrschten letztere allerdings bis zu ihrer gewaltsamen Verbannung aus dem kommunistischen China im Jahre 1950 konkurrenzlos die chinesischen Leinwände.

Nach Produktionsziffern und Marktanteilen läßt sich das chinesische Kino bis weit in die vierziger Jahre hinein in erster Linie als kolonial und kommerziell charakterisieren. Allein schon aus Mangel an finanziellen und technischen Mitteln und vor allem gegen den von Hollywood nach China getragenen ›internationalen Publikumsgeschmack‹ vermochte keines der neuen chinesischen Filmgenres eine tatsächliche Konkurrenz darzustellen. Allerdings sollten die sozio-politischen Ereignisse der zwanziger Jahre und die Innovationen in Literatur und Kunst auch auf die weitere Entwicklung des Films erhebliche Auswirkungen haben und diesem den Weg in die zweite Hälfte des 20. Jahrhunderts weisen.

Kulturelle und politische Neuorientierung

Das neue Filmgenre, das sich in den zwanziger Jahren nach dem formal-ästhetischen Vorbild des Sprechtheaters mit zusehends sozialen und nationalen Themen und Motiven ausbreitete, folgte den sich in China im frühen zwanzigsten Jahrhundert breitmachenden Erneuerungsgedanken. Anders als die Marktanteile es vermuten lassen, war die gesellschaftliche Bedeutung dieses Filmgenres nach anfänglichen Startschwierigkeiten schon bald immens. Aber auch auf der filmästhetischen Ebene wurden neue Wege beschritten, mit denen bereits die Voraussetzungen für eine in China trotz einiger Erneuerungen im großen und ganzen bis heute gebräuchliche Form des Kinos geschaffen wurden.

Eine zunehmende Zahl von Künstlern und Schriftstellern, die sich nun an das Medium des Films herantasteten, wandte sich den neuen sozialen und nationalen Utopien zu, die nach Jahrtausenden des Patriarchats und einem Jahrhundert der Fremdherrschaft immer breitere Kreise zogen. Damit trugen sie zu deren Verbreitung in intellektuellen aber auch bäuerlichen Kreisen und insbesondere der städtischen Arbeiterschaft bei, die niemals zuvor Kontakt mit dem Filmmedium oder den nun damit in enge Verbindung tretenden liberalen und linksgerichteten politischen Idealen und Ideologien gehabt hatten. Doch gerade in deren Begeisterung und Mobilisierung steckte das Geheimnis der bevorstehenden Neuverteilung der Machtverhältnisse, das die marxistischen Oppositionellen schließlich bis 1949 erfolgreich für ihre Sache einsetzten. In den Filmwerken, die seit den frühen dreißiger Jahren zu einer politischen und propagandistischen Macht avancierten, steckten also die Wurzeln allen weiteren Filmgeschehens in China.

Diese Ambivalenz von Gesellschafts- und Filmentwicklung dokumentiert die Entstehungsgeschichte eines modernen, sozialen und nationalen, sich von den traditionellen Verhaltenslehren und Moralkodizes wie deren feudalen Ausprägungen, aber auch den Wertvorstellungen der Kolonialmächte befreienden nationalen Selbstbewußtseins. Dieses hat seine Wurzeln im China des vorigen Jahrhunderts. So waren die späten Jahre der mandschurischen Qing-Dynastie gekennzeichnet vom wirtschaftlichen und geistigen Niedergang des Kaiserreichs. Die halbkoloniale Fremdbestimmung durch europäische, amerikanische und japanische Kolonialmächte, die das Land seit Mitte des 19. Jahrhunderts überschattete, brachte allerdings gleichzeitig die neuen Techniken nach China, denen sich auch der Film verdankt. Vor allem waren sie aber Träger des neuen Ideenguts, das das starre System des Konfuzianismus und all die in seinem Namen errichteten Dogmen und entwicklungshemmenden Beschränkungen untergrub.

Aus alledem formten sich Utopien von neuen, freiheitlichen, demokratischen und gerechteren Gesellschaftsformen und einer Rückgewinnung der nationalen Selbstbestimmung. Diese banden sich innerhalb der chinesischen Intelligenz an die vom konfuzianischen Überwachungssystem nicht erkannten oder beachteten neuen Techniken und suchten ihre Ausdrucksformen in deren Umfeld. Sie gingen in erster Linie von den durch den engeren Kontakt zum Ausland und den langjährigen Studien- und Arbeitsaufenthalten bestens mit der westlichen Lebensweise und Ideengeschichte vertrauten intellektuellen Kreisen aus. Mit zunehmender Unterdrückung durch die Kolonialmächte wendeten sie sich in Form neuen Selbstwertgefühls allerdings zunehmend auch gegen die Fremdherrscher wie deren chinesische Helfershelfer. Zu letzteren war in gewissem Sinne auch der Qing-Hof zu rechnen, der der Übermacht aus dem Westen nur allzu wenig Widerstand entgegensetzte.

Damit richtete sich die politische und kulturelle Opposition zugleich gegen die bestehende feudal-monarchische Regierungsform und machte sich, ständig breitere Kreise für sich einnehmend, in Aufständen wie der Taiping-Rebellion (1850–64) oder den Kämpfen der Boxer in Peking (1900) Luft. Zum anderen entdeckten aber auch immer mehr Intellektuelle in der Übernahme und Anwendung von Elementen der westlichen Kultur auf chinesische Bedürfnisse einen Ausweg aus ihren persönlich begrenzten Lebensbedingungen und den jahrtausendealten starren Traditionen in Richtung eines selbstbestimmten modernen Staates.

Die Bewegung des Vierten Mai

Trotz aller Einschränkungen ist die damals gewaltsam in das Kaiserreich eingeführte Kultur des Abendlandes als ein wichtiger Impulsgeber für weitere Entwicklungen im politisch-sozialen wie auch im künstlerischen Bereich zu bewerten. Chinesische Gelehrte wie Liang Qichao (1837–1929), Wang Guowei (1877–1927) oder der liberale Hu Shi (1891–1962), der wohl bedeutendste Schriftsteller dieses Jahrhunderts Lu Xun (Zhou Shuren, 1881–1936) und die Marxisten Chen Duxiu (1879–1942) und Li Dazhao (1888–1927) waren mit ihren von der westlichen Kunst und Lebensweise wie auch einer von liberalem bis marxistischem Gedankengut beeinflußten Weltanschauung die Wegbereiter einer modernen chinesischen Literatur und Kunst im zwanzigsten Jahrhundert. Darüber hinaus ermöglichten sie durch die Verwendung einer vereinfachten literarischen Form in ihren Schriften, die sich nicht mehr an der traditionellen Schriftsprache sondern an der gebräuchlichen Umgangssprache orientierte und damit sehr viel weitere Kreise ansprach, die rasche Verbreitung ihres Gedankenguts im Reich der Mitte.

Damit schufen die jungen Künstler und Intellektuellen zugleich die geistesgeschichtlichen Voraussetzungen für das Entstehen eines neuen Filmgenres, das soziale und nationale Themen auf die Leinwand brachte und damit Teil der geistigen Erneuerungsbewegung seit den zwanziger Jahren wurde. Manifest geworden ist diese damals bereits seit einigen Jahrzehnten schwelende Bewußtseinsveränderung in der Bewegung des Vierten Mai 1919. Diese Protestbewegung richtete sich zunächst gegen die Beschlüsse der Versailler Konferenz, nach denen die deutschen Protektionsgebiete nach der Niederlage im 1. Weltkrieg nicht an China zurückgegeben sondern Japan zugesprochen werden sollten. Darüber hinaus wurde insbesondere die verächtliche Behandlung der chinesischen Delegation durch die Siegermächte kritisiert, in der sich exakt die koloniale Politik spiegelte, mit der den Menschen im Reich der Mitte ihr nationales und individuelles Selbstwertgefühl geraubt worden war. Schon bald wandte sich die Protestwelle, die sich von der Peking Universität schnell über das ganze Land ausweitete, aber auch anderen Themen zu und übte dabei grundlegende Gesellschafts- und Kulturkritik. Sie wurde zum Grundstein für die Verbreitung des nationalen und sozialen

Bewußtseins, aus dem schließlich die politische und kulturelle Erneuerungsbewegung hervorging. Deren Auswirkungen in der Kunst blieben zunächst noch eng auf die Literatur beschränkt, dehnten sich bald aber auch auf andere Bereiche des kulturellen Lebens in China aus.

Im Hinblick auf den Film kam dabei unverändert dem Sprechtheater ein besonderes Gewicht zu, da dieses als einzige der darstellenden Künste nicht durch die Traditionen vereinnahmt worden war, man auf der anderen Seite aber auch noch nicht in der Lage war, die Leinwandkunst vollständig neu zu determinieren. Diese Form einer vorwiegend literarischen Kunst ohne nennenswerte bühnenspezifische Eigenschaften, die sich unter Führung des neugegründeten intellektuellen Zirkels der Frühlingsweidengesellschaft mit Namen wie ›Zivilisiertes Theater‹ (wenmingxi) oder ›Neues Theater‹ (xinju) vorwiegend in Shanghai verbreitete, wurde von ihren Akteuren als Sprachrohr für die Forderung nach Reformen benutzt. Mit der Schaffung dieser neuen Bühnenkunst wollten die liberalen und linksgerichteten Künstler und politischen Aktivisten die traditionellen Strukturen von Kultur und Gemeinwesen zerbrechen und durch moderne, entwicklungsfähige Varianten ersetzen. Sie legten zugleich den Grundstein für eine Entwicklung, auf der bis heute alle reformierten und neu eingeführten darstellenden Künste in China basieren.

Mit der Etablierung eines Sprechtheaters mit chinesischen Charakteristika wurden damals auch die Grundlagen chinesischer Filmtheorie und -ästhetik geschaffen. Deren hervorstechende Didaktik besteht aus einer eigentümlichen Kombination traditioneller Werte und Betrachtungsweisen mit revolutionären und importierten Inhalten und Formen. Sie ist in ihrer chinesischen Ausprägung bis auf wenige Ausnahmen von ihrer Grundstruktur her recht eigentlich unfilmisch geblieben. Statt dessen agiert sie bis heute primär auf der moralisch-sozialen Ebene inhaltlicher Aussagen, weniger dagegen auf ästhetischem und kunsttheoretischem Feld.

Anstatt sich also nach der Befreiung vom Joch des traditionellen chinesischen Dramas eigene Formen und Mittel zu schaffen, haben der Film und seine theoretischen Grundlagen in China sich in den zwanziger Jahren an der epischen Erzählliteratur orientiert. Dabei rückte nach nur wenigen Werken, in denen mit filmischen Formen experimentiert wurde, schon bald wieder der Inhalt in den Mittelpunkt. Die Kunsttraditionen, denen man nur aktuelle Themen überstülpte, wurden dabei vollständig auch in das neue Filmgenre übernommen. So ist es zu verstehen, daß die Bühnen- und Filmkunst selbst im kommunistischen China noch immer im Hinblick auf moralethische Motive in Inhalten wie Aussagen agiert, die nur inzwischen ideologisch-propagandistischen Charakter erhalten haben.

Da Literatur in China früher wie heute in erster Linie auf ihren moralischen bzw. ideologischen Gehalt und ihre erzieherische Funktion hin gelesen wird, bedeutete das auch für das Sprechtheater und den Film, daß die Aufmerksamkeit von Publikum, Rezensenten und Filmemachern vorwiegend auf deren Botschaft gerichtet war. Entsprechend wurde auch der Film nicht, wie in der westlichen Filmtheorie und Analyse üblich, von seinen kleinsten Elementen – den Bildern und ihren Bestandteilen – her gelesen, sondern man schloß – wie dies übrigens in nahezu allen Bereichen chinesischen Denkens geschieht – immer vom Ganzen auf das Einzelne. Unter diesen Prämissen hat die chinesische Filmindustrie – bis sich in den dreißiger und vierziger Jahren linksgerichtete Künstler und in den achtziger Jahren die Fünfte Generation wie deren junge Nachfolger von der Dogmatik lossagten – mit nur wenigen Ausnahmen ausschließlich Werke hervorgebracht, die sich im Rahmen einer in Bilder umgeformten – didaktischen – Dramenliteratur bewegten. Zugunsten der dominierenden moralisch bis ideologisch engagierten Fabel wurden dabei formale Elemente und Mittel dieses Mediums weitgehend vernachlässigt.

Soziales Kino

Seit der Produktion des ersten antifeudalistisch engagierten Films *Unschuldiger Geist in der Opiumhöhle* (1916) fand das Kino als verfilmtes Sprechtheater schon bald größere Verbreitung. Zhang Shichuan und immer mehr seiner Berufskollegen gestalteten ihre Theaterstücke und Filmszenarien nach dem formalen Vorbild westlicher Literaten wie Molière und Maupassant. Darin thematisierten sie zunächst vorwiegend soziale Probleme in den urbanen Ballungsräumen Chinas. Im Jahre 1923 wurde der sozial engagierte Film *Ein Waisenkind rettet seinen Großvater* (*guer jiu zuzi*, R: Zhang Shichuan) fertiggestellt. Dieser Film handelt von einem reichen alten Mann, der von seinen Verwandten ausgenutzt, mit dem Leben bedroht und schließlich von seinem verstoßenen Enkel gerettet wird. Mit seinem kommerziellen Erfolg erhielt er über die soziale Bedeutung im Kampf gegen die von der Oberschicht geduldete Armut in weiten Kreisen der Gesellschaft hinaus noch einen weiteren Sinn. Er rettete nämlich die damals erst seit einem Jahr unter der Führung Zhang Shichuans existierende Mingxing (Stars) Gesellschaft vor dem vorzeitigen finanziellen Bankrott. Diese konnte in den folgenden Jahren zu einem der führenden chinesischen Filmproduzenten aufsteigen. Damit nahm sie wesentlichen Einfluß auf das weitere Filmgeschehen in China.

Viele der linksgerichteten Intellektuellen schlossen sich in den darauf folgenden Jahren der Mingxing-Gesellschaft an. Mit ihren nicht nur politisch sondern auch kommerziell motivierten Spielfilmen trugen sie wesentlich dazu bei, den Film in China auch in Kreisen reputierlich zu machen, die seiner rein kommerziellen Form bisher nur mit Verachtung begegnet waren. Gleichzeitig wurden die im Jahre 1922 von Li Minwei gegründeten Shanghaier Minxin (Neues Volk) Studios zu einer zweiten Macht in China. Li Min-

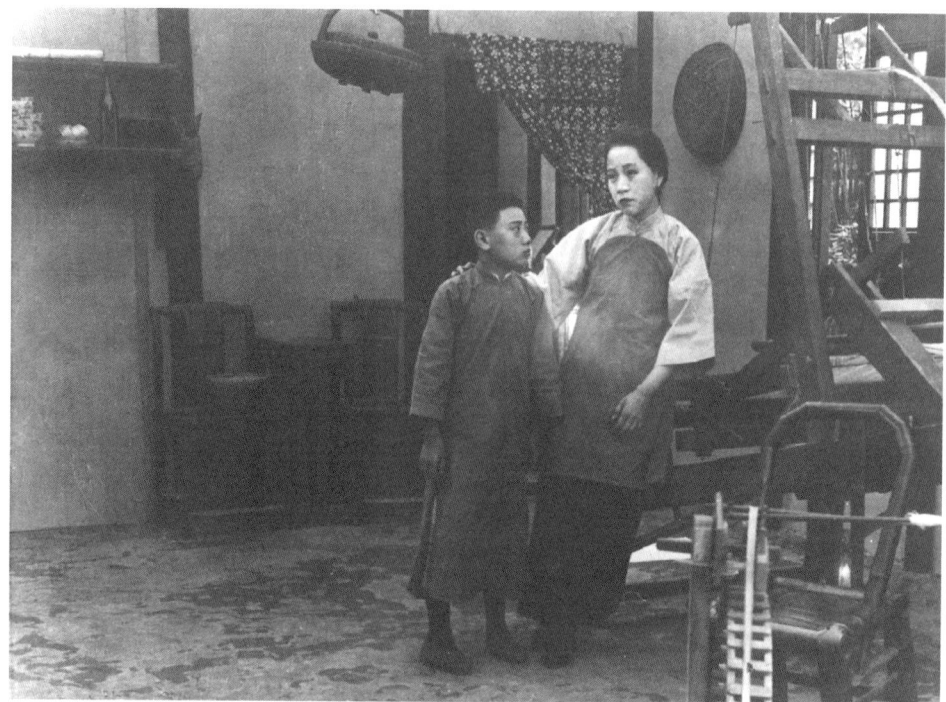

Ein Waisenkind rettet seinen Großvater
(guer jiu zuji, 1923, R: Zhang Shichuan)

wei beschränkte sich anders als Zhang Shichuan zunächst auf Nachrichten- und Dokumentarfilme. Dabei stand er ideologisch der Nationalpartei des Republikgründers Sun Yatsen nahe, deren erster Kongreß im Januar 1924 von ihm dokumentiert wurde.

Diese und andere sich in der Hand liberaler und linker Künstler befindliche Produktionsstätten nahmen seit den zwanziger Jahren allesamt soziale Themen und Formen in ihr Programm auf. Ihre Filme orientierten sich an der Bühnenkunst oder hatten vordergründig dokumentarischen Charakter. Damit sprachen sie ein von der Vierte-Mai-Bewegung beeinflußtes und von den politischen Ereignissen persönlich betroffenes Publikum an und trugen darüber hinaus erheblich dazu bei, dem Medium die notwendige Anerkennung in Künstler- und Intellektuellenkreisen zu verschaffen.

In einer Zeit, als Sergej Eisenstein in der Sowjetunion mit seinem, nicht nur politisch sondern auch filmästhetisch, revolutionären Film *Panzerkreuzer Potemkin* (*Bronenosez Potjomkin,* 1925) ein Monument der Filmgeschichte schuf und sein letztlich doch nicht vollendetes antiimperialistisches Historienepos *China (Chung-kuo)* vorbereitete, als in Hollywood große Komiker wie Charles Spencer Chaplin, Buster Keaton und Harold Lloyd ihre größten Erfolge feierten und in Europa der Streit zwischen Expressionisten, Impressionisten und Avantgardisten zu einer Bereicherung des späten Stummfilms beitrug und den Weg in die Zukunft des Weltkinos wies, berührten also chinesische Filmemacher noch vorsichtig soziale Themen. Sie machten ihr Medium in der Form der verfilmten Bühnenkunst zum Sprachrohr ihrer Utopien von einer reformierten und humanisierten chinesischen Gesellschaft.

Seit Mitte der zwanziger Jahre machten sich bekannte Theaterautoren wie Hong Shen (1894–1955), der als Texter der Nationalhymne der Volksrepublik China in die Geschichte eingegangene Tian Han (1898–1968) oder der ehemalige Pekingopern-Darsteller Ouyang Yuqian (1889–1962) als Szenaristen und Regisseure auch in dem ihnen bis dahin fremden Medium einen Namen. Das trug nicht unerheblich zu dessen Reputation im Kreise chinesischer Intellektueller bei. In ihrem Umfeld erhielt im Shanghaier Lianhua-Studio auch die damals noch unbekannte Schauspielerin Jiang Qing unter dem Pseudonym Lan Ping erstmals mit allerdings mäßigem Erfolg kleinere Rollen. Sie sollte als Ehefrau Mao Zedongs und Kopf der als Viererbande bekannt gewordenen radikalen Fraktion die Kunstpolitik der frühen siebziger Jahre maßgeblich bestimmen.

Damals entstanden Filme linker Filmemacher wie Hong Shens *Sohn der Feudalfamilie Feng* (*Feng dashaoye*, 1926), dessen Protagonist auf sein in Müßiggang vertanes Leben zurückschaut, sich und seine Familie aber dennoch nicht aus ihrem feudal-bequemen Leben zu befreien vermag. In anderen Werken wie *Baldige Geburt* (*zao sheng guizi*, 1925), *Gold und Liebe* (*aiqing yu huangjin*, 1926) oder *Im späten April erblühen die Rosen* (*siyuelidi qiangwei chuchukai,* 1926) parodiert Hong Shen feudale Sitten und das Streben von Großkapitalisten nach äußeren Werten. Diese verstricken sich in immer auswegslosere Komplikationen, bevor eine glückliche Fügung ihnen am Ende doch noch ein Happy End und damit auch den sozialen Sinneswandel beschert.

Der berühmte Dramendarsteller Ouyang Yuqian wandte sich im Jahre 1926 von der traditionellen Dramenkunst ab, um sich noch im selben Jahr mit antifeudalistischen Filmen in Form des der Opernkunst nahezu entgegengesetzten Sprechtheaters aus den Minxin-Studios erneut zu Wort zu melden. Seine beiden frühesten Filme *Rein wie Jade, klar wie Eis* (*yu jie, bing qing*, 1926) und *Nach drei Jahren* (*san nian yihou*, 1926) äußern sich auf ähnliche Weise wie Hong Shens oder auch Tian Hans Werke zu politischen Problemen und der sozialen Ungerechtigkeit in der chinesischen Gesellschaft jener Zeit. Der erste Film handelt von einem Wucherer mit feudal-konfuzianischer Weltanschauung. Erst durch die Weigerung seiner Tochter, sich auf eine Zwangsehe einzulassen, sowie im Hinblick auf Vorbild und Überzeugungsarbeit seines künftigen Schwiegersohns verzichtet er schließlich auf seinen unehrenhaften Beruf wie seinen sozialen Status und läßt sich zum reformistischen Gedankengut dieser beiden bekehren. *Nach drei Jahren* erzählt die Geschichte einer Großgrundbesitzerfamilie, die an den untereinander und gegeneinander gesponnenen Intrigen zugrunde zu gehen droht, schließlich aber unter Verzicht auf Status, Macht und Reichtum wieder glücklich zusammenfindet.

Ungeachtet der großen Aufmerksamkeit, die diese und einige weitere Filme dieser Art (von Umerziehung) in den zwanziger Jahren trotz der starken Konkurrenz aus dem Unterhaltungslager der Filmindustrie erzielten, wurden sie im kommunistischen China von allen Seiten kritisiert. Während der führende Pekinger Filmhistoriker Cheng Jihua in seiner 1963 erschienenen *Entwicklungsgeschichte des chinesischen Films* einen unbekannten Intellektuellen aus jener Zeit mit den Worten zitiert: »Hong Shen hat seine Kunst prostituiert« (Bd.1, S.72), stehen er selber und die meisten sozialistischen Wissenschaftler und Kritiker auf dem Standpunkt, daß das in diesen Filmen präsentierte ›moderne‹ Gedankengut bei weitem nicht den gesellschaftlichen Notwendigkeiten jener Zeit genügt hätte. Die Kritik macht sich dabei in erster Linie an den in allen Beispielen gleichermaßen glücklichen Ausgängen der Filmerzählungen fest. Indem die Filmkünstler auf die Einsicht der kapitalistischen bzw. feudalistischen Oberschicht vertrauten, sozusagen also die Revolution von oben propagierten, haben sie nach der zweifellos überzogenen Meinung Cheng Jihuas mit die Verantwortung für die verzögerte Revolution zu tragen, die keinesfalls allein durch gesellschaftliche Selbstheilungskräfte, sondern nur durch den Kampf erfolgreich vollzogen werden könne. Die wenig ausgefeilte visuelle Darstellungsweise dieser Filme findet hingegen in keiner filmhistorischen Arbeit aus China Erwähnung.

Doch schon bald konnten selbst solche vorsichtig nach Reformen rufende Filmwerke nicht mehr produziert werden. Vorausgegangen waren der Tod Sun Yatsens am 12. März 1925 und die blutig niedergeschlagenen Streiks und Proteste der Arbeiter in Shanghai und Kanton gegen Fremdbestimmung und soziale Ausbeutung. Es folgte die Machtübernahme Chiang Kaisheks und 1926 sein Nordfeldzug, der 1927 mit der brutalen Niederschlagung der ehemals mit der Regierungspartei verbündeten Arbeiterbewegung, dem Ende der Einheitsfront und der Einnahme Pekings im Jahre 1928 endete. Die alleinige Macht über China verblieb damit in den Händen der Nationalisten und ihrer gut bewaffneten Truppen. Dem folgte unter der zunehmenden Verfolgung linker und kommunistischer Kritiker sowie der nun scharf überwachenden Zensur für Kunst und Film ein rapider Rückgang von oppositionellen und sozialen Filmprojekten. Die Künstler waren vorsichtiger geworden. Viele von ihnen stellten ihre Arbeit für mehrere Jahre nahezu vollständig ein und überließen das Feld den kommerziell ohnehin übermächtigen Abenteuerfilmen, Komödien und amerikanischen Importen.

3. Aufruf zum Kampf (1932–49)

Die Hoffnung auf friedliche Reformen in China war im Jahre 1927 auf den Schlachtfeldern am Unterlauf des Yangzi-Stroms mit der Ermordung der Arbeiter und kommunistischen Sympathisanten durch die Regierungstruppen untergegangen. Angesichts der Willkürherrschaft, die Chiang Kaishek mit der Unterstützung korrupter Beamter und gut bewaffneter lokaler Kriegsherren nach Ausschaltung seiner kommunistischen Bündnispartner in China errichtete, mußten die intellektuellen Vordenker der gesellschaftlichen Erneuerungsbewegung sehr bald erkennen, daß ihre Vorstellungen von einem selbstbestimmten chinesischen Staat mit sozialer Gerechtigkeit und demokratischer Mitbestimmung sich gewaltlos kaum verwirklichen ließen. So wurde im Zuge einer aus der Hoffnungslosigkeit geborenen politischen Radikalisierung der Literatur auch der Film – teilweise aus dem Untergrund heraus – doch noch zum Medium, durch das die liberalen und kommunistischen Künstler und Aktivisten zum Kampf gegen die Unterdrücker aus dem In- und Ausland aufriefen. Zuvor waren die japanischen Truppen am 18. September 1931 in Nordostchina eingefallen und hatten dort am 9. März 1932 den Staat Mandschukuo errichtet. Kurz darauf war ihr Angriff auf Shanghai erfolgt, dem die Truppen Chiang Kaisheks kaum Widerstand entgegengesetzt hatten. Das alles führte zu einem neuerlichen Umdenken in der Bevölkerung. Eine Welle patriotischer Empörung machte sich breit. Diese richtete sich zugleich auch gegen die Beschwichtigungspolitik Chiang Kaisheks gegenüber den japanischen Besatzern. Mit diesen bestand zudem eine traditionelle Konkurrenz um die geistige und militärische Vorherrschaft in Ostasien.

Patriotisches Kino und Ideologiekampf

Parallel zur japanischen Okkupation immer weiterer Teile Chinas nahm die Popularität der zum Widerstand gegen die japanische Besatzungsmacht und die Tatenlosigkeit der Regierung aufrufenden Kommunistischen Partei unter den städtischen Arbeitern und besonders auch Intellektuellen schnell zu. Der Haß suchte sich nach nahezu einem Jahrhundert der Fremdbestimmung nun im erbitterten Widerstand gegen Japan und die chinesische Regierung ein Ventil. Letztere hatte sich durch ihr opportunistisches Verhalten gegenüber dem Feind und die Massaker am eigenen Volk nachhaltig diskreditiert.

Viele der marxistisch oder links engagierten Künstler, die sich seit den späten zwanziger und frühen dreißiger Jahren in literarischen Vereinigungen wie der Liga linksgerichteter Schriftsteller oder dem Linken Kulturverband zusammengeschlossen hatten, entdeckten angesichts dieses breiteren

Bewußtseinswandels neben der Literatur auch den Film als ausdrucksstarkes Medium und Waffe im politischen und militärischen Kampf gegen die Japaner, ihre chinesischen Verbündeten und die feudalen, von konfuzianischen Werten dominierten Gesellschaftsstrukturen in China. Inzwischen hatte der Tonfilm auch in China nach einem ersten noch unausgegorenen Versuch mit dem Stück *Singmädchen Rote Päonie* (*genü Hongmudan,* 1930, R: Zhang Shichuan) nach einem Drehbuch von Hong Shen seine stummen Vorgänger teilweise abgelöst. Er wurde von liberalen und marxistischen Künstlern und Intellektuellen genutzt, um die zusehends antiimperialistische Stimmung in Geschichten mit hohem Wiedererkennungswert bei der unterdrückten Bevölkerung weiter anzuheizen. Nicht zu vergessen ist auch die bedeutende Rolle des Tonfilms bei der Verbreitung der chinesischen Einheitssprache, die für viele Menschen sozusagen als Synonym für ihre Sehnsucht nach Einheit und Stärke des seit vielen Jahren zerrissenen Landes stand. Diese Hoffnung wurde nun in immer breiteren Kreisen auf die Kommunisten projiziert.

Vorbildcharakter für viele der berühmt gewordenen Werke linksgerichteter Filmemacher jener Zeit hatte neben den in China populären Komödien und Melodramen hollywoodscher Prägung in erster Linie der sowjetische Revolutionsfilm. Dieser feierte in aller Welt große Erfolge und fand über die Aktivitäten der die Weltrevolution anstrebenden Kommunistischen Internationale (Komintern) auch in China schnelle Verbreitung und eine große Anhängerschaft. Mit ausgeprägtem Neuerungswillen machten sich kommunistische und liberal-demokratische chinesische Künstler nach sowjetischem Vorbild den Massencharakter des Mediums für ihre antijapanischen und antifeudalistischen Ziele zueigen. Darunter sind der bekannte Schriftsteller Lu Xun und die Autorin Ding Ling sowie Tian Han, Hong Shen und Ouyang Yuqian und die beiden noch in der Volksrepublik China über Jahrzehnte hinweg in führenden Positionen des Filmwesens tätigen Xia Yan (Shen Duanxian, 1900–95) und Zhou Yang (Zhou Qiying, 1908–89) an erster Stelle zu nennen. Sie schufen in den dreißiger Jahren eine Reihe von Filmen, deren formale und inhaltliche Qualität, in den meisten Fällen allerdings unter Beibehaltung des Stummfilmgenres, deutlich über die ihrer Vorgänger aus dem Genre der Filme mit sozialen Themen hinausging.

Zunächst entstand eine große Zahl Dokumentarfilme, die mit kritischem Auge unter immer wieder gelungener Umgehung der Zensur die Massaker der nationalistischen Truppen an Arbeitern und Kommunisten auf die Leinwände brachten und damit zu einer wachsend oppositionellen Stimmung beitrugen. Doch bald schon war es vorwiegend das Spielfilmgenre, das Wut und Haß der Menschen nährte. Bei wachsender künstlerischer Qualität wurde es nach seiner Lösung von den formalen Bindungen an die Bühnenkunst und die Erzählliteratur zu einem wichtigen Wegbereiter der kommunistischen und antiimperialistischen Sache.

Vor dem Krieg

Die Arbeit für ihre politischen Ziele wurde den Künstlern allerdings schwer gemacht. Chiang Kaishek beschnitt in den frühen dreißiger Jahren den linken Filmstudios ihre Mittel und versuchte, durch Unterbindung von Pressemeldungen und Kritiken sowie Aufführverboten und eine eigene – allerdings kaum nennenswerte – Gegenpropaganda die verloren gegangene Aufmerksamkeit und Sympathie des Publikums zurückzugewinnen. Es folgten – nicht zuletzt auch unter dem Druck der japanischen Besatzer – Säuberungsaktionen gegen die kommunistischen und antijapanischen Künstler sowie Verbote der meisten linksgerichteten politischen und künstlerischen Vereinigungen.

Seidenraupen im Frühling (*chuncan*, 1933) und *Geschwister Blumen* (*zimei Hua*, 1933)

In den Mingxing-Studios wurden im Jahre 1933 zwei bemerkenswerte Filme produziert, in denen sich die Hinwendung zu einer eigenständigen Filmkunst deutlich abzeichnet. Zum einen war das die Verfilmung von Mao Duns gleichnamigem Roman *Seidenraupen im Frühling* (dt.: 1987) des Regisseurs Cheng Bugao. Die Handlung dieser marxistisch orientierten Literaturverfilmung spielt in den frühen dreißiger Jahren in der ostchinesischen Provinz Zhejiang. Während Mao Duns Romanvorlage sich auf eine kritische Aufzeichnung der ökonomischen Folgen der japanischen Importe für die heimische Seidenproduktion beschränkt, versucht der Film ein umfassenderes Porträt der damaligen Gesellschaft zu zeichnen. Er verurteilt die japanische Okkupation Chinas, geht darüber hinaus aber auch auf selbstverschuldete soziale Probleme ein und äußert sich kritisch über das chinesische Patriarchat, das den jeweiligen Machthabern im Land wie in jeder einzelnen Familie die willkürliche Herrschaft über die Untergebenen erlaubt. Die parabolische Darstellung dieser Themen am Beispiel der einzelnen Familie des alten Tongbao, ohne dabei allzu offensichtlich auf gesamtgesellschaftliche Zusammenhänge zu verweisen, sowie die gelungene visuelle Umsetzung beispielsweise bei der mit langen Einstellungen festgehaltenen Aufzucht von Seidenraupen hat diesen Film zu einem herausragenden Dokument linksgerichteter Filmkunst im vorrevolutionären China gemacht.

Das zweite nennenswerte Werk dieses Jahres war die Theaterverfilmung *Geschwister Blumen* des Regisseurs Zheng Zhengqiu (1888–1935). Allerdings läßt die populäre, im westlichen Komödienstil gedrehte Geschichte zweier Schwestern um Traditionen und Modernisierung gegenüber *Seidenraupen im Frühling* eine wirklich filmische Umarbeitung der Bühnenfassung vermissen. Dennoch waren es diese beiden Werke, auf denen das linksgerichtete Kino Shanghais in den folgenden fünfzehn Jahren aufbaute.

Das Lied der Fischer (*yu guang qu*, 1934)

Die Restriktionen durch die Regierung Chiang Kaisheks mündeten im Jahre 1934 in einer Verhaftungs- und Ermordungswelle. Das Shanghaier Yihua-Studio wurde niedergebrannt und die Künstler und politischen Aktivisten der Verfolgung ausgesetzt. Damit zeichnete sich für die Künstler der Weg in den Untergrund ab. Noch im selben Jahr erzielte allerdings mit *Das Lied der Fischer* (1934, R: Cai Chusheng) ein in Shanghai produzierter Spielfilm linksgerichteter Filmemacher einen ersten großen Publikumserfolg. Durch seine Auszeichnung auf dem Moskauer Filmfestival (1935) erlangte er sogar internationale Aufmerksamkeit. In diesem Werk fanden erstmals in der Geschichte des chinesischen Films umfangreichere filmische Formen und Codes wie die dialektische Montage oder ausdrucksstarke Kameraperspektiven und Bildeinstellungen Anwendung, mit denen der Regisseur die Hürden der strengen nationalistischen Zensur zu überwinden und der Verfolgung zu entgehen hoffte. So konnte Cai Chusheng sozial motivierte Aussagen im Film plazieren, die durch ihre künstlerische Stilisierung umso eindringlicher an das Publikum vermittelt wurden.

Das Lied der Fischer vermeidet die direkte Darstellung gesamtgesellschaftlicher Zusammenhänge, deren offene Kritisierung den Regisseur wohl das Leben gekostet hätte. Statt dessen erreicht Cai Chusheng die beabsichtigte Wirkung allein durch die Darstellung einer nur scheinbar von den sie bedingenden Umständen abgeschlossenen Welt von Individuen und Familien, Freundschaften und Liebesbeziehungen. Mit der einfühlsamen Schilderung des Schicksals der einfachen Menschen erreichte er einen hohen Wiedererkennungswert beim Publikum. Zum anderen ermöglichte die Vielschichtigkeit des Films seine Deutung sowohl als Gesellschaftsparabel wie auch lediglich als epische Erzählung.

Auffallend sind dabei die Parallelen zu den berühmt gewordenen Regisseuren der Fünften Generation, die ein halbes Jahrhundert später auf ähnliche Weise unter Umgehung der Zensur ihre Gesellschafts- und Kulturkritik verschlüsselten und damit nach den dreißiger und vierziger Jahren eine zweite Hochphase chinesischer Filmkunst begründeten. In beiden Perioden wurde eine hohe visuelle Qualität erreicht, die den Film eindeutig als eigenständige Kunstform auszeichnet. Diese hob sich schon damals deutlich vom stalinistischen oder maoistischen Kino, aber auch von den in konfuzianischer Tradition stehenden Dramenverfilmungen und Adaptionen des modernen Sprechtheaters ab, weil die Regisseure auf die allzu offensichtliche didaktische und agitatorische Darstellung des gesellschaftlichen Mechanismus verzichteten. Statt dessen lieferten sie dem Publikum durch die Verwendung subtiler filmischer Mittel die Möglichkeit einer Identifikation mit Einzelschicksalen im Rahmen einer vordergründig durch Realismus geprägten Handlung. Darüber hinaus eröffneten sie aber auch weitere Deutungsebenen, die stets den parabolischen Rückschluß auf das Ganze der Gesellschaft ermöglichten. Dabei setzten sie in erster Linie auf die Kraft der Bilder, um die Zuschauer ohne jegliche Indoktrination allein über das emotionelle Nachempfinden von ihrer Sache zu überzeugen.

Es sind die im *Lied der Fischer* dargestellten einfachen Menschen, mit deren Lebensgeschichten sich eine breite chinesische Mehrheit identifizieren konnte. Sie erzeugten Emotionen und Wut auf die vermeintlich Verantwortlichen und erzielten dadurch nicht nur aus filmhistorischer Sicht sondern auch unter gesellschaftspolitischen Aspekten eine sehr viel breitere Wirkung als ihre Theater-Vorgänger oder die kommunistischen Heldenepen späterer Jahre. *Das Lied der Fischer* erzählt die Geschichte der Witwe eines im Sturm umgekommenen armen Fischers, die sich und ihre beiden Kinder durch harte Arbeit im Haushalt eines wohlhabenden Schiffseigners durchbringt. Es entwickelt sich eine innige, alle sozialen Schranken überwindende Freundschaft zwischen ihren Söhnen und dem Sprößling ihres Arbeitgebers. Diese geht so weit, daß letzterer ihnen vor seiner Abreise zum Studium im Ausland verspricht, sich nach seiner Rückkehr für ihre und die Belange der Fischer einzusetzen. Doch es kommt anders. Die beiden zurückgebliebenen Jugendlichen werden Opfer von Banditen, verlieren ihr gesamtes Hab und Gut, landen im Gefängnis und verlieren zum Schluß auch noch Mutter und Onkel beim Brand ihres Hauses. Zur gleichen Zeit geht die Familie des reichen Freundes bankrott, sein Vater begeht Selbstmord, und er selber muß sein Studium abbrechen und bei seinen Freunden auf einem Fischerboot anheuern. Im tragischen Finale kommt auch er im Sturm ums Leben.

Über die tragische Geschichte hinaus, die eine Kritik, wie sie sich die versöhnlich gestimmten sozialen Filme früherer Jahre hatten gefallen lassen müssen, gar nicht erst aufkommen ließ, ragt *Das Lied der Fischer* insbesondere durch seine ausgefeilte und vielschichtige Erzählweise aus der Masse der Filme jener Zeit heraus. Sie bewegt sich stets auf dem schmalen Grat zwischen Tragödie und Komödie. Das ermöglicht einen differenzierten Blick auf die Gesellschaft. Für komödiantische Effekte, die bewußt Spannungsbrüche erzeugen und der Handlung damit immer wieder den Neuaufbau ermöglichen, sorgen dabei in erster Linie die fein gezeichneten Charaktere der Kinder, deren Lebensgeschichte sich als roter Faden durch die Handlung zieht.

Mit derartigen filmischen Gestaltungsweisen erhob sich der linksgerichtete chinesische Film der dreißiger Jahre weit über seine kommerziellen und der Dramenvergangenheit verhafteten Vorgänger. Er beansprucht zu Recht seinen Platz in der internationalen Filmgeschichte. Er ließ viele Beschränkungen hinter sich, die er sich durch seine Unterordnung unter die traditionelle Bühnenkunst oder das Sprechtheater bislang auferlegt hatte. Damit spielt er in der Filmgeschichte eine Rolle, die mit der Bedeutung der Literatur desselben Zeitraums vergleichbar ist. Diese hatte mit ähnlichen Motiven und Intentionen unter Verwendung sowohl chinesischer Erzähltechniken

Ruan Lingyu in *Göttinnen*
(shennü, 1934, R: Wu Yonggang)

als auch importierter literarischer Formen und Ideologien seit den Zwanzigern einen neuen Standard erreicht. Daher gilt sie nicht zuletzt auch als Vorbild und Wegbereiter der vielen seit den achtziger Jahren neu aufgekommenen literarischen Formen in China, denen wiederum zu Recht eine enge Verbindung zu jungen Filmemachern wie Chen Kaige oder Zhang Yimou nachgesagt wird.

Göttinnen (shennü, 1934)

Im Jahre 1934 sind noch weitere Filme entstanden, die aus politischer wie filmästhetischer Sicht auf einer Ebene mit *Das Lied der Fischer* stehen. Besonders die Stummfilmproduktion *Göttinnen* von Wu Yonggang ragt aus den zahlreichen linksgerichteten Werken dieses Jahres heraus. Der Regisseur thematisiert in diesem Melodram mit großer Sympathie und zugleich sozialkritischer Attitüde das Leben einer Prostituierten im urbanen China jener Zeit. Die junge Frau, die sich und ihren Sohn in Shanghai nur dadurch am Leben erhalten kann, daß sie ihren Körper verkauft, kämpft verzweifelt um ein besseres Leben für ihren durch den Beruf der Mutter vor der Gesellschaft gebrandmarkten Sohn. Anders als bei amerikanischen Vorbildern wie Joseph von Sternbergs *Blonde Venus*, als dessen chinesisches Remake *Göttinnen* zu verstehen ist, steht hier nicht die Selbstverwirklichung der Frau im Vordergrund, die – selbst ohne Familie geblieben – angesichts der Bedeutungslosigkeit ihres Geschlechts in der chinesischen Gesellschaft längst mit ihrem Leben abgeschlossen hat. Vielmehr betont Wu Yonggang ihre Mutterliebe, die alle Dogmen und gesellschaftlichen Riten in den Schatten stellt. Für ihren Sohn opfert sie sich selbstlos. Um ihn zu ernähren, nimmt sie selbst die erniedrigende Tätigkeit der Prostituierten auf sich, durch die sich ihr eigenes Schicksal besiegelt.

Sympathie und Bewunderung für die Protagonistin werden über die einfühlsame Zeichnung dieser tragischen Figur hinaus auch dadurch geweckt, daß ihre Rolle mit der ›Gottheit‹ der damaligen Filmwelt Chinas besetzt wurde, der Schauspielerin Ruan Lingyu (1910–35). So verweist der Regisseur bei dieser Bezeichnung ihres Berufsstandes nicht zufällig auf das Gedicht *Chang E* des Tang Dichters Li Shangyin (in: *200 Chinese Tang Poems*. Peking 1990, S.338–39), sondern stellt darüber eine Verbindung zwischen der gespielten Rolle und dem persönlichen Schicksal ihrer Darstellerin her. Diese Diva des chinesischen Kinos wurde durch ihren tragischen Selbstmord kurze Zeit nach Vollendung dieses Films zu einer Repräsentantin der unterdrückten Frauen und Vorkämpferin für mehr Menschlichkeit und ein gerechteres Gesellschaftssystem im Reich der Mitte.

Breiter Weg (*dalu*, 1934)

Auch dem Film *Breiter Weg* des Drehbuchautors und Regisseurs Sun Yu ist eine Kombination lyrischer Darstellungsweise mit einer offensichtlich sozialen Thematik gelungen. Der Film erzählt die Geschichte von sechs Bauarbeitern, die nach dem Verlust ihrer Arbeitsplätze in Shanghai am Bau einer Straße auf dem Land arbeiten. Unterlegt von Liedern, die sie während ihrer Arbeit singen, zeichnet der ansonsten stumme Film ein sensibles Bild ihrer Lebenskraft. Diese widerspricht zwar den äußeren Umständen ihres Lebens, macht aber gerade aus diesem Grund Hoffnung für die Zukunft Chinas. Dies wird durch den bedingungslosen Zusammenhalt der Männer in allen Lebenssituationen, ihren unerschütterlichen Mut und die Liebesgeschichten zwischen ihnen und den Bauernmädchen aus der Gegend ergänzt.

Das physisch-ästhetische Moment spielt in *Breiter Weg* eine dominierende Rolle. In vielen Körperstudien der arbeitenden Männer oder in einer Szene, in der die Mädchen die nackt im Fluß badenden Arbeiter beobachten, schlägt sich die Lebensfreude und der Zukunftsglauben der Menschen auf der Leinwand nieder und unterstreicht die Intention des Regisseurs, die Menschen zur selbständigen Gestaltung ihrer eigenen wie der Zukunft ihres Landes aufzufordern. Die antijapanische Thematik, mit der der Regisseur den Film unterlegt hat, indem er der Straße eine für den Verteidigungskampf

Breiter Weg
(dalu, 1934, R: Sun Yu)

wichtige strategische Bedeutung zugeteilt und auch auf Kampfszenen und Luftangriffe nicht verzichtet hat, verweist darüber hinaus auf seine aktuelle politische Intention. Am Ende werden die bei einem Luftangriff ums Leben gekommenen Männer in den Gedanken der überlebenden Frau wieder zum Leben erweckt und führen China in eine selbstbestimmte Zukunft.

Auf der Kreuzung (*shizi jietou,* 1937) und *Straßenengel* (*malu tianshi,* 1936)

Trotz einiger auch kommerzieller Erfolge war die linke Filmproduktion Mitte der dreißiger Jahre wieder an einem zumindest quantitativen Tiefpunkt angelangt. Angesichts der zunehmenden politischen Verfolgung linker Aktivisten mußten die meisten Filmstudios in Shanghai ihre Tätigkeit einstellen. Viele Künstler und Produzenten entschlossen sich daraufhin, sofern sie nicht in den Untergrund abtauchten oder ihre Arbeit in Hongkong fortsetzten, im Hinblick auf ihre eigene Sicherheit zu möglichst ideologiefreien – meist kommerziellen – Produktionen. Im Jahrzehnt nach dem ›Langen Marsch‹ der von den nationalistischen Truppen und lokalen Warlords verfolgten Kommunisten in das nordchinesische Höhlendorf Yanan (1934–35) bis zum Ende des

Kriegs gegen die japanischen Aggressoren (1945) entstanden nicht mehr als zwei erwähnenswerte Spielfilme, dafür aber eine große Zahl propagandistischer Dokumentaraufnahmen japanischer wie auch chinesischer Provenienz.

Unmittelbar vor der Übernahme Shanghais durch die Japaner am 12. November 1937 und der daraufhin veranlaßten Schließung aller linken Studios, die zu einer weiteren Fluchtwelle nach Hongkong führte, stellte die Mingxing-Gesellschaft den Film *Auf der Kreuzung* des Regisseurs und Drehbuchautoren Shen Xiling (Shen Xuecheng, 1904–40) fertig. Im Jahre 1936 produzierte der spätere Gründer der Yanan-Filmgruppe Yuan Muzhi (Yuan Jialai, 1909–78) im selben Studio den Film *Straßenengel*. Beide Filme, die unter Mitwirkung des berühmten Darstellers Zhao Dan (Zhao Fengao, 1915–80) entstanden, gehören zu den bedeutendsten Dokumenten des vorrevolutionären linken Kinos in China.

Der Film *Auf der Kreuzung* erzählt die Geschichten von vier arbeitslosen Collegeabsolventen, die mit diesem Schicksal jedoch auf völlig unterschiedliche Weise umgehen, bevor sie am Ende in eine gemeinsame Zukunft gehen. Am Beispiel der nahezu gegensätzlichen Charaktere der vier Protagonisten und ihrem Leben im Shanghai der dreißiger Jahre zeichnet Shen Xiling ein Porträt der zerrissenen Gesellschaft mit zögerlichen und depressiven, dabei aber äußerst individuell auftretenden Menschen, die schließlich nur durch die – von den Kommunisten vermittelte – greifbare Hoffnung auf eine bessere Zukunft aus ihrer Lethargie gerissen werden.

Auch *Straßenengel* skizziert trotz seiner Inszenierung als Komödie ein pessimistisches Bild der chinesischen Gesellschaft in der Zeit vor dem Krieg. Die Protagonisten sind Außenseiter in der urbanen Gesellschaft Shanghais, die offensichtlich von westlichen Errungenschaften geprägt ist, dabei aber ihre eigenen Wurzeln verleugnet und den kleinen Mann auf der Straße in das soziale Abseits drängt. Sie teilen bis zum tragischen Ende ihres gemeinsamen Wegs als ›Straßenengel‹ die Unwägbarkeiten des alltäglichen Lebens im Milieu der Teehäuser und Bordelle Shanghais. Gemeinsam ist diesen beiden Filmen ihre an Hollywoods Tragikomödien aus derselben Zeit erinnernde Inszenierung. Darüber hinaus fällt das Bemühen ihrer Protagonisten um die eigene Integrität im täglichen Überlebenskampf innerhalb der von Verfall und Sittlichkeitsverlust befallenen, von ihren natürlichen Wurzeln entfremdeten Umwelt auf. Darin verbirgt sich zugleich auch immer ihr Glauben an eine bessere Zukunft.

Einige andere Spielfilme meist antijapanischer Thematik aus der Zeit bis 1945 haben zwar auch heute noch viele Fürsprecher, rechtfertigen aus filmhistorischer und filmästhetischer Sicht jedoch keine eingehendere Behandlung. So etwa der Film *Marsch der Jugend* (*qingnian jinxingqu*, 1937) von Shi Dongshan (Shi Kuangshao, 1902–55), an dem die beiden inzwischen schon legendär gewordenen Tian Han und Xia Yan beteiligt waren, oder Wu Yonggangs *Hochfliegende Pläne* (*zhuangzhi lingyun*, 1936).

Kriegspropaganda

Die erhoffte bessere Zukunft sollte in der Realität Chinas zunächst noch auf sich warten lassen. Denn nach 1937 schnürte die japanische Umklammerung das Land acht Jahre lang ein und brachte das öffentliche Leben weitgehend zum Erliegen. Dem fiel auch die Filmindustrie fast vollständig zum Opfer. In diesen Jahren entstanden nur noch wenige Propagandawerke, die linke Widerstandskämpfer im Untergrund produzierten. Keines davon erreichte allerdings die Kinos in den von den Besatzern kontrollierten Metropolen. Statt dessen wurden die Leinwände aus dem im besetzten Nordostchina liegenden Changchun-Filmstudio und später aus Peking mit antichinesischen Filmen der Japaner versorgt. Darunter erweckte z.B. eine japanisch-deutsche Produktion mit dem Titel *Neues Land (xintu)* großen Widerstand unter der chinesischen Bevölkerung. Darin wurde die besetzte Mandschurei als japanisches Territorium proklamiert und offen für eine japanische und deutsche Neubesiedlung geworben. Unter japanischer Protektion hatte Nazi-Deutschland seine nach der Niederlage im 1. Weltkrieg ruhenden Filmaktivitäten in China schon seit den frühen dreißiger Jahren wieder aufgenommen und neben dem Film *Neues Land* weitere schlimme rassistische Werke wie *Die Welt der Gelben Rasse* (1931), *Kampf um den Himalaya* (1935) oder *China zwischen Gestern und Heute* (1940) hervorgebracht. Desweiteren wurden in den europäischen Konzessionen in Shanghai, die bis zum Kriegsausbruch in Europa vor japanischen Übergriffen noch relativ geschützt waren, weiterhin kommerzielle Unterhaltungsfilme gedreht. Doch auch deren Zahl wurde geringer. Als die zusehends in den Krieg involvierten Amerikaner ihre Streitkräfte im Jahre 1940 allmählich aus China zurückzogen, wurde vier Jahre nach der Besetzung Shanghais mit der japanischen Übernahme Hongkongs im Jahre 1941 auch das letzte noch offene Tor zum Westen verschlossen. Das bedeutete zudem den Verlust der letzten freien Enklave für linke und unabhängige chinesische Filmemacher und das nahezu vollständige Ende antijapanischer Kriegspropaganda im Film.

Bürgerkrieg

In den auf das Kriegsende im Jahre 1945 folgenden vier Jahren des chinesischen Bürgerkriegs zwischen der nationalistischen Regierung Chiang Kaisheks und den Kommunisten lebte die Spielfilmproduktion wieder merklich auf. Angesichts der sozial und politisch wie auch kulturell deprimierenden Gegenwart fanden die linken Aktivisten mit ihren Versprechen von einer demokratischen Volksregierung, sozialer Gerechtigkeit und nationaler Selbstbestimmung inzwischen breite Zustimmung bei der Bevölkerung. In ihren Händen wurde der Film neben der Literatur zum wichtigen Propagandamittel, nun im Kampf gegen Chiang Kaishek. Dieser hielt bezeichnenderweise aus Shanghai mit seiner gutausgebauten Filmlandschaft kaum dagegen. Das wird nicht zuletzt an dem von Korruption und Mißorganisation begleiteten Auseinanderfallen seiner Anhängerschaft wie auch an der kommunistischen Infiltration und Sabotage gelegen haben. Der Einflußbereich der Kommunisten unter Mao Zedong, die bereits seit 1940 aus dem nordchinesischen Höhlendorf Yanan, der Zufluchtstätte nach dem ›Langen Marsch‹, mit spärlichen Mitteln versuchten, ein dogmatisch marxistisches Gegenkino zu etablieren, dehnte sich gleichzeitig von seinen ländlichen Ursprüngen her immer mehr auch auf die Städte aus. Aus der von Yuan Muzhi gegründeten Yanan-Filmgruppe wurde die inzwischen nach Peking übergesiedelte Kunlun-Filmgesellschaft. Ebenfalls von den Kommunisten übernommen wurde im Jahre 1945 das bis dahin von den Japanern besetzte Studio in Changchun, das nun den Namen Dongbei (Nordost-) Studio erhielt und in den Bürgerkriegsjahren als zweiter Produzent kommunistischer Film-Propaganda hervorgetreten ist. Von dort baute man eine kommunistische Filmindustrie auf, die den bewaffneten Kampf gegen die nationalistischen Truppen Chiang Kaisheks unterstützen und unter den Prämissen des sozialistischen Realismus und der kunstpolitischen Vorgaben Mao Zedongs den ihr zugewiesenen Platz innerhalb des revolutionären Prozesses einnehmen sollte. Dies wird in einem nachfolgenden Kapitel darzustellen sein.

Trotz aller politischen und finanziellen Probleme wurden in den vier Jahren des Bürgerkriegs einige herausragende Filmwerke geschaffen. Diese hoben sich wohltuend von den noch immer marktführenden kommerziellen Shanghaier Produktionen wie auch von der Masse der kommunistischen Propagandafilme ab, die wenig später das Land überschwemmten. Diese politisch motivierten und künstlerisch ambitionierten Filme erwuchsen aus der Tradition des linken Kinos der dreißiger Jahre. Sie versuchten mit subtilen Mitteln und ohne didaktische oder propagandistische Ansprüche, die Erfahrungen und das Trauma des Japankriegs aufzuarbeiten.

Ein Frühjahrsstrom fließt nach Osten
(*yijiang chunshui xiang dong liu*, 1947–48)

Aus der kurzen Reihe dieser Filme ragt die in Shanghai und Peking gedrehte zweiteilige Mammutproduktion *Ein Frühjahrsstrom fließt nach Osten* (VT: *Die Wasser des Frühlingsstromes fließen nach Osten*) der Regisseure Cai Chusheng und Zheng Junli (Zheng Zhong, 1911–69) heraus. Nach dem *Lied der Fischer* wurde dieser Film ein zweiter großer Publikumserfolg linksgerichteter Filmwerke. Das mag als Folge der durch die traumatischen Erfahrungen enger gewordenen Verbindung zwischen Filmemachern und Publikum gewertet werden, das immer mehr Verständnis für das linke Gedankengut und dessen hochwertige filmische Präsentationen aufzubringen schien. Gleichzeitig ließ angesichts des bevorstehenden Zusammenbruchs von Chiang Kaisheks Herrschaft die Kontrolle und der Einfluß der nationalistischen Zensoren nach. Der Vertrauensverlust, den Chiang Kaishek durch seinen ›Verrat am Volk‹ im eigenen Land hatte hinnehmen müssen, leistete der Identifikation mit den Themen der linken Filmemacher und dem Zusammengehörigkeitsgefühl zwischen reformorientierten Intellektuellen und Künstlern mit dem Volk erheblichen Vorschub. Sie trugen zu einer patriotisch motivierten Welle der Begeisterung bei, die nicht unwesentlichen Anteil an den militärischen und ideologischen Erfolgen der Kommunisten hatte.

Davon profitierte auch der Film *Ein Frühjahrsstrom fließt nach Osten*, der auf zurückhaltende Weise die traumatischen Kriegserlebnisse verarbeitet und dabei – wie seine Vorgänger aus den dreißiger Jahren – auf eine plakativ didaktische Aussage verzichtet. Während diejenigen Filme immer mehr die Oberhand gewannen, die sich bereits in die Yanan-Dogmatik einfügten und anhand von ›objektivem‹ Propagandakino den gesamtgesellschaftlichen Mechanismus darzustellen versuchten, erzählt dieser statt dessen die melodramatisch inszenierte Geschichte einer einzigen Familie. Deren Mitglieder erleben die Schrecken von Krieg und Bürgerkrieg auf ganz persönliche Weise. Sie versinken trotz ihres persönlichen Idealismus innerhalb der chaotischen Umwelt auch im privaten Bereich im Sumpf um Liebesgeschichten, Intrigen und Korruption, um schließlich nach ihrer Trennung voneinander die tragisch inszenierte Wiedervereinigung zu erleben. Alles in allem ist den Regisseuren mit der Zeichnung dieser einen Familie unter Herausstellung all ihrer individuellen Merkmale und Facetten ihres Lebens eine eindringliche und unterhaltsame psychologische Studie der gesamten urbanen Gesellschaft Chinas in den vierziger Jahren gelungen.

Wie bereits der Titel, die melodramatische Darstellungsweise und die Filmerzählung andeuten, griffen die Regisseure sowohl auf filmgestalterische Mittel des populären amerikanischen Unterhaltungskinos als auch auf Elemente traditioneller chinesischer Kultur zurück. So wurde in diesem Film die Aufarbeitung der Kriegsvergangenheit in eine in der Gegenwart spielende Rahmenhandlung verpackt. Deren eigentliche Verwicklungen sind dem chinesischen Zuschauer aber bereits aus dem Volksspiel *Die Pipa* aus dem 14. Jahrhundert vertraut. Während die Verbindung zu diesem populären Spiel und die wiederholt auftauchenden Motive aus der traditionellen chinesischen Landschaftsmalerei offensichtlich sind, lassen sich darüber hinaus z.B. in Abschiedsszenen auch sentimentale Konventionen erkennen, die ihre Vorläufer in Malerei und Poesie haben. So auch der Filmtitel, dessen Verwandtschaft zu einem Gedicht des in der Zeit der Song-Dynastie (960–1279) lebenden Dichters Li Yu die Tragik und Hoffnung dieses Films zusätzlich unterstreicht: »Wieviel Kummer du auch im Herzen trägst. Der Frühjahrsstrom fließt seinen Weg nach Osten.«

Seine hohe Identifikationswirkung in den vierziger Jahren erzielte der Film *Ein Frühjahrsstrom fließt nach Osten* im Gegensatz zu den kommuni-

Ein Frühjahrsstrom fließt nach Osten (yijiang chunshui xiang dong liu, 1947–48, R: Cai Chusheng und Zheng Junli)

stischen Heldenepen in erster Linie durch den Realismus wie die Aktualität der Handlung und die in ihr dargestellte Vielschichtigkeit und Fehlbarkeit ihrer Charaktere. Darin erkannten viele Menschen in den Städten Chinas ihren eigenen Leidensweg wieder. Das Leben der Protagonisten beschränkt sich im Film nicht auf ihre revolutionäre Tätigkeit, sondern ist hin und hergerissen zwischen persönlichen Vorteilen, Ängsten, Idealen und vor allem den alltäglichen Widrigkeiten, die ihnen auch nach dem Krieg noch überall begegnen. Das alles entspricht dem Schicksal und den Erlebnissen der meisten Menschen jener Zeit. Davon, aber auch von den im Film spürbaren Kunsttraditionen angesprochen, wurde das Kino für das chinesische Publikum zum vertrauten Medium.

Die melodramatische Form dieses Films unterstützt seine Identifikationswirkung zusätzlich. Diese übernimmt allerdings nicht die amerikanischen Werte individueller Befreiung und persönlichen Glücks, sondern rückt gemäß der chinesischen Tradition die Familie und die größere Einheit der Gesellschaft in den Vordergrund. Hervorzuheben ist schließlich auch die Schnitttechnik dieses Films, die sich an die dialektische Montage des revolutionären Sowjetkinos anlehnt. Damit schufen die Regisseure Verknüpfungen, durch die erst die facettenhafte Lesbarkeit der Filmhandlung und die Entschlüsselung der in Metaphorik und Symbolik verpackten Aussage ermöglicht wurde, ohne daß der Zensur eine allzu offensichtliche Angriffsfläche geboten wurde. Erst diese eigentümliche Kombination unterschiedlicher Kunsttraditionen sowie – scheinbar gegensätzlicher – filmgestalterischer Techniken machen diesen Film zu einem Meisterwerk chinesischer Filmkunst.

Achttausend Li unter Wolken und Mond (*baqianli lu yun he yue*, 1947)

Aus den Jahren des Bürgerkriegs haben außerdem auch einige weitere Werke Eingang in die Filmgeschichte gefunden. Sie alle hatten sich noch nicht den jegliche Kreativität erstickenden Yanan-Dogmen Mao Zedongs ergeben. Vielmehr zeichneten sie ohne ideologische Verklärung ein realistisches Porträt der Verhältnisse in der Nachkriegsgesellschaft und brachten dabei mit großer künstlerischer Kreativität ihre Träume von einer selbstbestimmten und sozial gerechteren Zukunft ihres Landes auf die Leinwand. So etwa der 1947 entstandene Film *Auf dem Songhuafluß (Songhuajiang shang)* von Jin Shan (Zhao Mo, geb.1911) oder Shi Dongshans *Achttausend Li unter Wolken und Mond* aus demselben Jahr.

In dem Film *Achttausend Li unter Wolken und Mond* wird der nur kurze Zeit nach der Befreiung aus der japanischen Okkupation erneut in das Leben aller Menschen in China hineinragende Bürgerkrieg realistisch in Szene gesetzt. Besonders für die hoffnungsvoll aus dem Krieg Heimgekehrten und die vielen auf eine bessere Zukunft hoffenden Leidtragenden der Besatzungszeit waren die erneuten militärischen Auseinandersetzungen und die damit verbundenen gesellschaftlichen Spannungen desillusionierend. Damit sprach dieser Film vor allem die Intellektuellen und linken Widerstandskämpfer an, die sich vom Ende der japanischen Besatzung die endgültige Befreiung nicht nur von einem fremden Feind erhofft hatten, statt dessen aber nun hilflos beobachten mußten, wie sich die Menschen in China gegenseitig bekämpften. Der Film *Achttausend Li unter Wolken und Mond* erzählt die Geschichte der Studentin Jiang Lingyu, die sich durch die Teilnahme an Theaterprojekten in der antijapanischen Kriegspropaganda engagiert und auf diese Weise zum Widerstand aufruft. Gemeinsam mit ihrem Geliebten, dem Musiker Gao Libin, geht sie sogar bis zur Frontlinie vor und beteiligt sich kämpfend an der Verteidigung der Städte am Ober- und Mittellauf des Yangzi-Stroms. Den Sieg über die Aggressoren feiern die beiden gleichzeitig mit ihrer Hochzeit und unterstreichen damit die Vereinigung ihres privaten Schicksals mit dem ihres Landes. Anschließend begeben sie sich voller hoffnungsvoller Zukunftspläne per Schiff den Yangzi-Strom hinab auf den Heimweg nach Shanghai. Dort begegnet ihnen jedoch die bittere Nachkriegsrealität mit Inflation, sozialen Mißständen und politischen Ungerechtigkeiten sowie den Auseinandersetzungen des aufbrandenden Bürgerkriegs. Anhand der sehr intimen Geschichte der beiden differenziert charakterisierten Akteure zeichnet Shi Dongshan in poetischen Bildern ein realistisches Bild von Hoffnungen und Enttäuschungen der Menschen in den Städten der ›befreiten‹ Gesellschaft. Damit vermittelt er dem Zuschauer zugleich eine ausdrucksstarke soziale Botschaft und fordert darüber hinaus zur Verwirklichung der nationalen Einheit auf.

Krähen und Spatzen (wuya yu maque, 1949)

Unter ähnlichen Umständen wie *Achttausend Li unter Wolken und Mond* entstanden noch vor der kommunistischen Machtergreifung neben einer Vielzahl nun aus Hongkong auf den Markt drängender – zumeist im kantonesischen Dialekt verfilmter – Komödien und Tragikomödien auch in Festlandchina noch einige hervorragende, politisch motivierte Filme. Darunter befinden sich Shen Fus *Lichter aus zehntausend Heimen* (*wanjia denghuo*, 1948), Fei Mus *Frühling in einer kleinen Stadt* (*xiaocheng zhi chun*, 1948) oder *Ein Leben voller Hoffnung* (*xiwang zai renjian*, 1949) von Shen Fu. Die größte Aufmerksamkeit erregte allerdings der Film *Krähen und Spatzen* (1949) von Zheng Junli. Dieses Werk hat als letztes Dokument der linken oppositionellen Filmarbeit aus der Zeit des Bürgerkriegs Eingang in die Filmgeschichten gefunden. Zugleich bildete es den Übergang zur Periode des sozialistischen Kinos unter Mao Zedong, wo *Krähen und Spatzen* immerhin noch zum filmkünstlerischen und ideologischen Vorbild avancierte. Tatsächlich wurden in den folgenden dreißig Jahren chinesischer Filmgeschichte allerdings kaum noch Werke produziert, die sich künstlerisch an dieser subtil inszenierten sozio-politischen Studie über die Nachkriegsgesellschaft hätten messen können.

Die Handlung von *Krähen und Spatzen* spielt im Jahre 1948 in einem Shanghaier Mietshaus, das sich im Besitz eines nationalistischen Offiziers und Feudalherrn befindet. Die Kamera verläßt diese hermetisch abgeriegelte Umgebung nur zu wenigen kurzen Schwenks über die Dächer Shanghais und zu einigen Sequenzen in Restaurants und auf der Straße. Damit zeichnet Zheng Junli das Haus als Mikrokosmos, in dem sich die Verhältnisse der chinesischen Gesellschaft spiegeln. Der Hausbesitzer bereitet sich angesichts der bevorstehenden Niederlage der Truppen Chiang Kaisheks, unter deren Protektion er seine persönliche Macht hat errichten können und denen er von daher verbunden ist, auf die Flucht vor den bereits vor den Stadttoren stehenden Kommunisten nach Taiwan vor. Vorher versucht er allerdings noch, die Mieter seines Hauses auf die Straße zu setzen, um es günstig verkaufen zu können. Das verhindern die Hausbewohner, die mit dem erwachenden Selbstbewußtsein der kleinen Leute um ihr Bleiberecht streiten, dabei allerdings – anders als ihr Gegner – stets um moralische Integrität bemüht sind. Damit haben sie schließlich Erfolg. Ähnlich wie in der Realität Chiang Kaishek und seine Anhänger, muß ihr Widersacher seinen Gesichtsverlust hinnehmen

Krähen und Spatzen
(wuya yu maque, 1949, R: Zheng Junli)

und unverrichteter Dinge die heimliche Flucht auf die südostchinesische Insel antreten.

Die sarkastisch überspitzt dargestellte Persönlichkeit des Offiziers, die Häßlichkeit seines zusätzlich mit Unterperspektiven und verzerrenden Weitwinkeleinstellungen ins Bild gesetzten Gesichts und der zum ärmlichen Leben seiner Mieter scharf kontrastierende feudale Lebenswandel machen ihn zu einer Art wandelnder Allegorie des untergehenden Systems. Im Gegensatz dazu sind die Mieter seines Hauses mit sehr viel Sympathie und Einfühlungsvermögen gezeichnet, ohne daß sie damit auf eine heroische Ebene gehoben würden, wie es schon bald zum wesentlichen Merkmal des chinesischen Films werden sollte. Ganz im Gegenteil wird dem Zuschauer anhand vieler kleiner – für sich stehender und scheinbar unbedeutender – Alltagsgeschehnisse ein realistischer Einblick in das Leben einer aufgewühlten urbanen Gesellschaft der Bürgerkriegszeit ermöglicht. Jenseits aller ideologischen Verklärung und mit Mitteln des Tragikomischen erweckt der Film Sympathien für die so lange Unterdrückten, die kleinen Leute.

Mit Filmen wie diesem ist es linksgerichteten Filmemachern der dreißiger und vierziger Jahre gelungen, sich von den konfuzianisch beeinflußten Kunsttraditionen wie den importierten Formen westlicher Filmästhetik und den Beschränkungen der Bühnenkunst zu befreien. Mit subtilen filmischen Mitteln und Codes, die sie gleichermaßen aus der eigenen Kultur wie aus der fremden Theorie und Ästhetik des Filmmediums schöpften, schufen sie eine visuelle chinesische Kunst, die sprechender Ausdruck ihrer von sozialen und nationalen Idealen geprägten Weltsicht war. Der Weg des Films sollte jedoch bald neuen gravierenden Beschränkungen unterliegen und zu einem Zerrbild der 1949 erhofften Freiheit werden, als das Kino im von nun an zweigeteilten China unter dem Zeichen von Ideologisierung, Politisierung und Sozialisierung hier wie dort zu einem Instrument platter Didaktik verkam und alle seine künstlerischen Errungenschaften innerhalb kürzester Zeit nivellierte.

II. Filmproduktion der Volksrepublik China unter Mao Zedong (1942–1978)

1. Weg aus dem Untergrund (1942–48)

Im Jahre 1942 schuf Mao Zedong die theoretischen Grundlagen und Richtlinien der Kunstpolitik für einen künftigen kommunistisch regierten chinesischen Staat. Mao schlug nach seiner Flucht vor den nationalistischen Truppen und lokalen Kriegsherren aus Südchina, dem sogenannten ›Langen Marsch‹, im Jahre 1935 gemeinsam mit seinen Anhängern in dem nordchinesischen Höhlendorf Yanan sein Hauptquartier auf. Von den japanischen Aggressoren und den nationalistischen Feinden im Inneren bedroht, übte er seine Macht über die linksdemokratische und kommunistische Bewegung von dort aus mit wachsender Autorität aus. Das brachte ihm allerdings nicht nur Freunde in der Bewegung ein. Vielmehr führte es auch zu einer Welle der Kritik an seinem Führungsstil, die besonders unter den Intellektuellen und Künstlern laut wurde. Voller Ideale und Hoffnungen auf eine selbstbestimmte und freihheitliche Zukunft hatten viele Aktivisten der Vierte-Mai-Bewegung Mao nach Yanan begleitet, sahen ihre Pläne zur Errichtung einer demokratischen Gemeinschaft nun aber zusehends durch seine restriktive Herrschaftsausübung enttäuscht.

Ohne die wachsenden Auseinandersetzungen in der einst eingeschworenen kommunistischen Gemeinschaft überhaupt anzusprechen, leitete Mao Zedong als direkte Antwort auf die Kritik, die seine noch längst nicht gefestigte Macht bedrohte, im Frühjahr 1942 eine innerparteiliche Kampagne zur ideologischen Bereinigung ein. Dies war die erste in einer langen Reihe politischer Maßnahmen im kommunistischen China, mit denen er Kritiker an seiner Person und an dem von ihm eingeschlagenen Weg zum Schweigen brachte, um dadurch seine Macht zu demonstrieren. Darüber hinaus hatte diese Säuberungskampagne eine zukunftsweisende Bedeutung für die Künste im kommunistischen China. Diese wurden von Mao völlig neu definiert. In den folgenden dreieinhalb Jahrzehnten waren sie vordergründig von der Umsetzung der 1942 in Yanan zum Dogma erhobenen Prinzipien der

Revolution und dem ideologischen wie formalen Vorbild der stalinistischen Sowjetunion geprägt. Aus dem Untergrundkampf heraus bestimmten diese Vorgaben auch in der Volksrepublik China die scharfen Auseinandersetzungen von Maos Politik mit den eher liberalen Traditionen des Vierten Mai 1919. Das mit diesem Namen verbundene linksgerichtete Kino sollte schon bald gemeinsam mit der liberalen Literatur, den traditionellen Künsten und jeglichem künstlerischen Schaffen, das auch nur leicht von Maos Linie abwich, in die Schußlinie des radikal-kommunistischen Parteiführers geraten.

Maos Yanan-Reden

Im Mai des Jahres 1942 hielt der Parteiführer zwei Reden, um die Kampagne gegen die innerparteiliche Opposition zu starten. Darin treten seine prinzipielle Kunstfeindlichkeit und das Mißtrauen gegenüber Intellektuellen bereits deutlich zutage. In den folgenden drei Jahrzehnten kam ähnliches immer wieder in seinen Reden, Schriften und vor allem seiner Kulturpolitik zum Ausdruck. Der Kampf gegen jedes unabhängige Denken sollte zu einem unübersehbaren Motiv von Maos Handeln werden. Der selber mit Gedichten und Kalligraphien klassischen Stils hervorgetretene Parteiführer vermittelte den Künstlern und Intellektuellen seiner Zeit in seinen Reden Handlungsanweisungen für die kommunistische und patriotische Propagandaarbeit während des Krieges gegen Japan und die nationalistischen Feinde im eigenen Land. Vor allem aber offenbarte er schon damals sein unfruchtbar dogmatisches und bäuerlich beschränktes Verständnis von Kunst und Literatur. Das sollte sich später in vielen hundert Filmwerken niederschlagen. Maos Ideen waren zwar zum einen in den moralethischen Lehren des Konfuzianismus verankert, mit denen er sich durch seine klassischen Studien bestens vertraut gemacht hatte; auf der anderen Seite propagierten sie aber nichts anderes als die Reduzierung der Kunst auf ihre didaktischen Möglichkeiten im Sinne ihrer politischen Funktionalisierung. In dieser Mischung aus Propagandamaschinerie stalinistischer Prägung auf der einen und starrer konfuzianischer Ethik wie traditionell funktionalistischer Ästhetik auf der anderen Seite hat die Kunsttheorie in China – in nur leicht abweichenden Auslegungen – auch zwei Jahrzehnte nach Maos Tod im Jahre 1976 noch ihre Gültigkeit behalten.

In den Yanan-Reden projizierte Mao sein – allerdings eher beschränktes – Verständnis des marxistischen Klassenkampfmodells und sein traditionell bäuerliches Weltbild in einer grundlegend kunstfeindlichen Haltung auf die Literatur und Kunst in China. Damit reduzierte er deren Wert nach der einige Jahrzehnte zuvor errungenen Befreiung aus ihrer moralethischen Funktionalisierung nun auf eine sekundäre Rolle im gesamtpolitischen Zusammenhang. Das bedeutete für die Kunst mithin nicht den – beständig propagierten – Fortschritt in eine hehre Zukunft, sondern einen Schritt zurück zur in China seit vielen Jahrhunderten geltenden Unterordnung unter die Machtansprüche eines autokratischen Systems. Als ›Transmissionsriemen‹ zwischen Volk und Partei kommt ihr nach Maos Verständnis die alleinige Funktion als propagandistisches Sprachrohr der Partei zu. Diese wiederum manifestierte sich für Mao, der nach 1942 keinerlei Kritik an sich und seinem Führungsstil mehr zuließ, in seiner eigenen Person. Um diesen Anspruch zu erfüllen, verlangte er die ideologische Politisierung aller Künste. Für die Künstler bedeutete das die Reduzierung ihrer Arbeit auf einen mechanischen Prozeß der didaktischen Weiterreichung vorgegebener Dogmen, praktisch also das vorzeitige Ende des erst seit kurzem errungenen, freiheitlichen und kreativen Schaffens.

In Maos Einflußbereich wurden ästhetische Werte in der Kunst bedeutungslos, ja waren sogar verpönt. Statt dessen galt seit 1942 in den kommunistisch kontrollierten Teilen Chinas das Prinzip des sogenannten sozialistischen Realismus. Für den Film bedeutete das in erster Linie die massenmediale Unterstützung der kommunistischen Mobilisierungsbestrebungen. Mit Hilfe des Kinos sollten breite Kreise der Bevölkerung angesprochen und für die Revolution begeistert werden. Mao sah in Bauern, Arbeitern, städtischen Kleinbürgern und Soldaten das eigentlich revolutionäre Potential, dessen Bildung – und Umerziehung – vorangebracht werden mußte. Deshalb bestand er zunächst auf dem Rückgriff auf Elemente und Inhalte der chinesischen Volkskünste, die den Gewohnheiten einer breiten Masse entgegenkamen. Von den traditionellen Volkskünsten lieferten insbesondere die allegorischen Moralitätenspiele aus Drama und Geschichtenerzählung mit ihren reduzierten und polarisierten Charakteren Vorbilder für Maos simplifizierte Form des sozialistischen Realismus, den er aus der stalinistischen Sowjetunion abgeschaut hatte. Deren konfuzianisch moralisierende Erzählungen brauchten ›nur‹ noch durch – den neuen Bedingungen entsprechende – revolutionäre Aussagen ersetzt zu werden. Das verdeutlicht bereits die Nähe von Maos Dogmen zur traditionellen Kunstauffassung in China. Über die Kunst sollten ideologisches Wissen, Klassenhaß und Begeisterung an breite Bevölkerungsschichten, aber auch an Künstler und Intellektuelle vermittelt werden, deren Unterstützung Mao für seine Propagandaarbeit bzw. den späteren Aufbau eines sozialistischen Staates benötigte. Der in China traditionellen Rolle der Schriftsteller und Künstler als kritische Beobachter der Staatspolitik und Mahner wie Berater für die Menschen bot sich dabei schon bald kein Spielraum mehr. Vielmehr machte Mao sie alle mit Drohungen und unrealistischen Versprechen zu Marionetten seiner Macht. Nur diejenigen Künstler, die bereit waren, Maos Weg bedingungslos zu folgen und sich seiner Person zu unterwerfen, konnten sich aus der drohenden politischen Isolation befreien. Diese wurde in der kommunistischen Gesellschaft nach der Reduzierung der Menschen auf ein Freund-Feind-Schema für alle diejenigen zur lebensbedrohlichen Falle, die sich der Vereinnahmung entzogen und weiterhin auf ihrer Individualität bestanden.

Der damals in Yanan ausgefochtene Konflikt zwischen Künstlern und Parteidogmatikern spiegelt exakt den späteren politischen Linienkampf in der Volksrepublik China wider. Auch im Filmwesen gab es entsprechend eine ideologische Auseinandersetzung im Kampf zwischen der Yanan-Dogmatik und den linksliberalen Idealen, für die das Kino Shanghais in den dreißiger und vierziger Jahren eingetreten ist. Mao wollte sich mit Hilfe der ihm ergebenen Künstler die Massen unterwerfen und seine Macht über einen noch zu errichtenden kommunistischen chinesischen Staat erringen. Von einem Eingehen auf die tatsächlichen kulturellen Bedürfnisse der Volksmassen konnte von Beginn der kommunistischen Machtergreifung in China an genauso wenig die Rede sein wie vom Entstehen einer neuen intellektuellen Elite mit innovativen, künstlerischen Ausdrucksformen, die die hoffnungsvollen Ansätze der Vierte-Mai-Kultur, aber auch die jahrtausendealten kulturellen Traditionen Chinas hätten weiterentwickeln können. Gerade diejenigen Künstler, die das Potential und den Willen zur Innovation und Neuausrichtung der Kultur besaßen, wurden schon bald von Mao zu Klassenfeinden erklärt. Viele von ihnen mußten ihr Engagement mit dem Leben bezahlen.

Die Yanan-Filmgruppe

Trotz der Bedenken vieler der aus dem geistigen Umfeld der Vierte-Mai-Bewegung hervorgegangenen Künstler und Intellektuellen um Mao wirkten sich dessen Dogmen bereits in den frühen vierziger Jahren deutlich auf die Filmaktivitäten in Yanan aus. Diese waren allerdings mangels Material und finanziellen Mitteln zunächst kaum nennenswert. In dem Höhlendorf hatte der den kommunistischen Idealen verschworene Regisseur Yuan Muzhi bereits im Jahre 1938 die Yanan-Filmgruppe begründet. Als Schöpfer des populären Films *Straßenengel* (*malu tianshi*, 1936) gehörte er zu den kulturellen Zugpferden von Maos Machtergreifung. Mit ihm und anderen inzwischen in das radikale Lager übergewechselten namhaften Künstlern, wie den Schriftstellern Guo Moruo, Mao Dun oder der Autorin Ding Ling, wollte er alle linksgerichteten Kulturschaffenden des Landes für seine Ziele gewinnen. Darüber hinaus sollte damit die liberale Bewegung eliminiert werden, die Maos Plänen grundweg skeptisch gegenüber stand. Auf der anderen Seite war die Yanan-Filmgruppe mit den spärlichen ihr zur Verfügung stehenden Mitteln und angesichts einer unverändert kleinen Rezipientengruppe zunächst nicht in der Lage, mit dem außerhalb von Maos Einflußbereich liegenden, hochentwickelten Filmwesen Shanghais zu konkurrieren. Über die Produktion weniger Dokumentarfilme hinaus wurden keine Projekte reali-

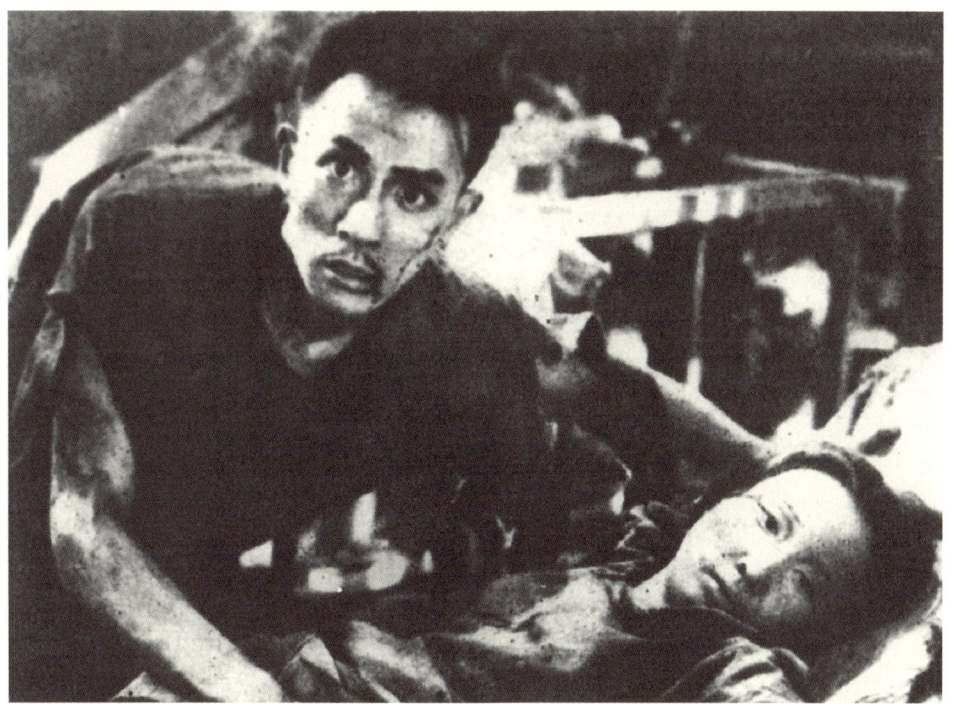

Söhne und Töchter Chinas
(Zhonghua ernü, 1939, R: Shen Xiling)

siert, mit denen Maos Dogmen tatsächlich schon über das Filmmedium erfolgversprechend hätten umgesetzt und an das Volk vermittelt werden können.

Im bekanntesten Werk der Yanan-Filmgruppe *Yanan und die Achte Route Armee* (*Yanan yu Balujun,* 1939, R: Yuan Muzhi) wurde beispielsweise das Leben in Yanan idealistisch verklärt. Das hat immerhin nicht unerheblich zu dem bis heute anhaltenden Kult um jene Zeit und jenen Ort beigetragen. Andere Werke der zusehends auf die von Mao diktierte Parteilinie eingeschworenen Künstler, wie Shen Xilings Film *Söhne und Töchter Chinas* (*Zhonghua ernü,* 1939), zeigen die Greuel des Asien-Pazifik-Kriegs oder die Untaten der Regierung Chiang Kaisheks und berichten über den Befreiungskampf der Kommunisten. Sie erfüllten ebenfalls im Rahmen ihrer noch geringen technischen und finanziellen Möglichkeiten den festgeschriebenen Propagandaauftrag. Eine Produktion größeren Ausmaßes und eine tatsächliche Beeinflussung der Volksmassen, so wie Mao sie sich vorstellte, mußten hingegen noch einige Jahre auf sich warten lassen.

Darüber hinaus war das Filmmedium damals aber immerhin schon wichtigster Vermittler des Gedankenguts der Partei in die ländlichen Gegenden

Nordchinas. Deren größtenteils illiterate bäuerliche Bevölkerung hatte bis dahin weder von der Kommunistischen noch von irgendeiner anderen politischen Partei je etwas gehört, geschweige denn Zugang zu linker Literatur und Kunst gehabt. Die Bauern, mit deren militärischer Schlagkraft Mao einige Jahre später im Guerillakrieg die Macht über China an sich reißen sollte, wurden angesichts ihrer unwürdigen Lebensumstände ein leichtes Opfer seiner Versprechen von einem Arbeiter- und Bauernstaat und einem künftigen Paradies unter Chinas Himmel. Damit avancierte der mit mobilen Vorführtrupps in die ländlichen Gebiete im Norden Chinas getragene Film schnell zum bedeutenden Instrument im Propagandakampf gegen die japanischen Invasoren und die Regierung Chiang Kaisheks. Diese hatte Maos Strategie der Bauernrevolte nichts Adäquates entgegenzusetzen oder erkannte die Macht der Propaganda einfach noch nicht.

Immer mehr der seit den Ereignissen der Jahre 1934–35 über das ganze Land verstreuten marxistischen Filmschaffenden schlossen sich bis Mitte der vierziger Jahre mangels glaubwürdiger politischer Alternativen und sicher auch unreflektiert mit einer gehörigen Portion blinden Idealismus Yuan Muzhis Filmgruppe und den Kulturabteilungen der durchs Land ziehenden kommunistischen Verbände an. Diese legten den Grundstein einer bald darauf aufblühenden kommunistischen Filmindustrie. Sie mußte allerdings zunächst einen Rückschlag einstecken, als die gesamte Produktion in Yanan nach nur einundzwanzig fertiggestellten Dokumentarfilmen mangels Materials und wegen vordringlicher Pobleme im Verteidigungskrieg schon im Jahre 1943 wieder eingestellt wurde.

Das Dongbei-Filmstudio

Der Weg in eine eigenständige kommunistische Filmindustrie in China wurde im Jahre 1945 geebnet. Damals übernahm die Partei Mao Zedongs nach der Kapitulation Japans immer mehr der ehemals besetzten Gebiete im Nordosten Chinas. Aber erst die Übernahme der in den darauf folgenden Jahren als Dongbei (Nordost) Studio bekannt gewordenen Produktionsstätte in Changchun, aus dem bis dahin japanische Kriegspropaganda ins Land getragen worden war, bot die Möglichkeit zum Ausbau eines kommunistischen Filmwesens. Nur wenige Jahre später überrollte dieses im Gefolge der kommunistischen Einheiten aus dem Norden die Hauptstadt Nanking und kurz darauf mit Shanghai die etablierte Filmmetropole im Mündungsdelta des Yangzi-Stroms. Diese war bis dahin weltweit ein Synonym für chinesisches Kino gewesen, in Zukunft aber nicht mehr wiederzuerkennen.

Die Kulturschaffenden der kommunistischen Streitkräfte, die zumeist allerdings noch nie mit dem Filmmedium in Kontakt gekommen waren, bauten das Dongbei-Studio zum Motor des revolutionären Filmgenres aus. Zuvor verlegten sie es aus Furcht vor den Truppen Chiang Kaisheks, die die ehemalige Hauptstadt der Mandschurei aus dem Süden her militärisch bedrohten, in die Bergbaustadt Xingshan in der nordöstlichen Provinz Heilongjiang. Dort wurde es über die nahe Grenze zur Sowjetunion zusätzlich mit Filmmaterial und Equipment versorgt. In Xingshan bekam das Dongbei-Studio in den verbleibenden Bürgerkriegsjahren außerordentliche Bedeutung als kommunistische Filmfabrik und Ausbildungsstätte von etwa eintausend kommunistischen Filmemachern und Kulturfunktionären. Diese sollten das chinesische Filmwesen der folgenden siebzehn Jahre maßgeblich bestimmen. Ihrem politischen Einfluß konnte sich schon bald auch das noch immer eher liberale Shanghaier Filmwesen, in das sie in großer Zahl eindrangen, nicht mehr verschließen.

Neben vielen seit den zwanziger und dreißiger Jahren bekannten Persönlichkeiten wie Xia Yan, Yuan Muzhi, Zheng Junli, Cai Chusheng, Shen Fu, Zhou Yang oder Sun Yu, die die zweite Generation Filmemacher bildeten, fanden die meisten der kommunistischen Filmschaffenden der Dritten Generation als ehemalige Guerillakämpfer über das Dongbei-Studio zum Film. Weder die einen noch die anderen erreichten allerdings in ihren staatsoffiziellen Werken jemals wieder die visuelle Qualität und politische Aussagekraft des linken oppositionellen Films der dreißiger und vierziger Jahre. Diesen hatten sie Maos Forderungen gemäß zu Grabe getragen. Erst in den späten fünfziger Jahren begannen auch andere, neu eröffnete oder aus privater Hand übernommene und in die großen Studios eingegliederte Produktionsstätten mit der Ausbildung eines eigenen Nachwuchses, der sich aber auch nie über die dogmatischen Lehren seiner Ausbilder hinwegsetzte und zu individueller Schaffensfreiheit erhob. Vielmehr waren es diese Filmemacher, die die Reduzierung des Mediums auf seine didaktischen Möglichkeiten in den sechziger und siebziger Jahren auf die Spitze treiben sollten.

In den vier Jahren zwischen der japanischen Kapitulation und der Gründung der Volksrepublik China produzierten die kommunistischen Filmschaffenden mit noch primitivem Equipment und fast ganz ohne ein professionell ausgebildetes technisches und künstlerisches Personal erste Filme, die allesamt dem Modell des sozialistischen Realismus nacheiferten. Zu nennen ist das sich unverschlüsselt gegen den Bürgerkriegsgegner Chiang Kaishek wendende Propagandawerk *Verlaß ihn, um den Alten Jiang zu bekämpfen* (*liuxia ta da Lao Jiang*, 1948, R: Lin Qi), in dem ein Vater den Mörder seines Sohnes vor der Exekution bewahrt, um ihn an Stelle seines Sprößlings in den Krieg gegen Chiang Kaishek zu schicken. Ähnlicher Mittel bediente sich auch der Film *Töchter Chinas* (*Zhonghua nüer*, 1949, R: Ling Zifeng) über den Partisanenkampf von acht Frauen im nördlichen China des Jahres 1936. Wichtigste Intention dieser beiden und vieler weiterer Filme jener Zeit war die Verbreitung kommunistischer Propaganda im Bürgerkrieg. Darüber hinaus verliehen sie den Dogmen Mao Zedongs erste filmische Inhalte, indem sie diese in fiktive bzw. pseudohistorische Handlungen einbetteten.

Mit der Flucht Chiang Kaisheks auf die südostchinesische Insel Taiwan, wohin er das Schild der Republik China mitnahm, und der Ausrufung der Volksrepublik China am 1. Oktober 1949 setzte eine neue Ära im von nun an geteilten Land ein. Das markiert zugleich die erste große Zäsur im Filmwesen. Der zur Alleinherrschaft aufgestiegene Mao Zedong machte fortan der Formenvielfalt und Individualität allen künstlerischen Schaffens ein Ende. Er bestimmte von jenem Zeitpunkt an nicht nur die Kunst sondern auch das Schicksal vieler hundert Millionen Menschen fast nach Belieben. Sie wurden zum Spielball von Maos Plänen einer neuen Gesellschaft seiner Prägung. Das alles entsprach den im Jahre 1942 formulierten Dogmen, neben denen nichts anderes mehr Bestand haben durfte.

2. Film als Staatskunst (1949–56)

Aus dem oppositionellen Untergrundmedium der kommunistischen und linksgerichteten Filmemacher in China wurde nach dem kommunistischen Sieg im Bürgerkrieg und der Gründung der Volksrepublik China von einem auf den anderen Tag eine offizielle Staatskunst. Damit kam eine Reihe von Problemen auf die marxistischen Ideologen und die zu Funktionären und Kadern aufgestiegenen Guerillakämpfer zu. Die Kulturschaffenden in Maos Armee, denen man den Aufbau der kommunistischen Filmindustrie übertrug, hatten die Verwaltung eines gewaltigen, aber dennoch bei weitem nicht den Bedürfnissen Chinas gerecht werdenden Komplexes zu übernehmen, den die kommerziellen und ausländischen Produzenten hinterlassen hatten. Auf der Grundlage der vorhandenen fünfhundert Vorführstätten in den urbanen Ballungsräumen mußte der Film erst noch zu einem wirklichen Massenmedium ausgebaut werden. Dabei setzte Mao die Yanan-Dogmatik von Anfang an mit restriktiven Maßnahmen durch.

Mao Zedong festigte seine Macht in China von Beginn an mit totalitären Mitteln. Anstelle des versprochenen Kommunismus und der Volksregierung hatte China einen machtversessenen Despoten erhalten. Welcher Stellenwert der Kunst darin zufallen sollte, läßt sich nach den Yanan-Reden und angesichts von Maos rücksichtsloser Durchsetzung seiner Ziele leicht erahnen. Die politische Funktionalisierung der Kunst, die er schon in den kommunistisch beeinflußten Gebieten praktiziert hatte, war mit dem Sieg im

Bürgerkrieg keineswegs obsolet geworden. Vielmehr sollte sie nun für ganz China gelten. Die Künstler sahen sich mit einem Mal in einer radikal polarisierten Realität, der sie in Maos Staat nicht mehr ausweichen konnten, nachdem dieser sich auch gegenüber dem Ausland zusehends isolierte. Die Entscheidung über selbstverleugnende Anpassung an dessen Dogmen oder freie künstlerische Betätigung wurde für die meisten Künstler zu einer Entscheidung über das eigene Leben oder Sterben. Sie standen an einem Scheideweg, der aus der räumlichen und zeitlichen Entfernung kaum gerecht zu bewerten ist. Selbst bei einer grundsätzlichen Entscheidung für Mao war keinerlei Sicherheit für Person und Arbeit zu erwarten. Ideologische Vorgaben, Bürokratismus und restriktive Kontrolle schnürten der Kunst den Lebensnerv genauso ab wie die Unklarheit über den weiteren politischen Weg und die damit verbundene Unsicherheit bezüglich des persönlichen Schicksals der Kunstschaffenden. Wie alle anderen Künste in China war auch das Kino schon nach wenigen Jahren wieder in einer Sackgasse angelangt. Das um so mehr, als auch die kostenintensive Beschaffung von Rohmaterial und neuer Technik auf der Strecke blieben.

Nachdem der linksgerichtete Film der dreißiger und vierziger Jahre ein realistisches Dokument der politischen Situation im Land und damit Anwalt für die Masse der ›kleinen Leute‹, gleichzeitig engagierter Reproduzent, kritischer Beobachter und aktiver Gestalter der Geschichte gewesen war, änderte sich das jetzt grundlegend. Kino verkam zu einem bloßen Instrument der Geschichtsklitterung im Sinne von Maos Politik. Doch indem der Film in China fortan jede Eigenständigkeit und alle Eigenschaften verlor, die ihm weltweit Anerkennung gebracht hatten, wurde er immerhin zu einem wichtigen Zeugnis für die tatsächliche platte Propagandabildung in Maos Staat. Dort wurden alle geistigen und humanen Werte verleugnet. Von dem Volk, das sich selbst seiner ›fünftausendjährigen Kultur‹ rühmt, war bald nichts als eine homogene und inerte Masse übrig geblieben. Das verraten insbesondere die bombastisch und didaktisch inszenierten historischen Heldenepen, über die Mao seine Ideologie zu verwirklichen suchte. Film wurde in China zum Vermittler und Dokumentaristen eines ideologisch beschränkten Geschichtsbildes und zeugt damit von einer Phase geistiger Austrocknung, die auch zwei Jahrzehnte nach Maos Tod noch nicht überwunden ist.

Aufbau und Ideologisierung

Der kommunistische Film wurde im Jahre 1949 mit der Übernahme der meisten noch nicht in kommunistischem Besitz befindlichen Studios auf dem chinesischen Festland zur offiziellen Staatskunst erhoben. Das bereits 1945 übernommene Dongbei-Studio wurde nach Changchun zurückverlegt.

Nur drei Monate nach der kommunistischen Übernahme der alten – nun wieder in diesen Rang erhobenen – Hauptstadt wurde am 20. April 1949 von ehemaligen Yanan-Funktionären neben der Kunlun-Filmgesellschaft das Peking-Filmstudio unter Leitung des Schauspielers Tian Fang (1911– 74) gegründet. Damit wurde der Grundstein für einen schnellen Ausbau des Filmwesens gelegt.

In den folgenden Monaten geriet die Filmindustrie mit der staatlichen Übernahme der privaten Shanghaier Filmgesellschaften, ihrer Zusammenführung zum Shanghai-Filmstudio und der Gründung der Vereinigung der Bühnen- und Filmschaffenden endgültig in kommunistische Hände. Die Vereinigung der beiden in China traditionell miteinander verknüpften Bereiche von Bühnen- und Leinwandkunst in einem Verband zeugt im übrigen von der ästhetisch tatsächlich wenig innovativen Entwicklung des kommunistischen Filmwesens in China. Im selben Jahr wurde unter Führung der Propagandaabteilung der Partei das Zentrale Filmbüro als höchstes Organ der Filmpolitik gegründet. Dessen Leitung übernahm Yuan Muzhi. Bereits im Juni 1949 fand in Peking die Gründungssitzung des Verbandes der allchinesischen Filmkunstschaffenden statt. Dort wurde Mao Zedongs Reduzierung der Kunst auf ihre Funktion als parteiliches Sprachrohr mit allen damit verbundenen Einschränkungen für die Künstler für den Film bestätigt und damit die politische Ausrichtung dieses Mediums für die folgenden Jahrzehnte auf offizielle Grundlagen gestellt.

Alle diese Maßnahmen dienten nur dem einen Zweck, die ehemals für Yanan und die kommunistischen Einflußbereiche geltenden Dogmen auf den gesamten Staatskomplex zu übertragen und dort rechtlich zu verankern. Die chinesischen Machthaber wollten das Filmwesen allgemein institutionalisieren, durch die Unterstellung unter zentrale Kontrollinstanzen in die Politik einflechten und zu ihrem Mittel degradieren, praktisch also aus seinem künstlerischen und wirtschaftlichen Prozeß herauslösen. Um die Intellektuellen und Künstler an die Partei zu binden oder zu eliminieren und damit jede von ihnen ausgehende Gefahr zu unterbinden, wurden schon damals die Kategorisierungen der Gesellschaft, nämlich deren Zweiteilung in ›gute‹ Anhänger Maos und dessen Feinde, zu offiziellen Richtlinien erhoben. In Anlehnung an Stalins Totalitarismus wurden die in enger Verbindung zur Parteispitze stehenden Yanan-Künstler damit ideologisch legitimiert, während den aus Hongkong, Übersee oder dem Einflußbereich Chiang Kaisheks zurückgekehrten Filmemachern und Schriftstellern mit offenem Mißtrauen und Feindschaft begegnet wurde.

Bereits damals setzte auch im Filmwesen der bewußt heraufbeschworene Linienkampf zwischen der radikalen Fraktion um Mao Zedong und den eher liberaleren Kräften ein, den Mao mit restriktiven Mitteln immer wieder für sich zu entscheiden wußte. Das spätere Schicksal unzähliger Künstler angesichts der rasch zunehmenden politischen Polarisierung und von Massenkampagnen wurde schon bald auch an der realen Politik absehbar. Von Beginn an setzte die Kommunistische Partei auf den massenmedialen Charakter des Kinos und plante von daher akribisch den Aufbau des Filmwesens zu einem Propagandainstrument und (Mit-)Produzenten von Geschichte. Daher hatten sich die Filmemacher noch sehr viel stärkerer ideologischer Kontrolle und den fast ausschließlich politisch motivierten Anweisungen der mit Parteikadern besetzten Studioleitungen und Filmbüros zu unterwerfen als die Akteure anderer Künste, die von weniger breiter Ausstrahlung waren.

Den Auftrag, durch Mobilisierung der Massen zum sozialistischen Aufbau beizutragen, konnte der Film allerdings überhaupt nur erfüllen, wenn auch die strukturellen Voraussetzungen für seinen Ausbau zum Massenmedium erfüllt waren. Das bedeutete in erster Linie den Weg des Kinos in die Gegenden fernab der küstennahen Ballungsräume, deren Bewohner noch immer kaum eine Gelegenheit gehabt hatten, die nunmehr seit einem halben Jahrhundert in China existierenden ›elektrischen Schatten‹ kennenzulernen. Mit mobilen Vorführteams versuchte man, dieses Problem sowohl in den städtischen Zentren des Binnenlandes als auch auf den Dörfern zu lösen.

Diese Teams reisten unter Anleitung regionaler Filmverwaltungsgesellschaften – wie früher die Schauspielertrupps – zu Tausenden durch die Provinzen. Dort präsentierten sie ihre Filme einem von der Unterhaltungstechnik begeisterten Publikum, das durch die neuartigen Aufführungen aus der Eintönigkeit seines bäuerlichen Daseins herausgerissen wurde. Aus parteilicher Sicht waren solche Vorführungen besonders in ihrer Einbindung in einen größeren Kommunikationszusammenhang nützlich, wenn die vorgeführten Propagandafilme von Agitationsreden und Diskussionsveranstaltungen begleitet wurden, die nicht selten in Gerichtsprozesse und Hinrichtungen ehemaliger Großgrundbesitzer und Kriegsherren mündeten. Das alles sollte Klassenbewußtsein und Klassenhaß provozieren und durch emotionales Aufputschen die von Mao geforderte Teilnahme der Massen an den ideologischen Bereinigungskampagnen verwirklichen.

Sozialistischer Realismus

Am auffälligsten charakterisiert sich das chinesische Filmwesen der frühen fünfziger Jahre durch die inhaltliche Neuordnung der Produkte gemäß den Zielsetzungen der Yanan-Dogmatik. In den ersten drei Jahren nach Gründung der Volksrepublik China entstanden insgesamt sechsunddreißig Spielfilme. Zu deren Gunsten verdrängten die Kommunisten die kommerziellen Unterhaltungsfilme Shanghaier Provenienz mit politischen Maßnahmen schon bald vom Markt, weniger allerdings durch ein erkennbares, künstlerisch überzeugendes Konzept. Die Produktion selbst wurde unter Anleitung der Partei genauso wie der Auf- und Ausbau der Studios von nun an exakt geplant und inhaltlich entsprechend den von Mao vorgegebenen Richtlinien schematisiert. Gleichzeitig setzten sich im neugeschaffenen Filmführungskomitee populäre Künstler wie der Romancier und Dramatiker Lao She, die Schriftstellerin Ding Ling, der Regisseur und Autor Hong Shen, der Dramatiker Cao Yu oder der ehemalige Parteivorsitzende und Dramatiker Li Lisan und die Gattin Maos und ehemalige Schauspielerin Jiang Qing mit ihren populären Namen für die Etablierung des kommunistischen Films als Staatskunst ein. Damit verhalfen sie diesem trotz seiner zu jener Zeit schlechten Qualität zu breiter Akzeptanz bei Bevölkerung wie Künstlerkollegen und setzten so die Werbearbeit der ehemaligen Yanan-Prominenz fort.

Der Film wurde schon bald zur politisch wirkungsvollsten Sparte der chinesischen Kunst. Angesichts der allgemeinen Verstaatlichung übernahm die Politik die Kontrolle über das Filmwesen. Deren vordergründiges Ziel war zunächst die Verdrängung der ›giftigen imperialistischen Filme‹ amerikanischer Provenienz vom chinesischen Markt, die im Jahre 1950 neben einigen Hongkonger Produktionen noch immer die Kinos mit Anteilen von mehr als siebzig Prozent beherrschten. Dies erreichte man mit einer strengen Zensur zunächst teilweise, nach dem Ausbruch des Koreakriegs im Juni 1950 mit offenen Verboten vollständig. Der dokumentarische Spielfilm *Widerstand den Amerikanern, Hilfe für Korea* (*kang Mei, yuan Chao*, 1950) fungierte dabei sozusagen als Schlachtruf Chinas vor seinem militärischen Einsatz auf der koreanischen Halbinsel und als Angriff auf die ideologische und kulturelle Vorherrschaft Amerikas und Europas in Ostasien.

Bald darauf verschwanden auch die kommerziellen Komödien und Abenteuerfilme chinesischer Provenienz, die noch kurz zuvor in großer Menge in den Shanghaier Studios produziert worden waren, gemeinsam mit ihren Produzenten, Regisseuren und Schauspielern aus der chinesischen Filmlandschaft. Das bewirkte einen enormen Zuwachs dieser Genres auf dem bis dahin im Schatten Shanghais stehenden Filmmarkt Hongkongs, den viele der nicht parteikonformen chinesischen Künstler zu ihrem künstlerischen Exil machten.

Parallel zum Rückgang der amerikanischen und chinesischen Unterhaltungsfilme gingen nach der anfänglichen Euphorie um das junge Medium allerdings auch die Zuschauerzahlen schon bald dramatisch zurück. Diese angesichts der geringen Qualität der dogmatisch-kommunistischen Produktionen vorhersehbare Entwicklung versuchten die Kulturfunktionäre mit einer großen Menge Filmimporte aus dem sowjetischen Bruderstaat aufzufangen. Die platt agitatorischen Filmwerke der stalinistischen Sowjetunion, die Realismus mit Schönfärberei und krassem Schwarz-Weiß-Denken verwechselten, konnten beim chinesischen Publikum allerdings ebenfalls kaum Resonanz erzielen. Weiterhin mußte sich jeder Film in China an den amerikanischen Leinwandprodukten Hollywoods und dem unabhängigen chinesischen Kino messen lassen, das kurz zuvor noch die chinesischen Leinwände beherrscht hatte. Hier halfen auch keine subventionierten Tickets.

Der plumpe sozialistische Realismus des stalinistischen Sowjetfilms war nichtsdestoweniger Vorbild einer allmählich auflebenden eigenständigen chinesischen Filmindustrie. Zuschauerinteressen und künstlerische oder wirtschaftliche Erwägungen spielten bei der inhaltlichen und formalen Gestaltung der Leinwandprodukte keine Rolle mehr. An ihre Stelle traten die ausschließlich politischen Ziele, die Mao mit Hilfe des Films anstrebte. Das ist besonders kurios im Hinblick auf das dem chinesischen Kino gestellte Ziel der Sinisierung, mit der jeglicher abendländische Einfluß ausgeschaltet werden sollte. Die chinesischen Machthaber begaben sich im Film und anderen Bereichen in Abhängigkeiten vom sowjetischen Bruderstaat und eiferten seinem Vorbild nach. Auf der anderen Seite merzten sie alle neuen Kunstformen und Genres aus, die sich in China seit den zwanziger Jahren allmählich herausgebildet hatten. Damit konterkarierten sie ihr seit Jahrzehnten propagiertes Ziel einer Befreiung Chinas von Fremdbestimmung und Unterdrückung.

Der Sieg Yanans über Shanghai manifestierte sich also lediglich in der politischen Übernahme nicht aber in der künstlerischen Gestaltung des Films im ›neuen China‹. Statt dessen spiegelte das chinesische Kino dieser Jahre die Prinzipien des stalinistischen Filmmodells und erwies sich auch als Seismograph der permanenten Richtungskämpfe der kommunistischen Partei unter Mao Zedong. Der erste chinesische Spielfilm, der nach Gründung der Volksrepublik China die Yanan-Dogmatik und den aus dem Sowjetkino übernommenen Stil des sozialistischen Realismus umsetzte, war das im Dongbei-Studio aufgenommene Werk *Die Brücke* (*qiao*, 1950) von Wang Bin (1912–60). Dessen auf simpelste äußere Zusammenhänge reduzierte Handlung erzählt von einem Brückenbau über den nordöstlichen Songhua-Fluß, der den kommunistischen Truppen im Bürgerkrieg strategisch notwendig erscheint. Mit den vereinten Kräften der herbeiströmenden Masse freiwilliger Arbeiter und deren revolutionärem Eifer, verbunden mit der Kaft der Ideologie, stellen die Ingenieure schließlich das Bauwerk trotz mangelnden Materials und Werkzeugs innerhalb von zwei Wochen fertig. Dieser Erfolg wird mit dem aus tausend Kehlen erschallenden Ruf »Lang lebe der Vorsitzende Mao« gefeiert. Dieser Ruf sollte die chinesische Filmgeschichte von da an zweieinhalb Jahrzehnte lang begleiten.

Auffällig ist an diesem Film neben der Aufforderung an das Volk zur Teilnahme an der Errichtung einer kommunistischen Gesellschaft vor allem dessen filmische Gestaltung. Vordergründig richtet diese sich zwar nach Maos Aufruf an die Künstler, sich nach dem Vorbild der populären Volkskünste auf das ›Niveau des einfachen Volkes‹ herab zu begeben, von ihm zu lernen und es dann allmählich zu heben; tatsächlich aber predigt Wang Bin unter Verzicht selbst auf primitivste formale Mittel nichts als platte Ideologie mit entsprechenden Inhalten. Die sich in diesem Film andeutende Tendenz wurde in vielen hundert Werken, die in den folgenden Jahrzehnten entstanden, auf die Spitze getrieben. Es war also keineswegs die Rückkehr zur Volkskunst und ihren Traditionen, die Mao damit praktizieren ließ, sondern deren Ersetzung durch parteikonforme Topoi. Dabei wurde mit vorgeblichen Mitteln des Realismus auf jegliche Stilisierung, Symbole, Metaphern und andere semantische Verschlüsselungen der dargestellten Wirklichkeit verzichtet, um die ideologischen Aussagen möglichst eindeutig an den Zuschauer vermitteln zu können. Die konnotative Ebene wurde im chinesischen Film – wie auch in der Literatur des sozialistischen Realismus in China – eins mit der denotativen Ebene, deren dialektisches Zusammen- und Gegenspiel eigentlich den Kunstcharakter des Films ausmacht. Die dargestellten historischen Realitäten hatten dabei nicht mehr viel mit den tatsächlichen geschichtlichen Ereignissen gemeinsam. Statt dessen wurden sie gemäß dem Vorbild des Sowjetkinos nach dem Gut-Böse-Schema parteilicher Ideologie verschönt bzw. verteufelt.

So wurde in den ersten sieben Jahren nach Gründung der Volksrepublik China eine große Anzahl Dokumentar- und Spielfilme produziert. Diese wurden alle nach eng gesteckten ideologischen Vorgaben und unter strenger Überwachung schematisch und ohne jeglichen künstlerischen Anspruch nach dem Muster von *Die Brücke* konstruiert. Mit Filmen wie *Töchter Chinas* (*Zhonghua nüer*, 1949, R: Ling Zifeng), *Endlose Lichter* (*guangmang wanzhang*, 1949, R: Xu Ke), *Weißgekleideter Kämpfer* (*baiyi zhanshi*, 1949, R: Feng Bailu), *Frühlingsstrahlen in der Inneren Mongolei* (*Neimeng chunguang*, 1950, R: Gan Xuewei), *Zhao Yiman* (1950, R: Sha Meng) oder *Stählerner Krieger* (*gangtie zhanshi*, 1950, R: Cheng Yin) sollten eine eigene Filmindustrie aufgebaut und die Mobilisierungskampagnen vorangetrieben werden. In den nahezu beliebig austauschbaren Handlungen und Charakteren gibt es dabei genauso wie bei den verwendeten Mitteln, angestrebten Aussagen und zugrunde liegenden Intentionen nur minimale Unterschiede. Die Zeit herausragender Einzelwerke war in China Vergangenheit. An ihre Stelle war eine homogene Masse schnell und nachlässig produzierter Propagandastreifen getreten.

Vom *Weißhaarigen Mädchen* zur Wu-Xun-Kampagne

Einer der wichtigsten chinesischen Filme der frühen fünfziger Jahre ist die von chinesischen Filmhistorikern zum Modellfilm erhobene moderne Oper *Das weißhaarige Mädchen* (*baimaonü*, 1950, R: Wang Bin und Shui Hua). Diese wurde in verschiedenen Versionen bis in die siebziger Jahre immer wieder neu verfilmt oder auf Bühnen aufgeführt. Darüber hinaus avancierte das Werk zum inhaltlichen und formalen Vorbild für viele hundert Propagandastreifen, die die chinesischen Leinwände in den folgenden Jahrzehnten beherrschten. *Das weißhaarige Mädchen* erzählt die Geschichte der Magd Tian Xihua in den dreißiger und vierziger Jahren. Durch ihr Leben im

Film als Staatskunst (1949–56) 53

Das weißhaarige Mädchen
(baimaonü, 1950, R: Wang Bin und Shui Hua)

Kerker und ständiger Dunkelheit haben sich ihre Haare weiß verfärbt. Nach der Befreiung aus ihrer Versklavung nimmt sie an der kommunistischen ›Befreiung‹ teil. Dabei kann sie ihren Unterdrücker seiner ›gerechten‹ Strafe zuführen. Sie selbst wird nach langen Jahren des Lebens in Unfreiheit zur Heldin, die in die – erneuerte – Gemeinschaft des Volkes zurückkehrt.

Trotz dieser schlicht-agitatorischen Handlung, der die Typisierung der Figuren und die Schwarz-Weiß-Zeichnung der semantischen Oppositionen entspricht, wurde das Werk von der Kritik als großes Kunstwerk mit einer in seinem melodramatischen Handlungsaufbau angelegten hohen Identifikationswirkung gefeiert. *Das weißhaarige Mädchen* in Form einer modernen Oper und mit seiner überlieferten Vorstellung vom Individuum in seinem sozialen Kontext zwischen Gut und Böse bediente traditionelle Sehgewohnheiten und Moralbegriffe. Mit seiner chinesischen Nuancierung des sozialistischen Realismus und der Vermischung traditioneller Stilelemente mit einer platt-propagandistischen Aussage kam dieser Film sowohl der Ideologie Maos, der neben dem stalinistischen Vorbild auch immer klassische chinesische Vorbilder heranzog, wie auch der Sinifizierungskampagne entgegen, die die Regierung nun mit verstärkten Bemühungen vorantrieb.

Das Ziel, die Massen über das Kino zur Teilnahme an den politischen Säuberungskampagnen jener Jahre zu mobilisieren, wurde mit dem *Weißhaarigen Mädchen* und allen anderen Werken, die dessen Beispiel folgten, aber bei weitem verfehlt. Die Forderung nach einem ›Film für die Massen‹ war von vorne herein gründlich mißverstanden worden, als Mao sich entschieden hatte, nicht die Filmprodukte auf die Bedürfnisse des Volkes abzustimmen, sondern die Menschen gemäß den in den Filmen propagierten Werten und Verhaltensweisen zu erziehen.

Nichtsdestoweniger wurde der Film unter Verleugnung seiner gestalterischen Möglichkeiten und der ihm eigenen Ausdrucksformen schon bald zu einem wichtigen Vehikel der immer radikaleren politischen Kampagnen. Dabei hatten die chinesischen Leinwandprodukte die Aufgabe, dem Publikum Vorbilder sozialistischer Tugenden zu präsentieren. Darüber hinaus demonstrierte Mao Zedong an ihnen aber auch seine persönliche Macht. Dazu initiierte er fast willkürlich ideologisch gefärbte Kritikkampagnen gegen einzelne Werke und deren Schöpfer. Davon betroffene Filme wurden zum Instrument und Opfer der Sozialisierungskampagnen gegen die Künstler und deren liberale Sympathisanten in der Politik. Sie galten all denjenigen, die sich noch nicht von Mao hatten vereinnahmen lassen, als Mahnung für ihr weiteres künstlerisches Schaffen.

Im Jahre 1950 wurde das Werk *Das Leben des Wu Xun* (*Wu Xun zhuan*, R: Sun Yu) zu einem ersten und zugleich berühmtesten Opfer dieser Art von politischer Funktionalisierung. Es wurde zu einem warnenden Negativbeispiel an die Adresse der für Mao auch nach Gründung des sozialistischen Staates unverändert gefährlichen Künstler und Intellektuellen. Diese wollte er zu einer Entscheidung für seine Person zwingen. Die Wahl zwischen künstlerischer Freiheit und dem Befolgen von Maos Weg sollte für die meisten von ihnen zugleich zu einer Entscheidung zwischen Zugehörigkeit zur kommunistischen Gemeinschaft und gesellschaftlicher Isolation, mithin zwischen Leben und Sterben werden. Mao unterstrich das zusätzlich mit der wachsenden Brutalität, mit der er gegen Großgrundbesitzer und die politische Opposition vorging. Sun Yu hatte den Film *Das Leben des Wu Xun*, der auf einer von Zhang Mosheng verfaßten Biographie des gleichnamigen authentischen Volkshelden (1839–96) beruhte, nach etlichen von der Zensur erzwungenen Veränderungen im Herbst 1950 in Peking uraufgeführt. Darin beschreibt er Wu Xuns Lebensweg vom Bettler zum Landbesitzer. Schließlich setzte er Macht und Reichtum für soziale und karitative Zwecke ein und trug dabei u.a. wesentlich zur Förderung des chinesischen Bildungswesens bei. Dadurch war der historische Wu Xun schon Jahre vor Erscheinen des Films zu einer der vielen heroisch verklärten Figuren der jüngeren chinesischen Geschichte avanciert.

In diesem Bewußtsein wurde neben der Person des Wu Xun, um die sich in der nach vorbildlichen Helden suchenden kommunistischen Gesellschaft eine neue Begeisterungswelle entfachte, auch der Film nach seiner Premiere zunächst als großes Kunstwerk gefeiert. Doch nur wenige Monate später setzte mit einem kritischen Artikel der parteigesteuerten »Literaturzeitung« (wenyibao) eine kontroverse Diskussion um ihn ein. Dabei wurden dem Film mangelnde Vorbildlichkeit, Wu Xuns zweifelhafter Klassenhintergrund und die ungeklärten Beziehungen zur verhaßten Qing-Regierung zum Vorwurf gemacht. Wu Xun habe durch sein Leben die historischen Phasen und die Notwendigkeit des Klassenkampfes negiert und sei daher als Vorbild für die Massen untragbar. Ein anonym verfaßter Artikel vom 20. Mai 1950 im Parteiorgan »Volkszeitung« (renmin ribao), von dem jedoch jedermann wußte, daß er von Mao Zedong persönlich verfaßt worden war, legte schließlich die Richtung fest, in der die Behandlung dieses Films – und aller folgenden Werke – stattzufinden hatte. In ihm mahnte der Parteiführer die marxistische Sichtweise und die Yanan-Dogmatik noch einmal deutlich an und verlieh seiner Bereitschaft zu deren restriktiver Durchsetzung Nachdruck; ein Aufruf, der weit über den konkreten Anlaß hinaus Wirkung zeigte.

Schon kurz nach Erscheinen dieses Artikels wurden die durchweg positiven Kritiken zum Film und ihrem Verfasser öffentlich angeprangert. Obwohl sie alle im Einklang mit der noch wenige Wochen zuvor verkündeten Parteilinie standen, warf man ihnen nun mangelnde ideologische Standfestigkeit und ein – noch immer – von bourgeoisen Einflüssen geprägtes historisches Bewußtsein vor. Der daraufhin zurückgezogene Film, sein Regisseur, die Zensoren, die ihn hatten passieren lassen, und seine Befürworter in Reihen der Kritik wurden in Kritiksitzungen und Umerziehungsmaßnahmen – noch vor den in China traditionell streng überwachten Schriftstellern – zu ersten intellektuellen Opfern der sozialistischen Transformation. Das sollte allen inner- und außerparteilichen Freidenkern und Kritikern des von Mao eingeschlagenen Wegs als Warnung dienen. Mao hatte das Filmmedium spätestens mit dieser Kampagne zu seiner Waffe erhoben, die er zu Lebzeiten nicht mehr freiwillig aus den Händen gab. Das sollten in den darauf folgenden Jahrzehnten unzählige Kunstwerke und deren Schöpfer am eigenen Leib zu spüren bekommen.

Aus den Idealen, die die chinesische Gesellschaft aus dem Joch ihrer Unterdrückung und kulturellen Starre befreit und das Land in ein neues Zeitalter geführt hatten, waren schon bald neue Dogmen und Regeln entstanden, die es weit mehr versklavten als je zuvor. Mao hatte sich zum Herrscher über China aufgeworfen und war nun im Begriff, die Gesellschaft im Sinne des marxistischen Klassenkampfverständnisses, tatsächlich aber eher im Hinblick auf seine eigenen Machtansprüche, zu einer Masse zum Denken unfähiger Opportunisten zu manipulieren. Kritikfähige Intellektuelle waren nach den Grundbesitzern Maos nächste Opfer geworden. Mit ihnen war der neuen Politik auch die Kunst und ihre eigentlich in jeder Gesellschaft produktive Bedeutung als Querdenker und Medium der Opposition zum Opfer gefallen. Statt dessen erlebte China einen beispiellosen Niedergang seiner Kultur und Werte, von dem es sich auch in den neunziger Jahren noch nicht erholt hat.

Kommunistisches Heldenkino

Unter den Bedingungen der Parteidiktatur und der zunehmenden Gängelung der Kunst wurde das Filmwesen in China in den fünfziger Jahren strukturell ausgebaut. Dabei entstanden allmählich auch mehr Filme. Darunter fielen neben dem *Leben des Wu Xun* auch viele andere Werke den Kampagnen und der sich ausweitenden Kritik und politischen Gleichschaltung zum Opfer. Bekannte Beispiele dafür sind Shi Huis *Zugführer Guan* (*Guan lianzhang*, 1951) und *Ein verheiratetes Paar* (*women fufu zhi jian*, 1951). Dessen Regisseur Zheng Junli hatte mit seiner Produktion von *Krähen und Spatzen* zwei Jahre zuvor noch breiteste Akzeptanz gefunden.

Auf der anderen Seite taten sich die schon lange unter Maos Einfluß stehenden Künstler der Yanan-Filmgruppe und die Kunstschaffenden der kommunistischen Streitkräfte mit einer Vielzahl Propagandawerke hervor. Mit ihren gleichförmigen Dokumentar- und Spielfilmen, die sich durch nichts über ihre nicht weniger schematischen, mit dem alleinigen Zweck der Vermittlung kommunistischer Werte verfaßten Vorbilder aus der Literatur desselben Zeitraumes erhoben, erreichten sie in China zwar hohe Preise und die Gunst der politischen Führer, nicht aber das mit Maos Yanan-Reden avisierte Massenpublikum. Ihre stupiden, aufdringlich didaktischen Werke, die an keiner Stelle wirklich filmische Formen aufwiesen, konnten weder eine wirkliche Bewußtseinsveränderung bewirken, noch wurden sie einfachsten künstlerischen Ansprüchen oder Unterhaltungsbedürfnissen gerecht. Der Sieg der linientreuen Yanan-Gruppe über alle anderen Richtungen des Filmschaffens in China war gleichbedeutend mit dem absoluten Tiefpunkt auch der Produktionsziffern. Im Jahre 1952 wurden lediglich noch acht Filme fertiggestellt. Die Verfasser des 1953 verabschiedeten Ersten Fünfjahresplans registrierten diese niederdrückende Tatsache zwar, waren unter den vorherrschenden Bedingungen der Einschränkung und Einschüchterung aber nicht in der Lage, diesen Zustand wesentlich zu verbessern. In seiner Schlußrede zur zweiten Konferenz des Verbandes der Filmkunstschaffenden, die im April 1954 in Peking abgehalten wurde, forderte der ranghöchste für den Film zuständige Kulturfunktionär Zhou Yang die Filmschaffenden zur »Befreiung des Denkens und Ausschaltung der Bedenken« auf. Darüber hinaus rief er auf zum »Kampf für die Produktion von künstlerisch hochwertigen Filmen«. In derselben Rede betonte Zhou Yang aber die Vorgaben des sozialistischen Realismus und die Yanan-Dogmatik der Kunst ausdrücklich und machte so alle Bestrebungen zu stärkerer Liberalisierung zunichte. Damit desillusionierte er jede aufkeimende Hoffnung auf eine Entspannung der Situation der Kunstschaffenden. Statt dessen forderte er unverändert positive Heldenfiguren mit ideologischem Vorbildcharakter nach sowjetischem Muster. Sie sollten dem Volk in entsprechend dramatischen und emotionsgeladenen, zugleich auf ihre Grundstrukturen reduzierten Handlungen den selbstlosen und heroischen Weg der sozialistischen Transformation vorführen. Dabei verschwanden jegliche negativen oder auch nur menschlichen Eigenschaften aus den Film-Charakteren.

Die Themen und Darstellungsweisen der siebenundfünfzig Filme, die zwischen 1953 und 1956 fertiggestellt wurden, hatten im großen und ganzen nichts Neues gegenüber ihren Vorgängern zu bieten. Das Hauptaugenmerk wurde darauf gerichtet, dem persönlichen Erleben des Publikums näher zu kommen und damit über den klassischen Handlungsaufbau des sozialistischen Melodrams und des in ihm vermittelten ideologischen – weniger noch moralischen – Gut-Böse-Schemas eine größere Wiedererkennung und Identifikationswirkung zu erreichen. Das bedeutete, daß Themen aus Krieg und Bürgerkrieg zurücktraten und statt dessen das Leben der Arbeiter, Bauern, Soldaten und des städtischen Kleinbürgertums Geschichten für die Filme hergab. In idealistischer Verklärung behandelten sie die Alltagsproblematik und die sich daraus entwickelnden Konflikte, die in Übereinstimmung mit der herrschenden Ideologie und ihren vorbildlichen Repräsentanten auf heldenhafte Weise bewältigt wurden. Kommunistisches Heldenkino wurde emotionsgeladen präsentiert.

Alle Filme dieser Jahre präsentierten dem Publikum ein Gut-Böse-Schema entwicklungsunfähiger Charaktere mit abschließendem Sieg der kommunistischen Sache. Die Intentionen all dieser Werke lassen sich auf einen einzigen Nenner bringen: die Herausstellung der strahlenden Zukunft, die die Partei dem Volk unter dessen aktiver und treuer Mitwirkung zum Geschenk machen wird. Ein gewisser Unterhaltungswert und in simplen Handlungsstrukturen und überzeichneten Charakteren begründete Komik läßt sich – aus der zeitlichen Entfernung gesehen – diesen übermäßig schematisch angelegten und durchsichtigen Werken nicht absprechen. Allesamt verzichteten sie zugunsten der Propagierung politischer Dogmen auf jegliche künstlerische Nuancierung und Originalität.

So fanden nur wenige der agitatorischen Propagandawerke aus den drei Jahren nach Verabschiedung des ersten Fünfjahresplans 1953 ein Echo beim Publikum. Dazu gehört Guo Weis Film *Mit taktischem Geschick den Berg Hua erobern* (*zhiqu Huashan*, 1953). Vor dem historischen Hintergrund des Bürgerkriegs wird darin die taktisch kluge und heldenhafte Eroberung des Hua-Bergs durch eine Kundschaftertruppe der kommunistischen Einheiten gegen einen zahlenmäßig weit überlegenen Feind zu einem emotionell überfrachteten Propagandastück aufgebläht. Erwähnenswert ist auch Wang

Bins Film *Erkundungen am anderen Flußufer* (*du jiang zhen cha ji*, 1954). Dieser erzählt die Geschichte einer kommunistischen Beobachtergruppe, die beim Vorrücken auf Nanking und Shanghai im April 1949 den Yangzi-Strom überquert und sich mit den lokalen Widerstandskämpfern verbündet, um gemeinsam zu siegen. Durch seinen recht spannenden Erzählstil hat dieser Film über seinen propagandistischen Gehalt hinaus immerhin auch einen gewissen Unterhaltungswert. Das hebt ihn von Filmen wie Guo Weis *Dong Cunrui* (1955) ab. Darin entscheidet – völlig unrealistisch – ein einziger revolutionärer Befreiungskämpfer im Mai 1948 unter Aufopferung seines Lebens die berühmte Schlacht von Longhua.

All diese für die kommunistische Filmarbeit bis 1956 exemplarischen Werke zeigen, daß das chinesische Kino sich auch nach den kunstpolitischen Entscheidungen im Umfeld des Ersten Fünfjahresplans unverändert in einer Sackgasse befand. Aus ihr konnten auch einige wenige Filme nicht heraushelfen, die sich auf traditionelle Kunstformen zurückbesannen. So etwa die filmische Neuaufbereitung des bereits im Jahre 1926 verfilmten Shaoxing-Dramas *Liang Shanbo und Zhu Yingtai (Liang Shanbo yu Zhu Yingtai)*, mit der die Regisseure Sang Hu und Huang Sha dem chinesischen Publikum 1953 in Shanghai den ersten chinesischen Farbfilm vorstellten. Auf einer alten Legende beruhend und mit nur wenigen filmischen Mitteln auf die Leinwand gebracht, unterscheidet sich dieses traditionelle Drama außer durch die Verwendung von Farbmaterial kaum von seiner Erstverfilmung. Der Film erzählt die dramatische Geschichte zweier Liebender, die – gegängelt von gesellschaftlichen Regeln und Normen – erst postum ihr glückliches Ende finden. Angesichts der bloßen Reproduzierung eines altbekannten Genres und der unaufgebrochenen Beschränkung auf einen auch im Film kaum überwundenen Bühnenraum bedeutete diese Verfilmung keineswegs den proklamierten Fortschritt im inhaltlich stagnierenden Filmwesen. Vielmehr erwies sie sich als Schritt zurück auf das Niveau der Bühnenverfilmungen der zwanziger Jahre.

An den Versuchen, das Kino mit längst verworfenen Genres wiederzubeleben, zeigt sich deutlich, wie sehr sogar die chinesischen Machthaber und Kulturideologen erkannten, daß das Filmwesen in einer tiefen Krise steckte. Aus ihr konnte es sich mit den wenigen vorgesehenen, zumeist aber nicht einmal umgesetzten programmatischen Veränderungen allein nicht mehr befreien. Bei vielen der ehemaligen Anhänger Mao Zedongs war aus den ehrgeizigen Plänen, die den Übergang zu einem selbstbestimmten sozialistischen Staat begleitet hatten, wie auch in den meisten anderen Bereichen von Wirtschaft, Gesellschaft und Kultur unter den strengen Restriktionen tiefe Enttäuschung entstanden. Auf der anderen Seite war daraus aber auch das Bewußtsein erwachsen, daß grundlegend neue Wege für eine erfolgversprechende Zukunft des Films gefunden werden mußten.

3. Kino im Dienst der Kampagnenpolitik (1956–64)

Die kommunistische Kampagnenpolitik hatte nach sieben Jahren des Staatsmaoismus weder zu einer sozialistischen – geschweige denn ökonomisch intakten – Gesellschaft geführt, noch war ein nennenswerter Teil der Intellektuellen bis zu jenem Zeitpunkt politisch im Sinne der Herrschenden instrumentalisiert worden. Im Bereich von Kunst und Literatur war die Vielfalt der Vierte-Mai-Tradition von den Parteibürokraten zerstört worden. Da auch die meisten Künstler sich bereitwillig oder gezwungenermaßen in die Propagandamaschinerie integriert hatten, bedeutete das in allen Bereichen stalinistische Einförmigkeit und Massenkultur. Dennoch stellte eine unvermindert große Zahl individualistischer und unterschwellig kritischer Künstler immer noch eine ständige Gefahr für die Herrschaftsansprüche der Partei dar. Nachdem die restriktive Kulturpolitik offensichtlich fehlgeschlagen war, entschlossen sich die Machthaber im Jahre 1956, die Zügel zu lockern, um die kulturell produktiven Kräfte des Landes auf ihre Seite zu bringen. Denn sie mußten die Gefahr erkennen, die von einer langfristigen Unterdrückung der Intelligenz ausgeht.

Unter dem Eindruck der Perspektivenlosigkeit der bisherigen Politik in China wie auch des ungarischen Volksaufstandes und der Welle der Entstalinisierung in der Sowjetunion nach Stalins Tod 1953 beschloß Mao Zedong, der auch seine persönliche Herrschaftslegitimation in Frage gestellt sah, die Zulassung und Förderung einer akademischen Diskussion. Diese sollte die stagnierende Entwicklung in allen Bereichen der chinesischen Gesellschaft wiederbeleben und die ideologische Loslösung der kritischen Wissenschaftler, Intellektuellen und Künstler von Partei und Regierung aufhalten. Darüber hinaus sollte die starre Dogmatik der Ideologie aufgebrochen werden. Damit wollte die chinesische Führung die Gefahr einer Entmachtung, die radikale sowjetische Funktionäre nach dem Tod ihres Schutzherrn Stalin zu erleiden hatten, bannen.

Die Kampagne der Hundert Blumen

Mao Zedong erinnerte in einer Rede am 2. Mai 1956 an den philosophischen Diskurs zwischen Konfuzianern, Buddhisten, Legalisten, Mohisten und Daoisten, der seit der Zeit der Streitenden Reiche (Zhanguo, 403–221v.Chr.) das geistige Leben in China bereichert hatte. Mit der in derselben Rede ausgerufenen Kampagne der Hundert Blumen rief er nun zum »Wettstreit der wissenschaftlichen und künstlerischen Schulen« und zur »konstruktiven Kritik« auf (*Mao Zedong Texte*. 1982, Bd. 6/1–2). Das bedeutete einen ersten Ansatz zum kulturellen Neubeginn in China. Das Streben nach kultureller Vielfalt berührte bald auch das Filmwesen. Das führte zu einer sich allmählich ausbreitenden Auseinandersetzung der Künstler mit Kultur, Gesellschaft, den kunstpolitischen Richtlinien und der starren Kulturbürokratie, die ihr Leben und ihre Arbeit überschatteten.

Nach Anlaufen der Hundert-Blumen-Kampagne erwies sich der Artikel ›Gongs und Trommeln beim Film‹ von Zhong Dianfei (dt. in: Lösel. 1980, S.233–43) als Auslöser einer heftigen Welle von Stellungnahmen zur bisherigen Filmpolitik. Diese wurde von Zhong Dianfei als kunst- und publikumsfeindlich kritisiert. Er und eine lange Reihe von Künstlern, Kunsttheoretikern und Kritikern wandten sich explizit gegen die dogmatisch verfolgte Form des sozialistischen Realismus. Mit besonderer Heftigkeit ging Zhong Dianfei außerdem das System von Überwachung, Zensur und kunstfeindlicher Bürokratie an. Das zeitigte schon bald erste Erfolge, als man die bürokratische Prozedur vereinfachte, die jeder Film zwischen ersten Genehmigungsinstanzen der Drehbücher und seiner Erstaufführung zu durchschreiten hatte.

Es war ein kurzes Jahr größerer Freiheiten, das den Künstlern verblieb, bevor sich der Staatsapparat im Sommer 1957 zu einem erneuten Gegenschlag entschloß. Das bedeutete für den Film, daß weder das künstlich erschaffene System der kommunistischen Staatskultur hinterfragt werden konnte, noch der zeitliche Raum für die Entwicklung innovativer Genres und neuer filmkünstlerischer Ausdrucksmöglichkeiten gegeben war. Nur wenige der in den dreißiger und vierziger Jahren bekannt gewordenen Filmemacher hatten es überhaupt geschafft, sich einen Platz im Kino der Volksrepublik China zu erkämpfen und konnten keinesfalls ihren Stil beibehalten. Die in der Yanan-Tradition stehenden Künstler hingegen besaßen ebenso wenig wie die im Zeichen von Propaganda und Repression ausgebildeten der Nachfolgegeneration das kreative Potential, tatsächliche Veränderungen in Inhalt und Form der Filmwerke zu entwickeln. Schließlich stellte die von Zhong Dianfei entfachte Welle von Kritik und Veränderungsvorschlägen nicht den zugelassenen – regierungstreuen – Rahmen in Frage und blieb zudem weitgehend abstrakt. Es hat also von Anfang an keine erfolgversprechende Suche nach politischen, gesellschaftlichen und kulturellen Alternativen stattgefunden. Die machtkonformen Theoretiker formulierten ihre Kritik statt dessen ausgerechnet innerhalb der von Mao vorgegebenen Grenzen und Richtlinien, die die Ursache allen Übels waren. Ein – klugerweise – unbekannt gebliebener Kritiker brachte das in einem Artikel der »Literaturzeitung« (wenyibao) treffend zum Ausdruck: »Sie wechseln die Vorspeise, doch die Hauptgerichte behalten sie bei« (36/1957, S. 11). Für den Film kam in dieser Kampagne außer der kurzfristigen thematischen Neunuancierung einiger Werke also nichts Wesentliches heraus. Die ohnehin kaum nennenswerten Veränderungsvorschläge waren nicht zuletzt mangels mutiger Pioniere mit politischen und künstlerischen Visionen verpufft. Wirkliche Innovationen waren bis dahin nicht einmal angedacht worden.

Segen
(zhufu, 1956, R: Sang Hu)

Die künstlerischen und inhaltlichen Veränderungen im Filmwesen bestanden hingegen zumeist im Rückgriff auf Stile und Genres vergangener Zeiten. Zhong Dianfei hatte den Vorbildcharakter der linksgerichteten Filme aus den dreißiger und vierziger Jahren betont und – im Hinblick auf die simple Propagandabildung der vorangegangenen sieben Jahre – auf deren formale Qualität verwiesen. Dadurch erfuhren diese eine kurzfristige Renaissance in den Lichtspielhäusern, ohne daß damit allerdings ihre Qualität bei Neuproduktionen auch nur annähernd wieder erreicht wurde. Mit der Legitimation, über die Befriedigung des Kultur- und Unterhaltungsbedürfnisses der Bevölkerung die Arbeitsproduktivität zu steigern, etablierten sich 1956 außerdem erneut einige der kommerziellen und dabei grundlegend unpolitischen Genres des Shanghaier Vorkriegskinos.

Verfilmungen von populären Werken der Vierte-Mai-Literatur, wie die von Ba Jins Roman *Die Familie* (*jia*, 1956, R: Chen Xihe, VT: *Das Haus des Mandarins*) oder Lu Xuns Kurzgeschichte *Segen* (*zhufu*, 1956, R: Sang Hu, VT: *Neujahrsopfer*) reichten nie an ihre literarischen Vorbilder heran. Satirische Komödien wie Lü Bans (He Enxing, 1913–76) Film *Bevor der neue Direktor kommt* (*xin juzhang daolai zhi qian,* 1956) parodierten die bisherigen Heldenepen über den sozialistischen Alltag. Sie äußerten Gesellschaftskritik in der Art der sozial engagierten Filme aus den Zwanzigern. Filmtechnisch subtilere und in ihrem Rhythmus auf die Musik abgestimmte Verfilmungen klassischer Dramen wie Tao Jins *Fünfzehn Schnüre Geld* (*shiwu guan*, 1956) wandten sich von der Schaubühne ab. Sie fuhren mit der Kamera in die Handlung hinein, um der Bühnenkunst neue – filmische – Perspektiven zu eröffnen. Historienfilme wie die biographischen Heldenepen *Song Jingshi* (1957, R: Zheng Junli und Sun Yu) oder *Li Shizhen* (1956, R: Shen Fu) versuchten anhand des in spannende und ideologisch nicht allzu überfrachtete Fabeln eingebetteten Kampfes dieser historischen Figuren gegen feudale Grundherren und für soziale Verbesserungen, die vermeintlichen revolutionären Traditionen in China zu belegen. All diese Genres fanden aufgrund ihres Unterhaltungswertes ein breites Publikum. Den erstarrten chinesischen Film konnten sie allerdings nicht grundlegend reformieren oder gar revolutionieren.

Die zahlenmäßig weiterhin überwiegenden Werke über den sozialistischen Alltag präsentierten dagegen ein weniger strahlendes revolutionäres China. Angesichts von Bürokratie, Despotie und Korruption riefen sie zu alten Tugenden auf. Darin wurden die Arbeiter- und Bauernhelden früherer Filme nun häufig durch die von Mao verachteten intellektuellen Vordenker ersetzt. So etwa in Xu Changlins Film *Treue Partner* (*qingchang yishen,* 1957), der die Geschichte zweier Shanghaier Wissenschaftler erzählt, die an der Entwicklung eines neuartigen Antibiotikums arbeiten. Durch die wenig fortschrittliche Arbeitsweise eines der beiden, der sich starr an die politischen und fachlichen Vorgaben hält und keinerlei Experimente wagt, kommt es zu einem Unfall und zur Infektion seines Kollegen. Erst durch das Abweichen von den Regeln kann er ihn am Ende mit einem gewagten Experiment doch noch retten. Allein der Mut zur Innovation und zum Bruch mit der Dogmatik konfuzianischen Patriarchats wie die konstruktiv fortschrittliche und selbständige, von Lehrformeln unabhängige Befolgung der kommunistischen Ideologie ermöglicht ihm, das Medikament am Ende fertigzustellen. Damit erweist er nicht nur seinem Freund sondern dem gesamten Volk einen großen Dienst; ganz anders als durch das starre Festhalten an überkommenen Dogmen, ohne dabei Verantwortung für das eigene Tun übernehmen zu wollen.

Der parabolische Charakter dieses Films, der die Menschen zu selbständigem und kritischem Denken aufruft, ist offensichtlich. Das machte seine Verdammung nach dem plötzlichen Ende der Hundert-Blumen-Bewegung als ›bourgeois sentimental‹ vohersehbar. Tatsächliche Innovationen hatten aber weder dieser noch andere Filme zu bieten, die auf systemimmanente Reformen drängten, das System selber dabei allerdings unangetastet ließen.

Die künstlerische und theoretische Auseinandersetzung mit Staat und Gesellschaft endete nach nur wenigen Monaten für viele der – auch regierungskonformen und systemtreuen – Kritiker in einem persönlichen Desaster. Das hatte trotz der Erfahrungen mit der Wu-Xun-Kampagne niemand vorausgeahnt. Später sagte man Mao Zedong sogar nach, er habe die Bewegung allein aus dem Grund ausgerufen, um seine persönlichen Freunde und Feinde voneinander abzugrenzen, damit er letztere anschließend eliminieren könne. So wurde diese Kampagne, die für die Künstler und Intellektuellen so verheißungsvoll begonnen hatte, schließlich zum Ausgangspunkt von zwei Jahrzehnten noch radikalerer Unterdrückung und der vollständigen Ausschaltung jeglicher Kreativität im Zeichen von Ideologie und Propaganda.

Der Große Sprung

Individualität und natürlicher Pluralismus hatten trotz ihrer zeitbedingten Schwächen in der Hundert-Blumen-Kampagne immerhin kurzzeitig ihre Ansprüche gegenüber der alles unterdrückenden und gleichschaltenden Massenideologie Mao Zedongs geltend gemacht. Das hatte zur Folge, daß die – sich allein über die Ideologie legitimierenden – kommunistischen Herrscher, denen die realen Auswirkungen dieser von ihnen selbst initiierten Bewegung entschieden zu weit gingen, auch in der systemkonformen Kritik einen Angriff auf ihre Herrschaft entdeckten. Nach nur achtzig Spielfilmen und einem kurzen Jahr des von den Zensoren relativ unbehelligten Filmschaffens und Theoretisierens schlug die Kritik und Verfolgung von ›Rechtsabweichlern‹ im Oktober 1957 mit einem kritischen Artikel über das chinesische Filmwesen und einem direkten Angriff Xia Yans auf Zhong Dianfei im Parteiorgan »Volkszeitung« (renmin ribao, 15.10.1957) auf die Filmschaffenden zurück. Letzterer fand sich trotz der in seinem Artikel erwiesenen Parteitreue schon kurze Zeit später gemeinsam mit fünfhundertfünfzigtausend Intellektuellen in einem der Lager zur ›Erziehung durch Arbeit‹ wieder, die überall im Land errichtet wurden. In seinem Artikel versuchte Xia Yan – allerdings wenig überzeugend – die Rolle der Kommunistischen Partei im Filmwesen historisch zu belegen. Seine Angriffe gegen jegliche künstlerische und Gedankenfreiheit bedeuteten nach der Wu-Xun-Kampagne ein neues, den vorläufigen Höhepunkt darstellendes Kapitel im Kampf der Yanan-Dogmatiker gegen die liberaleren Kräfte in der Tradition des Vierten Mai.

Innerhalb weniger Monate verloren die meisten der verbliebenen – auch parteiergebenen – Filmemacher und Funktionäre aus der Vierte-Mai-Generation ihre Ämter; darunter klangvolle Namen wie Lü Ban, Guo Wei, Sun Yu oder Chen Huangmei, der Direktor des Zentralen Filmbüros. Ein Großteil der Filme, die auch nur marginal von der wieder heraufbeschworenen Parteilinie abwichen, wurde von den Leinwänden verbannt. Nicht wenige ihrer Schöpfer entzogen sich durch ihre Selbsttötung der drohenden Prozedur von Kritik, Erniedrigung und Folter. So etwa der seit den vierziger Jahren weit über die Grenzen Chinas hinaus berühmte Schauspieler Shi Hui (Shi Mingtao, 1915–57). Als der Film *Treue Partner*, in dem er die Hauptrolle gespielt hatte, nur wenige Monate nach seiner Uraufführung zum Negativbeispiel erklärt und alle an ihm Beteiligten angegriffen wurden, wählte Shi Hui den Freitod, um der ihm aufgrund seiner Prominenz in besonderem Ausmaß drohenden Erniedrigung zu entgehen. In den folgenden Jahren wurde jegliche über das Filmmedium geäußerte Gesellschaftskritik und individuelle künstlerische Gestaltung bereits im Ansatz unterdrückt. Kritische Filme, wie Mu Kefus und Wu Tians *Doppelhochzeit* (*shuanghunji*, 1959), der von den unwürdigen Lebensumständen chinesischer Bergleute auch noch nach ihrer kommunistischen ›Befreiung‹ berichtet, oder Yan Lis und Li Weis *Der Akrobat* (*feidaohua*, 1963), eine Gesellschaftsparabel über die Probleme im Leben von Zirkusleuten und Artisten; sie alle hatten keine Chance mehr, die Zensur zu passieren.

Die zumeist fachfremden Ideologen aus den Parteibüros und die ideologisch – weniger ästhetisch – geschulten Nachkömmlinge aus den Schulen der chinesischen Filmstudios, die deren Aufgaben übernahmen, kamen in den darauf folgenden Jahren in erster Linie Xia Yans vielsagendem Aufruf nach: »Der Film ist ein Instrument zur Erziehung des Volkes, und die Filmschaffenden müssen einer bestimmten Klasse dienen, ganz egal ob sie das wollen oder nicht.« (in: »Volkszeitung«, renmin ribao, 15.10.1957).

Mehr denn je zuvor wurde der Film auf seine Funktion als Instrument von Propaganda und politischer Indoktrination reduziert. Das setzte sich auch während der Kampagne des ›Großen Sprungs‹ fort, die im Jahre 1958 ausgerufen wurde. Deren Politik der ›Drei roten Banner‹ sollte dem Land durch Einführung von Volkskommunen und einer arbeitsintensiven Entwicklungspolitik den Kommunismus, zumindest aber ein schnelles ökonomisches Wachstum bescheren. Gleichzeitig wurden die nach der Staatsgründung in Bürokratie und Zentralismus versunkenen Guerillataktiken wiederbelebt. Das wiederum stellte das Massenmedium Film erneut in den Mittelpunkt der kulturellen Parteiarbeit.

Mobilisierung der Massen zur Teilnahme am ökonomischen Aufbau des ›Großen Sprungs‹, die Schaffung einer einheitlichen chinesischen Massenkultur und eine Renaissance der degenerierten Yanan-Werte sind die Stichworte, unter denen der Film der späten fünfziger und frühen sechziger Jahre zu bewerten ist. Äußerlich machte sich der ›Große Sprung‹ zuerst in der Dezentralisierung bemerkbar, die auch vor den Filmstudios nicht haltmachte. Innerhalb kürzester Zeit verfügte nahezu jede Provinz über eine eigene Produktionsstätte. Die kleineren davon waren allerdings zumeist mangels finanzieller und technischer Mittel über Jahrzehnte hinweg kaum in der Lage, nennenswerte Projekte zu realisieren. Statt dessen mußten sie sich mit Dokumentar- und Nachrichtenfilmen begnügen. Doch die Kulturfunktionäre in Peking gingen mit der Dezentralisierung noch weiter. Sie überließen die Bestimmungsgewalt des Zentralen Filmbüros eigens eingerichteten Organen auf Provinzebene. Das bedeutete allerdings nicht, daß damit die Kontrolle durch die Pekinger Führung tatsächlich nachließ und etwa den Provinzregierungen überlassen wurde. Denn gleichzeitig wurden die Studioverwaltungen mit Parteikadern durchsetzt. Darüber hinaus avancierte die zentrale Verteilung von Finanzmitteln ›nach künstlerischen Kriterien‹ bald zu einem umso mächtigeren Mittel der Zensur.

In den späten fünfziger Jahren entstanden in China weitaus mehr Filme als je zuvor. Im Jahre 1958 wurden erstmals mehr als einhundert Spielfilme fertiggestellt. Deren Produktion wurde mit enormen Fördermitteln der Propagandaabteilung möglich. Die unter staatlicher Überwachung fertiggestellten agitatorischen Propagandawerke wurden durch mobile Vorführteams in das Binnenland getragen, von denen es 1960 mehr als vierzehntausend gab. Die ländliche Bevölkerung war trotz aller Bemühungen der Kommunisten bis dahin nur wenig mit dem Filmmedium in Kontakt gekommen. In Filmveranstaltungen sollte den Massen Maos Ideologie auf einer rein emotionalen Ebene vermittelt werden. Dabei waren die Filmemacher kaum in der Lage, über die zumeist hastig und mit einem Minimum an Mitteln produzierten pseudodokumentarischen Lehrfilme hinaus anspruchsvolles unterhaltendes Kino geschweige denn Filmkunst zu schaffen. Statt dessen verklärten sie unter dem neu eingeführten Genrebegriff ›Dokumentarspielfilm‹ die Kriegsjahre und das China der Republikzeit wie auch die sozialistische Gegenwart. Dabei ließen sie historische Heldenfiguren auferstehen oder rückten ethnische Minderheitengruppen ins rechte Licht. So z.B. in dem Film *Leibeigene* (*nongnu*, 1963), R: Li Jun). Die Minderheitenvölker waren in der gesellschaftlichen Realität noch lange nicht integriert und stellten mit eigenen religiösen Riten und Lebensweisen, die sich teilweise eher benachbarten Kulturen zuwandten, besonders in den Randprovinzen einen ständigen Unsicherheitsfaktor für die Stabilität der kommunistischen Machtpolitik dar. Insgesamt befinden sich alle Filme dieser Periode exakt in der Tradition der noch stark von den Yanan-Erfahrungen beeinflußten manipulierenden Filme der frühen fünfziger Jahre.

Das Propagandaziel bestimmte auch jetzt über die Genres hinweg die inhaltliche Gestaltung der Filmwerke. Die Frage der filmischen Form hatte sich auf den kleinsten Nenner beschränkt. Das bedeutete im einzelnen einen möglichst simplen und formalistischen Handlungsaufbau auf der Basis eines primitiven Gut-Böse-Musters, bei dem das Gute jeweils den glanzvollen Sieg davontrug. Sowohl mit ihrer schematischen Gestaltung als auch mit den langen Dialogen, die mit zumeist starrer Kamera eingefangen wurden, erinnern sie wieder verstärkt an die Bühnenvergangenheit des Mediums.

Die unzähligen Kampagnen gegen Kunst und Künstler verfehlten ihre Wirkung nicht. Tatsächlich wurden nun in großer Zahl Filme nach Maos Geschmack auf die chinesischen Leinwände gebracht. Während das Weltkino damals Persönlichkeiten wie Federico Fellini, Ingmar Bergman, Luchino Visconti oder Akira Kurosawa hervorbrachte und viele die Filmgeschichte ästhetisch und technisch vorantreibende Strömungen wie den italienischen Neorealismus oder die französische Nouvelle Vague ins Leben rief, blieb das im eigenen ideologischen Netz erstarrte chinesische Kino von dieser Entwicklung völlig abgeschnitten. Das schien die Machthaber allerdings nicht zu irritieren.

Mao Zedong mag unter den simplen Allegorien, die in den Folgejahren produziert wurden, den populistischen Stil einer sinifizierten Volkskunst verstanden haben, nach der er bereits in seinen Yanan-Reden gerufen hatte. In Wirklichkeit waren sie aber nichts als ein Abklatsch des sozialistischen Realismus, wie er in der stalinistischen Sowjetunion entworfen, in China nach Abkühlung der Beziehungen inzwischen aber – zumindest in der offiziellen Politik – längst wieder verworfen worden war. Keinesfalls hatten die chinesischen Kulturbürokraten damit also eine nationale chinesische Filmkultur entworfen, sondern – um die wiedererlangte Unabhängigkeit vom einstigen Bruderstaat auch auf dem Gebiet der Kunst deutlich zu machen – die Losung des ›sozialistischen Realismus‹ nur mit dem Begriff der ›revolutionären Romantik‹, also mit übersteigertem Pathos in Form und Inhalt, verbunden. Schließlich war die revolutionäre Romantik, die sich besonders in der prachtvoll inszenierten Heldenverehrung äußerte, schon immer ein wesentliches Element des sozialistischen Realismus und dieser niemals auch nur annähernd realistisch gewesen. Nun waren die ideologische Schönfärberei und heroische Verklärung historischer Tatsachen im Film nur durch eine weitere Losung legitimiert worden.

Volkserziehung

Mit altbekannten, nun aber systematisch eingesetzten Mitteln wurden in den späten fünfziger Jahren in großer Zahl Werke produziert, die den Themenkomplex des republikanischen Chinas abdeckten. Mit Filmen über die dreißiger und vierziger Jahre dieses Jahrhunderts konnten die ehemaligen Widerstandskämpfer die eigene Jugendzeit, den Kampf gegen Chiang Kai-sheks Nationalisten und die japanischen Invasoren, aber auch die kommunistischen Aktivitäten im Untergrund glorifizieren, um Legitimationen für die Herrschaftsansprüche der Kommunistischen Partei zu liefern. Diese leiten sich bezeichnenderweise teilweise noch heute aus dem ›Befreiungskampf‹ vor 1949 ab.

Ein Meisterwerk der Agitation, das die Politik des Großen Sprungs und die kunsttheoretischen und ideologischen Vorgaben der Yanan-Reden konsequent umsetzte, ist die politische Filmallegorie *Das rote Frauenbataillon* (*hongse niangzijun*, 1960) von Xie Jin (geb.1923). Unter Verzicht auf die Vermittlung historischen und gesellschaftlichen Wissens gerät die Filmhandlung zu einem reinen Lehrstück kommunistischer Werte. Ort der im Jahre 1930 angesiedelten Handlung ist die südchinesische Insel Hainan. Dort lehnt sich die Dienstmagd Wu Qionghua gegen ihren feudalen Unterdrücker, den Großgrundbesitzer Nan Batian, auf. Sie kann sich aber erst aus dessen brutaler Umklammerung befreien, als sie die Unterstützung des revolutionären Guerillakämpfers Hong Changqing erhält. Dieser kreuzt auf seinem Siegeszug für die Kommunistische Partei ihren Fluchtweg. Die gesamte Handlung dreht sich um diese drei Charaktere, mit denen der Regisseur die feindlichen Linien im Klassenkampf abgesteckt hat.

Auf der einen Seite steht Nan Batian. Als feudalistischer Ausbeuter stellt er die Verkörperung des Bösen dar. Das verdeutlicht nicht nur seine Handlungsweise, die jegliche Menschlichkeit vermissen läßt, sondern auch sein fratzenhaftes Gesicht und seine verkrümmte Gestalt. Er ist eine wandelnde Allegorie und wird fast zu seiner eigenen Karikatur, was mit seinem Namen Batian (Despot des Himmels) zusätzlich unterstrichen wird. Ihm gegenüber steht der kommunistische Kämpfer Hong Changqing, in dessen Namen die Lebenskraft der Kommunistischen Partei symbolisiert wird. Er läßt als Verkörperung des Guten genauso wie Nan Batian alle menschlichen Züge vermissen, avanciert dabei aber im Gegensatz zu jenem durch seine Schönheit, sein fehlerloses Verhalten und seinen – durch den glanzvollen Tod im Kampf gekrönten – selbstlosen Einsatz für die kommunistische Sache zum unerreichbaren positiven Vorbild für den Zuschauer.

Während diese beiden Charaktere, wie sich bereits in ihren Namen andeutet, diabolisiert bzw. idealisiert und damit realitätsfern sind, wird die Magd – sie hat einen alltäglichen Namen – als Vertreterin der unterdrückten Klasse zur Identifikationsfigur für die Massen. Allein dadurch, daß sie die Rolle des Opfers übernimmt, gilt sie als gut und zieht alle Sympathien auf sich. Der Entwicklungsweg, den sie von der verzweifelten, haßerfüllten und versklavten Magd zur selbstlosen revolutionären Kämpferin durchmacht, steht für den Werdegang des kommunistischen chinesischen Staates und seiner – guten – Bürger. Das ist der rote Faden einer Handlung, die den Zuschauer zum Nacheifern animieren will.

Nach der Befreiung aus den Händen des Großgrundbesitzers schmiedet Wu Qionghua Rachepläne. Sie tritt dem kommunistischen Roten Frauenbataillon bei. Dort erfährt sie die Belehrung, daß sie ihre persönlichen Gefühle zugunsten gesamtgesellschaftlicher Perspektiven zu überwinden hat. Nach einem gescheiterten Mordversuch an ihrem Peiniger und damit verbundenen weiteren Belehrungen lernt sie, ihre Gefühle zu objektivieren. Erst dadurch erhält sie das Recht, ihren persönlichen Feind am Ende doch noch zu töten. Die Reduzierung des marxistischen Klassenkampfmodells auf eine Stereotype und eine simplifizierende Figuren-Allegorie sollte die Zuschauermassen im Idealfall zum Nachahmen von Wu Qionghuas Rolle motivieren. Zumindest sollte sie sie aber im Sinne der Mobilisierungsbestrebun-

Das rote Frauenbataillon
(hongse niangzijun, 1960, R: Xie Jin)

gen des Großen Sprungs zum Klassenhaß auffordern und darüber zur Teilnahme am revolutionären Prozeß bewegen.

Ob Filme wie *Das rote Frauenbataillon* in diese Richtung tatsächlich etwas bewirken konnten und die Mobilisierung durch sie zunahm, ist durch keine Untersuchung belegt. Im allgemeinen ist das allerdings eher zu bezweifeln. Zu fern waren die dargestellten Charaktere und Handlungen der Lebensrealität der vielen hundert Millionen Bauern Chinas. Diese standen in einer Zeit knapper werdender Ressourcen im täglichen Kampf um ihr physisches Überleben. Daher dürften sie weder für Filmkunst noch für Ideologie und Klassenkampf zu begeistern gewesen sein.

Dennoch entstand in den späten fünfziger und frühen sechziger Jahren ein Großteil der in China produzierten Filme in verschiedenen Variationen und Fabeln nach dem Vorbild und Schema des *Roten Frauenbataillons*. Sie alle wurden im Hinblick auf die Manipulationsbestrebungen der Regierung zur Partizipation an den Aktionen des Großen Sprungs noch stärker auf ihren sozialisierenden Charakter reduziert als alle Produktionen der Jahre zuvor. An ihnen zeigt sich deutlich die ausweglose Befangenheit des damaligen chinesischen Filmwesens in seiner flachen, alle Kunst abtötenden Didaktik. So etwa Jin Shans (Zhao Mo, geb.1911) Bühnenadaption *Der Sturm* (*fengbao*, 1959). Darin manifestiert sich die formale Abhängigkeit des Films von der Bühnentradition. An keiner Stelle gelingt es diesem Werk, die Beschränkungen zu überwinden, die Bühne und Theaterraum seinem dramatischen Vorbild auferlegt haben. Wie die meisten Filme dieser Epoche bleibt es grundlegend unfilmisch. Auch nach mehr als sechs Jahrzehnten Filmgeschichte hatte das ›abendländische Schattenspiel‹ in China noch immer keinen eigenen Platz im Spektrum der Künste und blieb damit von den weltweiten Entwicklungen abgeschnitten.

Unübersehbar war hingegen die Einbindung der Leinwandkunst in Ideologie und Politik, wie die Literaturverfilmung *Das Lied der Jugend* (*qingchun zhi ge*, 1959) von Cui Wei (1913-79) und Chen Huaiai (Zheng Yanxian, 1920-94), dem Vater des berühmten Regisseurs Chen Kaige, zeigt. Der Film *Das Lied der Jugend* nach Yang Mos gleichnamigem Roman (dt.: 1983) zeichnet den Entwicklungsweg einer ›kleinbürgerlichen Intellektuellen‹ zu einer kommunistischen Widerstandskämpferin. Durch Zufall wird sie mit den widrigen Lebensumständen der ›unterdrückten Klassen‹ konfrontiert. Über diese Erfahrung kommt sie zum Nachdenken über die Verhältnisse in ihrer Heimat. Angesichts der sozialen Ungerechtigkeiten in China, die sie während ihres Aufenthalts in einem Ferienort am Meer zu spüren bekommt, entscheidet sie sich schließlich für den Weg der Revolution, den ihr einige junge Aktivisten weisen. Die historischen Ereignisse in den dreißiger Jahren spielen eine wesentliche Rolle bei der Bewußtseinsveränderung der Protagonistin. Damit kommt der Film neben der Mobilisierung auch dem Auftrag der historischen Schulung nach.

Ähnliche Ansprüche auf Vermittlung kommunistischer Tugenden wie historischen, gesellschaftlichen und ideologischen Wissens erheben die meisten Filme, die in den sechs Jahren nach Beginn des ›Großen Sprungs‹ in China produziert wurden. Mit dem Thema des republikanischen Chinas beschäftigten sich z.B. Werke wie die Verfilmung von Mao Duns gleichnamigem populären Roman *Der Laden der Familie Lin* (dt.: 1953, *Linjia puzi*, 1959) von Shui Hua (Zhang Shuihua, geb.1916), oder *Eine revolutionäre Familie* (*geming jiating*, 1960) desselben Regisseurs nach dem Roman *Meine Familie* von Tao Cheng. Neben dem *Roten Frauenbataillon* und der *Chronik der Roten Fahne* (*hongqi pu*, 1960) von Ling Zifeng (geb.1917) gehören beide zu den populärsten und politisch wirksamsten Werken jener Zeit.

Auch andere Genres bedienten dieselben Zielsetzungen wie die Filme über das republikanische China. Sie befaßten sich dokumentarisch oder in Spielhandlungen und als Bühnenadaptionen mit den vorgeblich revolutionären chinesischen Traditionen und heroischen Befreiungskämpfen oder stellten die Vorzüge des Alltags in einem modernen kommunistisch regierten Staat heraus. Im Hinblick auf den vordergründigen Propaganda- und Indoktrinationsauftrag und die Einbindung des Mediums in die politisch-ideologischen Vorgaben der Partei verschwammen dabei Dokumentation und Fiktion in den meisten Filmen zu heroisch verklärenden Befreiungsepen.

Die grundsätzliche Manipulierbarkeit der Massen, die Mao Zedong zu Beginn des ›Großen Sprungs‹ mit seinem Ausspruch hervorgehoben hatte, daß sie »sowohl arm als auch ein unbeschriebenes Blatt« seien, war Voraussetzung für die Gestaltung nahezu aller Filmwerke. Über das Leinwanderlebnis sollten sich die Zuschauer im Film wiedererkennen und mit den dargestellten Figuren identifizieren. Während positive Charaktere Vorbildcharakter hatten, bildeten die Negativfiguren ein Raster, wie man sich nicht verhalten sollte. Dieses ständig wiederkehrende Gut-Böse-Schema, das in einfachsten politischen Allegorien übermittelt und mit – allerdings zweifelhaften – Mitteln der Volkskunst umgesetzt wurde, mußte zum Erreichen umfassender Mobilisierungswirkung in den Filmen nur noch dem Klassenantagonismus oder den Konflikten mit dem Imperialismus übergestülpt werden.

Durch die Gegenüberstellung der unveränderbaren Größen von Gut und Böse wurden die Ideologeme der Kommunisten ebenso in Anwendung gebracht wie die jahrtausendealten moralisch kategorisierenden Gesellschaftsstrukturen des Konfuzianismus und seiner realen Auswirkungen in China. Die Parteiführer ahndeten jegliche Kritik und Abweichung von der – an die Stelle der konfuzianischen Morallehre getretenen – offiziellen Parteilinie mit dem Ausschluß aus der kommunistischen Gemeinschaft. Dementsprechend drohte all denjenigen, die nicht Maos didaktischem Ideal folgten und statt dessen mit eigenen Vorstellungen von Staat und Gesellschaft an die Öffentlichkeit traten, Inhaftierung und Ermordung. Bei der radikalen Durchsetzung von Maos Politik auch im Filmwesen, wo der Widerstand zusehends nachließ, spielte die Furcht der Menschen vor den zu erwartenden persönlichen Konsequenzen einer Abweichung von der vorgegebenen Massenlinie eine entscheidende Rolle; mehr als die proklamierte Begeisterung für die revolutionäre Sache. Manipulierbar waren schließlich weniger die chinesischen Bauern, Arbeiter und Soldaten, die Mao mit seiner Politik des Großen Sprungs erreichen wollte, als vielmehr die städtischen Jugendlichen mit Schul- und Hochschulbildung, die von klein auf mit Maos Indoktrination konfrontiert gewesen waren. Das sollte sich einige Jahre später in der Kulturrevolution herausstellen, als der Radikalismus der chinesischen Jugend für Mao selbst zum Bumerang wurde.

Eine bedeutende didaktische Rolle spielten in den späten fünfziger und frühen sechziger Jahren auch die Filme über die Gegenwart im sozialistischen China, bei denen Dokumentation und Spielhandlung sich oft – wie beabsichtigt – völlig miteinander vermischten. Der berühmteste Dokumentarspielfilm jener Jahre ist Xie Jins Werk *Huang Baomei* (1958), in dem die Shanghaier Spinnereiarbeiterin Huang Baomei als Vertreterin des einfachen Volkes ihre eigene, auf wenige politisch ausschlachtbare Stationen reduzierte Lebensgeschichte nachspielt – natürlich nicht ohne ideologische Verklärung. Dabei stehen die gesellschaftlichen und politischen Bezüge in ihrem Leben stets im Vordergrund. Sie befreit sich zugunsten von Typisierung und Allegorisierung von allen individuellen Eigenschaften und stellt

Lin Zexu
(Lin Zexu, 1959, R: Zheng Junli und Cen Fan)

ihr Leben in den Dienst von Partei und Revolution. Die Schöpfer dieses Films wollten ein Musterbeispiel vorbildlicher kommunistischer Lebensführung schaffen, mit dem sich durch den Verzicht auf die Darstellung unerreichbarer Heroen jedermann identifizieren konnte.

Ohne Anspruch auf Authentizität wurde der Film *Li Shuangshuang* (1962, R: Lu Ren) zu einem weiteren Musterbeispiel kommunistischer Tugenden. In der Verfilmung der gleichnamigen Erzählung von Li Zhun (dt. in Kubin, W.: *Hundert Blumen*. 1980) wird die Geschichte der jungen Frau Li Shuangshuang erzählt, die einer ländlichen Volkskommune angehört. Diese stemmt sich trotz heftigen Widerstands von Seiten der ›rückständigen Charaktere‹ im Dorf und sogar von ihrem eigenen Ehemann gegen das ›alte Denken‹ und setzt sich im Jahre 1958 für die revolutionären Ziele des Großen Sprungs ein. Auch Themen wie Frauenemanzipation, die von den Kommunisten eingeführte freie Partnerwahl und nicht zuletzt die ökonomischen Ziele der Bewegung fließen mit in die Handlung ein. Diese demonstriert dem Publikum die hehren Ziele der kommunistischen Revolution. Dadurch avancierte der Film zu einem weiteren Lehrstück und die Protagonistin zu einem ›typischen Charakter‹, zu einer nachahmenswerten Persönlichkeit.

Auf ähnliche Weise wie *Li Shuangshuang* bedienten auch Xie Jins *Basketballspielerin Nr.5* (*nülan wuhao*, 1957, VT: *Das Herz spielt mit*), *Junge Leute aus unserem Dorf* (*women cunli de nianqingren*, 1959, R: Ma Feng), *Die Fabrik wie das eigene Zuhause lieben* (*aichang rujia*, 1958, R: Zhao Ming) und viele andere Werke des pseudo-dokumentarischen Gegenwartsgenres die Ansprüche des Großen Sprungs. Verfilmungen historischer Themen wie Zheng Junlis und Cen Fans *Lin Zexu* (1959, VT: *Kein Opium für China*), mit denen die revolutionäre und antiimperialistische chinesische Vergangenheit anhand der Geschichten von Heldenfiguren herausgestellt wurde, oder Dramen- und Sprechtheaterfilme, die ebenfalls mit revolutionären Inhalten unterlegt wurden, spielten hingegen eine vergleichsweise geringe Rolle.

Das Filmwesen in der Krise

Die schwache filmische Qualität der meisten Werke und die Unattraktivität der Propagandathemen für ein breites Publikum zeigte in den frühen sechziger Jahren die zu erwartende Wirkung. Anstelle der angestrebten Massenmobilisierung blieben die Zuschauer endgültig aus. Darüber hinaus verursachte die Wirtschaftskrise, die auf Maos verfehlte Politik des Großen Sprungs zwangsläufig folgte, einen neuen Tiefstand der Filmproduktion. Die staatlichen Subventionen, die das Filmwesen bis dahin künstlich am Leben erhalten hatten, blieben aus. Auf der anderen Seite war bei bewußt niedrig gehaltenen Eintrittspreisen auch mit keinem der in den Kinos gezeigten Filme ein wirtschaftlicher Gewinn zu erzielen. Weder stand den hungernden Menschen der Sinn nach Leinwandunterhaltung, noch war man überhaupt in der Lage, noch Mittel für den teuren Import von Filmmaterial und technischem Equipment aufzubringen. Angesicht der hoffnungslosen Situation in allen Bereichen der Wirtschaft und drohender sozialer Spannungen setzten erneut Debatten über eine Liberalisierung und Entideologisierung der Kunst ein, durch die deren Attraktivität für das Publikum erhöht werden sollte. Hinter diese Forderungen stellten sich sogar der einflußreiche Premierminister Zhou Enlai und immer mehr Vertreter der innerparteilichen Opposition; darunter der Staatspräsident Liu Shaoqi, dessen Gesinnungsgenosse Deng Xiaoping und der Pekinger Parteiführer Peng Zhen. Mit breiter Unterstützung im Volk konnten sie das Ruder der Staatspolitik auf dem 9. Plenum des VIII. ZK im Januar 1961 kurzfristig in ihre Hände nehmen und eine vorsichtige Liberalisierung in Ansätzen realisieren.

Doch schon kurze Zeit später meldeten sich ihre orthodoxen Widersacher in der Regierung erneut zu Wort, darunter der alternde und um seine vielleicht letzte Chance der Unsterblichwerdung ringende Mao selber. So konnte sich die Bestrebung, den Film durch weniger aufdringliche und künstlerisch hochwertigere Gestaltung sowie Handlungen mit höherem Unterhaltungswert generell im Niveau zu heben, nicht mehr durchsetzen. Der Propagandaauftrag wurde vielmehr auch im Kino in mehr oder weniger restriktiver Form weiter verfolgt.

In dieser kurzen Phase relativer Freiheit wurden in den frühen sechziger Jahren im Zeichen der Wirtschaftskrise nur noch wenige Filme fertiggestellt, in denen sich die Liberalisierungsbestrebungen bemerkbar machten. Als Neuerung ist bei ihnen insbesondere die Schaffung sogenannter ›mittlerer Charaktere‹ zu verzeichnen. Darunter sind Figuren zu verstehen, die mit ihren positiven und negativen Eigenschaften, ihren Fehlern wie ihrer Entwicklungsfähigkeit eher dem Normalbürger entsprachen als alle starren Heldenfiguren des Revolutionskinos. Als wichtigstes Werk dieses Genres gilt Xie Tielis (geb.1925) *Früher Frühling im Februar* (*zaochun eryue*, 1963) nach dem Roman *Februar* von Rou Shi. Darin wird die Geschichte des Intellektuellen Xiao Jianqiu erzählt, der als ehemaliger Teilnehmer an der Revolution wegen seines Berufs dennoch gesellschaftlich diskriminiert wird. Die starre Dogmatik des Systems wird ihm schmerzlich bewußt, als er sich in die Witwe eines ehemaligen Klassenkameraden verliebt und erfahren muß, daß die Gesellschaft Sympathie und Liebe oder auch nur engere Kontakte zwischen den – künstlich erschaffenen und scheinbar willkürlich festgesetzten – Klassen nicht zuläßt. Deutlich hinterfragt dieser Film die Klassenkampftheorie und die Politik Maos, die in alle Bereiche des gesellschaftlichen und privaten Lebens in China eingedrungen ist und jegliche natürliche Entwicklung und Entfaltung von Persönlichkeiten verhindert. Xie Tieli plädiert in diesem mutigsten seiner Filme für eine Normalisierung und Humanisierung – für eine Politik, die sich genau wie dieser Film wieder den Bedürfnissen der Menschen zuwendet.

Die Produktion dieses und einiger anderer Werke, die für eine Aufweichung der starren Strukturen plädierten – und eine solche selbst demonstrierten –, bedeutete aber nicht mehr als ein kurzes Intermezzo im ansonsten unverändert dogmatischen Filmwesen Chinas. Darunter befinden sich Filme wie Xie Jins *Großer Li, Kleiner Li, Alter Li* (*Da Li, Xiao Li he Lao Li*, 1962) und *Bühnenschwestern* (*wutai jiemei*, 1965), Yan Gongs *Was nagt an dir?* (*manyi bu manyi*, 1963) oder Yang Xiaozhongs und Yu Zhongyings Opernfilm *Der Affenkönig besiegt das Knochengespenst dreimal* (*Sun Wukong san dabai gujing*, 1960) nach einem Kapitel aus dem phantastischen Roman *Die Reise nach dem Westen* von Wu Chengen (dt.: *Monkey's Pilgerfahrt*, 1947).

Die Vertreter des liberalen Parteiflügels und ihre Protegés im Bereich der Kunst wurden schon auf dem 10. Plenum des VIII. ZK im September 1962 durch Kulturideologen des ultralinken Flügels der Kommunistischen Partei verdrängt. Diese machten es sich fortan zur Aufgabe, die Kunst in nie dagewesener Weise auf ihren kommunistischen Erziehungsanspruch und ihre Funktion im Klassenkampf zu reduzieren. Indem sie das Ruder der chinesischen Politik mit Zustimmung Mao Zedongs an sich rissen und alle Andersdenkenden und persönlichen Gegner ausschalteten, schufen sie schon im Jahre 1964 die Voraussetzungen für den offenen Ausbruch des seit Yanan schwelenden gesellschaftlichen Konflikts.

Dieser war unaufhaltsam geworden, seit Mao in den fünfziger Jahren die Kampagnenpolitik eingeleitet hatte, mit der er die Menschen in ein Freund-Feind-Schema preßte. Der Kampf um Zugehörigkeit zu Maos ›Gemeinschaft‹ und die dadurch geschaffenen Abhängigkeiten der Menschen von den über sie urteilenden Funktionären bei der Verteilung knapper werdender Ressourcen von Nahrungsmitteln, Wohnraum, Arbeitsplätzen, Parteizugehörigkeit, Kindergarten- und Schulplätzen hatte die Situation seit dem ›Großen Sprung‹ zusätzlich verschärft. Dazu kam der sich bis in die Basis auswirkende Kampf zwischen Mao Zedong und Liu Shaoqi, zwischen Yanan und Shanghai, und nicht zuletzt die umfassende Ideologisierung und deren restriktive Überwachung durch die staatlichen Organe, die den Menschen den letzten Rest Privatsphäre und jede Chance einer individuellen Entwicklung raubten. So bedurfte es nur eines geringen Anlasses, der das Land in ein nie dagewesenes Chaos stürzte.

Diesen bot Mao Zedong auf dem 11. Plenum des VIII. ZK im August 1966 mit dem ›Beschluß über die Große Proletarische Kulturrevolution‹. Damit ließ er den Menschen praktisch freie Hand, ihre lange verborgenen Ängste in Willkür und blanker Gewalt zu entladen. Darin zeigte sich zugleich aber auch das Versagen der gesamten Kulturpolitik der Volksrepublik China bis zu diesem Zeitpunkt. Sie war von politischen Kampagnen, ideologischen Dogmen und persönlichen Restriktionen ebenso eingeschnürt und unter dem Zeichen von Ideologie und politischer Indoktrination an der Suche nach zukunftsweisenden Wegen genauso gehindert worden wie jeder einzelne Mensch beim Streben nach seinem persönlichen Glück. Indem Mao den Weg der gewaltsamen Auseinandersetzung wählte, versetzte er aller kreativen künstlerischen Betätigung und jeglichem Rest freiheitlichen Denkens in China endgültig den Todesstoß. Das bedeutete für das Filmwesen zunächst einmal die Stagnation und schließlich die Einstellung aller Aktivitäten von Produktion und vielfach auch Distribution.

4. Kulturrevolution (1964–78)

Die Kulturrevolution wird im allgemeinen auf die Zeit zwischen 1966 und 1969 datiert, als die jugendlichen Rotgardisten das Land ins Chaos stürzten. Ihre tatsächlichen Ausmaße reichten allerdings weit über den Kulturbereich und diesen Zeitraum hinaus. Sie sollte dem in Bürokratie und Korruption verfangenen chinesischen Staat in einer Überbaurevolution den – allerdings in China nie exakt definierten und daher zu einer dehn- und auslegbaren Phrase verkommenen – Kommunismus bringen und Mao Zedong die Unsterblichkeit bescheren. Schon im Jahre 1964 setzte sich die Politik des linken Parteiflügels durch, der alle Künste in neuer Dimension auf die Yanan-Dogmatik reduzierte und die gesellschaftliche Polarisierung auf die Spitze trieb. Dies war der Beginn des Kultursturms, der erst nach der Neudefinierung der Politik im Jahre 1978 ein Ende fand.

Ideologisierung

Nachdem Liu Shaoqi und Deng Xiaoping nach dem wirtschaftlichen und ideologischen Scheitern des ›Großen Sprungs‹ zunächst Liberalisierungen initiiert hatten, setzten der inzwischen einundsiebzigjährige Parteivorsitzende und seine machtbesessenen Schergen nach Rückgewinnung ihres Einflusses im Jahre 1964 auf eine Wiederbelebung des Klassenkampfes. Dabei sollten die vertrauten Yanan-Taktiken im Sinne der Vorstellung von einer radikal erneuerten Gesellschaft in erster Linie gegen die vermeintlichen Feinde im Inneren eingesetzt werden. Im Zuge seiner Forderung, die ›Restauration des Kapitalismus‹ zu verhindern, richteten Mao und sein Gefolge ihre Attacken der beiden endgültig auf die Kulturrevolution hinführenden Jahre 1964 und 1965 noch nicht direkt gegen die persönlichen Gegner im Kampf um die Macht. Vielmehr zielten sie in erster Linie gegen die verhaßten Intellektuellen und Künstler, zu denen der selber ohne akademische Ehren gebliebene Mao Zedong schon immer ein zwiespältiges, von Minderwertigkeitsgefühlen beherrschtes Verhältnis gehabt hatte.

Indem er diejenigen angriff, die in den frühen sechziger Jahren unter Liu Shaoqi kurzfristig zu neuem Selbstverständnis gefunden hatten und den Anschluß an die eher liberalen Traditionen des Vierten Mai suchten, zielte Mao aber in Wirklichkeit unmittelbar auf seine persönlichen Widersacher an der Parteispitze. Die chinesischen Künstler und Intellektuellen wurden wieder einmal erste Opfer von Machtkämpfen und Vehikel für die politischen Kampagnen der folgenden Jahre. Für die Filmemacher bedeutete das den Schritt zurück zur dogmatischen Befolgung der Yanan-Beschlüsse. Mit deren Legitimation wurde das Medium im Zeichen des Marxismus-Leninismus, entscheidender aber in romantischer Erinnerung an die glorifizierten Zeiten der Revolution und Opposition, stärker als je zuvor auf seine didaktischen Aufgaben reduziert. Zugleich wurde durch die Reduzierung auf primitivst allegorische Darstellung revolutionärer Tugenden von nun an auf psychologische Mittel wie die Identifikation fast vollständig verzichtet. Diese hatten dem chinesischen Kino in den vorangegangenen fünfzehn Jahren zumindest ansatzweise gestalterische Qualitäten beschert.

Lei Feng (Lei Feng, 1964, R: Dong Zhaoqi)

Das Publikum und die mögliche psychologische Wirkung der Filmprodukte auf den Zuschauer stand also nicht mehr im Vordergrund der filmpolitischen Bestrebungen. Diese wurden vielmehr bestimmt von der sinifizierten Massenkultur, von der allerdings niemand ein klares Bild zu haben schien. Die Filmkunst wurde nun, nachdem sie bereits 1949 aus ihren herkömmlichen Produktionsbedingungen ›befreit‹ worden war, auch noch aus den historischen und gesellschaftlichen Bedingungen herausgelöst. Sie wurde zu einem künstlichen Gebilde, das sich weiter denn je von seinen Konsumenten entfernte.

Die wenigen Filmwerke, die nach der ersten Welle der Kritik in den Jahren 1964 und 1965 noch fertiggestellt wurden, reduzierten sich auf die Darstellung strahlender Heldenfiguren. Die berühmteste unter ihnen ist der Soldat Lei Feng, der als Antwort auf die Demokratiebewegungen des Pekinger Frühlings (1979) und der Pekinger Studenten (1989) in der Staatspropaganda jeweils wieder zum Leben erweckt worden ist. In seinem nach dem angeblich authentischen *Tagebuch des Lei Feng* produzierten Film *Lei Feng* (1964) erzählt der Regisseur Dong Zhaoqi die heroisch verklärte, auf simpelste Stereotype reduzierte Lebensgeschichte des kommunistischen Soldaten. Dieser ließ im Jahre 1962 bei einem Unfall sein gerade zweiundzwanzigjähriges Leben ›im selbstaufopfernden Dienst für sein Land‹. So konnte er zu einer absolut positiven Heldenfigur heroisiert werden, mit der sich – völlig unrealistisch – die Zuschauer identifizieren sollten.

Auch andere Filme dieser beiden Jahre charakterisieren sich durch den überzogenen Erziehungsanspruch ihrer simplen Geschichten, die in unübertroffenem Pathos strahlende Helden produzierten, Feinde hingegen kaum noch zur Darstellung brachten. Entsprechend schematisch waren auch die Handlungen, die wieder verstärkt auf den historischen Hintergrund des republikanischen Chinas und der Kriege zurückgriffen. Die Filme *Heroische Söhne und Töchter* (*yingxiong ernü*, 1964, R: Wu Zhaodi), *Die Truppen stehen vor den Stadttoren* (*bing lin chengxia*, 1964, R: Lin Nong) und *Auf Wachtposten unter Neonlichtern* (*nihongdeng xia de shaobing*, 1964, R: Wang Ping und Ge Xin) sind aussagekräftige Dokumente dieser thematischen und formalen Reduzierung des Films. Sie erzählen ausnahmslos Heldenepen, deren Protagonisten sich ungeachtet aller dekadenten Versuchungen selbstlos für ihr Land und die Revolution einsetzen und damit Vorbilder für die – solche Werke allerdings kaum noch goutierende – Zuschauermasse abgeben sollten.

Durch die Reduzierung der Charaktere auf einen Bruchteil menschlicher Eigenschaften schalteten sie dabei die Wirklichkeit zugunsten einer mit Parteitopoi überladenen Vorstellungswelt aus. Ähnlich wie in der Literatur jener Jahre, durch die visuelle Darstellung aber noch sehr viel anschaulicher und effektheischender, wurde der einzelne als vollkommene Verkörperung des parteilichen Willens idealisiert und damit als Individuum reduziert – ein ›Vorbild‹, das niemanden mehr ansprach. Den Kulturschaffenden schwebte die Erzeugung einer virtuellen Scheinwelt vor, die allerdings keinerlei Bezüge zu den gesellschaftlichen Wirklichkeiten hatte. Das sich in Grundherren oder Japanern verkörpernde Böse der früheren Revolutionsfilme, wie die daran wachsenden revolutionären Kämpfer oder die in den frühen sechziger Jahren populär gewordenen ›mittleren Charaktere‹; sie alle hatten in der erträumten und über das Filmmedium scheinbar Realität gewordenen neuen Gesellschaft keinen Platz mehr.

Politischer Radikalismus

Die radikalen Urheber der Politik, zu deren kulturellem Vordenker sich bald die Mao-Gattin Jiang Qing erklärte, definierten den Film als sinifizierte Kriegskunst mit dem widersinnigen Anspruch, den Arbeitern, Bauern und Soldaten zu dienen. Sie versetzten dem Unterhaltungskino, das sich mit der Unterstützung des Publikums bis dahin auch unter größtem politischen Druck stets aus eigener Kraft hatte restaurieren können, nun genauso den

Todesstoß wie allen Genres, die auch unter Maos Politik weiter hatten bestehen können. An Stelle des sozialistischen Realismus wurde Jiang Qings Vorstellung von einer kommunistischen chinesischen Kultur nun zum unangreifbaren, aber dennoch willkürlich auf die ganz persönlichen Zwecke dieser neuen Machthaber ausgelegten Dogma erhoben. Daß dies zugleich die langjährige Stagnation des Filmwesens und die Abwendung nahezu des ganzen Volkes von dieser Kunst bedeutete, nahmen sie billigend in Kauf, wenn sie bis auf wenige hochgelobte Ausnahmen alle der bis dahin in China produzierten Filme kritisierten und gemeinsam mit den ausländischen Werken von den Leinwänden verbannten. Ihre Produzenten, Regisseure und Darsteller wie auch viele der Filmfunktionäre, die die Kampagnen von 1957 glimpflich überstanden hatten und inzwischen rehabilitiert worden waren, wurden auch ohne konkrete Anklagepunkte zu hohen Strafen verurteilt. Dadurch wurde Mitte der sechziger Jahre ein Klima geschaffen, in dem der in den Dreck gezogene Beruf des Künstlers, der ›stinkenden Nummer Neun‹, wie sie bald – auf der untersten Stufe der neun von Mao propagierten gesellschaftlichen Kategorien stehend – bezeichnet wurden, mit zu großen Gefahren und zu geringen Möglichkeiten der kreativen Entfaltung verbunden war, als daß sich noch viele gefunden hätten, die bereit und in der Lage gewesen wären, ihn auszuüben.

Für die meisten der nach den vorangegangenen Kampagnen noch oder wieder aktiven Künstler der Vierte-Mai-Generation bedeutete die erneute politische Radikalisierung das endgültige Ende der Karriere und oft gar den Weg in den Tod, zumindest aber in Umerziehungslager, die überall im Land errichtet wurden. Dabei traf es die Filmemacher meist noch härter als Künstler anderer Bereiche. Das liegt zum einen in dem hohen ideologischen Nutzen und dem Massencharakter des Films, der von den radikalen Machthabern als noch junges, am wenigsten historisch belastetes Medium inhaltlich revolutioniert und zur nationalen chinesischen Kunst erhoben werden sollte. Zum anderen waren viele Künstler und Techniker noch aus ihrer Zeit in den Shanghaier Studios persönlich mit Jiang Qing bekannt. Das Wissen um deren Vergangenheit als mittelmäßige Akteurin mit anrüchigem Lebenswandel kostete nicht wenigen ihrer ehemaligen Kollegen das Leben.

So schlugen die Ideologen nach der von der »Literaturzeitung« (wenyibao, 3/1966, S.3-17) im Frühjahr 1966 eingeleiteten ersten umfassenden Kritik an Xia Yans Buch *Essays zum Film* schon bald willkürlich zu. Sie schalteten nahezu alle ehemaligen Shanghaier Filmschaffenden aus, von denen allein mehr als dreißig zum Teil weit über China hinaus berühmte Künstler wie Tian Han, Cai Chusheng oder Zheng Junli die nachfolgenden Torturen nicht überlebten. Um den Sieg Yanans über Shanghai und die Vierte-Mai-Tradition perfekt zu machen, wurde schließlich auch der bedeutende Filmhistoriker Cheng Jihua angegriffen und zehn Jahre lang in Gefängnissen festgehalten. Cheng hatte sich in seiner *Entwicklungsgeschichte des chinesischen Films* drei Jahre zuvor durchweg positiv zum liberalen Kino Shanghais geäußert, allerdings kaum positive Worte über die Filmvergangenheit Jiang Qings zu Papier gebracht. Neben ihm fielen unzählige weitere Kritiker und Wissenschaftler wie der Schriftsteller, Kritiker und Herausgeber der Zeitschrift »Volksfilm« (dazhong dianying) Ke Ling oder der nach seiner Verurteilung im Jahre 1957 soeben erst rehabilitierte Zhong Dianfei den Verfolgungen zum Opfer. Sie wurden durch parteiergebene, allerdings zumeist fachfremde Ideologen ersetzt.

Während Chinas Künstler und Intellektuelle um ihr physisches und künstlerisches Überleben kämpften, tobte seit 1966 in allen anderen Bereichen des kulturellen, gesellschaftlichen und wirtschaftlichen Lebens die Gewalt, die Mao und seine Parteigenossen allzu leichtfertig in die Hände der jugendlichen Rotgardisten gegeben hatten. Diese ließen nun ihrerseits ihrem lange aufgestauten Haß und der Furcht um das eigene Schicksal freien Lauf und rissen immer größere Teile der Bevölkerung mit in den Strudel der Gewalt. Die meisten öffentlichen Einrichtungen, wie Schulen, Hochschulen, Behörden und nicht zuletzt auch die Filmstudios, mußten unter ihrem Druck schließen. Das Alltagsleben in China brach vollständig zusammen. Nachdem außerdem nahezu alle in der Vergangenheit produzierten Filme ideologisch angegriffen und verboten worden waren, die finanziellen Mittel nach dem Abbruch der Beziehungen zum Ausland und dem Brachliegen ganzer Wirtschaftszweige bald endgültig versiegten und das Schicksal der Künstler von den Machthabern und ihren jugendlichen Schergen mit zunehmender Willkür gehandhabt wurde, kam das gesamte Filmwesen von Produktion und Distribution noch im ersten Jahr der großen Kritik- und Gewaltwelle zum Erliegen. Einzige Ausnahme war ein Streifen aus dem Jahre 1968 mit dem Titel *Die große Erklärung (weida de shengming)*, in dem ein unbekannter Regisseur Maos Einleitung der Kulturrevolution pseudo-dokumentarisch nachspielte und den politischen Anforderungen gemäß glorifizierte.

Jiang Qings Modellfilme

Als die Filmproduktion nach der gewaltsamen Wiederherstellung der Ordnung durch die Truppen des Marshalls Lin Biao 1970 wieder aufgenommen wurde, der zum Nachfolger Maos erkoren, zwei Jahre später im Umfeld eines angeblich geplanten Umsturzversuches aber auf mysteriöse Weise ums Leben gekommen war, knüpften die Machthaber nahtlos an die Kunstformen und Inhalte der Jahre 1964 bis 1966 an. Zu deren kulturellem Oberhaupt hatte sich die künstlerisch ambitionierte, politisch verblendete Jiang Qing mit Maos Rückendeckung inzwischen endgültig aufgeschwungen. Die vier produktionslosen Jahre hatten sie und die von ihr angeführte radikale Shanghaier Fraktion, die sogenannte ›Viererbande‹, zu der außerdem der Sekretär des städtischen Parteiausschusses Zhang Chunqiao, der Journalist Yao Wenyuan und der ehemalige Textilarbeiter Wang Hongwen gehörten, genutzt, um der zunächst wie die Politik der Kulturrevolution nebulös gebliebenen neuen Kunst eine eigene Form zu geben. Die am Reißbrett erdachten und nach ihrer eiligen Bühnenumsetzung zur Modellkunst erhobenen revolutionären Opern erlebten daraufhin ihre Blütezeit auf Chinas Bühnen und Leinwänden; allerdings nur dadurch, daß sie nach den umfassenden Verboten aller anderen Sektoren darstellender Kunst ohne Konkurrenz waren und die Zuschauermassen zudem in den meisten Fällen nur unter politischem Druck die Aufführungen besuchten.

In den Modellstücken sahen die Machthaber ein Vorbild für die seit 1949 angestrebte sinifizierte Massenkultur. Den filmischen Adaptionen der in den folgenden Jahren aufgeführten Opern und Ballettstücke, die ihren Bühnenvorbildern zwar keine eigenständigen Mittel hinzuzufügen vermochten, wohl aber, und das war ihre einzige – kunsttötende – Bedeutung, deren massenmediale Verbreitung ermöglichten, kam dabei eine außerordentliche kulturpolitische Bedeutung zu. Sie sollten Mittler sein, das Produkt, das den endgültigen Sieg der Yanan-Ideale von einer fortwährenden Revolution verkörperte, in alle Gegenden und alle Bereiche des chinesischen Staates zu tragen, um die Kultur des ›Neuen China‹ kundzutun.

In allen daraufhin produzierten Bühnenfilmen wurde inhaltlich exakt die platt und aufdringlich eingesetzte revolutionäre Symbolik übernommen, die die Propaganda jener Zeit beherrschte. Es war vor allem das stereotype Bild der rot leuchtenden Sonne, die die Allgegenwart des Menschen Mao Zedong repräsentierte und ihr Licht auf strahlende Helden mit gleicherweise stereotypen Charakteren ausgoß. Daneben hatten weder ›mittlere Charaktere‹ noch auch nur die bösen Gegenspieler Platz, über die sich eine dramatische Handlung hätte aufbauen können. Die neue Kunst definierte sich also in erster Linie über die Konzeption eines Schauspiels durch revolutionäre Inhalte abgelöster konfuzianischer Tradition, die in der zumeist starr plazierten Kamera ihre technische Entsprechung fand.

Nach diesem Schema produzierte im Frühjahr 1970 der seit seinem Film *Früher Frühling im Februar* genauso bekannte wie umstrittene Regisseur Xie Tieli gemeinsam mit dem Pekinger Opernensemble den Film *Den Tigerberg mit taktischem Geschick erobern (zhiqu Weihushan)*. Noch im selben Jahr präsentierte Cheng Yin dem Publikum – und besonders den Machthabern – das Werk *Die rote Laterne (hongdengji)*. Es folgte die Verfilmung der gleichnamigen Bühnenversion von Xie Jins Film *Das rote Frauenbataillon (hongse niangzijun*, 1960), Wu Zhaodis 1974 in einer kantonesischen Version von Yu Deshui wiederverfilmter *Shajiabang*, Sang Hus Neuverfilmung des berühmten Films *Das weißhaarige Mädchen (baimaonü)* sowie in zwei Versionen die Gemeinschaftsproduktion Xie Tielis mit dem rehabilitierten Xie Jin *Im Hafen (haigang)*. Die Wiederverfilmung dieser – allerdings ideologisch bereinigten – Themen und Werke aus den vorangegangenen Jahren belegt, wie wenig innovativ die Art von Filmen in Wirklichkeit war, die den Machthabern als Vorbild für ihre neue Kultur diente. Radikale Neuerungen hatten in keinem dieser Werke stattgefunden. Angesichts der nur wenigen fertiggestellten Filme wie deren schwacher Qualität und Mangel an künstlerischen Akzenten wurde das Scheitern der Kulturrevolution im Filmbereich bald offensichtlich. Die Innovation und ›Einmaligkeit‹ dieser Kunst bestand nämlich allein in der unfruchtbaren und aus filmästhetischer Sicht denkbar ungünstigsten Vermischung platt stereotyper Inhalte und Aussagen mit der grundlegend unfilmischen Reproduktion eines zusätzlich eher unansehnlichen getanzten und gesungenen, dabei gänzlich unnaturalistischen, auf der anderen Seite aber auch nicht metaphorisch oder symbolisch stilisierten Bühnengeschehens.

Ideologische Entspannung

Die nach immer gleichen Schemata und ohne jegliche künstlerische Ambitionen mit rein ideologischen Ansprüchen hergestellten Modellfilme, deren Produktion Jiang Qing zumeist persönlich überwachte, bargen keine Perspektiven für weitere Entwicklungen in dieser Richtung. Ihre Produktion bedeutete vielmehr den absoluten Tiefpunkt in der chinesischen Geschichte der Künste. Schon im Jahre 1973 dachte man nach einer entsprechenden Aufforderung des Ministerpräsidenten Zhou Enlai wieder über eine Spielfilmproduktion nach dem Vorbild der vorkulturrevolutionären Periode nach. In den drei Jahren bis zu Zhous und Maos Tod und dem Sturz Jiang Qings und ihrer radikalen Schergen wurden neunundsiebzig Spielfilme produziert, die sich formalästhetisch allesamt wieder von den Modellstücken abwandten. Sie alle nahmen statt dessen die Formen der Jahre 1964 und 1965 wieder auf. Sie machten sich den Kampf gegen den ›kapitalistischen Weg‹ zur Aufgabe, der nach dem gewaltsamen Tod Liu Shaoqis in der Kulturrevolution im wieder aufgelebten Linienkampf jetzt unmittelbar auf dessen mächtiger gewordenen Mitspieler Deng Xiaoping abzielte. Nach unverändertem Muster entstanden in völliger Abhängigkeit von der Politik zwischen 1973 und 1976 vorwiegend Filme, die die Revolution und die Partei glorifizierten, die allmählich an Einfluß verlierende Viererbande hingegen kritisierten. Darunter befinden sich Werke wie *Die Pioniere* (*chuangye*, 1975, R: Yu Yanfu), *Haixia* (1975, R: Qian Jiang, Chen Huaiai und Wang Haowei), *Guerillas auf den Ebenen* (*pingyuan youjidui*, 1974, R: Wu Zhaodi und Chang Zhenhua), Xie Jins *Frühlingssproß* (*chunmiao*, 1975), Sang Hus und Wang Xiuwens *Zweiter Frühling* (*dierge chuntian*, 1975), Li Wenhuas *Gegenangriff* (*fanji*,

1976) oder *Eiserne Giganten* (*gangtie juren*, 1974, R: Yan Gong). Sie gestalteten meist Themen aus den Kriegen und hatten im einzelnen nichts Neues zu bieten.

Umfassendere, wenn auch nicht grundlegende Veränderungen auf politischer und kultureller Ebene fanden erst nach der Verhaftung der Viererbande statt, die nach Maos Tod im Jahre 1976 dessen Stellvertreter Hua Guofeng veranlaßte. Hua Guofeng orientierte sich an Maos Politik und konnte kaum eigene politische Akzente setzen. Er sprach sich gegen die inzwischen immer häufiger zu vernehmenden Forderungen nach grundlegenden Reformen aus und machte statt dessen ausgerechnet die Slogans der Kulturrevolution zur Grundlage seiner ideologischen Bereinigung. Unter seiner Führung blieb das hierarchische Verhältnis zwischen Partei und Volk und die Hochhaltung des Klassenkampfes ebenso bestehen wie die Funktionalisierung des gleichgeschalteten Filmmediums. Die neuen Richtlinien der Politik beinhalteten zwar den äußeren Machtwechsel, nicht aber einen wirklichen Linienwechsel.

Von nun an wurden dreihundert der 1966 aus dem Verkehr gezogenen Spielfilme der Jahre 1949 bis 1966 wieder aufgeführt und mit großem Erfolg, wenn auch in beschränktem Umfang, der Import – exotischer – Filme aus sozialistischen Partnerländern aufgenommen. Gleichzeitig setzte eine Welle der Kritik an der Kulturrevolution und der Viererbande ein, die mit einer allerdings wenig konsequenten Säuberungsaktion einherging. Auf sie wurde jegliche Schuld an den Ereignissen projiziert und damit Maos Weg und die neue Politik Huas rehabilitiert bzw. legitimiert. Einige wenige der unter der Viererbande tätigen Kulturfunktionäre und Künstler verloren ihre Posten, die meisten jedoch paßten sich den veränderten politischen Verhältnissen problemlos an. Sie schufen Werke, die exakt der Linie der neuen Machthaber entsprach. In den beiden Jahren von Huas Herrschaft entstanden Filme wie Xie Jins *Jugend* (*qingchun*, 1977), *Die Schlacht im Leopardental* (*Baoziwan zhandou*, 1978, R: Wang Jiayi und Jiang Shusen), *Früher Frühling im südlichen Grenzgebiet* (*nanjiang chunzao*, 1978, R: Guo Jun und Xiao Lang) oder *Oktobersturm* (*shiyue de fengyun*, 1977, R: Zhang Yi). Keiner von ihnen war allerdings gewillt und in der Lage, die allmählich lauter werdenden Forderungen nach einer reformierten Filmkunst zu erfüllen.

Der Film *Die Schlacht im Leopardental* etwa handelt von einer Abteilung der kommunistischen Streitkräfte, die sich im Bürgerkrieg sowohl im Kampf wie auch in einer großen Produktionskampagne in einem kleinen Dorf im Norden der Provinz Shaanxi hervortut. Dabei folgt sie der dezentralistischen Forderung Mao Zedongs – und Hua Guofengs – nach Unabhängigkeit und selbstverantwortlicher Lösung der Probleme. Mit dem erfolgreichen Kampf gegen die wirtschaftliche und militärische Blockade besiegen die Soldaten die Feinde. Damit werden sie den Forderungen Maos gerecht, der als strahlender Führer und großes Vorbild dargestellt wird und damit den selber farblosen Hua einbezieht, dessen Machtlegitimation sich einzig aus der auch über seinen Tod hinaus ungebrochenen Autorität des verstorbenen politischen Ziehvaters ergab. Der Film *Oktobersturm* erzählt eine Geschichte aus der Gegenwart, verfolgt dabei aber dieselben politischen Intentionen. Er setzt sich anhand der Geschichte eines Parteisekretärs und der Belegschaft einer Waffenfabrik, die sich gegen die Herrschaft der Viererbande auflehnt, mit deren politischen Verbrechen auseinander und befreit damit zugleich den verstorbenen Mao Zedong und das Volk von jeglichem Verdacht einer Mitschuld.

Beide Beispiele machen deutlich, wie sehr die Filme dieses Zeitraums noch in den politischen Dogmen und künstlerischen Beschränkungen gefangen waren, die das chinesische Filmwesen seit 1949 umklammert hielten. Eine individuelle, von der jeweiligen politischen und ideologischen Regierungslinie unabhängige Meinungsäußerung und deren künstlerische Gestaltung war in China nach wie vor ausgeschlossen. In den vierzehn Jahren der Radikalität in der Kunst waren alle seit 1942 schwelenden, in den Kampagnen jeweils mit unterschiedlicher Heftigkeit ausgefochtenen, Macht- und Linienkämpfe kulminiert. Mit der Kulturrevolution hatte das seit Yanan hochgehaltene Ziel einer nationalen chinesischen Massenkultur gewaltsam und gegen den Willen der vielen hundert Millionen Menschen durchgesetzt werden sollen, die in ihrer Gesamtheit schließlich jene Masse ergeben, in deren Namen Mao seine Macht errichtet hatte. Gegen die Menschen, die bis dahin nichts von dem 1942 versprochenen Bauern- und Arbeiterparadies zu spüren bekommen hatten, war jedoch langfristig keines der von den radikalen Machthabern angestrebten Ziele zu erreichen. Deren gewaltsame Durchsetzung hatte unweigerlich die kulturelle Orientierungslosigkeit ergeben müssen, die seit dem Tod des ›großen Steuermanns‹ Mao Zedong vorherrschte.

Das endgültige Ende der Linie Maos und damit den Grundstein zu einem wirklichen Neuanfang legte schließlich der nach langjähriger Verfolgung und politischer Ausschaltung wiedererstarkte Deng Xiaoping. Auf dem 3. Plenum des XI. ZK im Jahre 1978 läutete er eine neue Phase der Politik ein. Damit vermittelte er den Menschen endlich wieder die nötige Hoffnung auf ein Ende und die Nicht-Wiederholbarkeit der radikal-kommunistischen Kampagnenpolitik. Gleichzeitig bedeutete dies nach 1949 die zweite große Zäsur in der chinesischen Filmgeschichte und die endgültige Abkehr von Yanan und der Kulturrevolution, die von da an zu einem weit entfernten und – so bleibt zu hoffen – unwiederholbaren Mythos wurden.

III. Kino zur Zeit Deng Xiaopings (1978–1996)

1. Wiederaufbau und Reform (1978–84)

Im Jahre 1976 starben in Peking Mao Zedong und der Ministerpräsident Zhou Enlai. Beide hatten bis dahin die politischen Geschicke der Volksrepublik China maßgeblich bestimmt. Kurz darauf erfolgte der Sturz der radikalen Parteiführer, die unter der Führung der Mao-Gattin Jiang Qing als sogenannte ›Viererbande‹ mitverantwortlich gewesen waren für die politische Radikalisierung in den siebziger Jahren und insbesondere für die Kulturpolitik und das geistige Austrocknen des Landes in diesem Zeitraum. Maos Stellvertreter Hua Guofeng übernahm dessen Führungsposition. Nachdem er es verpaßt hatte, an die Stelle von Maos ideologischem Dogmatismus eigene politische Akzente zu setzen und den gesellschaftlichen Neuanfang zu wagen, wurde er nach nur zwei Jahren der Regierungsgewalt durch Deng Xiaoping von den Schalthebeln der Macht verdrängt. Dieser setzte sich mit seiner Politik der wirtschaftlichen Liberalisierung und Öffnung zum Ausland durch. Damit war der von den radikalen Verfechtern der Linie Maos geträumte Traum von einer sozialistischen Massenkultur chinesischer Prägung endgültig ausgeträumt. Nach den Ereignissen der vorangegangenen Jahrzehnte trat in den späten siebziger Jahren in breitesten Kreisen der Bevölkerung und in der politischen Führung anstelle der Klassenkampf-Rhetorik der Wunsch nach Rückkehr in die gesellschaftliche Normalität. So wurde das 3. Plenum des XI. ZK im Jahre 1978 als epochales Ereignis und zweite Befreiung nach der Staatsgründung im Jahre 1949 gefeiert. Endlich wurde das Bedürfnis nach Entideologisierung öffentlich artikuliert. Der Klassenkampf wurde durch eine pragmatische Modernisierungspolitik ersetzt. Das bedeutete den Bruch mit allen elitären Theorien zugunsten einer realistischen, auf ökonomischen Fortschritt ausgerichteten Generallinie.

Ein Neuanfang, der alle Bereiche des kulturellen und gesellschaftlichen Lebens umfaßt, hätte neben der Verdammung der Kulturrevolution gleichzeitig aber auch eine ehrliche Aufarbeitung der jüngeren Vergangenheit und ihrer Lasten auf politischer Ebene benötigt. Darüber hätte auch jeder einzelne zur persönlichen Auseinandersetzung mit seiner Rolle in jener Zeit gelangen können. In die vergangenen Ereignisse waren nämlich nicht nur die verurteilten radikalen Parteiführer, sondern auch die sich nun vehement von allen politischen Fehlern der Vergangenheit distanzierende Partei und jeder Bürger auf die ein oder andere Weise involviert gewesen. Ein auf eine (selbst-) kritische Rezeption der jüngeren Vergangenheit aufbauendes kulturelles Lernen wäre notwendig gewesen, um einen tatsächlichen Neubeginn zu erreichen und die Gefahr einer Wiederholung der Ereignisse auszuschließen. Das hätte darüber hinaus die Basis für eine grundlegende Erneuerung der chinesischen Gesellschaft sein können. Diese verharrte nach wie vor in einer Lethargie, die von kulturellen Defiziten und dem Mangel an nationalem Selbstverständnis und individueller Identität geprägt war.

Vergangenheitsaufarbeitung und kulturelles Lernen haben aber bis Mitte der neunziger Jahre in Wirklichkeit nicht stattgefunden, weder in der offiziellen Politik noch bei Tätern und Opfern. Statt dessen avancierten jene ›zehn Jahre des Chaos‹, auf die die Kulturrevolution unter bewußter Vermeidung einer exakteren Terminierung – und damit Schuldzuweisung und -bekennung – reduziert wurde, unter Deng zu einem Mittel der Legitimierung eigener Machtansprüche. Der Umgang mit der Vergangenheit war weiterhin ein Instrument der Regierungspolitik, bestimmte zugleich aber auch die Kunst im Spannungsbereich zwischen Individualität und Parteilinie. Ein von der Politik unabhängiger Charakter der Kunst wurde erstmals nach 1957 überhaupt wieder kritisch thematisierbar. Das konnte auch der Widerstand durch die vielen ewig Gestrigen, die auf dem einstmals so eindeutig definierten Verhältnis zwischen Partei und Künstlern beharrten, nicht verhindern.

Die offizielle politische Linie ist im allgemeinen allerdings auch in den auslaufenden siebziger und in den achtziger Jahren weiterhin Herr über die Kunst und damit auch über den Film geblieben. Dieser wird im großen und ganzen von der Regierung, den ihr überwiegend treu ergebenen Künstlern und Kritikern und dem politisch instruierten Publikum auch Mitte der neunziger Jahre noch unverändert als literarische und zugleich staatsideologisch relevante Kunst mit didaktischem Anspruch verstanden. Als solche wird er unter fortdauernder Zurückstellung der Form gegenüber der Handlung im allgemeinen noch immer auf seine politische und gesellschaftliche Funktion hin gelesen. Auf der anderen Seite hat das Medium mit wenigen Ausnahmen seine enge formale Bindung zur Bühnen- und Erzählkunst beibehalten, deren Mittel es sich – staatlich legitimiert – auch in den späten Siebzigern und frühen Achtzigern noch überwiegend zueigen machte.

Die auslaufenden siebziger Jahre waren politisch von der Kritik und Verdammung der ehemaligen Machthaber um Maos Witwe Jiang Qing beherrscht.

Das setzte zugleich eine umfangreiche Rehabilitierungswelle von deren Opfern in Gang und verschaffte einem Großteil der überlebenden Filmemacher und Künstler die Möglichkeit zur Rückkehr in den erlernten Beruf. Den abgelösten Machthabern wurde auch in der proklamierten neuen Rechtstaatlichkeit ungeachtet der tatsächlich von ihnen verschuldeten Verbrechen groteskerweise jegliches Übel bis weit in die Vergangenheit hinein angelastet. Indem die Täterschaft für alle unliebsamen Geschehnisse der vorangegangenen dreißig Jahre auf jene vier Menschen und ihre engsten Anhänger projiziert wurde, konnte sich die neue Führung wie auch ein Großteil der – nur unzureichend aus ihren Ämtern entfernten – Funktionäre von der eigenen Schuld reinwaschen. Für den auch nach seinem Tod noch immer unangreifbaren Mao Zedong, der der eigentliche Auslöser und Hauptinitiator allen Übels gewesen war, hatten sie die Opferrolle zu übernehmen. Darüber errichteten die neuen Machthaber nun ihrerseits eine restriktive, teilweise erneut auf totale und totalitäre Mittel zurückgreifende Herrschaft. Diese duldete keine inner- und außerparteiliche Opposition und verweigerte sich zugunsten der Partei-Dogmatik jedem politischen Diskurs.

Diese reaktionäre Politik, die sich dem theoretisch proklamierten Neuanfang mit Ausnahme der neustrukturierten Wirtschaftsordnung also in Wirklichkeit gerade entgegenstellte, spiegelt sich deutlich in den zahlenmäßig rasch zunehmenden Filmproduktionen der späten siebziger und frühen achtziger Jahre sowie deren Echo in Kritik und Zensur. 1978, im ersten Jahr von Dengs neuer Politik, entstanden schon wieder fünfundvierzig Spielfilme. 1981 waren es einhundertundfünf Produktionen und im Jahre 1984 wurden in China einhundertdreiundvierzig einheimische Werke auf die Leinwände gebracht. Dabei setzte man vor allem auf den schnellen strukturellen Wiederaufbau des Filmwesens und dessen Einbindung in den Wirtschaftskreislauf. Geschlossene Filmstudios und Vorführstätten wurden wieder in Betrieb genommen und neue Produktionsstätten in den Städten Nanning und Changsha gegründet. Gemeinsam mit der Pekinger Filmakademie als einziger filmkünstlerischer Ausbildungsstelle in China wurde 1978 auf deren Gelände auch das Kinderfilmstudio eröffnet. Das Pekinger Filmforschungsinstitut wurde als Unterabteilung der chinesischen Akademie der Künste neu geschaffen, und schließlich erschien eine große Anzahl von populären und wissenschaftlichen Zeitschriften und Publikationen zum Kino. So brachte man den bis dahin disqualifizierten Film als Kunst, vor allem aber als Medium der Propaganda und industrielles Unterhaltungsprodukt, wieder in das gesellschaftliche Bewußtsein zurück.

Auf der anderen Seite führten die vielen neu produzierten Filme die ästhetische und inhaltliche Linie der fünfziger Jahre zunächst nahezu unverändert fort. Deren Schöpfer versuchten sich an einer eher oberflächlichen, eng an den politischen Richtlinien und offiziellen Vorgaben orientierten Behandlung von Vergangenheit und Gegenwart. Sie übernahmen die undifferenzierte Verurteilung der Kulturrevolution bei gleichzeitiger Schuldzuschiebung auf die Viererbande sowie Freisprechung Maos, der Partei und der vorkulturrevolutionären Parteilinie. Zum anderen kam es zur Glorifizierung der aktuellen Reform- und Modernisierungspolitik. Darin wiederum war der Aufruf zur Mobilisierung der Bevölkerung versteckt, sich für die Regierungspolitik und die aktive Teilnahme am wirtschaftlichen Aufbau zu engagieren.

Politische Neuorientierung

Zwei im Jahre 1978 in Peking produzierte Filmwerke markieren die politische Wende nach der Machtübernahme Deng Xiaopings. In der unterschiedlichen Gestaltung und politischen Zielsetzung dieser beiden Filme dokumentiert sich der Wandel in Richtung einer neuen Kulturpolitik. In ihrer neuerlichen politischen Funktionalisierung, die kaum Experimente zuließ, waren die nach Jahrzehnten erstmals wieder hinter einer Kamera stehenden Regisseure allerdings kaum in der Lage, ästhetische Maßstäbe zu setzen und den Film als Kunst wiederzubeleben. Zum einen orientierten sich die Produzenten des Films *Früher Frühling im südlichen Grenzgebiet* (*nanjiang chunzao*, 1978, R: Guo Jun und Xiao Lang) unverändert an den kulturpolitischen Vorgaben der Kulturrevolution sowie der von den damaligen Machthabern propagierten Massenkultur. Sie präsentierten dem Publikum eine strahlende Heldin, die vorwiegend durch ihre phrasenartigen, platt-ideologischen Äußerungen und ihren übermenschlichen Einsatz für die Revolution auffällt. Demgegenüber wurde Xie Tielis Werk *Die Strömung des großen Flusses* (*dahe benliu*, 1978, VT: *Der große Fluß fließt*) von den Kritikern als »künstlerischer Markstein der chinesischen Filmgeschichte« (Li Xingye, S.16) gefeiert.

Tatsächlich offenbart sich an und in diesem zweiteiligen Werk die Spannung zwischen den alten Dogmen und der neuen Politik. Insbesondere die Entwicklung seiner Handlung zeugt von der Rolle, die dem Film in Gesellschaft und Politik unter Deng Xiaoping zukommen sollte. Erzählt wird die Geschichte eines Dorfes in der Provinz Henan im Zeitraum von 1938, als die Bewohner sich auf der Flucht vor den japanischen Aggressoren befanden, bis 1958, dem Jahr des ›Großen Sprungs‹. Nach altbekanntem Muster handelt der erste Teil von der Flucht der Dorfbewohnerin Li Mai vor den brandschatzenden, vergewaltigenden und mordenden Angreiferhorden nach Xi'an. Dort schließt sie sich den Kommunisten an und wird im Untergrundkampf aktiv. Nach Gründung der kommunistischen Volksrepublik China kehrt sie gemeinsam mit den geflüchteten Bewohnern ihres Dorfes in die Heimat zurück und beteiligt sich an der Säuberung von Großgrundbesitzern und ehemaligen Kriegsherren. Dabei trägt sie als strahlende Heldin unverkennbar allegorische Züge, wie sie aus Filmen der fünfziger Jahre bestens bekannt sind. Im zweiten Teil werden dagegen die Ansprüche der

Politik Deng Xiaopings an die Kunst deutlich. Li Mai ist zur Leiterin des Dorfes aufgestiegen und leitet die Maßnahmen zur Regulierung des Gelben Flusses. Dabei steht sie zwar nicht mehr als Heroine des Befreiungskampfes im Vordergrund. Allerdings tritt ihre nicht mehr ganz so stereotyp gezeichnete Persönlichkeit hinter die Herausstellung ihres Engagements im wirtschaftlichen Aufbau zurück. Dabei decken sich ihre persönlichen Ziele exakt mit denen der Staatspolitik. Sie schließen auch die berufliche Karriere wie den Erwerb von Reichtümern und das Streben nach privatem Glück wieder ein. Der Wirtschaftsaufbau steht gegenüber der Ideologie wieder unübersehbar im Vordergrund. Dabei bezieht die Regierung, die unverändert an ihrer Machtpolitik festhält, über den steigenden Lebensstandard der Menschen Legitimationen für die parteilichen Vertretungsansprüche in China.

Mit dieser inhaltlichen Gestaltung, der von früheren Allegorien abweichenden Charakterzeichnung der Protagonistin und einigen um visuellen Ausdruck bemühten Partien in *Die Strömung des großen Flusses* steht der zweite Teil dieses Werks im krassen Gegensatz zu den weiterhin unübersehbaren Anklängen an kulturrevolutionäre Traditionen in seinem ersten Teil. Daraus erklärt sich die im Wandel befindliche Gesellschaft. Der Abschied von der Massenkultur der Kulturrevolution und der Weg zu pragmatischer Entideologisierung, aber auch der anhaltende Widerstand vieler Funktionäre gegen die politische Erneuerung, wird deutlich. Damit ging im Frühjahr 1979 auch die Rehabilitierung der progressiven Vierte-Mai-Filmtradition einher. Deren Werke waren nach zwei Jahrzehnten einer nur einige Male kurzfristig unterbrochenen Verbannung erstmals wieder in den Kinos zu sehen. Darüber hinaus offenbart sich die Schwerpunktverlegung der Politik auf die wirtschaftliche Modernisierung auch in der Kunst; und damit nicht zuletzt auch der späte Triumph der liberalen und kommerziellen Filmtradition Shanghais über ihre radikalen Gegner aus Yanan.

Die Strömung des großen Flusses wurde zum Vorbild für eine lange Reihe von Filmen, die bis zum Jahre 1984 und teilweise noch weit darüber hinaus auf ähnliche Weise und mit ähnlichem politischen Anspruch produziert wurden. Erst allmählich begannen sich die Künstler von den engen Dogmen des Klassenkampfes zu lösen. Sie widmeten sich vielfältigen Themen und experimentierten mit unterschiedlichen filmischen Mitteln. Dafür stehen Filme wie *Die Laterne* (*deng*, 1978, R: Ying Yiqin), *Strenger Prozeß* (*yanjun de licheng*, 1978, R: Su Li und Zhang Jianyou), die vielfach ausgezeichnete *Kleine Blume* (*xiaohua*, 1979, R: Zhang Zheng), *Innerhalb und außerhalb des Gerichtssaals* (*fating neiwai*, 1980, R: Cong Lianwen) oder *Sehnsucht nach Heimkehr* (*guixin sijian*, 1979, R: Li Jun). Bei all diesen Werken blieb die Auseinandersetzung mit der Kulturrevolution zunächst von geringer Bedeutung. Gemeinsam war ihnen vielmehr das Ziel, die Politik der neuen Regierung zu unterstützen und gegenüber den noch immer vorhandenen radikalen Kräften zu legitimieren.

Der Film *Sehnsucht nach Heimkehr* etwa führt anhand eines alten Themas, des Japankriegs, das Bemühen der Filmemacher vor, kommunistische Tugenden in eine attraktivere Handlung einzubinden. In die Fabel plazierte der Regisseur differenzierter charakterisierte Figuren, die sich unübersehbar von den wandelnden Allegorien früherer Zeit abheben. Ein verwundeter Armeeoffizier wird in ein Heimatkrankenhaus verlegt, wo sich eine Liebesbeziehung zu einer Krankenschwester anbahnt. Nach Abschluß der Behandlung trennen sich die beiden trotz ihrer Liebe voneinander, um ihre patriotischen Pflichten – er an der Front, sie im Krankenhaus – wahrzunehmen. Während das ausdrücklich hervorgehoben wird, um dem politischen Anspruch damit genüge zu tun, schildert der Film darüber hinaus auf unpathetisch persönliche Weise die Trauer der zurückgelassenen Krankenschwester. Ihre Gefühle, die sie bis dahin im Hinblick auf die gesellschaftlichen Notwendigkeiten tapfer unterdrückt hat, kommen nach der Verabschiedung von ihrem Geliebten offen zum Ausbruch. Mit Großaufnahmen wird ihre Trauer und der Wunsch, ihrer Liebe nachzugeben, von der Kamera eindringlich festgehalten. Hintergründig hinterfragt der Regisseur damit den von der Regierung propagierten ›humanen Charakter gesellschaftlicher Notwendigkeiten‹. In den Schlußsequenzen des Films eröffnet er dem Zuschauer also einen sehr realistischen Konflikt zwischen den patriotischen Pflichten und – bislang im Film nicht darstellbaren – individuellen Gefühlen und Lebenswünschen seiner Protagonistin. Sie stand für die Masse der Menschen, die nach Jahrzehnten der absoluten Gleichschaltung neben der Erfüllung ihrer gesellschaftlichen Pflichten auch wieder nach dem privaten Glück streben durften, über das der wirtschaftliche Aufbau verwirklicht werden sollte.

Ein anderes Beispiel für die mit noch vorsichtigen experimentellen Mitteln umgesetzte filmische Verbindung von politischen Aussagen mit individueller Charakterzeichnung über eine komplexere Handlungsstruktur ist der Film *Kleine Blume*. Unter Einsatz der Erzähltechnik des Stream of Consciousness berichtet die Regisseurin Zhang Zheng vor dem Hintergrund des Krieges vom Erwachsenwerden eines Mädchens. In früher Kindheit durch die Kriegswirren von ihrem Stiefbruder getrennt, wächst sie unter unwürdigen Bedingungen auf. Im Jahre 1948 begibt sich das inzwischen zur jungen Dame gereifte Mädchen auf die Suche nach dem Stiefbruder. Ihre und die Vergangenheit ihres Stiefbruders kommen anhand ins Bild gesetzter Erinnerungen der Protagonistin wie der von ihr befragten Gesprächspartner, durch einen filmisch umgesetzten Bewußtseinsstrom, an die Oberfläche. So ergibt sich bis zum glücklichen Ende der Handlung ein geschlossener und in aller Individualität dargestellter Lebensweg seit ihrer frühen Kindheit. Der politische Anspruch allerdings schwebt in Form der Auseinandersetzung mit dem Japankrieg stets über der Handlung.

Auf der anderen Seite wurde seit den späten siebziger Jahren auch eine zunehmende Zahl von Werken produziert, die sich – wie ihre Konterparts aus der Reformliteratur – mit der neuen Gesellschaft befaßten und deren spezifischen Probleme thematisierten. Sie bewegten sich vorwiegend um den Konflikt zwischen den konservativ-maoistischen Kräften auf der einen und den nachrückenden jungen Reformern auf der anderen Seite. Während die einen noch immer großen Einfluß in Landwirtschaft und Industrie genossen und der Modernisierung mit ihren ideologischen Wertvorstellungen und einem lähmenden Bürokratismus im Wege standen, gingen die anderen ihre Arbeit mit großem politischen Pragmatismus und hohen wirtschaftlichen Idealen problemorientiert an. Um diese Ideale in die Realität zu übertragen, forderten die Filmemacher die Bevölkerung mit der Darstellung der persönlichen wirtschaftlichen Erfolge, die jeder einzelne durch sein parteikonformes Verhalten erreichen könne, jeweils unterschwellig zur Befolgung der Parteilinie im wirtschaftlichen Modernisierungsprozeß auf. Das Filmmedium wurde also offensichtlich weiterhin im Sinne des offiziellen Verständnisses von Kunst als kulturellen Treibriemen begriffen. Allerdings wurde es nun wesentlich subtiler eingesetzt als in den drei Jahrzehnten zuvor.

Derartige ›Erziehungs‹-Filme bestimmten seit 1979 die Masse der in China entstandenen Werke. So auch der Film *Innerhalb und außerhalb des Gerichtsaals*, der den Gerichtsprozeß gegen einen privilegierten Kadersohn schildert. Dieser hat schuldhaft einen Verkehrsunfall verursacht und versucht nun, sich mit Bestechungen, Drohungen und unter Ausspielung all seiner Privilegien der Bestrafung zu entziehen. Der Film ist ein Appell gegen das korrupte Privilegiensystem, das sich in der Realität wieder breitzumachen drohte. Auf der anderen Seite wird die ›unbestechliche‹ Rechtstaatlichkeit im China Deng Xiaopings ausdrücklich hervorgehoben und deutlich vom korrupten Privilegiensystem der Vergangenheit abgegrenzt.

Große Erfolge feierte unter vielen Werken, die sich nur in Details der Handlung voneinander unterschieden und allesamt mit denselben politischen Intentionen produziert wurden, auch der 1983 nach dem gleichnamigen Bühnenstück gedrehte Film *Das Blut bleibt heiß* (*xue, zong shi rede*, R: Wen Yan). Darin wird die Geschichte eines Fabrikdirektors erzählt, der bei der Durchführung der Reformkampagnen auf bürokratische Widerstände trifft und von der Belegschaft erst nach langer Überzeugungsarbeit ausreichend unterstützt wird. Hier zeigt sich der Wille zur Modernisierung und der Abkehr von den maoistischen Dogmen, wenn die Arbeiter unverändert in den Slogans der inzwischen verpönten Kommunenpolitik denken und handeln, sich aber angesichts der sinkenden Produktionsziffern eines besseren belehren lassen müssen. Mit wiedererstarkter Bereitschaft zu Leistung und Innovation gelangen sie schließlich zu einer Anhebung ihres eigenen Lebensstandards und erleben damit die Erfolge der neuen Politik am eigenen Leib.

Der politische Anspruch stand also in den verschiedenen Genres bei den meisten Werken der auslaufenden siebziger und frühen achtziger Jahre unverändert im Vordergrund. Der Slogan, daß das Medium dem sozialistischen Aufbau zu dienen habe, war nur durch den Anspruch auf seinen Propagandazweck im Dienst der Reformpolitik Dengs ersetzt worden. Auch Dengs designierte Nachfolger sind Mitte der neunziger Jahre kaum von der Funktionalisierung der Kunst als Instrument des Sozialismus zur Erziehung der Volksmassen abgerückt und haben den Künstlern nur unwesentlich mehr Freiheiten gewährt. Folglich konnte sich auch am Schema der staatspolitisch motivierten Filme nichts wesentliches ändern.

Unterhaltungskino

Neben der Masse staatspolitisch orientierter Filme ließ die Regierung im Rahmen der Modernisierungspolitik und der Wiederentdeckung des Warencharakters von Filmen in den achtziger Jahren allmählich auch wieder eine Ausweitung der Filmproduktion auf die in Shanghai ehemals so erfolgreichen, seit 1949 aber verpönten kommerziellen Genres zu. Dazu gehört neben der Einführung westlich geprägter Kriminalfilme und Komödien in erster Linie die Wiederaufnahme der seit ihrem Verbot im kommunistischen China auf dem Hongkonger Markt blühenden und von dort in alle Welt exportierten Martial-Arts-Filme und fernöstlichen urbanen Thriller, die schon bald darauf die Marktführerschaft unter den Importfilmen übernahmen. Nach dem Vorbild Hongkongs fanden auch im kommunistischen China produzierte Filme dieser Genres ein breites Publikum. Sie trugen erheblich dazu bei, das Filmmedium auch dort wieder als industrielles Produkt interessant zu machen. Angesichts ihres rein kommerziellen und somit grundlegend unpolitischen Charakters war es für ihre Produzenten nicht schwierig, sich mit den Zensurbehörden zu arrangieren. Das Unterhaltungskino konnte sich bei steigender Qualität bis Mitte der neunziger Jahre auf dem chinesischen Markt immer deutlicher behaupten und ist inzwischen sogar zu einem gewinnträchtigen Exportprodukt avanciert. Dabei hat es aber bei seinem im Genre begründeten geringen künstlerischen und inhaltlichen Anspruch noch lange nicht die technische und ästhetische Qualität und den Unterhaltungswert erreicht, der die fernöstlichen Thriller aus Hongkong auszeichnet. Dennoch zeigt sich an der Zulassung kommerzieller Genres und ihrer selbstverständlichen Anerkennung als Unterhaltungsmedium der auch und insbesondere in der kapitalintensiven Filmindustrie kaum noch zu überdeckende Widerspruch zwischen ideologischem Anspruch und parteilicher Gewalt auf der einen, gesellschaftlicher und ökonomischer Realität auf der anderen Seite. Dieser Konflikt spaltet das gesellschaftliche und kulturelle Leben in China trotz der nachträglichen schwachen Legitimierung dieses im System begründeten Widerspruchs als ›Sozialismus chinesischer Prägung‹ inzwischen unübersehbar.

Nicht zu vergessen ist auch die Renaissance der Verfilmungen von Klassikern aus der Vierte-Mai-Literatur, die auch ihre literarischen Vorbilder nach langjährigen Verboten erstmals einem breiteren Publikum der jüngeren Generation zugänglich gemacht hat. Zugleich konnten sie große Erfolge bei einem älteren Publikum feiern, das Werke aus dieser künstlerisch fruchtbaren Epoche in den vorangegangenen Jahrzehnten allenfalls heimlich und unter Lebensgefahr zu lesen bekommen hatte. In den frühen Achtzigern entstanden Werke wie Cen Fans Verfilmung von Lu Xuns Erzählung *Die wahre Geschichte des Ah Q* (dt.: 1982, *A Q zhengzhuan*, 1982), Xie Tielis *Vater und Sohn Bao* (*Baoshi fuzi*, 1983) nach einer satirischen Kurzgeschichte von Zhang Tianyi aus dem Jahre 1934 und Ling Zifengs (geb.1917) Adaption von Shen Congwens Roman *Grenzstadt* (dt.: 1985, *biancheng*, 1984). Sie alle stellten sich in die Tradition der Hundert-Blumen-Kampagne von 1956/57, als Literaturverfilmungen von Werken aus der ersten Hälfte dieses Jahrhunderts wie *Die Familie* oder *Der Laden der Familie Lin* ein Gegengewicht zu den zu Stereotypen erstarrten Revolutionsfilmen dargestellt hatten.

Pekinger Frühling

Deng Xiaoping beschränkte die Neuorientierung seiner Politik nach 1978 auf den ökonomischen Sektor. Dabei vermied er wirkliche sozio-politische Innovationen, die den Menschen über die Auseinandersetzung mit der Vergangenheit Perspektiven für die Zukunft hätten eröffnen können. Auch der Kunst ließ er kaum Freiheiten. Vielmehr band er sie von vorne herein wieder in die Staatspolitik ein und unterdrückte jede Abweichung von der Parteilinie. Aber seine Liberalisierungen hatten – unbeabsichtigt – einer politischen Opposition den Weg gebahnt, die sich alsbald auch gegen Deng selbst wandte. In den späten siebziger Jahren setzte sich eine breite Front Intellektueller für eine weitergehende Demokratisierung ein. Die Aktivisten der Bewegung des Pekinger Frühlings forderten im Jahre 1979 unter der Führung des Arbeiterführers Wei Jingsheng und vieler anderer Intellektueller, Studenten und Künstler neben den eingeführten vier Modernisierungen von Landwirtschaft, Industrie, Verteidigung und Wissenschaft nun die Demokratie als fünfte Modernisierung. Im Umfeld dieser Bewegung ist es einigen mutigen Künstlern gelungen, erstmals seit 1949 wieder eine Art individueller und damit zugleich oppositioneller Kunst zu etablieren. Sie schufen die Grundlage aller freiheitlichen künstlerischen Betätigung im China der achtziger und neunziger Jahre, die Film und Literatur aus dem Reich der Mitte in der Weltöffentlichkeit nach 1949 erstmals wieder reputierlich gemacht haben.

Wirklich umfassende inhaltliche Veränderungen im Filmwesen wurden im Gefolge dieser demokratischen Bewegung mit Werken vollzogen, die die Reduzierung der Vergangenheitsaufarbeitung auf die Kritik an der Viererbande durchbrachen. Sie äußerten umfassende kritische Ansichten zur jüngsten Geschichte Chinas, die sich unmittelbar auch auf die gegenwärtige Politik bezogen. Damit folgten sie der nur wenige Monate vorher aufgekommenen neuen Gattung der sogenannten ›Wundenliteratur‹, mit der die Schriftsteller ihr lange Zeit erzwungenes Schweigen durchbrachen, um mit ihren in der Kulturrevolution erlittenen ›Wunden‹ abzurechnen. Die meisten Autoren und Filmemacher dieses Genres blieben dabei allerdings im Rahmen der politischen Vorgaben und betonten ihre Parteitreue. Sie führten die Verbrechen der Vergangenheit auf individuelle Fehler zurück und hielten die Parteiherrschaft aus der Kritik heraus. Nur wenige richteten hingegen ihre Schuldzuweisung gegen alle seit 1949 und schon in Yanan begangenen politischen Fehler und insbesondere das unfruchtbare Verhältnis zwischen Partei und Künstlern. Damit schufen sie die literarische Gattung der ›vergangenheitsbewältigenden Prosa‹ wie das Filmgenre des ›Pekinger Frühlings‹.

Die Filmemacher dieses Genres waren nicht mehr bereit, sich weiterhin gängeln und zu einem Instrument der Politik degradieren zu lassen. Sie definierten ihr Medium statt dessen als Mittel des Ausdrucks ihrer individuellen Ansichten und Gefühle. In ihren Werken, die den demokratischen Idealen des Pekinger Frühlings verbunden waren, sind zusehends innovative Gedanken zu finden. Damit ging zwar noch kein umgreifender ästhetischer Wandel einher. Immerhin legten die Filme dieses Genres aber gemeinsam mit einer zunehmenden Zahl sie begleitender und legitimierender theoretischer Schriften den Grundstein für eine vertiefte Auseinandersetzung mit der Kunst und der chinesischen Kultur und dürfen daher als Vorreiter für ein seit Mitte der achtziger Jahre konkretisiertes und in vielen Werken umgesetztes eigenes Filmmodell gelten.

Literarische Werke, Wandzeitungen, theoretische Artikel und lebhafte öffentliche Diskussionen gaben im Jahre 1979 den Anstoß für eine vertiefte auch künstlerische Auseinandersetzung mit der kommunistischen Geschichte Chinas und den Ruf nach demokratischen Reformen in Kunst und Gesellschaft. Dies griffen die Filmkünstler auf, um sich mit ihren Werken in der Konfrontation zwischen politischer Tradition und Innovation zu engagieren. Die meiste Aufmerksamkeit erregte darunter der nie an die chinesische Öffentlichkeit gelangte Film *Bittere Liebe* (*kulian*, 1979) des Regisseurs Peng Ning nach einem Drehbuch des Schriftstellers Bai Hua. Er ist eines der wenigen Filmwerke des Pekinger Frühlings geblieben, denen eine tatsächliche politische Opposition zugestanden werden muß. Als die Regierung der Bewegung des Pekinger Frühlings noch im selben Jahr mit Mitteln der Zensur, persönlichen Restriktionen bis hin zu Verhaftungen und Hinrichtungen ein Ende bereitete und die bedrohte Parteiherrschaft gewaltsam wieder herstellte, wurden dieser Film und seine Schöpfer schließlich zu einem der Hauptangriffsziele der politischen Kampagnen, mit denen die Machthaber ihren Kritikern begegneten.

Der Film *Bittere Liebe* spielt während der Kulturrevolution. Er erzählt die Geschichte des Malers Ling Chenguang, hinter dem sich die authentische Figur des Künstlers Huang Yongyu verbirgt. Dessen tragisches Schicksal während der Kulturrevolution und eines seiner Bilder hatten Bai Hua zum Drehbuch dieses Films inspiriert, das eine Formation fliegender Wildgänse – sprechendes Symbol für die Liebe zum Vaterland und zur Familie – in Form des Schriftzeichens ›ren‹ (Mensch) – darstellt. Mit den Idealen von Menschenwürde und individueller Freiheit ist auch die Filmfigur Ling Chenguang in den frühen fünfziger Jahren nach langjährigem Leben in Amerika Maos Aufruf gefolgt und in die Heimat zurückgekehrt, um seine patriotischen Pflichten zu erfüllen und das Land beim Aufbau zu unterstützen. Nach Ausbruch der Kulturrevolution ergeht es ihm wie den meisten seiner Kollegen. Er wird als Rechtsabweichler verurteilt, aus der Gesellschaft verstoßen und muß sein weiteres Leben auf unwürdige Weise in einem Sumpfgebiet fristen. Dort hat er sich dem von seiner Tochter ausgesprochenen, für chinesische Künstler aber längst sprichwörtlich gewordenen Problem zu stellen: »Vater, du liebst dein Vaterland. Trotz deiner bitteren Enttäuschungen wirst du nicht aufhören, es zu lieben [...] Doch Vater, liebt denn dieses Land auch dich?«

Bevor er sich diese Frage beantworten kann und kurz bevor ihm die hoffnungsvolle Nachricht von der Inhaftierung der Viererbande im Jahre 1976 überbracht werden kann, ereilt ihn der Tod. So ist der Maler auch nicht mehr in der Lage, sein eigens für die Demonstrationen des 5. April 1976 gegen die Viererbande gemaltes Porträt des antiken Dichters Qu Yuan (340–278 v.Chr.) fertigzustellen. Der bis zu seinem Tod parteiergebene und patriotische Künstler erleidet ein tragisches Schicksal ähnlich dem Qu Yuans. Dieser soll sich aus Verzweiflung über den Niedergang seines Vaterlandes Chu, von dessen Fürsten er als treuer Diener dennoch verstoßen worden war, zweitausend Jahre vor Ling Chenguang im südchinesischen Miluo-Fluß das Leben genommen haben. Zurück läßt Ling ein großes Fragezeichen im Schnee; sprechender – und zugleich vergänglicher – Ausdruck seiner und der Stellung aller Künstler und Intellektuellen im kommunistischen chinesischen Staat.

Die Kritik an *Bittere Liebe* setzte im April 1981 ein. Anstoß bei den Parteidogmatikern fand vor allem die Aufspaltung der Liebe zum Vaterland und derjenigen zur Partei, für die dieser Film eintrat, um eine differenzierte, vorurteilsfreie Auseinandersetzung mit der Vergangenheit zu ermöglichen. Die Herrschaftslegitimation der Kommunistischen Partei, deren Führer sich auch in den Achtzigern und Neunzigern noch als Vertreter des gesamten Volkes betrachten, wurde nach den in ihrem Namen begangenen und von ihr geduldeten Verbrechen in diesem Film offen angezweifelt. Darüber hinaus legte er dem Publikum den Vergleich zwischen kommunistischer und nationalistischer Herrschaft nahe. Angesichts der Tatsache, daß die Parteitopoi die kommunistische Machtübernahme noch heute mit dem Begriff ›Befreiung‹ eben von jener Willkürherrschaft Chiang Kaisheks terminieren, stellt sich zwangsläufig die Frage, welche Vorteile dem Volk – und explizit den vorher wie nachher gegängelten Intellektuellen und Künstlern – aus ihr erwachsen sind und was sich wirklich verändert hat. *Bittere Liebe* hinterfragt die Kulturrevolution und die gesamte Politik seit 1949. Mit der Forderung nach künstlerischer Freiheit, die der berühmte Schauspieler Zhao Dan im Oktober 1980, zwei Tage vor seinem Tod, mit der Frage: »Und wer hat Karl Marx befohlen zu schreiben?« (engl. in »Chinese Literature«, 1/1981), eindrucksvoll formulierte, ging also offensichtlich auch ein Angriff auf die neue Regierung und die sich selber für unangreifbar haltende Partei einher. Sie hatte sich und ihre neue Politik mit der Initiative von Kunst und Künstlern gerade gestützt sehen wollen. Statt dessen sah sie ihre Machtposition durch kritische Kunstwerke und die lauter werdenden Rufe nach Demokratisierung nun allerdings gefährdet.

Andere Filme, die sich in teilweise noch kritischeren Tönen als *Bittere Liebe* über die jüngere Geschichte zu Wort meldeten, verschwanden ebenfalls in den Archiven und werden dort teilweise bis heute verborgen gehalten. Daher sind sie nie in ein derart breites öffentliches Bewußtsein gelangt wie *Bittere Liebe*, dem die Kritikkampagne in dieser Hinsicht eher entgegen kam. Wang Jings 1979 verfaßtes, nach dem Verbot in China zwei Jahre später mit dem Titel *Shanghai Aufzeichnungen (Shanghai shehui dangan)* in Taiwan verfilmtes Drehbuch *Die ungeschriebenen Aufzeichnungen (zai shehui de dangan li)* nach dem gleichnamigen Roman von Peng Yidong steht *Bittere Liebe* in der Schärfe seiner Kritik nicht nach. Noch eindringlicher wird diese in dem bereits 1980 produzierten, mit Hinweis auf das Herstellungsjahr 1986 allerdings erst sieben Jahre später dem Publikum zugänglich gemachten Film *Der dumme Wang Laoda (benren Wang Laoda)* von Guo Wei geäußert. Dieser erzählt die Lebensgeschichte des Bauern Wang Laoda, der in den fünfziger und sechziger Jahren trotz eigener Armut seine ganze Arbeitskraft dazu einsetzt, den hungernden Kindern in seinem Dorf zu helfen. Für diese ›Abweichung von seinen patriotischen Pflichten‹ wird er von der Partei selbst über seinen Tod hinaus noch verfolgt, den er bei der selbstlosen Arbeit erlitten hat. Ein eindrucksvoller Abgesang auf den politischen Radikalismus und dessen Ausprägungen im chinesischen Alltag.

Die Künstler lösten sich allmählich von ihrer politischen Funktionalisierung, um sich mit ihrer Kritik an der Partei und der gesamten politischen Kultur seit 1949 in beispielloser Heftigkeit vorzuwagen. Dafür bekamen sie in den späten siebziger Jahren mit unerbittlicher Härte den Knüppel der immer noch dogmatisch versteinerten Parteiführung zu spüren. Sie mußten sich in den nachfolgenden Versuchen der Ausrottung ›liberal-bourgeoiser Tendenzen‹ teilweise heftigsten Kritikkampagnen stellen. Danach war über Jahre hinweg keine mit *Bittere Liebe* vergleichbare Opposition über das Medium Film mehr möglich.

Dennoch wurden in den folgenden Jahren die parteilichen Beschränkungen der Kunst weiter gelockert und auch vorsichtige politische Stellungnahmen möglich. Wieder in ihre Ämter eingesetzte ehemalige Kulturfunktionäre wie der letzte aktive Filmschaffende aus der Vierte-Mai-Generation Xia Yan und der ehemalige Leiter des Filmbüros und Stellvertretende Kulturminister Zhou Yang legten dabei Wert auf eine Neudefinierung des Künstlers in der Gesellschaft im Einklang mit der staatspolitischen Linie. Er sollte zwar nicht von seinen gesellschaftlichen Pflichten und dem daraus abgeleiteten didaktischen Anspruch seines Werkes befreit werden; ihm wurde aber – innerhalb des erweiterten Rahmens parteilicher Vorgaben – immerhin Individualität und die kritische Auseinandersetzung mit verschiedenen Aspekten der Gesellschaft zugestanden. Doch Individualität war auch unter Deng Xiaoping im enggesteckten Rahmen konfuzianischer Traditionen wie auch des marxistischen Gesellschaftsmodells weiterhin nur in der sozialen Einbindung des einzelnen und seiner Funktion im – von der Partei repräsentierten – gesellschaftlichen Gefüge möglich. Das schloß freiheitliche Persönlichkeitsrechte auch in der Kunst in Wirklichkeit aus.

Unter diesen Bedingungen entstanden Filme wie die 1979 produzierten Werke *Das Lachen der Gequälten* (*kunaoren de xiao*, R: Yang Yanjin und Deng Yimin, VT: *Das Lachen eines in Schwierigkeiten befindlichen Mannes*) oder *Erschütterungen des Lebens* (*shenghuo de chanyin*, R: Teng Wenji). Die gesellschaftskritische Intensität und politische Aussagekraft dieser Filme reichte angesichts der Beschränkung ihrer Kritik auf die parteilichen Vorgaben aber genauso wie die geistesverwandte ›Wundenliteratur‹ insgesamt nicht mehr an *Bittere Liebe* oder *Der dumme Wang Laoda* heran. In *Das Lachen der Gequälten* erzählen die Shanghaier Regisseure die Geschichte eines Journalisten. Dieser steht angesichts der restriktiven Propagandamaschinerie Jiang Qings im Jahre 1975 vor dem Konflikt, seinen Moralvorstellungen und dem Journalistenethos zu gehorchen und sich um Wahrheit und Aufklärung zu bemühen, oder den Parteidirektiven gemäß nur positiv und manipulierend zu berichten. Er entscheidet sich trotz seiner Furcht und Zweifel, die ihn dem Zuschauer menschlich nahebringen, für moralische Integrität und hat dafür bittere Konsequenzen zu tragen. Seine Familie wird ermordet, und er selbst landet im Gefängnis. Dennoch hält er dem Druck der Machthaber stand und trägt damit seinen Teil dazu bei, die Schreckensherrschaft zu beenden. *Das Lachen der Gequälten* ist in erster Linie eine Kritik am Opportunismus und an der Feigheit der Menschen in China, durch die die Übel der jüngeren Geschichte erst möglich geworden waren. Es ist aber auch ein eindrucksvolles Dokument zur Politik Maos, unter der alle freiheitlichen und moralischen Werte gegenüber Opportunismus und Intrige wertlos waren. Daß letzteren dann doch keine Zukunft beschieden war und die humanen – und damit zugleich traditionellen und antimaoistischen –

Werte, sozusagen als Kittmasse für die aus den Fugen geratene Gesellschaft, schließlich doch den Sieg davontragen, bezeugt der glückliche Ausgang der Geschichte für den gepeinigten (Anti-) Helden. Damit werden die Machthaber der Gegenwart von jeder politischen Verantwortung befreit.

Erschütterungen des Lebens berichtet am Beispiel einer Liebesgeschichte von den Protesten gegen die Viererbande im Jahre 1976. Sie hatten den Initiatoren des Pekinger Frühlings als Vorbild und Hoffnungsträger gedient. Indem der Regisseur den Zuschauern die Ereignisse auf dem Pekinger Tiananmen Platz ins Gedächtnis rief und deren positiven Ausgang mit Hoffnungen auf eine demokratische Zukunft für die weiterhin unterdrückte Meinungsfreiheit verband, rief er auch nach der blutigen Niederschlagung des Pekinger Frühlings noch recht offensichtlich zum konstruktiven Ungehorsam gegen starre und unvernünftige Dogmen wie deren selbsternannte Schutzherren auf.

Der Film *Ahorn* (*feng*, 1980, R: Zhang Yi) nach dem gleichnamigen Roman von Zheng Yi ist eine Tragödie über die Fraktionskämpfe innerhalb der Roten Garden während der Kulturrevolution. Zwei Liebende werden durch die Zugehörigkeit zu verschiedenen Gruppen getrennt und darüber trotz andauernder Liebe auch zu persönlichen Feinden. In der gegenseitigen Tötung der beiden offenbart sich die Ohnmacht der Menschen gegenüber den Ereignissen, die ihnen jegliche Humanität und Vernunft geraubt und sie zu willenlosen Handlangern ihrer politischen Vordenker degradiert haben. *Ahorn* übt deutliche Kritik an der Kulturrevolution und der Politik, die sie herbeigeführt hat. Gleichzeitig offenbart dieser Film aber auch den Willen zur eigenen Reinwaschung. So ist die Schuld der Täter einmal mehr auf ihre radikalen Anführer projiziert. Deren Marionetten werden hingegen freigesprochen.

Melodramen

Mit dem Werk *Die Legende vom Tianyun Berg (Tianyunshan chuanqi)* nach dem Roman von Lu Yanzhou (dt.: 1983) stellte im Jahre 1980 auch der bis dahin dem Propagandakino verschriebene Altregisseur Xie Jin einen Film vor, der die allgemeine künstlerische Auseinandersetzung mit Staat und Gesellschaft aufgriff. Dabei verzichtete auch er auf die kritische Thematisierung der Gegenwart und vermied offensichtlich die Konfrontation mit der Regierung. Statt dessen setzte er sich mit der radikal-kommunistischen Vergangenheit auseinander. Er versuchte, die erlittenen Wunden aufzuarbeiten und darüber hinaus die gegenwärtige Politik zu unterstützen.

Dabei kann dieser Film im Hinblick auf die radikalkommunistische Vergangenheit seines Regisseurs, der zwei Jahrzehnte zuvor in Filmen wie *Das rote Frauenbataillon* noch den bedingungslosen Klassenkampf gefordert hatte, allerdings kaum überzeugen. Unter Vermeidung mutiger selbständiger Aussagen zielte Xie Jin mit der Geschichte um Verleumdung und Verurteilung des parteitreuen, fortschrittlich denkenden Protagonisten, der zwanzig Jahre seines Lebens im Straflager am Tianyun Berg verbringen muß, exakt auf die neue Politik. Xie Jin wäscht sich selbst, die Partei und die opportunistische Masse rein und schiebt die Schuld an den Ereignissen einer Minderheit zu. Diese habe sich mit egoistischen Absichten von der offiziellen Linie gelöst. Während also nicht einmal der Versuch einer ehrlichen politischen und selbstkritischen Aufarbeitung der Vergangenheit gemacht wird, der anklagende Begriff ›Viererbande‹ dagegen leitmotivisch den Film durchzieht, ergibt sich sein filmhistorischer Wert allenfalls aus dem dargestellten Zusammenwirken des historisch-politischen Hintergrundes mit ganz persönlichen Liebesgeschichten und individuellen Problemen der Protagonisten. Auch die Thematik der Generationenkonflikte, die die Auseinandersetzung in den achtziger Jahren deutlich mitbestimmen sollte, wurde hier erstmals vom Film aufgegriffen.

Zudem führte Xie Jin ein Gut-Böse-Schema in neuer Qualität ein. Dieses kategorisierte die Gesellschaft nach der traditionellen konfuzianischen Morallehre und definierte sie nicht mehr nach ideologischen sondern nach ethischen Normen. Damit konnte er den noch vorsichtigen Ruf seiner Vorgänger nach traditionell humanistischen Werten als filmische Aussage endgültig etablieren. Indem Xie Jin der neuen Parteilinie und den noch immer zumeist in traditionellen Antagonismen und moralischen Schwarz-Weiß-Bildern denkenden Zuschauern gleichermaßen entgegenkam, legte er den Grundstein für eine populäre Filmkunst der achtziger Jahre. Der Film in China macht sich auch heute noch in verschiedenen Genres, die allesamt auf Formen des Melodrams zurückgehen, seine emotionale und identifikatorische Wirkung zunutze, um die Zuschauermassen in die Kinos zu locken und nach traditionellen konfuzianischen Maßstäben moralisch – kaum mehr ideologisch – zu beeinflussen.

Gleichzeitig schuf Xie Jin mit der *Legende vom Tianyun Berg* die Voraussetzungen für eine einige Jahre später definierte Filmästhetik. Diese machte die alten moralethischen Werte des Konfuzianismus und dessen Gut-Böse-Raster zur Grundlage ihrer in konkrete filmische Aussagen verpackten Weltanschauung. Darüber hinaus machte sie die von Mao vollzogene Durchdringung dieser in Gesellschaft und Kunst stets gegenwärtigen Staatsphilosophie mit der importierten Ideologie des Marxismus-Leninismus praktisch rückgängig. Das recht auffällig an die Hollywood-Ästhetik erinnernde aber doch nicht in sie einzuordnende Melodram existiert bezeichnenderweise in der chinesischen Kultur als Genrebegriff überhaupt nicht. Vielmehr gilt es dort lediglich als Realismusform. In Xie Jins Filmen spielen dessen Mittel immer wieder eine herausragende Rolle bei der filmischen Vermittlung von traditionellen Gesellschaftsbildern, die mit modernen marxistischen oder importierten demokratischen Weltanschauungen vermischt

Die Legende vom Tianyun Berg
(Tianyunshan chuanqi, 1980, R: Xie Jin)

werden. Diese Form des chinesischen Melodrams stellt sich exakt in die Tradition klassischer Romanliteratur wie auch des traditionellen Dramas. Beide pflegen mit ähnlichen Handlungsstrukturen die Polarisierung zwischen Gut und Böse, Innen und Außen, mithin dem Yin und Yang chinesischer Weltanschauung. Dabei propagieren sie den Sieg des Guten als moralische Forderung.

In dem Film *Die Legende vom Tianyun Berg* ist die Hochschulabsolventin Song Wei in den frühen fünfziger Jahren Mitglied im Vermessungsteam des Tianyun Berges. Dort verliebt sie sich in den jungen Teamleiter Luo Qun, der, vom früheren Teamleiter Wu Yao verleumdet, Opfer der Rektifizierungskampagne wird. Song Wei gibt dem politischen Druck nach, bricht ihre Beziehung zu dem Verurteilten ab und heiratet den Parteikader Wu Yao. Von diesem weiß sie allerdings nicht, daß er es war, der aus Neid und Eifersucht die Verleumdung Luo Quns initiiert hat. Song Weis Kommilitonin Feng Qinglan hingegen nimmt alle Leiden auf sich und folgt dem Verurteilten ins Arbeitslager, wo sie heiraten und ihr Leben zwanzig Jahre lang unter schwierigsten Umständen, aber dennoch glücklich, fristen. Nach dem Sturz der Viererbande wird die inzwischen zur Funktionärin aufgestiegene

Song Wei mit der Rehabilitierung ihres ehemaligen Geliebten betraut. Dabei stößt sie auf ungeahnten Widerstand durch ihren Ehemann, der sich aus denselben eifersüchtigen und egoistischen Motiven wie vor zwanzig Jahren dagegen wehrt. Allmählich werden Song Wei die Zusammenhänge klar. Sie trennt sich von ihrem Mann, der sein Unrecht bis zum Schluß nicht einsieht. Damit steht er für alle diejenigen kommunistischen Funktionäre, die, wie die Propaganda Deng Xiaopings verbreitete, in den fünfziger und sechziger Jahren ›mit eigennützigen Zwecken von der Parteilinie abgewichen‹ seien und damit die politischen und gesellschaftlichen Ereignisse jener Zeit verschuldeten. Die Partei als Volksvertreterin wie auch die Funktionäre und der Regisseur selbst, der mit dieser Aussage seine Filmvergangenheit nachträglich legitimierte, werden hingegen auch in diesem Film freigesprochen.

Neben der pauschalen Verurteilung der radikalen politischen Exzesse früherer Jahre legt der Film große Bemühungen auf die Vermittlung von Zukunftshoffnungen. Sie sind einerseits in der neuen – d.h. der Wiederherstellung der legitimen alten – Regierung und andererseits in den Menschen begründet, die auf Genugtuung für das zu Unrecht erlittene Schicksal und die Anklage gegen dessen wahren Verursacher Mao Zedong verzichten und auch im Umgang mit ihren ehemaligen Peinigern zu humanen und sozialen Werten zurückfinden. Hierbei spielt die junge Generation eine verantwortliche Rolle. Sie ist in der Person der Erzählerin wie auch in der Adoptivtochter Luo Quns stets gegenwärtig. Unbelastet von der an vielen Stellen recht pathetisch dargestellten Vergangenheit, blickt sie voller Optimismus in die Zukunft. Optimismus und der Wille zur aktiven, von neuen Idealen angetriebenen Gestaltung der Zukunft sowie der Verzicht auf eine tatsächliche Aufarbeitung der Vergangenheit sind demnach auch die Forderungen, die der Zuschauer aus diesem Film abzuleiten vermag.

Neben dem Film *Die Legende vom Tianyun Berg* haben sich auch einige andere Werke auf mehr oder weniger fruchtbare Weise, allesamt aber mit einem noch immer vorherrschenden Mangel an Individualität und der Fähigkeit zum analytischen Rückblick, mit Vergangenheit und Gegenwart auseinandergesetzt. Filmästhetische Innovationen gingen von keinem dieser Werke aus. Dazu gehören Filme wie *Liebe und Erbe* (*aiqing yu yichan*, 1980, R: Yan Xueshu) über Liebe und die Zerstörung persönlicher Bindungen durch die Kulturrevolution, Wu Yigongs Spielfilmdebüt *Nächtlicher Regen am Berg der Hoffnung* (*Bashan yeyu*, 1980, VT: *Nächtlicher Regen in den Bergen von Sichuan*), der das Mitläufertum während der Kulturrevolution beklagte und die Viererbande direkt anklagte, und *Sie lieben sich* (*tamen zai xiangai*, 1980, R: Qian Jiang und Zhao Yuan). Darin werden die unterschiedlichen Schicksale dreier Brüder während der Kulturrevolution nachgezeichnet: ein Arzt, der sich von seinem ›Klassenhintergrund‹ lossagt, ein von Rotgardisten zum Krüppel Geschlagener und einer, der unter diesen Umständen zum jugendlichen Rowdy und Verbrecher geworden ist. Erwähnenswert sind auch Yang Yanjins 1981 produzierter Film *Gasse (xiaojie)* und die Gemeinschaftsproduktion Xie Tielis mit Chen Huaiai *Busenfreunde (zhiyin,* 1981, VT: *Der General und die Kurtisane).* Der nach *Bittere Liebe* heftig kritisierte Bai Hua trat im Jahre 1980 mit seinem Drehbuch zu Xie Tielis Film *Heute Nacht leuchten die Sterne (jinye xingguang canlan)* wieder an die Öffentlichkeit. Sie alle bleiben bei ihrer Auseinandersetzung mit dem vergangenen Geschehen parteikonform und unterstützen die Machtpolitik Deng Xiaopings. Die Kulturrevolution wird dagegen aus der Geschichte Chinas herausgenommen und isoliert, um darüber eine tatsächliche Ursachenforschung zu verhindern. Deren Ergebnisse hätten nämlich auch den gegenwärtigen kommunistischen Herrschern die Grundlagen ihrer Macht entzogen und die Schuld eines jeden einzelnen Menschen in China, die sich nun allesamt als Opfer präsentierten, ans Tageslicht gezerrt.

Reformkino

Die meisten staatspolitisch orientierten Filme der frühen achtziger Jahre setzten sich mit der Vergangenheit auseinander, um durch die Vermittlung traditioneller Werte Wege für eine harmonische Zukunft ‹unter Führung der Partei› zu suchen. Schon bald wurde allerdings der thematische Schwerpunkt von der Kulturrevolution auf stärker gegenwartsbezogene Themen verlagert. Diese entsprachen dem propagierten Bild Chinas als moderne, in die Zukunft blickende Gesellschaft eher als selbstmitleidvolle Melodramen über den Teil der Vergangenheit, den die Regierung nun am liebsten aus den Geschichtsbüchern verbannt hätte. Darunter feierte Bai Chens (Tian Zuheng, geb. 1922) Film *Unter der Brücke (daqiao xiamian,* 1983) bei Kritikern wie Publikum den größten Erfolg. Dieser erzählt die Geschichte von zwei während der Kulturrevolution landverschickten Jugendlichen. Im Jahre 1979 kehren beide in die Stadt zurück. Sie verlieben sich und richten ihr gemeinsames Leben – selbstverständlich nicht ohne Unterstützung durch die Partei – mit viel Eigeninitiative ein. Anhand ihres privaten Glücks und ihrer beruflichen Erfolge stellt der Regisseur die Verbindung von publikumswirksamer privater Liebesgeschichte mit politisch-didaktischen Ansprüchen her. Diese zeigten China zu Beginn der achtziger Jahre – wieder einmal – auf dem Weg in eine strahlende Zukunft wirtschaftlichen Reichtums.

Trotz weiterer politischer Kampagnen, die sich vorrangig gegen die durch die wirtschaftliche Öffnung populär gewordenen fremden Ideen, demokratischen Ideale und modernen Lebensweisen richteten, nahmen sich die Künstler nun zunehmend die Freiheit zur politischen Stellungnahme und der Äußerung persönlicher Zukunftsvisionen. Mit ihr fanden sie in ihren Werken auch zu neuen Darstellungsweisen und zunehmender Qualität, nachdem ausländische ästhetische Modelle und Filmtechniken nun nicht mehr tabu waren. Ein tatsächliches Umdenken, zu dem immer auch eine sich aus der Dogmatik und der eng begrenzten Ideologie befreiende individuell geprägte Weltanschauung gehört, gelang diesen Künstlern allerdings noch nicht. Immerhin haben einige von ihnen die künstlerische Entwicklung des Filmmediums von nun an in die eigenen Hände genommen. Das waren vor allem die Regisseure der Vierten Generation, die ihr Handwerk bereits in den sechziger Jahren gelernt hatten, aber erst jetzt, nach Beendigung der radikalen Staatspolitik, zur Ausübung ihres Berufs kamen. Diese haben teilweise individuelle Stile entwickelt, an denen sich nach Jahrzehnten einförmig plumper Propagandawerke erstmals wieder originelle Handschriften ablesen ließen. Gleichzeitig verfestigte sich in den Werken dieser Generation aber auch der von Xie Jin eingeleitete Rückgriff auf tradierte Gesellschaftsmodelle.

Große Erfolge bei Publikum und Kritik feierte z.B. Wu Yigong, der nach seinem Debütfilm *Nächtlicher Regen am Berg der Hoffnung* im Jahre 1982 den Film *Geschichten aus der Südstadt* (*chengnan jiushi*, VT: *Erinnerungen an das alte Peking*) nach dem autobiographischen Roman der taiwanesischen Schriftstellerin Lin Haiyin und ein Jahr später *Ältere Schwester* (*jiejie*) produzierte. In beiden Filmen vermied Wu Yigong politische Stellungnahmen und ließ alle politisch interpretierbaren Stellen seiner Literaturvorlagen weg. Mit der Person Wu Yigongs ist bis heute die oft wiederholte Forderung verbunden, daß der Film den Massen zu dienen habe. Darunter versteht er allerdings nicht mehr didaktische Ansprüche sondern den Unterhaltungswert des Mediums, der kompromißlos im Vordergrund zu stehen habe. Daß er sich damit zum erklärten Kunstfeind stempelt, nimmt er im Hinblick auf die schwache künstlerische Qualität seiner eigenen Werke gerne in Kauf.

Der in Indonesien geborene Absolvent der Nachwuchsförderung des Pekinger Filmstudios Huang Jianzhong (geb. 1943) hingegen gestaltete offensichtlich politische Motive. Mit seinem erfolgreichen Erstlingswerk *Wie Sie wünschen* (*ruyi*, 1982) unterstützte allerdings auch er die Parteilinie. Vor dem Hintergrund der Modernisierungspolitik stellte er deren Befürworter und aktive Mitgestalter einer inerten Funktionärsschicht alten Schlages gegenüber, die er deutlich disqualifizierte.

Bekannt geworden ist außerdem die Regisseurin Zhang Nuanxin (1940–95), ehemalige Assistentin Ling Zifengs, und ihre Kollegin Huang Shuqin (geb. 1940), die ihr Handwerk an der Seite Xie Jins gelernt hatte. Erstere drehte im Jahre 1981 den Film *Siegeswille* (*shaou*, VT: *Sport ist ihr Leben*), schaffte aber erst 1985 mit dem Werk *Geopferte Jugend* (*qingchun ji*, VT: *Das war eine schöne Zeit*) den Durchbruch. Ähnlich erging es Huang Shuqin, die ab 1981 mit Filmen wie *Die Menschen unserer Zeit* (*dangdai ren*, 1981), *Ewige Jugend* (*qingchun wansui*, 1982) oder *Freunde aus der Kindheit* (*tongnian de pengyou*, 1984) an die Öffentlichkeit trat, einen größeren Erfolg aber erst mit ihrem 1987 produzierten Werk *Menschen, Geister, Gefühle* (*ren, gui, qing*, VT: *Die Schauspielerin und der Geist*) feiern konnte.

Inzwischen weit über die Grenzen Chinas hinaus bekannt geworden sind zwei weitere Regisseure jener Vierten Generation Filmkünstler, die in den frühen achtziger Jahren ihre Debütwerke vorlegten. Zum einen ist dies Wu Tianming (geb. 1939), der spätere Direktor des Xi'an Filmstudios und Regisseur von *Das Leben der Menschen* (*rensheng*, 1984), *Der alte Brunnen* (*laojing*, 1987) und *König der Masken* (*bianlian*, 1995). Er konnte mit seinem ersten eigenständig produzierten Film *Fluß ohne Bojen* (*meiyou hangbiao de heliu*, 1983, VT: *In den Stromschnellen*) allerdings noch keinen größeren Publikums- oder Kritikererfolg erzielen. Zum anderen feierte der mit Filmen wie *Das Mädchen aus Hunan* (*xiangnü Xiaoxiao*, 1986), *Schicksalsjahr* (*benmingnian*, 1989), oder *Die Sesammüllerin* (*xianghunnü*, 1992, VT: *Die Frauen vom See der unschuldigen Seelen*) inzwischen zu Weltruhm gelangte Xie Fei (geb. 1942) bereits 1983 mit dem Film *Unser Land (women de tianye)* einen Achtungserfolg. Darin beschreibt er das Leben einer Gruppe städtischer Jugendlicher während der Landverschickungsmaßnahmen auf einem einsamen Hof im Nordwesten Chinas. Er setzt sich mit deren Gefühlen zwischen bewußter Schuld und naiver Ideologiegläubigkeit auseinander, die sie seit der Kulturrevolution begleiten und beherrschen.

All diese Filme lösten sich deutlich von der Parteidogmatik mit ihren künstlerischen Beschränkungen. Sie wiesen den – von heftigen kunsttheoretischen Debatten begleiteten – Weg zu Individualismus und künstlerischer Unabhängigkeit. Ihre Schöpfer gingen damals allerdings noch sehr vorsichtig vor und suchten offensichtlich den Einklang mit Politik und Regierung. Dies schlug sich unübersehbar in den Themen und Fabeln ihrer Filme nieder. Sie folgten der öffentlichen Auseinandersetzung mit Vergangenheit und Gegenwart, ohne dieser neue Akzente hinzuzufügen. Formal verfestigte sich bei den meisten von ihnen ein neuer Realismusbegriff. Dieser grenzte sich deutlich vom sozialistischen Realismus und den Reformwerken, aber auch von den politischen Melodramen Xie Jins ab. Allerdings blieb er in seiner eigenen künstlerischen Nuancierung zunächst sehr vage. Danach wurde einzig die naturgetreue und glaubwürdige filmische Darstellung der Pluralität und Individualität der Menschen in ihrem Lebensumfeld zu seinem Ideal erklärt. Das versuchten die Regisseure vorrangig durch eine Neu-Akzentuierung des Melodrams zu verwirklichen. Darüber konnten breite Zuschauerkreise angesprochen und emotional bewegt werden. Ferner wurde in den chinesischen Melodramen eine größtmögliche Annäherung an die grundlegend unnaturalistische traditionelle künstlerische Darstellung von Realität in China über das eigentlich dem Realismus und Naturalismus verpflichtete Filmmedium erreicht.

Umfangreichere Veränderungen und ein festes filmkünstlerisches Konzept ergaben sich erst, nachdem die Regisseure der Vierten Generation ihre künstlerischen und weltanschaulichen Vorstellungen zu einem filmtheoretischen Modell weiterentwickelt hatten und dies seit 1984 erkennbar in ihren Werken anwendeten. Gleichzeitig drängten die 1982 aus der Pekinger Filmakademie entlassenen Nachwuchskünstler der Fünften Generation in die Studios und traten mit eigenen Werken an die Öffentlichkeit. Sie belebten die Diskussion um das Filmwesen zusätzlich mit neuen Ansichten. Darüber hinaus eröffneten sie dem chinesischen Kino mit ihren provokativen Kunstwerken ungeahnte Perspektiven. Das wiederum wirkte sich deutlich auf das Schaffen vieler der etablierten Filmemacher aus.

2. Kunst und Kommerz (1984–89)

Auch sechs Jahre nach Einführung der Modernisierungspolitik hatte sich noch nichts an der Führungsdoktrin der Kommunistischen Partei in China geändert. Mit unveränderter Härte bestanden ihre neuen Führer auch nach der Abwendung von Mao und Yanan, die mit den Beschlüssen des XII. Parteitags im September 1982 manifest geworden war, auf ihren unbedingten Herrschaftsanspruch. Deng Xiaoping hatte Maos Position eingenommen und war zum unantastbaren Vordenker der neuen Politik wie der wirtschaftlichen Öffnung avanciert. Auf Kritik oder auch nur unabhängige Meinungsäußerung reagierte die Regierung nach wie vor mit Härte.

Davon zeugen weitere politische Kampagnen, die sich durch die gesamten achtziger und auch in die neunziger Jahre hinein zogen. Sie hatten allesamt die tatsächliche wie die potentielle und angenommene inner- und außerparteiliche politische Opposition als Angriffsziel vor Augen. Dazu sind auch heute noch diejenigen Künstler und Intellektuellen zu zählen, die nicht bereit sind, sich dem Machtapparat unreflektiert unterzuordnen und dessen Parolen über ihre Werke an das Publikum zu transportieren. Ihr lange Zeit von Mao gezeichnetes Bild als ›stinkende Nummer Neun‹ begann sich erst allmählich zu verflüchtigen. Die neue zwiespältige Politik der Partei ihnen gegenüber verzögerte das eher. So hofierten die Machthaber zwar ihre kunstschaffenden Protegés, verfolgten auf der anderen Seite aber ihre Kritiker erbarmungslos. Damit setzten die Kommunisten unter Deng Xiaoping das jahrtausendealte System der Kategorisierungen – seien sie, wie bei Mao, ideologischer oder, wie im konfuzianischen China, moralischer Natur – in einer Vermischung dieser aufgeweichten Kriterien gesellschaftlicher Polarisierung unverändert fort.

In den politischen Kampagnen gegen ›geistige Verschmutzung‹ (1983–1984) oder gegen ›bürgerliche Liberalisierung‹ (1987) wurden Künstler und Intellektuelle zwar nicht mehr wie 1957 oder 1966 in großer Zahl ermordet oder in Arbeitslager verbannt. Unverändert wurden sie aber mit dem Ausschluß aus der – nicht mehr ganz so homogenen – Gemeinschaft und allen damit verbundenen persönlichen Konsequenzen, wie Arbeitsverbot, Benachteiligung bei der Verteilung von Ressourcen etc., bedroht und sollten damit zu regierungsaffirmativem Denken erzogen werden. Eine neue machtkonforme Künstlerschaft, die die von der Partei propagierten Werte weitervermittelte, sollte mit professionell kommerzieller und zugleich staatspolitisch funktionalistischer Arbeit Maos ›Volkskunst‹ ablösen und den Staat kulturell und – bezüglich der noch immer maroden Filmindustrie – auch wirtschaftlich in ein neues Zeitalter führen. Dessen Heraufkunft zeichnet sich mit dem von Deng Xiaoping auf einem Parteikongreß am 23. September 1985 formulierten Hauptkriterium ab, daß die Kunst nunmehr in erster Linie der Gesellschaft zu dienen habe; und nicht mehr dem Staat und der Ideologie. Im Bereich des Films zeigte der kunstpolitische Richtungswechsel schon bald Wirkung. Noch im selben Jahr ließ der damalige Minister für Radio, Film und Fernsehen Ai Zhisheng einen Katalog mit neuen Richtlinien an die Studios und Produktionsfirmen ausgeben, in dem er zwar die wirtschaftliche Ausrichtung des Films betonte, dabei aber die parteiliche Überwachung von Produktion und Distribution genauso unangetastet ließ wie die didaktischen Ansprüche an das einzelne Produkt. Dieser sollte fortan zum Credo allen weiteren Filmschaffens in China werden.

Nach wie vor hatte Kunst also den Anspruch auf Volkserziehung im Sinne der herrschenden politischen Linie zu erfüllen. Damit war sie grundsätzlich gar nicht so weit von ihrer Bestimmung in vorkulturrevolutionärer Zeit abgerückt. Genau das allerdings wollten die Machthaber mit dieser nur vorgegebenen Veränderung glauben machen, indem sie nach Maos jahrzehntelangen erfolglosen Bemühungen der Gleichschaltung die nun abgeschlossene Vereinigung der Künstler mit den Volksmassen propagierten, als deren Vertreter sie sich weiterhin uneingeschränkt verstanden. Letzteres gilt nach wie vor nur für diejenigen, die sich den Herrschern anbiedern und sich mit chamäleonhafter politischer Flexibilität in die ihnen zugedachte Rolle einfügen.

Politik und Industrie

Unter dem Druck, den Staat und Partei auch Mitte der achtziger Jahre noch auf die Künstler ausübten, fügte sich ein Großteil der noch oder wieder Tätigen aus älteren Generationen den altbekannten Ansprüchen. Andere verzichteten nach den Erfahrungen mit den Kampagnen von 1957 und 1966 auf die weitere Ausübung ihrer Tätigkeit. Ihr Mut zur Individualität war schon Jahrzehnte zuvor von Maos Schergen niedergeknüppelt worden, und auch Dengs Reaktion auf den Pekinger Frühling hatte nichts Gutes für ihre

Zukunft verheißen. Da außerdem nach langjährigen Arbeitsverboten und der nun erst allmählich aufbrechenden politischen und kulturellen Isolation des Landes auch bei den Filmschaffenden ein Defizit an Erfahrung und Kreativität vorherrschte, gewohnte Denkschemata über Jahrzehnte eingeschliffen waren, veränderte sich bei der überwiegenden Zahl der nun produzierten Werke nicht viel gegenüber den Produkten des sozialistischen Realismus. Weder filmästhetisch noch bei Motiven und Aussagen gelang einem dieser Regisseure der Bruch mit der Geschichte, der notwendig gewesen wäre, um diese zu reflektieren und aufzuarbeiten. Nur so hätte tatsächlich eine individuell geprägte Kunst entstehen können, die sich von dem marxistischen Lehrsatz, daß der Inhalt die Form bedinge, befreit hätte.

Angesichts der zunehmend ökonomischen Ausrichtung der Filmproduktion entstanden in der zweiten Hälfte der achtziger Jahre wieder deutlich mehr Filme als zuvor. Die meisten der jährlich etwa 150 fertiggestellten Spielfilme erfüllten mit Themen über den Befreiungskampf oder den sozialistischen Alltag unter der Modernisierungspolitik Dengs mit altbekannten Mitteln und didaktischen Ansprüchen die politischen Vorgaben. Zu den bekannteren dieser zumeist schematischen Werke, die als noch ungelenke Versuche mit dem bis dahin verpönten Unterhaltungsgenre zu werten sind, gehört der Film *Blutige Kämpfe im Dorfe Taierzhuang* (*xuezhan Taierzhuang*, 1986, R: Yang Guangyuan). Dessen Handlung beruht auf realen Begebenheiten aus dem Japankrieg. Erzählt wird die Geschichte der – selbstverständlich für die chinesischen Verteidiger siegreich ausgegangenen – Schlacht um ein kleines, strategisch aber äußerst wichtiges Dorf. Das große Echo auf dieses Werk in chinesischen Medien ist allerdings nicht auf die eher mäßige filmische Qualität dieses Kriegsfilms zurückzuführen. Vielmehr hängt es damit zusammen, daß hier die nationalistischen Bürgerkriegsgegner und nicht kommunistische Verbände zu Helden stilisiert werden. Erst nach Einführung einer moderateren Taiwan-Politik, die Deng seit 1979 mit dem Ziel einer schließlich doch noch friedlichen Wiedervereinigung initiiert hatte, war eine derart unvoreingenommene Charakterisierung der ehemaligen Todfeinde möglich geworden, blieb aber dennoch auch weiterhin die Ausnahme.

So wurden die Verhältnisse beispielsweise in dem 1988 von Yang Jixing gedrehten Film *Blutende Seelen (xue hun)* wieder in das alte Schwarz-Weiß-Raster gepreßt. *Blutende Seelen* erzählt von einem Versuch der nationalistischen Verbände, die Einheiten der vorrückenden Kommunisten durch Geheimprojekte zu zerschlagen. Diese können mit Hilfe von Spionen und in heldenhaften Kämpfen schließlich aber doch noch den Sieg über die Truppen Chiang Kaisheks davontragen, die in diesem Film nach altbekanntem Muster verdammt werden.

Mit der Gegenwart und Dengs Modernisierungspolitik befaßt sich hingegen der Film *Zhenzhens Friseurladen* (*Zhenzhen de fawu*, 1986, R: Xu Tongjun). Die junge Protagonistin Zhenzhen ist den Aufforderungen Dengs gefolgt und hat ihr Leben im Einklang mit den Parteidirektiven selbst in die Hand genommen. In einer kleinen Gasse Pekings eröffnet sie einen Friseurladen. Sie kann sich trotz vieler Rückschläge mit immer neuen Ideen und Strategien der Kundenwerbung behaupten und ein zufriedenes Leben führen. Damit hat sie als Vertreterin der ›modernen Volksmassen‹ Maos Revolutionshelden abgelöst. Nach ihrem Vorbild soll die Gesellschaft mit viel privater Eigeninitiative die überkommene, aber noch nicht vollständig aus dem Bewußtsein der Menschen ausgelöschte, Kommunenpolitik mit ihrer eisernen Reisschüssel aus dem Volksgedächtnis tilgen, die den Menschen bis dahin unabhängig von ihrer tatsächlichen Arbeitsleistung stets die Grundversorgung gesichert hatte. Statt dessen sollte nun jeder einzelne die Möglichkeit erhalten, über Leistung und Wettbewerb zu höherem Wohlstand zu gelangen. Damit sollte zugleich die Macht der Partei gefestigt werden.

In anderen Filmen werden aber auch kritische Töne über Fehlentwicklungen in der Gesellschaft der achtziger Jahre laut, die sich ihrer traditionellen Werte entledigt und zusehends westliche Lebensweisen eingeführt hat. So beispielsweise in dem Werk *Auf der Suche nach einem ganzen Kerl* (*xunzhao nanzihan*, 1987, R: Zeng Xueqiang). Anhand der Schilderung der erfolglosen Suche einer Bildhauerin nach einem geeigneten Ehemann, während derer sie nur auf charakterlose Muttersöhnchen, verwestlichte Machos und rückgratlose Weichlinge trifft, wird der Gesellschaft eine zunehmende Degeneriertheit vorgeworfen. Diese manifestiert sich am steigenden Lebensstandard und der Öffnung zum Westen, die auch die gefürchteten demokratischen und liberalen Weltanschauungen ins Land brachte. Der Weg in eine bessere Zukunft führt nach Ansicht des Regisseurs nur über die Rückbesinnung auf revolutionäre Tugenden, aber auch über ein – unter Maos Gleichschaltungspolitik verloren gegangenes – individuelles wie zugleich soziales Selbstbewußtsein.

Aus der Masse all dieser sowohl von der Handlung als auch der filmischen Umsetzung her äußerst simpel angelegten und in ihrer narrativen Schwerpunktsetzung grundlegend unfilmischen Werke, die sich vollständig in die didaktischen Kunsttraditionen Chinas stellten, ragen allenfalls einige großangelegte Historienfilme mit einer beeindruckenden visuellen Umsetzung heraus. Filme, wie das zweiteilige Werk *Sun Zhongshan* (1986, R: Ding Yinnan, VT: *Das Ende eines Kaiserreichs*) über das Leben des Republikgründers Sun Yatsen (1866–1925), wurden mit erheblichem Aufwand an Mitteln und Darstellern produziert. Sie konnten allein schon durch ihre farbenprächtige monumentale Inszenierung auf der Leinwand eine große Zuschauerwirkung erzielen. Darüber hinaus unterscheiden sich solche Filme, deren Opulenz weiteren Raum für die staatsoffizielle ideologische Verfärbung des Geschichtsbildes liefert, allerdings nur unwesentlich von den herkömmlichen Revolutionsfilmen. Während hier der Übervater der Revolution zur Göttergestalt glorifiziert wird, legt der Regisseur insbesondere großen

Wert auf die Betonung des Einvernehmens zwischen Sun Yatsen und den Kommunisten sowie deren Unterstützung bei seinen Reform- und Revolutionsbemühungen. Wie in so vielen Werken zuvor, kann also auch in diesem, neben der Vermittlung ideologischen Wissens vorwiegend auf Unterhaltungswerte ausgelegten Film die Aufarbeitung von Vergangenheit nur im Rahmen des ideologischen Nutzens und der Legitimierung der gegenwärtigen kommunistischen Herrschaft erfolgen.

So auch in dem Film *Die zwei Paläste der Kaiserinwitwe* (*liang gong huangtaihou*, 1986, R: Wang Xuexin). Darin wird am Beispiel der Lebensgeschichte der Witwe des Qing-Kaisers Qianlong, Cixi, ein eindrucksvolles Negativbeispiel von Machtmißbrauch und feudalen Übeln aus dem alten China auf die Leinwand gebracht. Wang Xuexin zielte damit unmittelbar auf die noch immer unaufgearbeitet gebliebene Kulturrevolution und deren vermeintliche Urheberin Jiang Qing, auf deren ›Verbrechen‹ der Zuschauer die Taten der Cixi projizieren sollte. Tatsächlich war es vor allem der unbestreitbare Unterhaltungswert dieses Films, der mit der farbenprächtigen Inszenierung einer von Legenden gespeisten pseudo-authentischen Handlung und dem damit verbundenen – lange nicht mehr gewährten – faszinierenden Einblick in das Hofleben des kaiserlichen Chinas die Zuschauer in seinen Bann zog.

Dieser und eine lange Reihe weiterer Filme aus den achtziger Jahren bedienten sich allesamt des tief in der chinesischen Geistesgeschichte verwurzelten Gut-Böse-Schemas. Damit verzichteten sie von vorne herein auf differenziertere Handlungen und Charakterzeichnungen wie auch auf die Verwendung von subtileren filmgestalterischen Mitteln oder Montagetechniken. Sie alle waren noch nicht in der Lage, inhaltlich oder formal grundlegende Neuerungen auf die Leinwände zu bringen. Über tradierte Antagonismen, die einerseits in der moral-ethischen Funktionalisierung von Kunst und Literatur in zweitausendjähriger nahezu ununterbrochener konfuzianischer Tradition, andererseits im Zeichen der Yanan-Ideologie seit 1942 begründet sind, fanden unter Deng Xiaoping aber immerhin moderne, vom Westen beeinflußte Inhalte und Formen Eingang in die Kunst. Diese wurden offiziell zwar vehement verleugnet und brachten immer wieder tradierte Ansprüche zur Geltung, schufen dabei aber zumindest in Ansätzen allmählich wieder ein ansprechendes Unterhaltungskino.

Das nach der kommunistischen Machtübernahme im Jahre 1949 aus China verschwundene Unterhaltungsgenre wurde nach ersten Versuchen zu Beginn der achtziger Jahre 1984 wieder in das Spektrum der Filmkunst aufgenommen und seit 1987 rasch ausgeweitet. Damit trug man der Öffnung Chinas und der Wiederentdeckung des Marktes auch für den Filmbereich Rechnung. Kommerzielle Produktionen aus Genres wie dem Kriminalfilm oder dem fernöstlichen Martial-Arts-Genre haben alle anderen chinesischen Gattungen mit Marktanteilen von bereits 70% (1989) längst überrundet. Zugunsten spannender Erzählungen und aktionsgeladener Handlungen verzichten diese Filme konsequent auf politische Aussagen. Damit bedienen sie durchaus auch die nach außen hin entideologisierte und auf Wachstum ausgerichtete, andererseits an ihrem starren Herrschaftsanspruch festhaltende Parteilinie.

Mit Filmen, die auf eine vordergründig didaktische Funktionalisierung verzichteten, bediente man also zusehends von Hollywood und Hongkong gesetzte Maßstäbe der Unterhaltung und Zuschauerbefriedigung. Auf der anderen Seite wurde damit weiterhin die auf ideologische Einförmigkeit, Machterhaltung und vordergründige Harmonisierung angelegte Parteilinie eingehalten. So wurde zugleich der Publikumsgeschmack wie die bestehende Herrschaft befriedigt und letzterer dabei die Möglichkeit offen gehalten, sich von westlichen Demokratien abzugrenzen. Damit gelang es, die Kritiker an Gesellschaft und Partei – genauso wie die ›Bösen‹ im Film – weiterhin aus der ›guten‹ Gemeinschaft auszugrenzen und die kommunistische Herrschaft zugleich überzeugender zu legitimieren. Darüber sind gerade die scheinbar unpolitischen Unterhaltungsfilme zu einem bedeutenden politischen Faktor avanciert. Sie definieren das Kino wieder einmal als ideologisch äußerst relevantes Medium.

Aber diese Entwicklungen wurden in China von heftigen kontroversen Debatten begleitet. Diese bewegten sich in erster Linie um die ideologische Legitimation des lange Zeit als ›westlich-bourgeois‹ verpönten Unterhaltungsfilms und dessen Einordnung in das traditionelle, kommunistisch erweiterte Kunstspektrum. Mit seinem Schluß, daß der Film den Bedürfnissen der Menschen entgegenkommen müsse, entschied der Regisseur und führende Shanghaier Filmfunktionär Wu Yigong den Streit mit den orthodoxen Parteibürokraten, die weiterhin auf dem Modell des sozialistischen Realismus bestanden, schließlich zugunsten des Unterhaltungsfilms. Seine Popularität, die die Debatten förmlich überrollte, hatte ihn ungeachtet allen Theoretisierens ohnehin längst zum Mainstream-Kino werden lassen.

Wu Yigongs Forderung, daß der Film dem Massengeschmack zu folgen habe, wurde Mitte der achtziger Jahre zum Politslogan. Als theoretischer Legitimator der durch die Konkurrenz der technischen Medien umso heftiger hochschwappenden Welle kommerzieller Unterhaltungsfilme gelangte Wu Yigong mit seinen Werken *Die Leiden eines jungen Ehrenmannes* (*shaoye de monan*, 1986, VT: *Ein Chinese sucht seinen Mörder*) und *Eine konfuzianische Familie* (*que li renjia*, 1991) zu großem Erfolg bei Zuschauern wie in der Gunst der Machthaber. Allerdings konnten er und viele Regisseure, die seinem Beispiel folgten, ihren Werken kaum eine eigene Handschrift geben. Mit ihren eher stupiden Formen der filmischen Umsetzung von sich abschließend im Sieg des Guten auflösenden dramatischen Handlungen geht ihnen jeglicher filmästhetische oder filmhistorische Wert ab, der von der Masse des chinesischen Publikums allerdings auch kaum goutiert würde.

Statt dessen entstanden noch in den Achtzigern hunderte von Filmen, die von zumeist unerfahrenen Regisseuren mit einem Minimum an Zeit- und finanziellem Aufwand gedreht wurden. Die Kriminalstücke oder Kampf- und Abenteuerfilme sind auch heute noch in den meisten Fällen nicht mehr als schlechte Kopien ihrer Vorbilder aus Hollywood und Hongkong – zwei Markennamen, die alleine in China noch für volle Kinosäle bürgen. Nur die protektionistischen Bestimmungen der chinesischen Regierung, die Importprodukten nicht mehr als 30% Marktanteile zugestehen, sowie die hohen Lizenzgebühren amerikanischer Produkte garantieren auch Mitte der neunziger Jahre noch immer, daß chinesische Filme die Zuschauerstatistiken anführen und zumeist nur B-Produktionen aus Amerika die chinesischen Leinwände erreichen. Doch auch die hohe technische Qualität der Hongkonger Martial-Arts-Filme und Thriller, die seit Mitte der achtziger Jahre in großer Menge nach China exportiert wurden und den Status der Kronkolonie als wichtigsten Partner Chinas im Filmwesen bestätigten, setzten hohe Maßstäbe für chinesische Produktionen. Diese konnte man mit keinem der in der Volksrepublik China gedrehten Filme auch nur annähernd erreichen. Werke wie *Blutbad um eine schwarze Kiste* (*heixia diexue ji*, 1986, R: Zhong Shuhuang, VT: *Das kleine schwarze Kästchen*) oder Zhang Ziens Verfilmung von Feng Jicais Erzählung *Die göttliche Peitsche* (*shenbian*, 1986) entpuppen sich alles in allem als billige Nachahmungen ihrer Vorbilder aus der Kronkolonie. Da nutzte auch nicht das Mehr an blutrünstiger Brutalität. Auch sie haben also nicht viel dazu beitragen können, das chinesische Filmwesen auf irgendeine Weise zu bereichern, sondern mit nur mäßigem Erfolg versucht, es internationalen Maßstäben des Unterhaltungskinos anzupassen. Diese schätzt das chinesische Publikum, von der Regierung mit Wohlwollen betrachtet, inzwischen unreflektiert.

Komödien und Kriminalfilme amerikanischen Musters wie *Das Jadeit Majiang Spiel* (*feicui majiang*, 1987, R: Yu Xiaoyang), *Tod eines Models* (*nümote zhi si*, 1987, R: Chen Fang) oder *Die heimliche Erstürmung des Goldenen Dreiecks* (*michuang jinsanjiao*, 1988, R: Zheng Dongtian) trugen der Internationalisierung des Publikumsgeschmacks Rechnung. Den mit der schnellen Ausweitung des Unterhaltungsangebotes einhergehenden Zuschauerschwund um jährlich mehr als eine Milliarde verkaufter Tickets und die Abwanderung der vorwiegend jugendlichen Besucher zu Fernsehen, Video, Bars, Diskotheken oder Karaoke konnten aber auch sie nicht aufhalten. So haben sich die Besucherzahlen zwischen 1987 (20,5 Milliarden) und 1992 (11,4 Milliarden) nahezu halbiert – eine Entwicklung, die sich seitdem unaufhörlich fortgesetzt hat.

Film ist Film

Die Masse der chinesischen Filmproduktionen definiert sich seit Mitte der achtziger Jahre gleichermaßen über ihre politische Bedeutung wie über ihre kommerzielle Verwertbarkeit. Zuschauerresonanz kann hier wie überall allenfalls noch über immer grellere Effekte in aktionsgeladenen spannenden oder kitschig-melodramatischen Handlungen erzielt werden. Währenddessen hat sich der chinesische Film in der entgegen aller Bemühungen der Machthaber dennoch zusehends pluralistischen und rechtstaatlich denkenden Gesellschaft trotzdem seit 1949 erstmals auch wieder als eigenständige Kunstform etabliert.

Mitte der achtziger Jahre waren es einige der nach der Kulturrevolution wieder aktiven Künstler aus den älteren Generationen, die mit einem eigenständigen künstlerischen Modell in China bemerkenswerte Erfolge feierten. Sie trugen dazu bei, das chinesische Kino wieder in das internationale Bewußtsein zu bringen. Nach ihren anfänglichen Versuchen im Umfeld des Pekinger Frühlings haben einige Regisseure nach 1984 die ideologische Polarisierung auf den Leinwänden durchbrochen, um an ihrer Stelle ein vielschichtiges Weltbild zum Ausdruck zu bringen. Dieses bewegte sich aber weiterhin exakt in den – publikumswirksamen – Dimensionen traditioneller chinesischer Denkweisen und übernahm deren moralische und ästhetische Kategorien.

Das traditionelle Weltbild wurde Mitte der achtziger Jahre erstmals wieder Objekt der öffentlichen und akademischen Diskussion. Zuvor war es dreieinhalb Jahrzehnte lang zwar in allen politischen Entscheidungen und der gesellschaftlichen Entwicklung stets hintergründig gegenwärtig gewesen, unter der Doktrin des maoistischen Gesellschaftsmodells aber nie offen artikuliert und ausgelebt worden. Schon bald nach der Wiederaufnahme des philosophischen Diskurses setzten sich auch die Künstler in ihren Werken wieder verstärkt mit dem Staat, der Gesellschaft und der Kultur auseinander. Möglich geworden war das durch die vorübergehende Lockerung der parteilichen Überwachung seit 1984. Diese ermöglichte auch nicht-parteikonformen Künstlern, ihre durch die Erfahrungen mit der jüngeren Geschichte geprägten Gesellschaftsbilder und individuellen politischen wie philosophisch-weltanschaulichen Ansichten in ihren Werken zum Ausdruck zu bringen. Sie knüpften mit neuen, differenzierteren filmischen Mitteln und einer vertieften Perspektive auf Vergangenheit und Gegenwart an die Bewegung des Pekinger Frühlings an.

Vorwiegendes Motiv war weiterhin die Aufarbeitung der Vergangenheit. Dabei wandten sich staatskonforme Künstler im Einklang mit der Liberalisierung und Entideologisierung von Kunst und Wissenschaft gegen die noch immer mächtigen linksextremen Gegner Dengs in Regierung und Gesellschaft. Mit seinem Aufruf zur ›demokratischen Auseinandersetzung der

Künstler mit Gesellschaft und Staat‹ versuchte Deng Xiaoping 1983, auch die verbliebenen kritischen Künstler im Kampf gegen die orthodoxen Gegner seiner Politik auf seine Seite zu ziehen. Allerdings nutzten viele der Künstler, die nicht ohnehin zu Sprachrohren der Staatspolitik geworden waren, die dadurch gewonnenen Freiheiten, um ihre künstlerischen und politischen Grenzen auch gegen Deng und seine Politik zu ertasten. Damit wurde, von der Regierung unbeabsichtigt, der Grundstein für eine vieldimensionale Leinwandkunst gelegt, die sich in den Händen der nachfolgenden Generation verselbständigen sollte.

Die Freiheiten, die Deng Xiaoping den Künstlern kurzfristig ließ, hatten erhebliche Auswirkungen nicht nur auf einzelne Werke, sondern auch auf das künstlerische und politische Bewußtsein und das individuelle Selbstverständnis einer breiten Schicht. In allen Bereichen der Kunst drückte sich mit unterschiedlicher Intensität und teilweise gegensätzlichen Konsequenzen die Debatte über die Befindlichkeit der eigenen Kultur und die damit verbundene ›Suche nach den Wurzeln‹ aus. Diese wurde zu einem festen Gattungsbegriff der Literatur und machte auch vor dem Film nicht halt.

Über die jahrtausendealten Traditionen und unter Zuhilfenahme alter wie neuer, chinesischer wie importierter philosophischer und wissenschaftlicher Modelle hoffte man, Erklärungen für die jüngste Vergangenheit und die eigene Entwicklung zu finden, die sich zumeist auf dem schmalen Grat zwischen Täter- und Opferrolle abgespielt hatte. Während die jungen Filmkünstler des Avantgardekinos das seit 1984 mit größtem handwerklichen Geschick und einer in der chinesischen Geschichte beispiellosen Weltoffenheit vollzogen, vermochten ihre älteren Kollegen sich noch nicht mit letzter Konsequenz von den Beschränkungen der Vergangenheit und Gegenwart zu befreien. Immerhin schufen sie als lange Jahre zu teilnahmsloser Passivität verurteilte Beobachter des chinesischen Filmwesens und der gesellschaftlichen und politischen Entwicklung einige interessante Kunstwerke, in die durchaus neue kunsttheoretische und ästhetische Überlegungen einflossen. Damit gingen sie in ihren Filmen weit über eine bloße Selbstrechtfertigung und Anklage gegen die ehemaligen Machthaber hinaus, wie Deng Xiaoping sie erwartet hatte.

Die Schwerpunkte der theoretischen Diskussion hat die Herausgeberin der Zeitschrift »Filmkunst« (dianying yishu) Yang Ning im Jahre 1984 mit ihrer Artikelüberschrift: ›Film ist Film‹ (»Filmkunst«, 10/1983) prägnant zum Ausdruck gebracht. Der Film wurde von den Künstlern von seiner ideologischen Überfrachtung und seiner Funktionalisierung auf die herrschende Politik, aber auch aus der Paria-Rolle im Hinblick auf Literatur und Bühnenkunst, befreit. Die Neudefinition des Verhältnisses der noch immer jungen Kunst des Films gegenüber den anderen Gattungen war in diesem Sinne grundlegende Voraussetzung für ihre neue Eigenständigkeit. Diese war theoretisch erstmals bereits 1979 mit der Forderung nach Loslösung von den Bindungen zur Theaterkunst und Herausbildung einer eigenen Filmsprache gefordert worden. Damit legte der Film die Fesseln der bis dahin unverändert praktizierten Kunstdoktrin des sozialistischen Realismus genauso ab wie die ästhetischen Fesseln der traditionellen darstellenden Künste. An ihrer Stelle versuchten die Künstler, einen lebensechteren und glaubwürdigeren Realismus auf die Leinwände zu bringen, für den sie sich schließlich das funktionalistisch-realistische Konzept des französischen Filmkritikers und -theoretikers André Bazin (1918–58) zum Vorbild nahmen.

Bazins Werk *Qu'est que-ce le cinéma?* (*Was ist Kino?*, 1975) war 1982 innerhalb einer mit der Öffnung zum Westen über China hereinbrechenden Flut ausländischer Bücher erstmals ins Chinesische übersetzt worden. Es wurde in der ersten Hälfte der achtziger Jahre zum zentralen Bezugspunkt der Diskussion. Bazin definiert den Film weniger im Rahmen seiner immanenten Bedeutungsebene, als vielmehr bezüglich seiner Wirkung auf den Zuschauer. Dabei stellt er in einer subtilen Verbindung zwischen Film und Realität das psychologische Filmerleben in den Vordergrund seiner Realismus-Definition. Dieses wird – anders als bei der formalistischen Theorie, der Bazin die Enge ihres Realitätsbegriffs zum Vorwurf machte – in erster Linie durch die Inszenierung erreicht. Diese drückt sich in der Verwendung filmischer Mittel der räumlichen Gestaltung aus, so etwa durch den bewußten Einsatz von Schärfentiefe und Plansequenzen. Dadurch wird eine Vieldeutigkeit der Realität herbeigeführt, mit der die Eindimensionalität der Wirklichkeit praktisch überwunden wird. Das schafft den notwendigen Freiraum für – vom Regisseur zu beeinflussende – Phantasien des Zuschauers und dessen Identifikation mit der – oder besser einer – Filmwirklichkeit. Allein die Realität des Raums bleibt bei diesem Realismusbegriff für den Film unabdingbar, während zeitliche Beschränkungen wie die illusionäre Gegenwart des filmischen Geschehens überwunden sind.

Filmischer Realismus

Bazins Realismusdefinition wurde in den frühen achtziger Jahren Grundlage ungezählter ungelenker Versuche chinesischer Regisseure mit dem Film. Im Jahre 1983 war es der Regisseur Xie Fei, der dieses Modell im Hinblick auf die chinesische Filmgeschichte und kulturelle Eigenarten seiner Heimat interpretierte und bezüglich der chinesischen wie seiner individuellen Voraussetzungen konkretisierte. Dabei ging er auf den allerdings vagen Grundlagen von Bazins Realismusbegriff von einem national und gleichzeitig individuell gefärbten filmkünstlerischen Konzept aus. Dieses definierte er in enger Verbindung zur traditionellen chinesischen, aber auch marxistischen Philosophie, und gleichzeitig zu aktuellen und historischen gesellschaftlichen Gegebenheiten sowie dem kulturellen Charakter seines Landes. Es sollte neben den persönlichen Lebenserfahrungen des Regisseurs, der als Auteur des Films – ähnlich dem Modell des ›camera-stylo‹ – die Produktionsgemeinschaft ablöst, Eingang in die filmkünstlerische Arbeit finden. Demnach geraten filmische Inhalte und Charaktere ebenso zum bloßen Mittel des Ausdrucks wie die technische Umsetzung in der – kaum bewußt zum Einsatz gekommenen – Montage sowie der Mise en Scène, die sich seiner Ansicht nach zwangsläufig auf der Basis der zugrunde liegenden künstlerischen und weltanschaulichen Ideen ergeben.

Xie Feis recht unspezifisch definiertes Modell, das die Mehrzahl der Filmkünstler seiner Generation übernahm, zog Bazin und das europäische Autorenkino als kunsttheoretische Legitimation heran. Allerdings löste er sich nicht konsequent aus den althergebrachten formalen Konventionen und der offiziellen Weltanschauung. Beim Einsatz filmischer Mittel blieb er eher dem Zufall verhaftet. So gelang ihm noch nicht der entscheidende künstlerische Durchbruch, den zum selben Zeitpunkt die jungen Kollegen aus der Fünften Generation vollzogen.

Immerhin ist dieser Versuch als deutliche Abkehr vom weiterhin gepflegten Film des sozialistischen Realismus wie auch vom reinen Unterhaltungskino zu sehen. Das wurde zur Grundlage einer sich allmählich stabilisierenden und konturierenden Filmkunst. Diese lehnte sich gegen politische Funktionalisierung und Unterordnung unter Genres wie Literatur und Bühnenkunst auf. Entsprechend versuchten die Künstler mit neuen visuellen und auditiven Mitteln, die von den eigenen Erfahrungen mit der Vergangenheit genauso wie von der wiedergewonnenen Freiheit geprägten Weltbilder künstlerisch umzusetzen. Allerdings lehnten sie sich dabei an aktuelle gesellschaftliche Bedürfnisse an und bedienten die Sehgewohnheiten eines Massenpublikums mit leicht lesbaren und breit angelegten epischen Geschichten sowie einer realistischen Inszenierung, ohne sich dabei tiefergreifender Metaphern und Symbole zu bedienen. Die Übernahme traditioneller Moralbilder und deren Ästhetisierung im Genre des Melodrams bestimmte die meisten Filmwerke dieses Genres. Die Regisseure schufen Filme großer visueller Schönheit, die allerdings wenig innovativ waren. Deren Harmonie in Inhalt wie auch der formalen Gestaltung ließ die klassische Landschaftsmalerei und Literatur wiederaufleben. Letztendlich noch immer der traditionell konfuzianischen Morallehre verpflichtet, verweigerten sie sich mit ihrem romantisch und nostalgisch verklärten Blick auf die Vergangenheit den so notwendigen Zukunftsperspektiven wie zugleich auch einer grundlegenden Reform der Filmkunst.

Wu Tianming

Im Jahre 1984 war es Wu Tianming, der mit seinem Film *Das Leben der Menschen (rensheng)* eine neue Ära einleitete. Er gab sich nicht mit einer selbstmitleidvollen Thematisierung des eigenen Schicksals zufrieden, sondern wagte eine umfassende Gesellschaftskritik. In *Das Leben der Menschen* werden die von den meisten Intellektuellen aus Wu Tianmings Generation am eigenen Leib erfahrenen Disparitäten zwischen einem modernen urbanen Leben und dem archaischen Dasein auf dem Land thematisiert. Im Mittelpunkt der Handlung steht der junge Gao Jialin. Dieser will sich aus der Knechtschaft, die er in seinem Heimatdorf erlebt, befreien und die Fesseln einer nach traditionellem Muster geschlossenen Zwangsehe abwerfen, um dem Mythos Stadt zu folgen. In diesem verkörpert sich für ihn Weltoffenheit und Entwicklungsmöglichkeit und damit seine persönliche Zukunftshoffnung. Schließlich scheitert er aber an seinen Träumen von einem selbstbestimmten Leben. Am Ende muß er eine harte Strafe für seine Mißachtung der Traditionen bezahlen. Deren Dogmatik ist sowohl auf den Konfuzianismus als auch auf die Klassenkampfideologie der kommunistischen Machthaber anwendbar. Damit zeigt der Film die Dichotomie der Gesellschaft, die sich geographisch wie auch im Bewußtsein der Menschen schon in den achtziger Jahren deutlich in ein modernes, westlich orientiertes urbanes China und ein riesiges inertes und noch immer archaisches Hinterland aufspaltete.

Nachdem er mit diesem sowohl gesellschaftskritischen wie auch visuell eindrucksvollen Film trotz anfänglicher Bedenken der Zensoren und einem kurzfristigen Verbot zu Ruhm gelangt war, legte der inzwischen zum Direktor des Xi'an Filmstudios berufene Wu Tianming 1987 mit dem Film *Der alte Brunnen (laojing)* nach dem gleichnamigen Roman des Schriftstellers Zheng Yi sein Meisterwerk vor. Gleichzeitig war die Produktion dieses sowohl durch die Hintergründigkeit seiner Thematik als auch in deren visueller Umsetzung herausragenden Werkes aber auch Wu Tianmings letzte Regiearbeit in China, bevor er 1989 angesichts des anhaltenden politischen Drucks und unter dem frischen Eindruck der Ereignisse vom 4. Juni beschloß, seiner Heimat den Rücken zu kehren.

Der alte Brunnen beschreibt mit sparsamen Mitteln sensibel und liebevoll das Leben der Einwohner eines kleinen Dorfes in den Taihang-Bergen im Norden der Provinz Shaanxi. In erster Linie ist der Film als Hommage an das auf dem Land lebende einfache Volk zu verstehen. Zu ihm besitzt Wu Tianming, Sohn eines Guomindang-Offiziers und aus diesem Grund eine halbe Jugend lang auf der Flucht vor den kommunistischen Schergen, eine zwiespältige Beziehung. Diese bewegt sich zwischen der am eigenen Leib erlebten Fremdheit und Ablehnung auf der einen und der Begeisterung für die archaische, seiner Ansicht nach allein wirklich chinesische Lebensweise auf der anderen Seite. Sie ist längst zu echter Zuneigung für den spezifischen Menschenschlag der nordchinesischen Bauern geworden. Die Auseinandersetzung mit diesen Menschen, in denen er die Wurzeln seiner Nation wie auch deren kulturelle Problematik und Zukunftshoffnung sieht, durchzieht

Zhang Yimou in *Der alte Brunnen*
(laojing, 1987, R: Wu Tianming)

den Film leitmotivisch. Dagegen übt er erst in zweiter Linie politische und historische Kritik. Vor allem zielt er deutlich auf die Riten und Dogmen, die die Gesellschaft in ihrer feudalistischen und in deren Fortsetzung in ihrer ideologischen Ausprägung seit Jahrtausenden unterjochen und ihrer natürlichen Entwicklungsfähigkeit beraubt haben.

Das einleitende Bild zeigt einen steinernen Löwen, sprechendes Bild für die Starre und Entwicklungslosigkeit der Gesellschaft, in die die Kamera aus dem Dunkel eines Brunnens hineinfährt. Es ist das Jahr 1983, die Bewohner des kleinen Dorfes Laojing können sich nur mühsam durch den von den Frauen besorgten Transport von Wasser aus dem weit entfernten Fluß mit dem lebenswichtigen Gut versorgen und in der öden und unwirtlichen Wüstengegend am Leben halten. Währenddessen graben die Männer schon seit vielen Generationen erfolglos nach Wasserquellen, wobei unzählige ihr Leben lassen mußten. Inzwischen zeugen einhundertsiebenundzwanzig trockene Bohrlöcher von einer sinnlosen Selbstaufopferung der Männer für ein unerreichbares Ziel. Die Bohrlöcher verkörpern die Paradoxie von Ideologien und unvernünftigen Dogmen wie der Verpflichtung gegenüber der jahrhundertelangen Arbeit der Ahnen. Andererseits künden sie aber noch viel mehr von der unversiegten Hoffnung auf eine bessere Zukunft. Diese schreibt der Autor dieses Films gerade jenen Menschen fernab der modernen Städte zu, die noch nicht an dem fragwürdigen Zivilisationsprozeß haben teilnehmen können.

Durch die bloße Schilderung des Lebens der bäuerlichen Bevölkerung, das exemplarisch für das Leben von mehr als achthundert Millionen Chinesen steht, stellte Wu Tianming sein Weltbild vor und formulierte eine warnende Botschaft an eine sich in die falsche Richtung entwickelnde Gesellschaft. Gleichzeitig strafte er damit alle optimistischen und fortschrittsgläubigen Werke über den sozialistischen Alltag unter Dengs Reformpolitik Lügen. Diesen stellte er sein Modell einer sich aus ihren Wurzeln entwickelnden chinesischen Gesellschaft gegenüber. Die Politslogans der Kommunisten werden vor diesem Hintergrund genauso bedeutungslos wie die konfuzianischen Riten. An einigen Stellen werden sie gar der Lächerlichkeit preisgegeben, als im Film z.B. ein Funktionär versucht, das Vorhandensein von Wasser ideologisch zu begründen. Gleichzeitig widersprach Wu Tianming mit diesem Film aber auch allen Kollegen, die mit dem Mittel des Melodramas eine im konfuzianischen Sinne heile Welt auf die Leinwände bannten, deren oberstes Gebot die Erhaltung moralischer Werte sowie das Erreichen einer – realitätsfremden – ungetrübten Harmonie war.

Nicht verschwiegen werden in diesem Film aber auch die gesellschaftlichen und persönlichen Widerstände in den Menschen, die einer Entwicklung und oft sogar ihrer eigenen Menschlichkeit im Weg stehen. Der von Zhang Yimou gespielte Protagonist Sun Wangquan hat eine noch distanzierte und unschuldige Liebesbeziehung zu dem Mädchen Zhao Qiaoying, wird aber gegen seinen Widerstand vom Familienoberhaupt, dem Dorfvorsteher, mit einer wohlhabenden Witwe verheiratet. Daraufhin zerbricht die Freundschaft der beiden Liebenden. Erst in der Extremsituation gemeinsamer Verschüttung in einem eingestürzten Brunnen kommt es schließlich doch noch zu ihrer Vereinigung. Angesichts des drohenden Todes sind die überlieferten Sitten und Gebräuche der Gesellschaft für sie bedeutungslos geworden.

Schließlich wird Sun Wangquan zum Studium in die Stadt geschickt, um das Problem der Wassersuche mit Mitteln der modernen Wissenschaft zu lösen. Doch auch diese stellt sich als der Natur unterlegen heraus. Er kehrt mit der Erkenntnis zurück, daß es am fraglichen Ort überhaupt kein Wasser geben könne. Damit zeichnet der Regisseur zugleich eine ausdrucksstarke Metapher gegen die uneingeschränkte Fortschrittsgläubigkeit. Diese ist Zeichen der unreflektierten West-Orientierung, die die Entwicklung in Chinas urbanen Ballungsräumen in jüngster Zeit charakterisiert. Doch Hoffnung und Lebenskraft der Menschen, die ihr Hab und Gut hergeben, um die weiteren Grabungen zu finanzieren, führen letztendlich zu der Erkenntnis, daß die Ahnen doch nicht grundlos gelebt und gearbeitet haben. Die Suche endet erfolgreich, was im Film durch die Einblendung einer Gedenktafel mit der Aufschrift ›Ewigen Ruhms‹ ausgedrückt wird.

Mit diesem Film ist Wu Tianming ein individuell inszenierter, mit subtilen Mitteln in Szene gesetzter Film gelungen, in dem er tradierte Denkstrukturen abstreift und hinterfragt, um darüber die Perspektive auf vernünftigere Lösungen zu öffnen. Auf der einen Seite schildert er das Leben der Menschen im Dorfe Laojing subtil über die Individualität der dargestellten Charaktere und bahnt damit einem im chinesischen Kino bisher nie dagewesenen Naturalismus den Weg. Auf der anderen Seite stellt er mit denselben Bildern eine Verbindung zu seiner persönlichen Weltanschauung und den ihm am Herzen liegenden gesellschaftlichen Zielen her, die er mit streng visuellen Mitteln an das Publikum vermittelt. Darin verwirklicht sich Bazins Realismusbegriff, der über die Oberflächlichkeit einer naturalistischen Inszenierung genauso hinausgeht wie über die formalen Beschränkungen, die dem Genre des Melodrams eigentümlich sind.

Die vermittelten Gesellschaftsbilder begründen sich in erster Linie in Wu Tianmings eigener Vergangenheit und dem Gefühl der Nutzlosigkeit, das seine Generation geprägt hat. Diese war weder an der Revolution noch am Staatsaufbau beteiligt gewesen. Sie sah sich nach der erzwungenen Stagnation während der Kulturrevolution in den achtziger Jahren mit einer Realität konfrontiert, in der ihre Funktion in der Gesellschaft längst von einer nachrückenden Generation eingenommen worden war. Darüber kommt Wu Tianming zu dem Widerspruch zwischen Individuum und Gesellschaft, der wesentliches Motiv unzähliger Werke seit 1979 ist und hier anhand der Liebesgeschichte zwischen Sun Wangquan und Zhao Qiaoying deutlich wird. Sie ist im Verlauf der Handlung stets präsent und scheitert an den Dogmen der Gesellschaft. Erst in einer Situation, in der die Einbindung der beiden in die Gesellschaft endgültig aufgehoben scheint, kann sie ausgelebt werden.

Indem er seine Anklagen hinter die behutsame und liebevoll individuelle Schilderung der Menschen zurücktreten läßt, setzt Wu Tianming aber in erster Linie auf eine Versöhnung mit dem persönlichen Schicksal. Darüber gelangt er zu einem positiven Verhältnis zur chinesischen Geschichte und Gegenwart. Er bietet dem – vorwiegend urbanen – Publikum ein Bild des seiner Meinung nach auf Moral, Hoffnung und ungebändigte Lebenskraft begründeten chinesischen Nationalcharakters. Darin sind die künstlich erzeugten Ideologien und Dogmen der konfuzianisch-feudalen wie auch der kommunistischen Gesellschaft Fremdkörper, die einer angemessenen Entwicklung im Weg stehen. Sie kann nur im Einklang mit der – von beiden beschnittenen – menschlichen Natur und unter den Bedingungen stattfinden, die die Umwelt den Menschen bietet.

Xie Fei

Neben Wu Tianming fiel Mitte der achtziger Jahre unter den Regisseuren der Vierten Generation allenfalls noch Xie Fei mit seinem Werk *Das Mädchen*

Das Mädchen aus Hunan
(xiangnü Xiaoxiao, 1986, R: Xie Fei)

aus Hunan (*xiangnü Xiaoxiao*, 1986) nach einer Erzählung von Shen Congwen (dt. in Ders.: *Erzählungen aus China*. 1985) positiv aus der Masse zumeist schematischer Produktionen heraus. Mit diesem Film wandte auch er sich dem Themenkomplex von chinesischer Kultur und Gesellschaft zu. Auch hier steht ein Dorf in einer – dieses Mal südchinesischen – Provinz fernab jeglicher städtischen Zivilisation im Mittelpunkt. Der Film handelt vom Schicksal des Mädchens Xiaoxiao in den zwanziger Jahren. Dieses wird bei seiner Hochzeitszeremonie mit dem sechsjährigen Jungen Chunguan erstmals ins Bild gerückt. Untermalt von langen Einstellungen auf die südchinesische Landschaft, fährt die Kamera in den folgenden Sequenzen behutsam in das Dorfleben hinein. Dieses wird noch immer von der mit archaischen Methoden durchgeführten Landarbeit und der ungebändigten Kraft bestimmt, die die Menschen dabei an den Tag legen. Ähnlich wie in *Der alte Brunnen* wird der Alltag im Dorf mit vielen Groß- und Naheinstellungen und Bildern einnehmender Ästhetik dokumentiert. Die mit ihren kleinen Freuden und Sehnsüchten individuell gezeichneten Personen leben ein einfaches bäuerliches Leben frei von Ideologien und überzogenen Idealen. Dies zeigt sich etwa, wenn sich eine unschuldige, zugleich aber in

Freude überschäumende Liebesbeziehung zwischen der frisch Vermählten und dem jungen Bauern Huagou anbahnt. Nachdem Huagou die Begehrte heimlich beim Ankleiden beobachtet hat, kann er seine Gefühlswallungen zunächst noch beim Bad im nächtlichen Fluß abkühlen. Doch schon kurz darauf kommt es zur eindrucksvoll inszenierten Vereinigung der beiden in der Mühle, während Xiaoxiaos ›Mann‹ im Regen spielt und die Mühle, angetrieben von den herabströmenden Wassermassen eines Gewitters, in gleichmäßig mechanischen Bewegungen mahlt; eine ausdrucksstarke Metapher für das starre, unaufhaltsam mahlende Regelwerk, das sie durchbrechen.

Diese Szene und eine weitere Vereinigung der beiden im nächtlichen Feld, die vom Regisseur ohne jedwede moralisierenden Attitüden einfühlsam auf die Leinwand gebracht wurden, bilden den Höhepunkt der zur Schau gestellten Lebensfreude. Zugleich beschwören sie aber auch den Konflikt zwischen der sich ihre Rechte verschaffenden Natur der Menschen und den gesellschaftlichen Riten und tradierten Gebräuchen herauf, die sie einengen. Wie Wu Tianming entdeckt auch Xie Fei unüberbrückbare Abgründe zwischen der Reinheit der bäuerlichen Lebensweise und den seit Jahrtausenden die Natur der Menschen unterdrückenden konfuzianischen – und nicht zuletzt auch kommunistischen – Riten und Dogmen, die allesamt weniger den aktuellen Bedürfnissen des Volkes als vielmehr einem indifferenten Ahnenkult und insbesondere den Machtbestrebungen der jeweiligen Herrscher angepaßt sind. Die Strafe für das ›Verbrechen‹ von Lebensfreude und Natürlichkeit wirft ihre Schatten voraus, als Xiaoxiao Zeugin der durch die Dorfältesten angeordneten grausamen Ermordung einer jungen Witwe wird, die ihrem Mann nicht über den Tod hinaus treu sein wollte.

Als Xiaoxiao kurz darauf ihre eigene Schwangerschaft bemerkt und bei einer Bühnenvorstellung dem ›weiblichen Teufel‹ in die Augen blickt, nimmt auch für sie das Schicksal seinen Lauf. Nach einem gescheiterten Fluchtversuch, durch den ihr ›Verbrechen‹ ans Tageslicht kommt, soll auch über sie gerichtet werden. Allein die Furcht der Dorfbewohner vor dem sich rächenden Geist des unschuldigen Kindes in ihrem Leib rettet ihr das Leben, verhindert aber nicht ihren Ausschluß aus der Dorfgemeinschaft. Von allen verachtet, muß sie ihr weiteres Leben als Magd im eigenen Haus fristen. Bezeichnend dabei ist, daß ausgerechnet ihr junger Ehemann, der allein von ihrem Vergehen wirklich betroffen ist, als einziger weiterhin zu ihr hält. Darüber mißachtet er sogar das Verbot, mit ihr zu spielen. Er ist von den Einschränkungen gesellschaftlicher Normen und Traditionen durch sein kindliches Alter noch unbelastet und damit frei für eine von den Dogmen unbeeinflußte Vernunft und das Ausleben individueller Wünsche.

Die Schlußsequenz zeigt, wie der inzwischen zum Studenten gereifte Chunguan viele Jahre später zu Besuch in sein Heimatdorf zurückkehrt und Zeuge der Hochzeitszeremonie des sechsjährigen Sohns seiner Ehefrau und eines Mädchens aus dem Nachbardorf wird. Er selbst ist inzwischen in die moderne Welt der Stadt eingetaucht und leugnet verschämt seine Vergangenheit vor den Kommilitoninnen. Genauso strebt auch die sich modern gebende chinesische Gesellschaft der Gegenwart unter Verleugnung ihrer Wurzeln nach einer künstlichen Identität. In Wirklichkeit hat sich aber nichts geändert. Wie vor zwei Jahrtausenden ist die eng begrenzte Welt der Dorfbewohner noch immer in dem Zwiespalt zwischen überlieferten Traditionen und der unterdrückten Natürlichkeit und Lebensfreude gefangen. Damit ist das Dorf zur Entwicklungsunfähigkeit und ständigen Reproduktion der alten Fehler verurteilt. Dagegen entpuppt sich die moderne Stadt als Mythos und leeres Gehäuse fremder Gesellschaftsordnung, deren Werten und Weltanschauung die Menschen in China nicht haben folgen können. Der Film ist eine umfassende Gesellschaftsallegorie und ein Appell an das chinesische Volk zur Rückbesinnung auf die eigenen Wurzeln, die Xie Fei – wie Wu Tianming – weder in der konfuzianischen Morallehre noch in politischen Ideologien oder einer unreflektierten Übernahme fremder Werte und Gesellschaftssysteme sieht, sondern allein in der ursprünglichen Kraft und Lebensfreude, die nach der Meinung Xie Feis vor allem die Bauern auszeichnet.

Die Vierte Generation

Unter den vielen Werken aus den achtziger Jahren, die im Gegensatz zu denjenigen Wu Tianmings und Xie Feis eher systemkonform zu nennen sind, befinden sich einige, die formal eindrucksvoll, inhaltlich aber eher konventionell wirken. Dazu gehören in erster Linie die Arbeiten der beiden Regisseurinnen Zhang Nuanxin und Huang Shuqin sowie diejenigen Huang Jianzhongs. Letzterer drehte 1984 den Film *Mädchen aus einer guten Familie* (*liangjia funü*, VT: *Eine gute Frau*), legte 1986 das Werk *Fragen eines Toten an die Lebenden (yige sizhe dui shengzhe de fangwen)* vor und produzierte 1987 *Unberührte Frauen* (*zhennü*, VT: *Zwei tugendhafte Frauen*). In all seinen Filmen nutzt Huang Jianzhong sein Medium zwar für die Äußerung von Gesellschaftskritik, bleibt dabei jedoch systemimmanent und äußerst verhalten. Er arrangiert sich offensichtlich mit den Machthabern, ohne dabei die analytischen Fähigkeiten seiner Kollegen an den Tag zu legen, an deren kulturhistorische Bedeutung und soziopolitische Brisanz seine Filme an keiner Stelle heranreichen.

Alle drei Filme Huang Jianzhongs ziehen einen Bogen zwischen der feudalen Vergangenheit und der gesellschaftlichen Entwicklung im China der achtziger Jahre. Über diesen Vergleich kommen sie immerhin zu dem kritischen Ergebnis, daß der proklamierte Bruch mit der Geschichte und politische Neubeginn tatsächlich niemals stattgefunden hat. Statt dessen seien die Widersprüche zwischen individuellen Lebenszielen der Menschen und den gesellschaftlichen Ansprüchen auch heute noch genauso unüberwindbar wie in der Zeit des strengsten konfuzianischen bzw. kommunistischen Dogmatismus.

Einfühlsam bringt Huang diese Thematik in dem Film *Mädchen aus einer guten Familie* auf die Leinwand. Darin erzählt er die vordergründig unspektakuläre Geschichte um das Schicksal verschiedener Frauen aus der heutigen Zeit, deren Lebensgeschichten über ihr Wohnviertel miteinander verknüpft sind. Nach außen hin führen sie ein sorgenloses ruhiges Leben. Damit haben sie das höchste Ziel erreicht, das das patriarchalische System ihnen gestattet. Alle äußerlichen Voraussetzungen zur Zufriedenheit sind erfüllt. Doch der Blick in die abendlichen Wohnstuben und damit in die Herzen der Frauen offenbart die Tragik unerfüllter, unter den gegebenen gesellschaftlichen Umständen auch unerfüllbarer Lebenswünsche. So etwa, wenn eine junge Witwe sich tagsüber wegen ihrer Tugendhaftigkeit feiern läßt, welche sie gemäß den Traditionen mit ihrem Verzicht auf eine neue Ehe an den Tag legt. Ihre langen Abende verbringt sie dagegen einsam am Webstuhl, in dem Bewußtsein, daß das Leben keine Freuden mehr für sie bereithält. Die eigentliche Tragik ihres Schicksals, das unzählige Frauen in China mit ihr teilen, liegt darin, daß sie im gesellschaftlichen Bewußtsein als überaus glücklich gilt. Nur die leiseste Klage und die Äußerung des Wunsches nach individueller Lebensgestaltung und Selbsterfüllung würde sie hingegen in das Abseits einer Gesellschaft stellen, deren Sittenwächter, zu denen sich Partei und Funktionäre selbst ernannt haben, sich bis heute anmaßen, über das Schicksal und die Lebensführung wie über Glück und Unglück eines jeden Menschen zu befinden.

Die Grausamkeit unmenschlicher gesellschaftlicher Riten und Dogmen sowohl in der traditionell-konfuzianischen wie auch in der sozialistischen chinesischen Gesellschaft ist auch Leitmotiv des Films *Unberührte Frauen*. Hier wird die Kontinuität zwischen feudaler und sozialistischer Gesellschaft noch deutlicher in den Vordergrund gerückt, wenn der Regisseur die Geschichte von zwei Frauenschicksalen aus den verschiedenen – in der offiziellen Geschichtsschreibung so gegensätzlichen – Epochen parallel nebeneinander montiert und dem Zuschauer dadurch den direkten Vergleich nahelegt. Zum einen geht es um ein Mädchen aus der Zeit der späten Qing-Dynastie, dessen verbotene Liebe zu ihrem Lehrer aufgedeckt wird. Zum anderen wird die Geschichte einer von ihrem Mann gedemütigten und mißhandelten Frau aus dem heutigen China erzählt, die Trost bei einem Liebhaber sucht und damit ein nicht minder schweres Vergehen begeht. Die erste Frau wird von den Einwohnern ihres Dorfes bitter bestraft: ihr Liebhaber und eine Helfershelferin werden ermordet und sie selbst in den Selbstmord getrieben. Die zweite Frau erlebt ein ähnliches, zum Ende hin allerdings offenes Schicksal, nachdem ihr Mann bei einem Autounfall ums Leben kommt und man sie dafür moralisch zur Rechenschaft zieht.

In beiden Filmen hat Huang Jianzhong sich dem Konflikt zwischen Individuum und Gesellschaft gewidmet und dabei Frauen als schwächste Glieder der gesellschaftlichen Kette zu seinen Protagonisten gemacht. Dabei verweisen sie auch auf den Zustand der noch heute in alten Dogmen und Schemata denkenden und handelnden Ethik. Glück definiert sich ausschließlich über die Gemeinschaft und läßt individuelle Bedürfnisse nicht zu. Wie sich unter einem solchen System die einzelnen Menschen entwickeln, zeigt Huangs nächster Film *Fragen eines Toten an die Lebenden*.

Die Handlung dieses Films spielt in einem Pekinger Linienbus. Sie setzt mit der Ermordung eines Mannes ein, der einen Taschendiebstahl entdeckt hat und diesen pflichtgemäß melden will. Aus Furcht vor dem Mörder, der sich noch immer in dem überfüllten Bus befindet, verleugnen die vielen Beobachter des Geschehens und sogar der Bestohlene selbst ihre Zeugenschaft bei dem Verbrechen. Schließlich kehrt der Geist des Ermordeten zurück und führt den Fahrgästen in Einzelgesprächen ihr verantwortungsloses Verhalten vor Augen. Zugleich wird aber deutlich, daß Tugend und Moral in der chinesischen Gesellschaft in Wirklichkeit längst keine herausragenden Werte mehr sind. Vielmehr hat das System, das dem einzelnen jegliche Verantwortung und Rechte aus den Händen nimmt, zu Unterwürfigkeit gegenüber den Mächtigen und einem erbitterten Kampf der Knechte um die Gunst der Herren geführt. Der postum mit einem Denkmal bedachte und zum Märtyrer erklärte Mann paßt damit längst nicht mehr in das Bild einer Gesellschaft, die ihre ideologischen Denkmale höher hält als den Menschen selber.

Zhang Nuanxin, die zu den Vordenkern des in Huang Jianzhongs Werken zumindest formal eindrucksvoll umgesetzten neuen Realismusbegriffs gehört hatte, gelang es indes nicht, diese Theorie überzeugend in die Praxis umzusetzen. In ihren Filmen *Geopferte Jugend* (*qingchun ji*, 1985) nach einem Roman von Zhang Manling und *Sänfte der Tränen* (*huaqiao lei*, 1987) schildert sie zwar die Erfolge und Schwierigkeiten der Menschen bei ihrem Aufbruch in eine neue Zeit. Es gelingt ihr dabei jedoch nicht, ein nachvollziehbares inhaltliches und formales Konzept zu entwickeln. Ihr Blick in die Zukunft wirkt unrealistisch und unreflektiert. Ihre Perspektive auf die Vergangenheit erschöpft sich in melancholisch-poetischen Erinnerungen. So etwa in dem Film *Geopferte Jugend* über ein landverschicktes Mädchen, das seinen Platz und sich selbst in der archaischen, märchenhaft inszenierten Welt der Dai-Nationalität Südchinas findet und dabei der gegenwärtigen gesellschaftlichen Realität Chinas an keiner Stelle begegnet.

Huang Shuqin gehört neben Zhang Nuanxin zu den wenigen weiblichen Regisseuren in China, die sich mit eindrucksvollen Werken gegen ihre männlichen Kollegen behaupten konnten. Sie hat ihr Augenmerk konsequent auf die Vergangenheit ihrer und der älteren Generation gerichtet, aus der allein sie realistische Zukunftsperspektiven zu gewinnen glaubt. Ihr Film *Freunde aus der Kindheit* (*tongnian de pengyou,* 1984) führt den Zuschauer zurück in die Zeit von Yanan. Er erzählt die Geschichte eines damals zwölfjährigen Jungen, der sich aus der heutigen Perspektive an seinen und den Werdegang seiner ehemaligen Freunde zurückerinnert. Dabei ist ihr eine eindrucksvolle Schilderung von vierzig Jahren chinesischer Geschichte gelungen, die dem einzelnen unermeßliche Opfer abgefordert hat. Die Zukunftshoffnung hat die Menschen aber immer wieder zum Durchhalten bewegt. Huangs Film *Menschen, Geister, Gefühle* (*ren, gui, qing*, 1987) hat die Problematik von Kunst und Künstler in der chinesischen Gesellschaft zum Leitthema. Erzählt wird die Lebensgeschichte einer jungen Dramensängerin, die sich ungeachtet der sozialen Diskriminierung ihres Berufsstandes und gegen den Willen ihres Vaters aus Überzeugung und innerer Berufung für diesen Lebensweg entscheidet. Unter dem Druck der politischen und gesellschaftlichen Ereignisse wie ihrer eigenen Diskriminierung flüchtet die Sängerin aus der desillusionierenden Realität schließlich in ihre Rolle und macht diese zu ihrem Leben. Damit wird sie von den äußeren Einflüssen unangreifbar und verwirklicht – wenn auch in selbstgewählter Isolation – den Idealzustand einer von politischen und gesellschaftlichen Zwängen unbehelligten künstlerischen Arbeit und Lebensweise. Davon können chinesische Künstler, Schriftsteller und Filmemacher in der Realität bis heute nur träumen.

Einige eindrucksvolle Filmwerke konnte auch die Pekinger Regisseurin Wang Haowei präsentieren. Sie trat zwischen 1986 und 1988 mit vier Filmen an die Öffentlichkeit, bevor sie 1990 mit *Ah, Xiangxue* (*a, Xiangxue*, VT: *Die Federtasche*) und 1992 mit der Verfilmung der gleichnamigen Erzählung *Scheidung (lihun)* von Lao She ihre bislang größten Publikumserfolge erzielen konnte. Dieser ist allerdings weniger auf die filmische Umsetzung des Stoffes als auf den berühmten Namen des Autors der literarischen Vorlage zurückzuführen. Lao She nahm sich als einer der herausragenden Schriftsteller dieses Jahrhunderts unter den Demütigungen und Schlägen seiner Peiniger in der Kulturrevolution 1966 das Leben.

Im Jahre 1986 produzierte Wang Haowei mit *Das wortbrüchige Dorf (shixin de cunzhuang)* ihre erste Regiearbeit und damit den eindrucksvollsten ihrer Filme. Darin kritisiert sie den Mangel an Willen und Fähigkeit zur Entwicklung in China. Der Film handelt von einem jungen Bauern, der in der landwirtschaftlichen Produktion seines Heimatdorfes technische Innovationen durchzusetzen versucht, mit deren Hilfe die Produktion um ein Vielfaches gesteigert werden könnte. Seine moderne Denk- und Arbeitsweise ist den rückständigen und traditionsgebundenen Bauern aber fremd. Daher lehnen sie diese rundweg ab. Sie brechen alle Verträge, was ihnen die – ungeachtet der mittlerweile eingeführten Rechtstaatlichkeit – unverändert nach traditionellen Maßstäben und Verfahrensnormen richtenden Rechtsinstanzen bestätigen. Resigniert kehrt der junge Bauer seinem Dorf den Rücken. Am Ende hat die Furcht der Leute vor dem Fremden über die Angst vor Armut den Sieg davongetragen. Es wird keine Entwicklung geben, obwohl nur diese ihnen ein angenehmeres Leben ermöglichen könnte.

Wang Haowei hat die Handlung dieses Films mit eindrucksvollen Bildern von der Abgeschlossenheit der Menschen unterlegt. Damit ist sie formal über die Innovationsfähigkeit der meisten Kollegen aus ihrer Generation hinausgegangen. Der Gelbe Fluß etwa, in der Volksmeinung Manifestation des chinesischen Nationalcharakters, ist hier nur noch eine sanft fließende Quelle, die jederzeit zu versiegen droht. Steinfiguren und Skulpturen, die die Traditionen als Hindernis bei jeglicher Modernisierung entlarven, tauchen leitmotivisch immer wieder auf. Ihnen stehen Panoramaeinstellungen und Vogelperspektiven der Kamera gegenüber, die durch die in dunkle Schatten getauchte Weite des Raums die Verlorenheit des Individuums unterstreichen und durch das distanzierte Filmen der tiefen, von hohen Mauern umgebenen Hofhäuser, Brunnen und anderer Gegenstände, die sich allesamt in undurchdringliche, ausweglos erscheinende Dunkelheit auflösen, die Abgeschlossenheit der Gesellschaft zum Ausdruck bringen.

In all diesen Motiven und Darstellungsweisen hat Wang Haowei die Publikumswirkung von den häufig recht simplen Fabeln weg auf die von den Zuschauern zu dekodierenden Einzelaussagen und Bilder verlagert. Sie regt damit das von der geistigen Isolation ihres Landes betroffene wie zugleich als deren opportunistische Mitverursacher angeklagte chinesische Publikum zum Nachdenken über sich selbst wie über die eigene und die Geschichte Chinas an. In ihrer 1988 gedrehten Trilogie *Der Dorfweg begleitet mich heimwärts (cunlu dai wo huijia), Die Rückseite des Goldbanners (jinbian beihou)* und *Die Suche nach den Gespenstern (xunzhao mogui)* hat Wang Haowei diese Intentionen zwar weiterverfolgt, konnte sie aber bei weitem nicht mehr derart eindrucksvoll an das Publikum vermitteln.

Xie Jin

Der Begründer des reformierten politischen Melodrams Xie Jin bewegte sich auch Mitte der achtziger Jahre weiterhin im Zwiespalt zwischen konkreter historischer Aufarbeitung und der Vermittlung moralischer Werte auf der einen und dem Streben nach publikumswirksamer Emotionalität auf der anderen Seite. Damit blieb er auf der Linie der offiziellen Politik und erreichte in seinen Werken an keiner Stelle eine individuelle Ausprägung und Aussage im Hinblick auf gesamtgesellschaftliche Zusammenhänge und äußerte auch keine kulturkritischen Ansichten, wie sie Wu Tianmings oder Xie Feis Filme auszeichnen. Genauso wenig gelang es ihm, dem neuen Realismusbegriff filmische Inhalte zu verleihen, wenn seine Werke weiterhin vordergründig auf der äußeren Ebene ihrer Handlung – also traditionell literarisch – lesbar waren und der filmische Ausdruck dahinter zurücktrat. Darüber hinaus bleibt die von Xie Jin zum Ausdruck gebrachte Weltanschauung bis heute eng begrenzt. Sie klammert sich an die offiziell gepflegte

Kategorisierung der Menschen bezüglich der jüngeren Vergangenheit. Die abstrakte Dichotomie von Schuld und Unschuld bestimmt seine Melodramen über Kampagnen, Kriege und die Kulturrevolution. Das zielt letztlich auf die persönliche Rechtfertigung seiner eigenen Rolle in jener Zeit ab. Indem die offizielle Erklärung der ›Naturkatastrophe‹ für die Greueltaten der gesamten Periode unter Mao Zedong übernommen wird, stellt Xie Jin in seinen überaus publikumswirksamen, da traditionelle Sehgewohnheiten bedienenden Dramen System und Menschen als human und unschuldig dar und unterbindet damit jedwede ehrliche Reflexion der Vergangenheit bereits im Ansatz.

Mit dem Film *Blumenkränze am Fuß der Berge* (*gaoshan xia de huahuan*, 1984) über das Schicksal einzelner – unschuldiger – Soldaten im Zusammenhang mit dem Konflikt zwischen China, Laos und Vietnam im Jahre 1979 folgte Xie Jin auch nach der Liberalisierungsdebatte von 1983 unverändert der Staatspolitik, machte sich dabei allerdings die populären Entwicklungen des Filmwesens zunutze. Mit der gefährlich simplifizierenden Aussage, daß die Menschen Opfer der historischen Ereignisse seien, erzielte er einen beachtlichen Erfolg bei dem längst nicht von seiner Schuld rein gewaschenen Publikum. Damit fand er auch in der politischen Führung einhellige Zustimmung. Die internationale Aufmerksamkeit erreichte Xie Jin allerdings erst mit seinem Werk *Das Dorf Hibiskus* (*Furongzhen*, 1986, VT: *Die Stadt Hibiskus*) nach Gu Huas gleichnamigem Roman (dt.: 1986), sowie dem 1989 fertiggestellten Film *Die letzten Aristokraten (zuihou de guizu)* um eine im Untergang begriffene Familie des chinesischen Adels, deren letzte Tochter vor der chinesischen Revolution das Land verläßt.

In seinem bekanntesten Werk *Das Dorf Hibiskus* greift Xie Jin hingegen brisante politische Themen auf. Er erzählt die Geschichte des südchinesischen Dorfes Furong unter der linkspolitischen Radikalisierung. Die erste Sequenz spielt im Jahre 1963, als die radikalen Kräfte in der Regierung die nach dem ›Großen Sprung‹ verlorene Macht wieder an sich rissen. Er berichtet davon, wie der Klassenkampf in das bis dahin scheinbar ideologiefreie Dorf Einzug hält. Noch gehen die Menschen ihrem Alltagstrott nach. Doch schon nimmt die Politik unterschwellig immer größeren Einfluß auf ihr Leben und dringt in die Privatsphäre eines jeden einzelnen ein. Aus ihren Fängen kann sich bald niemand mehr befreien. Zum Ausdruck kommt das in ersten Kritiksitzungen, Massenversammlungen, Verurteilungen und der durch sie evozierten Furcht um das eigene, von den Autoritäten mit zunehmender Willkür gehandhabte Schicksal. Unter dem Einfluß der Politik, die die Atmosphäre im Dorf zusehends vergiftet, verändern sich die Menschen. Sie verlieren ihre ursprüngliche Natürlichkeit, an deren Stelle tritt Intrige und Haß im Kampf um das eigene Dasein.

Im Jahre 1966 reißen die jugendlichen Rotgardisten die Macht an sich und errichten eine Willkürherrschaft. Diese bleibt im Film allerdings schemen-

Das Dorf Hibiskus
(Furongzhen, 1986, R: Xie Jin)

haft und wird an keiner Stelle transparent. Der proklamierte Klassenkampf avanciert zum politischen Schlagwort und beherrscht das Leben in der Dorfgemeinschaft. Die Zukunftshoffnung der Menschen reduziert sich unter den gegebenen Umständen auf den Begriff ›Überleben‹. Dabei wird die Äußerung ›Sie ist auch ein Mensch‹ über eine politisch angeprangerte junge Frau zum eindrucksvollen, allerdings unglaubwürdigen Credo Xie Jins. Indem er die historische Entwicklung, einer Naturkatastrophe gleich, aus der Verantwortung der Regierung wie jedes einzelnen Menschen herauszieht und sowohl Tätern als auch Opfern letztlich die passive Rolle von Schuldlosen zuteilt, macht er die gesamte Gesellschaft zu Opfern der Ereignisse. Er vermeidet es, die Schuldigen beim Namen zu nennen und Gerechtigkeit für deren Opfer zu fordern. Statt dessen unterstreicht er das Individuum in seiner durch konfuzianische wie auch marxistische Schablonen definierten Rolle als soziales Wesen. Der Zusammenhalt der Menschen sei von keinem gesellschaftlichen Wandel langfristig zu unterdrücken und treibe das Gute letztendlich immer wieder an die Oberfläche. Das bestätigt sich im abschließenden Triumph, als sich das Blatt 1979 zum Guten wendet und den Bewohnern des Dorfes eine nicht weiter problematisierte – strahlende – Zukunft bevorsteht.

Dieses epische Melodram, das die narrative Ebene an keiner Stelle überwindet, macht sich die Vermittlung moralischer Werte zur Aufgabe. Dabei ist die historische Aufarbeitung lückenhaft und verkommt zur bloßen Folie für die Darstellung und Propagierung menschlich-sozialer Tugenden. Tatsächliche politische Zusammenhänge werden kaum sichtbar, die Rolle des einzelnen lediglich in seiner sozialen Funktion greifbar. Statt dessen erwartet den Zuschauer ein mit Emotionalität und glatter Ästhetik an ein Massenpublikum genauso wie an die offizielle Staatspolitik angepaßtes filmisches Potpourri aus konfuzianischer Ethik, sozialistischer Staatsdoktrin und platter Unterhaltung. Ein Film für das Massenpublikum des »Konfuzianismus der kleinen Leute« (Oskar Weggel. 1988), der die sozialistische Ideologie abgelöst und die reformierte Gesellschaft der achtziger Jahre geprägt hat. Dabei zeigt Xie Jin insgesamt wenig Mut, über die parteikonforme Feststellung des Unsinns sich widersprechender Ideologien und die unverbindliche Forderung nach Menschlichkeit hinaus zu gehen.

Während selbst chinesische Kritiker dem Filmemacher zurecht einen »filmischen Konfuzianismus und marktschreierische emotionale Manipulation mit dem einzigen Ziel, moralische Aspekte zu vermitteln, die das System stützen« (Zhu Dake in »Literaturzeitung«, wenyibao, 18.7.1986), vorwerfen, ist eine einzige mutige Stelle des zweistündigen Epos der Zensur zum Opfer gefallen. Es handelt sich um den auf belegten Tatsachen beruhenden Satz: »Mao Zedong hat gesagt, wir brauchen alle sieben Jahre eine Massenbewegung«, aus dem Mund eines unter den Kampagnen verrückt gewordenen alten Bauern. Selber ehemals an solchen Kampagnen beteiligt, zieht der alte Mann 1979 durch das Dorf und erbettelt sich mit seinen Rufen nach einer neuen Bewegung Almosen. Dieser – die Unangreifbarkeit Maos infrage stellende – Satz erschien den Zensoren Mitte der achtziger Jahre bereits als zu prekär.

Im Bereich des Films hatten es bis dahin nur wenige Künstler geschafft, neue Formen und individuelle Aussagen zu entwickeln, aus denen sich ein zukünftiger Kunstfilm hätte formen können. 1989 war es wieder einmal die Politik, die den Künstlern ihren weiteren Weg vorgab.

3. Tiananmen und die Antwort des Films (1989–96)

Die Bemühungen der kommunistischen Machthaber unter Deng Xiaoping waren während der gesamten achtziger Jahre auf politische Entspannung und die Wiederherstellung einer lange Zeit vermißten gesellschaftlichen Normalität hinausgelaufen. Auf der Basis der unantastbaren Machtposition der Partei sollten alttradierte Werte und Verhaltensmaßstäbe die chinesische Gesellschaft in ein neues Zeitalter führen und die Grundlagen für den wirtschaftlichen Aufbau schaffen, auf den die Kommunisten nun ihre Hoffnungen setzten. Die von Deng Xiaoping eingeführte Reformpolitik orientierte sich an dem auch unter Maos Radikalismus stets unterschwellig wirksamen konfuzianisch-ethischen Gesellschaftsmodell, das nun wieder moralische Werte und Kategorisierungen, traditionelle Hierarchien und insbesondere die Familie als feste gesellschaftliche Größe in den Mittelpunkt rückte, um die für den wirtschaftlichen Aufbau notwendige soziale Stabilität zu erreichen. Damit ersetzte die neue Politik das Egalitätsprinzip des Klassenkampfes durch streng hierarchische Strukturen, Bürokratismus, Anreiz zu persönlicher Leistung und insbesondere durch die Rehabilitierung des lange Zeit verpönten Bedürfnisses nach gesellschaftlicher Harmonie. Als Legitimation für den radikalen Richtungswechsel in der Politik und die Machtansprüche Dengs rückte in der zweiten Hälfte der achtziger Jahre der rasch steigende Lebensstandard immer deutlicher in den Vordergrund. Die enormen wirtschaftlichen Wachstumsraten, die China zu verzeichnen hatte, waren durch die Neustrukturierung der Ökonomie und die Öffnung zum Ausland möglich geworden.

Mit einem Mal schienen alle kommunistischen Utopien verschwunden und an ihre Stelle ein leistungsorientierter Pragmatismus getreten zu sein. Vor dem Hintergrund des japanischen, südkoreanischen und taiwanesischen Beispiels einer modernen ostasiatischen Gesellschafts- und Wirtschaftsstruktur orientierten sich die Machthaber sowohl an den eigenen Traditionen wie auch an westlichen Konsum- und Wirtschaftsmodellen. Dadurch wurden allerdings erneut gewaltige Widersprüche freigesetzt. Diese manifestieren sich im Spannungsfeld zwischen der Innovation im ökonomischen Sektor, die alle bisher gültigen Werte außer Kraft setzte, und der weiterhin unnachgiebig verfochtenen traditionellen Weltanschauung im Gewande des Marxismus wie dem ausschließlichen Herrschaftsanspruch der Pekinger Führungsriege. Letzterem stand allerdings mit zunehmender Aufgeklärtheit in weiten Kreisen der Bevölkerung eine wachsende Opposition gegenüber. Diese ließ sich nicht mehr von hehren Versprechen blenden, sondern trat mit eigenen Vorstellungen von der Zukunft Chinas an die Öffentlichkeit. Damit weckte sie alle Verteidigungsenergien der alten Männer in Zhongnanhai, dem kommunistischen Hauptquartier auf dem Areal des ehemaligen Kaiserpalastes im Zentrum der Hauptstadt.

Die Kunst spielte als Motor für die wirtschaftliche Erneuerung und in Gestalt moralischer Beeinflussung auch in den achtziger Jahren nach wie vor eine staats- und systemtragende Rolle. Davon zeugen neu aufgekommene literarische Genres wie die sogenannte Wunden- oder die Reformliteratur, ein die Regierung stützendes Sprechtheater und eine Welle von Schlagermusik, die das Land überschwemmte; zum anderen aber auch zahlreiche Filmwerke über die Erfolge der neuen Politik, die sich der Mittel des Realismus bedienten. Doch auch eher an lyrischen Kunsttraditionen orientierte Melodramen kamen durch ihre harmonischen und widerspruchsfreien Aussagen exakt den Anforderungen der Politik Dengs entgegen. Selbst die individualistischen Filmkünstler der Vierten Generation übernahmen – abgesehen von nur wenigen Ausnahmen – mit ihrem auf die psychologische Beeinflussung des Zuschauers ausgerichteten Realismusmodell die in den Mantel der Moral gekleideten ideologischen Vorgaben. Sie waren ihnen längst zum persönlichen Weltbild geworden.

Einzig eine junge Generation von Nachwuchskünstlern hatte sich unabhängig von den Einflüssen der vorkulturrevolutionären Gesellschaftsordnung und deren nachträglicher nostalgischer Verklärung ein unabhängiges, individuelles Weltbild geschaffen. Im Bereich des Films waren dies die Akteure der Fünften Generation wie z.B. Chen Kaige, Tian Zhuangzhuang oder Zhang Yimou, mit denen sich das folgende Kapitel eingehend beschäftigen wird. Diese haben mit ihren Erfahrungen aus der Kulturrevolution und der Landverschickung wie einer daraus gewonnenen kritischen Perspektive auf Staat und Gesellschaft und einer sich an internationalen Maßstäben messenden Ausbildung ihr Medium revolutioniert. In progressiven Kunstwerken, aber auch durch den offenen Versuch der Partizipation an der Politik und die Hinterfragung des Nicht-Hinterfragbaren, haben sie ihre Vorstellung von einer von den Lasten der konfuzianischen und maoistischen Vergangenheit befreiten chinesischen Gesellschaft in Kunstwerken zum Ausdruck gebracht, die auch formal den Bruch mit der Vergangenheit bedeuteten.

Diese avantgardistischen Künstler standen der Regierung grundsätzlich kritisch gegenüber. Sie hinterfragten die Politik und Kultur ihres Landes. Daher wurden sie von den orthodoxen Funktionären, die um ihre ideologische Vormachtstellung im Staat kämpften, auch während der Kampagnen der achtziger Jahre immer wieder zu Feindbildern stilisiert. Ihre Werke wurde indiziert, sie selbst verfolgt. Nahezu alle politischen Kampagnen nach der Niederschlagung des Pekinger Frühlings (1979) richteten sich in erster Linie gegen sie und ihre Gesinnungsgenossen. Mit Härte ging der um seine Macht bangende Staatsapparat unverändert restriktiv gerade gegen die Künstler vor. Betroffen waren aber auch deren liberale Schutzherren in der Politik, so der 1987 gestürzte ZK-Generalsekretär Hu Yaobang und der gemeinsam mit diesem aus seinem Amt entfernte Propagandachef der Partei Zhu Houze. Die Regierenden riskierten für die rücksichtslose Verteidigung ihrer maroden Herrschaft sogar den Bruch mit dem für die eigene Wirtschaftsentwicklung wichtigen westlichen Ausland, das immer wieder auf der Einhaltung von Menschenrechten insistierte.

Den Höhepunkt des Vorgehens gegen jegliche politische Liberalisierung und künstlerische Loslösung von der Staatspolitik bildet die Niederschlagung der Demokratiebewegung auf dem Pekinger Tiananmen Platz am 4. Juni 1989.

Das gewaltsame Vorgehen gegen die für mehr Mitbestimmung demonstrierenden Studenten markierte zugleich den Beginn einer restriktiven Ideologisierung von Literatur und Kunst. Diese wurden schnell als geistige Vorbilder der Bewegung ausgemacht und in der darauf folgenden Zeit bekämpft. Die Regierung kehrte zu einer bedingungslosen Unterdrückungspolitik gegen jede Abweichung von der vorgegebenen politischen Linie, aber auch gegen jede unabhängige Meinungsäußerung und experimentelle künstlerische Gestaltung zurück. Verhaftungen, Straflager, Hinrichtungen und Berufsverbote gegenüber allen tatsächlichen und potentiellen, inner- und außerparteilichen Gegnern der Parteilinie kamen nach 1989 wieder an die Tagesordnung. Damit zerstörten die kommunistischen Machthaber zugleich die meisten Nischen unabhängiger künstlerischer Betätigung, die sich einige Künstler seit der Machtübernahme Dengs unter großen persönlichen Risiken hatten schaffen können.

Ideologie und Kritik

Die erneute Ideologisierung bestimmte auch das Bild der Künste im China der frühen neunziger Jahre. Im Bereich des Films begann die Rückkehr in die finsterste Zeit des künstlerischen Dogmatismus auf dem 1. Pekinger Filmfestival im September 1989. Angesichts der machtgefährdenden Liberalisierungsbestrebungen und der politischen Umwälzungen in Osteuropa, an denen die Intelligenz der jeweiligen Länder nicht unbeteiligt gewesen war, wurden in Chinas Regierung ähnliche Ängste wach wie bei der sowjetischen Entstalinisierung nach 1956 und der Hundert-Blumen-Bewegung im eigenen Land. Entsprechend wurde in den Verlautbarungen des Festivals und den begleitenden Symposien wieder einmal der ›sozialistische und patriotische Charakter der Kunst‹ in den Vordergrund gestellt. Das Vorbild des Propagandakinos der fünfziger Jahre sollte nach Ansicht der Kulturfunktionäre den Weg des chinesischen Films in das 21. Jahrhundert prägen.

Die Leistung und Bedeutung der international erfolgreichen Künstler der Filmavantgarde, die zwar die chinesischen Künste wieder auf Weltniveau gebracht und die marode Filmindustrie Chinas reputierlich gemacht hatten, dabei aber trotzdem – oder gerade deswegen – zu einem der wichtigsten Ziele der Kampagnen wurden, fand während des Festivals nicht einmal Erwähnung. Nicht anders war es bei einem Seminar der kommunistischen Propagandaabteilung über kulturelle Angelegenheiten im Januar 1990 und auf einer Konferenz über die chinesische Spielfilmproduktion, die einen Monat später in Peking abgehalten wurde. Dort meldete sich der Ideologiekommissar im Politbüro Li Ruihuan zu Wort, der kurz zuvor den liberaleren Hu Qili in seinem Amt abgelöst hatte. Den Künstlern warf Li die Anbiederung an westliche Stilrichtungen sowie einen Nihilismus bezüglich der gegenwärtigen Entwicklungen der chinesischen Kultur vor. Statt dessen forderte er »die Rückkehr zum patriotischen künstlerischen Schaffen« (»Chinese Literature«. Autumn 1990). Alle innovativen und auch nur ansatzweise von der geforderten Konformität abweichenden Kunstwerke aus den vorangegangenen Jahren verschwanden nach diesem Aufruf Li Ruihuans über Jahre hinaus von den Leinwänden. Der Produktion weiterer individuell gestalteter Filme wurde mit allen Mitteln entgegen gewirkt.

Die künftige Linie der Kunst wurde auf der Grundlage der hinlänglich bekannten Maxime der ›Einheit von Ideologie und Kunst‹ neu definiert. Dabei griffen die Kommunisten fast wörtlich auf die Beschlüsse des Jahres 1954 zurück. Die Ideologie trat unverkennbar wieder in den Vordergrund. Den Künstlern wurde Freiheit nur noch innerhalb der ›Schranken des sozialistischen Weges‹, der ›Führerschaft der Partei‹, der ›demokratischen Diktatur des Volkes‹ und der Theorien von Marx, Lenin und Mao zugestanden, den sogenannten Kardinalprinzipien. Die Künstler des Avantgardekinos wurden in den Monaten, die auf diese wegweisenden Konferenzen folgten, auch persönlich heftig angegriffen. Viele ihrer Werke, darunter so bekannte wie Zhang Yimous *Judou* (1990), Tian Zhuangzhuangs *Der Pferdedieb* (1986), Li Shaohongs *Blutiger Morgen* (1990) oder Zhang Yuans soeben fertiggestelltes Regiedebüt *Mama* (1990), wurden damals endgültig von den chinesischen Leinwänden verbannt.

Gefragt war statt dessen wieder ein Spielfilmgenre, das rein ideologischen Lehrcharakter haben und auf die Mittel des sozialistischen Realismus zurückgreifen sollte. Um die neue Politik auch personell zu festigen, wurde mit dem durch seine Sympathien gegenüber den demonstrierenden Studenten ins Schußfeld der orthodoxen Kommunisten geratenen Ministerpräsidenten Zhao Ziyang auch der Kulturminister Wang Meng aus seinem Amt entfernt. Letzterer, ein sozialistisch-liberaler und in China populärer Schriftsteller, wurde durch He Jingzhi, eine Marionette des an Zhao Ziyangs Stelle getretenen Li Peng, ersetzt.

Wie Wang Meng zog sich auch der Vizeminister für Radio und Fernsehen Chen Haoshan zurück. Er war durch seinen selbstlosen Einsatz für das unpolitische Filmgenre bekannt geworden. Härter traf es dagegen den Direktor des Peking-Filmstudios Song Cong, dessen Maxime: »Ich ziehe es vor, als Reformer erschossen zu werden, als ein nutzloser Bürokrat zu sein« (in: »Wochenzeitung des chinesischen Films«, Zhongguo dianying zhoubao, 15.10.1988), auf tragische Weise Realität wurde. Angesichts des Schicksals, das er zu erwarten hatte, ist anzunehmen, daß Wu Tianmings Entscheidung, von seinem Lehrauftrag an der New Yorker Columbia Universität im Jahre 1989 nicht nach China zurückzukehren, für ihn lebensrettend war. Er hatte in seiner Funktion als Produzent und Direktor des Filmstudios in Xi'an die Arbeiten und politischen Stellungnahmen der chinesischen Filmavantgarde erst möglich gemacht.

Bezeichnend für die Verschiebung der Publikumsgunst zugunsten des Fernsehens ist, daß im Jahre 1990 ausgerechnet eine Fernsehserie als Objekt auserkoren wurde, die Kritikwelle an den inkriminierten Kinofilmen und ihren Schöpfern zu entfachen. Das bereits 1988 im chinesischen Fernsehen ausgestrahlte sechsteilige Fernsehspiel *Elegie des Gelben Flusses* (*heshang*, R: Xia Jun) räumte mit den patriotischen Mythen auf, die sich um den Gelben Fluß als Wiege der chinesischen Zivilisation ranken und um die herum die feudalen wie kommunistischen Herrscher seit Alters her ihre genauso selbstgerechte wie perspektivlose Macht nach traditionellem Muster legitimierten.

Die Ausstrahlung dieses Fernsehspiels hatte in China eine heftige Diskussion um die eigene Kultur entfacht, über die sich das gesellschaftliche Bewußtsein von der staatspolitisch unterstützten Phrasierung lösen und zu selbständiger Identitätsfindung im Rahmen einer kulturellen, politischen und gesellschaftlichen Bewußtwerdung gelangen sollte. Über das Massenmedium Fernsehen sollte diese, in Intellektuellenkreisen längst aktuelle und hochbrisante Thematik, auch einem breiten Publikum nahegebracht werden. Die Autoren dieser Fernsehserie wollten eine Abkehr von der entwicklungshemmenden, ausschließlich in die Vergangenheit gerichteten, Selbstbeweihräucherung erreichen, durch die die Herrscher in China insbesondere einen neuen Nationalismus heraufbeschworen. Statt dessen sollte neben der wirtschaftlichen nun endlich auch die geistige Öffnung zum Westen in Angriff genommen werden. Der Blick über die eigenen kulturellen wie räumlichen Grenzen hinaus sollte eine breite Öffentlichkeit für die eigenen Entwicklungsmöglichkeiten sensibilisieren. In der kulturtheoretischen Debatte, die nach der Ausstrahlung dieser Serie entbrannte, steckten zweifellos die Wurzeln für einen grundlegenden gesellschaftlichen Wandel. Dieser war schließlich von den am 4. Juni 1989 in den Tiananmen Platz einrückenden Soldaten im Keim erstickt worden, und seine Vordenker wurden nun zum Ziel der Kritikwelle.

Die Fernsehserie *Elegie des Gelben Flusses* wurde von den orthodoxen Kulturpolitikern, die sich nach der Niederschlagung der Demokratiebewegung um die Wiederherstellung ihrer Autorität und die Legitimierung ihres Vorgehens bemühten, nachträglich als Mitauslöser der Studentenproteste des Frühjahrs 1989 ausgemacht und in enge Verbindung mit dem gestürzten Ministerpräsidenten Zhao Ziyang und dessen liberaler Politik gebracht. Anstelle der mit dieser Serie angestrebten Liberalisierung und kulturellen Neudefinierung setzte eine Welle der Kritik gegen sie und die unzähligen Symposien, Seminare und Schriften zwischen 1989 und 1991 ein, zu denen sie den Anstoß gegeben hatte. Die öffentliche Diskussion zielte unter dem Deckmantel der Kunst in Wirklichkeit auf die Beziehung von Politik und Kultur. Zugleich war sie Auftakt für neue Kampagnen, durch die die Künstler, insbesondere aus Literatur und Film, erneut auf die Parteilinie verpflichtet werden sollten.

Revolutionäre Nostalgie

Konsequenterweise legte die alternde politische Führung, die die sozialistischen Tugenden wiederbeleben und die eigene Vergangenheit glorifizieren wollte, um damit die eigene Macht zu legitimieren, in den neunziger Jahren wieder vermehrt Wert auf die Produktion ideologisch gefärbter Werke aus den Genres des Revolutions- und Gegenwartsfilms. Dies hatte das ZK der Kommunistischen Partei bereits im Februar 1989 angekündigt, als man eine neue Generallinie für die Kunst definierte und dabei den Schwerpunkt auf Modernisierung, Reform, Mobilisierung zum Wirtschaftsaufbau sowie die ›Kultivierung von Moral und Gefühlen der Menschen‹ legte. Nach diesen Vorgaben entstanden zahllose – inoffiziell hochsubventionierte – Filme von zumeist namenlosen Regisseuren. So die heldenverehrenden biographischen Werke *Die Geschichte Mao Zedongs* (*Mao Zedong de gushi*, 1992) des kurz nach Fertigstellung dieses Films zum Direktor des Peking-Filmstudios berufenen Regisseurs Han Sanping. Darin glorifiziert er das Leben des Parteiführers im Zeitraum zwischen 1940 und 1970, also zwischen Yanan und seinem alters- und krankheitsbedingten Ausscheiden aus der Tagespolitik. Von einer Nostalgiewelle um den verstorbenen Parteiführer profitierte auch der preisgekrönte Film *Mao Zedong und sein Sohn* (*Mao Zedong he ta de erzi*, 1991, R: Zhang Jinbiao) über Maos Verhältnis zu seinem im Koreakrieg umgekommenen Sohn, der in der Öffentlichkeit als Märtyrer gefeiert wurde.

Erfolgreich war auch der Film *Liu Shaoqis vierundvierzig Tage* (*Liu Shaoqi de sishisi tian*, 1992, R: Zhang Jinbiao), der das Leben des während der Kulturrevolution im Kerker umgekommenen ehemaligen Staatspräsidenten schildert. Ferner eine große Zahl Filme über namenlose – angepaßte – Heroen aus Vergangenheit und Gegenwart. So etwa die Produktion *Hemmungslos* (*kuang*, 1992, R: Ling Zifeng) nach Kapiteln aus der gleichnamigen Romantrilogie von Li Jieren (1891-1962). Dieser hat in seiner Fabel über die Ereignisse des Boxeraufstandes um die Jahrhundertwende ideologische Ansprüche wie vor allem den von den Machthabern zwecks Abgrenzung vom westlichen Ideengut erneut heraufbeschworenen Nationalismus publikumswirksam mit einer unterhaltsamen Inszenierung kombiniert.

Außerdem entstand eine lange Reihe künstlerisch bedeutungs- wie kommerziell erfolgloser Filme. So etwa Zheng Dongtians *Des Lebens Anfang* (*ren zhi chu*, 1992) über den Komponisten der Nationalhymne Nie Er, Wang Jixings *Die Erde daheim* (*laoniang tu*, 1992) über die Anstrengungen eines Mannes, seinem Dorf als Parteifunktionär zu dienen, oder *Die Chongqing Verhandlungen* (*Chongqing tanpan*, 1993). Darin versuchte sich der Regisseur Li Qiankuan an einer propagandistisch gefärbten pseudohistorischen Aufzeichnung der Gespräche, die nach Ende des Asien-Pazifik-Kriegs im Spätsommer 1945 zwischen den Führern von Chiang Kaisheks Guomindang-Partei und den Kommunisten stattfanden. Deren Ergebnis waren die ›Abkommen des 10. Oktober‹, die allerdings schon kurze Zeit später im aufbrandenden Bürgerkrieg bedeutungslos wurden.

Ebenfalls politische Intentionen verfolgte das Genre des Gegenwartsfilms, das die Reformpolitik glorifizierte und deren Ideale didaktisch an den Zuschauer weiterreichte. Dazu gehören Werke wie *Xiaoxue* (1991, R: Qi Jian), *Die Welt der Frauen* (*nüxing shijie*, 1991, R: Dong Kena), *Drachen aus dem Meer* (*long chu hai*, 1993, R: Zhang Liang) oder der von dem Hongkonger Regisseur Li Guoli in Nanning gedrehte Film *Börsenfieber* (*gufeng*, 1994). Hoch subventioniert, entziehen all diese staatlichen Auftragsarbeiten sich den inzwischen für kommerzielle wie oppositionelle Werke geltenden Marktgesetzen. Darüber hinaus werden sie auf chinesischen Festivals mit hohen Auszeichnungen bedacht und mit einer großen Zahl Kopien in die Lichtspielhäuser gebracht. Viele ihrer weniger opportunistischen Konkurrenten gelangen hingegen mit nur wenigen Kopien in die Kinos, wo sie zu überteuerten Eintrittspreisen angeboten werden und damit für ein breites Publikum nicht zugänglich sind. So lassen sich auch die Zuschauerstatistiken erklären, die an ihrer Spitze stets Propagandawerke aus den von der Partei kontrollierten Filmfabriken auflisten, um damit eine ungebrochene revolutionäre Begeisterung zu suggerieren und die Produktionen dieser Machwerke im nachhinein auch wirtschaftlich zu legitimieren. Alles in allem bestätigt sich die seit 1989 anhaltende Tendenz, daß die Kunst erneut vor der Ideologie zurückgewichen ist. Diese reduziert sich allerdings Mitte der neunziger Jahre auf den Machterhalt einer politischen Führungsclique unter dem altersschwachen Deng Xiaoping und dessen designiertem Nachfolger Jiang Zemin.

An der restriktiven Haltung der Regierung gegenüber der Kunst hat sich entsprechend bis Mitte der neunziger Jahre nichts geändert. Die ideologischen und politischen Anforderungen sind auch nach Deng Xiaopings spektakulärer Reise durch Südchina im Jahre 1992 nahezu unverändert geblieben, auf der er für die Loslösung vom orthodoxen kommunistischen Wirtschaftsdenken und für Reform und Entideologisierung plädiert hatte. Liberalisierungshoffnungen, die mit der auf diese Reise folgenden Welle erneuter Personalveränderungen einhergingen, erwiesen sich als trügerisch. Orthodoxe Ideologen, wie etwa der durch Liu Zhongde abgelöste Kulturminister He Jingzhi, wurden zwar in großer Zahl wieder aus ihren Ämtern entfernt, eine wirkliche politische Opposition ist in China aber weiterhin weder über die Kunst noch in einem anderen Bereich möglich. Arbeits- wie Aufführverbote prägen unverändert die Kunstpolitik der kommunistischen Regierung. Durch Erlasse im Frühjahr 1994 wurde selbst dem weltweit beachteten Regisseur Zhang Yimou verboten, seinen Film *Leben* (*huozhe*, 1994) zur Preisverleihung nach Cannes zu begleiten. Gleichzeitig wurden ihm die Mittel für sein Werk *Shanghai Serenade* (*yao a yao, yao dao waipo qiao*, 1995) entzogen und auch die Kooperation mit ausländischen Kapitalgebern und die Ausreise zur Preisverleihung auf dem New Yorker Filmfestival im Herbst 1995 untersagt. Andere unabhängige Regisseure, wie Tian Zhuangzhuang, Zhang Yuan oder Wang Xiaoshuai, werden mit teilweise umfassenden Arbeitsverboten belegt. Man treibt einen großen Aufwand, um ihnen die Zusammenarbeit mit ausländischen Produzenten unmöglich zu machen.

Auch in der zweiten Hälfte der neunziger Jahre scheint sich die restriktive Filmpolitik fortzusetzen. Erneute Erlasse, die im Juli 1996 in Kraft getreten sind, setzen weiterhin auf eine strenge staatliche Überwachung der zunehmenden privaten Produzenten und Distribuenten. Das äußert sich z.B. in verschärften Zensurbestimmungen, Im- und Exportregelungen oder der Verpflichtung chinesischer Filmemacher zur Nachbearbeitung ihrer Werke in der Heimat – und damit unter Kontrolle der chinesischen Behörden.

Film als Ware

Auf den expandierenden Sektor kommerzieller Unterhaltungsfilme, die auch von den im Juni 1988 erstmals zugelassenen privaten Produzenten angeboten wurden, hatten die neuerlichen Restriktionen keinerlei Auswirkungen. Kriminalfilme, Komödien, die nach taiwanesischem Vorbild in immer größerer Zahl auch auf dem chinesischen Festland gedrehten Melodramen und die zu einem Synonym für chinesisches Unterhaltungskino avancierten Martial-Arts-Filme; sie alle entsprachen dem Bild einer ökonomisch orientierten, vordergründig unpolitischen Gesellschaft. Seit Einführung der Marktwirtschaft und Rücknahme der staatlichen Fördermittel konnten sie ihren Siegeszug auf den chinesischen Leinwänden genauso fortsetzen wie die unzähligen Filmimporte aus Hongkong, Taiwan und Amerika. Dabei schien die im Hinblick auf die innovativen gesellschaftskritischen Filmkünstler beklagte Verwestlichung paradoxerweise keine Rolle zu spielen.

Zu den erfolgreichsten dieser – in China produzierten – Filme gehören *Blutbeflecktes Schwert* (*bixue baodao*, 1991, R: Yang Qitian) und *Der japanische Krieger* (*dongying youxia*, 1992, R: Zhang Xinyan) aus dem Martial-Arts-Genre. Aus den Gattungen Krimi, Komödie und Melodram konnten Filme, wie Wang Xuexins *Jugend Karaoke* (*qingchun Kala* OK, 1991), Qi Jians *Asian Autorally* (*yaxi yasaiche*, 1993) oder das märchenhafte Melodram *Grüne Schlange* (*qing she*, 1994) des Hongkonger Regisseurs Tsui Hark (Xu Ke) über Mythen und Romanzen aus der Südlichen-Song-Dynastie (1127-1279) große Erfolge beim Publikum verbuchen. Darüber hinaus stellten sie ihren Warencharakter als industrielles Produkt anhand der Einspielergebnisse eindrucksvoll unter Beweis. In all diesen Filmen spiegeln sich die an internationale Gewohnheiten angepaßten Freizeitbedürfnisse der jungen Generation. Allerdings bedienen sich die Regisseure auf oft dilletantische Weise amerikanischer und Hongkonger Stilelemente und propagieren eine moderne, ihrer chinesischen Charakteristika beraubte Konsumgesellschaft. Gleichzeitig greifen diese Filme aber immer wieder auf überraschend traditionell harmonische und nicht selten melancholische Finals zurück, um damit den Machthabern und einem unverändert dem Rhythmus der epischen Geschichtenerzählung und der Ästhetik der traditionellen Malerei verhafteten Publikum ihren chinesischen Charakter auch in den neuen Genres und vor modernen Hintergründen unter Beweis zu stellen. Zugleich bannen sie damit die von der Politik geforderte gesellschaftliche Harmonie publikumswirksam auf die Leinwände. Aus filmhistorischer und insbesondere filmästhetischer Sicht ist allerdings keines dieser filmischen Potpourris erwähnenswert.

Zu Vorbildern für das traditionalistisch-konforme chinesische Kino, das seine politischen Inhalte zugunsten von seichter Unterhaltung nun vollends ablegte, wurden hingegen wieder einmal die Werke der bekannten Regisseure Wu Yigong und Xie Tieli. Trotz der offensichtlichen ästhetischen wie vor allem inhaltlichen Mängel ihrer Filme reicht deren Popularität auch heute noch aus, um in China volle Kinosäle zu garantieren. Gleichzeitig hat die in ihnen offen präsentierte fernöstliche Exotik einige Filme dieser Regisseure sogar in westliche Kinos gebracht. Wu Yigong etwa, der bis zu seiner Ablösung im Frühjahr 1996 mächtige Leiter des Shanghai-Filmstudios, Direktor des Shanghai Filmfestivals und Filmbürovorsitzende, präsentierte dem Publikum mit dem Film *Eine konfuzianische Familie* (1991) eine belanglose Familienchronik, anhand derer er die Entwicklung Chinas zu einem modernen sozialistischen Staat nachvollziehen wollte. Der durch seine konformistische Filmpolitik und machtkonformen Werke inzwischen zum Volkskongreßabgeordneten aufgestiegene Xie Tieli hingegen brachte 1993 mit *Monduntergang am Yuchang Fluß* (*yueluo Yuchanghe*, VT: *Der Jadekönig*) eine melodramatisch inszenierte, ausladend epische und nationalistisch weichgezeichnete Geschichte über das Schicksal einer muslimischen Familie in den dreißiger Jahren auf die Leinwände. Diese beiden Filme waren im Gegensatz zu den meisten Werken ihrer zahlreichen Kollegen, die nicht über die entsprechenden Fördermittel verfügten und daher auf aufwendige Inszenierungen verzichten mußten, immerhin um eine anspruchsvolle visuelle Gestaltung bemüht. Auf der anderen Seite präsentierten sie aber austauschbare, kaum über Typisierungen hinausgehende Charaktere und sich ständig wiederholende Bilder, in denen sie das selbst in China gängige Klischee einer poetischen Schönheit der chinesischen Landschaft beschworen. Auch ihre schematischen Fabeln konnten sich an keiner Stelle von ihren literarischen Vorbildern lösen. Zumeist verharrten sie bei einem nur mit Mühe abgemilderten Gut-Böse-Schema. Ein künstlerisches Konzept oder eine über den Unterhaltungswert hinausgehende Aussage ist bei ihnen nicht auszumachen.

Der Degenfechter aus dem Dorfe Shuangqi
(Shuangqizhen daoke, 1991, R: He Ping)

Auch einige Nachwuchsregisseure konnten mit unpolitischen Filmen ähnlichen Schemas, teilweise allerdings recht spannenden und unterhaltsamen Fabeln, in China große Publikumserfolge feiern. Trotz der filmhistorisch offensichtlichen Bedeutungslosigkeit der Werke auch dieser jungen Kollegen, vermochten sie es immerhin, mit einer – vom selbstverständlichen Umgang mit westlicher Kunst und Unterhaltung geprägten – eigenständigen filmischen Dramatik und Inszenierungen, die mit den Kunsttraditionen brechen, aus dem Schatten ihrer älteren Kollegen herauszutreten. So lockten sie auch ein junges Publikum mit durchaus ansprechender und niveauvoller Unterhaltung in die Kinosäle.

Besonders He Ping mit seinen Filmen *Der Degenfechter aus dem Dorfe Shuangqi* (*Shuangqizhen daoke*, 1991, VT: *Das Duell der Schwertkämpfer*), *Die Explosion* (*paoda shuangdeng*, 1993) und *Das Tal der Sonne* (*riguang xiagu*, 1995) und der mit seinem gesellschaftskritischen Regiedebüt *Einer und Acht* (*yige he bage*, 1984) berühmt gewordene, anschließend aber zum Unterhaltungsgenre abgewanderte Zhang Junzhao sind mit konsequent kommerziellen Produktionen ohne jeglichen kulturellen oder didaktischen Anspruch zu großen Publikumserfolgen gelangt. Allerdings haben sie inzwischen gegen eine immer größere Konkurrenz von Regisseuren aus ihrer und insbesondere der seit 1990 nachdrängenden jüngsten Generation zu kämpfen, die innerhalb der radikal kommerzialisierten Gesellschaft aufgewachsen sind und sich deren Prinzipien und Methoden selbstverständlich zueigen gemacht haben. Unter dem Eindruck der schnellebigen elektronischen Medien und der Filmimporte und Videoclips aus Hongkong und Amerika haben sie die chinesischen Traditionen der klassischen Landschaftsmalerei und der melodramatischen Fabeln mit ihrem stets aufs neue reproduzierten Wertesystem hinter sich gelassen. Sie bringen statt dessen jene Einheitsware auf die Leinwände, über die sich der Film inzwischen kaum noch als nationales Kulturgut und individuelles Kunstwerk definiert.

Xie Jin II

Wenig Probleme mit der Zensur hatte in den neunziger Jahren auch der Altregisseur Xie Jin. Dieser präsentierte drei neue Filme: *Die Glocken vom Tempel der Reinheit* (*qingliang si de zhongsheng,* 1990), *Morgenstern* (*qimingxing,* 1991) und *Der alte Mann und sein Hund* (*laoren yu gou,* 1994) nach dem Roman *Die Geschichte vom alten Xing und seinem Hund* des Schriftstellers Zhang Xianliang; den ersten als hongkong-taiwanesisch-chinesische Koproduktion, den zweiten mit privaten Mitteln im Tianjin-Filmstudio realisiert, und den dritten als erste Kino-Eigenproduktion der 1992 von Xie Jin selbst ins Leben gerufenen Hengtong-Produktionsgesellschaft in Shanghai.

Für den Film *Die Glocken vom Tempel der Reinheit* hat Xie Jin einen historischen Hintergrund und eine recht aktuelle und publikumswirksame Problematik aus der jüngsten Vergangenheit Chinas gewählt. Auch damit – wie schon in den Filmen *Die Legende vom Tianyun Berg* und *Das Dorf Hibiskus* – zeigt er seine humanitäre und um Harmonie bemühte, dabei aber überaus machtkonforme Weltsicht. Diese nähert sich in ihrer unreflektierten Mischung aus Konfuzianismus, marxistischem Utopismus, wirtschaftlich-technischer Fortschrittsgläubigkeit und politischem Pragmatismus eng an die Parteidirektiven an. Dabei verzichtet Xie Jin immerhin auf eine aufdringlich platte und vordergründige Vermittlung seiner politischen Botschaft, wie dies die Revolutions- und Gegenwartsfilme praktizieren.

Statt dessen ist ihm mit *Die Glocken vom Tempel der Reinheit*, bei dem er die Fabel gegenüber seinen vorherigen Filmen erstmals deutlich in den Hintergrund treten läßt und die historischen Umstände zur Kulisse degradiert, seine bisher größte Annäherung an den Realismus seiner jüngeren Kollegen gelungen. Der wesentliche Unterschied bleibt hingegen bestehen. Xie Jin begreift das Individuum weiterhin nur im Kontext seiner sozialen Beziehungen und damit seines sozialen Nutzens. Persönliches Glück gestaltet er ausschließlich über die tradierten Werte konfuzianischer und marxistischer Moral. So sind auch individuelle Sinnsuche und der aus dem Westen importierte Begriff des ›Ich‹ bei ihm nur in diesen Zusammenhängen zu verstehen.

Die geringe Glaubwürdigkeit seiner Aussage ist dabei weniger auf deren formale Umsetzung als vielmehr auf das allzu simple Weltbild zurückzuführen, welches Xie Jin propagiert. Die Aussagekraft seiner auf Vieldimensionalität bedachten jüngeren Kollegen geht ihm damit weitgehend ab. Demgegenüber scheint er es wieder einmal allen Recht gemacht haben zu wollen, wenn er sich tatsächlich die von der Partei propagierten kulturverwurzelten Werte zueigen gemacht hat. Einen analytischen Blick auf die Gesellschaft vermißt man bei diesem nicht nur in der Fabel, sondern auch in deren visueller Umsetzung glattgebügelten Werk genauso wie eine individuelle künstlerische Handschrift. Die Vorgeschichte von *Die Glocken vom Tempel der Reinheit* spielt im Jahre 1945 während des Rückzugs der japanischen Invasoren nach der Kapitulation. Auf der hastigen Flucht der Japaner bleibt im Dorf Hanjia, nahe der ehemaligen Kaiserstadt Luoyang, ein Baby zurück. Nachdem sich ansonsten niemand des – feindlichen und doch unschuldigen – Kindes annehmen will, erbarmt sich schließlich die junge Bäuerin Yanjiao seiner. Sie nimmt es in ihre Familie auf und gibt ihm den chinesischen Namen Gouwa. Erst dreißig Jahre später lernt Gouwa, der sich inzwischen nach seiner Berufung zum buddhistischen Mönch den Namen Mingjing gegeben hat, auf einer Japanreise seine wirkliche Mutter Oshima Kazuko kennen. Sie möchte, daß er bei ihr bleibt. Doch am Ende entscheidet er sich für die Rückkehr in das Land, das er als seine Heimat betrachtet und wo die Menschen, die er liebt, zu Hause sind.

Auch die beiden anderen Filme Xie Jins werden vordergründig von simplen humanistischen und patriotischen Werten beherrscht, unter die sich die Fabeln wie auch die publikumswirksame Melodramatik unterzuordnen haben. *Der alte Mann und sein Hund* gestaltet im Rahmen einer tragischen Handlung den verzweifelten Kampf eines alten Mannes gegen die Einsamkeit, sein Scheitern bei einer jungen Frau wie auch dessen Schmerz angesichts seines getöteten Hundes. Dabei propagiert er Stereotypen von Mitmenschlichkeit, wie man sie in Xie Jins radikal-ideologischem, offen zur Ermordung der politischen Gegner aufrufendem Werk *Das rote Frauenbataillon* drei Jahrzehnte zuvor schmerzlich vermißt hat. Dagegen ist die Aussage des Films *Morgenstern* sehr viel glaubwürdiger als alle bisher von diesem Altmeister des chinesischen Kinos gedrehten Filme. Xie Jin formuliert das konkrete Anliegen, die Toleranz gegenüber gesellschaftlichen Randgruppen zu erhöhen. Dies gestaltet er in der Geschichte eines Witwers, der, unheilbar erkrankt, beabsichtigt, sich und seinen geistig behinderten und daher gesellschaftlich diskriminierten Sohn umzubringen, um ihm nach seinem eigenen Tod ein unwürdiges Leben zu ersparen. Tatsächlich haben Behinderte in China auch heute noch keinerlei Perspektiven und neben ihrer beruflichen Chancenlosigkeit auch noch Heirats- und Ausreiseverbote hinzunehmen. Schließlich findet der selbstlose Protagonist aber – mit Hilfe engagierter Menschen – eine behindertengerechte Umgebung für seinen Sohn und eine Schule, die ihm zugleich Freunde und verständnisvolle Ansprechpartner wie auch Zukunftshoffnung vermittelt. So kann der Vater zufrieden und ohne die Furcht um das Schicksal seines Kindes seinem eigenen Tod entgegensehen.

Sieht man von der schwachen filmischen Umsetzung dieses Streifens ab, so bleibt immerhin noch die Wahl seines in der chinesischen Gesellschaft noch immer weitgehend tabuisierten Themas als soziale Legitimation für diesen Kinofilm. Allerdings verzichtet Xie Jin trotz der gewählten ›realistischen‹ Erzählweise nicht auf die traditionellen romantisch verklärten und somit entrealisierenden Elemente des Melodrams, mit denen er – publikumswirksam – von der eigentlichen Thematik ablenkt. Mit seinem Happy End rückt er außerdem die Regierung wieder ins beste Licht und ist damit ideologisch nicht allzu weit von den staatspolitischen Propagandawerken des Gegenwartsgenres entfernt.

Rückblick und Zukunftshoffnung

Einige von Xie Jins jüngeren Kollegen aus der Vierten Generation sind in ihren Werken hingegen auch in den Neunzigern wieder sehr viel subtiler und thematisch vielschichtiger vorgegangen als jener mit seinem unverändert antagonistischen Weltbild. Neben den innovativen Arbeiten der jungen Avantgardisten gebührt ihnen die Aufmerksamkeit der Filmhistoriker. Dazu gehören die bekannten Regisseurinnen Wang Haowei mit ihrem autobiographisch motivierten Film *Ah, Xiangxue* (1990) nach einer gleichnamigen Kurzgeschichte von Tie Ning, ferner Huang Shuqin und Zhang Nuanxin sowie ihre männlichen Kollegen Huang Jianzhong und insbesondere Xie Fei. Sie alle haben sich mit eindrucksvollen Filmen aus der Masse kommerzieller und staatsoffizieller Filmemacher herausgehoben. Mit ihren kunstvoll inszenierten, inhaltlich tiefgehenden Werken sind sie zu teilweise internationalem Ruhm gelangt.

Nach ihrem großen Erfolg mit *Menschen, Geister, Gefühle* von 1987 produzierte Huang Shuqin im Jahre 1993 den seit 1989 geplanten Film *Die Seele des Malers (huahun)* nach dem gleichnamigen Roman von Shi Nan. Seine Realisierung war durch die Ereignisse nach der Niederschlagung der Demokratiebewegung verzögert worden, mit denen ein zeitweiliges Ausreiseverbot für die Regisseurin einherging, das die notwendigen Außenaufnahmen in Paris verhinderte. Mit diesem Werk konnte sie in China, nicht zuletzt durch die Starbesetzung der Hauptrolle mit der durch ihre Erfolge als Darstellerin in den preisgekrönten Filmen des Regisseurs Zhang Yimou inzwischen zur Diva des neuen chinesischen Kinos avancierten Gong Li (geb. 1965), einen großen Publikumserfolg feiern.

Die Fabel spielt in der ersten Hälfte des 20. Jahrhunderts in der ländlichen Provinz Anhui, der kosmopolitischen Stadt Shanghai und der europäischen Metropole Paris. Erzählt wird über einen Zeitraum von fünfzig Jahren hinweg die Lebensgeschichte der Künstlerin Yuliang, die von der naiven und welterfahrenen Magd einer Prostituierten in einer Kleinstadt in der südlichen Provinz Anhui zur Ehefrau des hochrangigen Regierungsinspektors Pan Zanhua aufsteigt und ihm in das westlich orientierte, mondäne Shanghai folgt. Dort wird sie als Studentin der Malerei an die Kunsthochschule aufgenommen. Im Lauf der Jahre entwickelt die junge Künstlerin in dieser Stadt der Abenteurer und Händler, des übermäßigen Reichtums wie der unglaublichen Armut, ihren ganz persönlichen Stil der Aktmalerei.

Dieselbe äußerlich offene und moderne Stadt, die ihr alle Möglichkeiten der Selbstentfaltung zu bieten scheint, ist in Wirklichkeit aber kunstfeindlich und ihre Gesellschaft hinter der liberalen Fassade in strengen Dogmen und traditionellen gesellschaftlichen Hierarchien verfangen, die dem Individuum keinerlei Freiheit zur Selbstentfaltung lassen. Diese, so stellt die Künstlerin bald fest, widersprechen ihrem anfänglichen Bild von dieser Stadt krass. Dennoch gelingt es ihr, ihren persönlichen künstlerischen Stil der Ölmalerei gegen den Trend und die Hüter von Kunst und Moral durchzusetzen. Ihre Erfolge bringen sie nach einer schwer errungenen Entscheidung gegen das traditionelle, zu keiner Entwicklung fähige Leben als Ehefrau zur Weiterbildung und Präsentation ihrer Arbeiten bis nach Paris. Dort gelangt sie zu internationalem Ruhm. Sie findet zu sich selbst und entwickelt sich fernab aller Reglementierungen der chinesischen Gesellschaft zu einer starken Persönlichkeit. Gleichzeitig bleiben ihre melancholischen Erinnerungen an Vergangenheit und Heimat aber in ihrer Kunst wie ihrem Lebenswandel stets gegenwärtig. So treibt eine für sie selbst nicht faßbare Sehnsucht sie schließlich zurück in die Heimat.

Nach ihrer Rückkehr nach China in den dreißiger Jahren, wo sie ihr Wissen und ihre Kunst weitervermitteln möchte, trifft Yuliang dort aber im Gegensatz zu der ausgesprochenen Akzeptanz, die sie in Frankreich erfahren hat, auf großen Widerstand bei den noch immer in traditionellen Schemata denkenden Hütern überlieferter Künste. Als erfolgreiche und weltgewandte Frau stößt sie auch im Alltagsleben der für Innovationen und – insbesondere weibliche – Selbständigkeit verschlossenen Gesellschaft auf Ablehnung. Andererseits ist sie aber auch nicht mehr bereit, in ihrer persönlichen Entwicklung und ihrer künstlerischen Karriere zurückzustecken. Daher entscheidet sie sich für eine Zukunft fernab der Heimat. Sie kehrt nach Paris zurück, wo sie ihren Lebensabend verbringt. Die filmische Darstellung ihres Schicksals in China steht stellvertretend für Generationen unterdrückter Frauen im Reich der Mitte. Dieser Film läßt sich auch als Allegorie auf das heutige China lesen, dessen Patriarchat unabhängige Betätigung und eigenständiges Denken nach wie vor unterdrückt und damit viele Menschen in ein zumindest geistiges, oft auch ausländisches Exil getrieben hat.

Wesentlich einfühlsamer als noch in *Menschen, Geister, Gefühle* zeichnet Huang Shuqin in diesem Film ein subtiles Bild der Innenwelt ihrer Protagonistin. Deren Entwicklung spiegelt sich bei einem äußerlich bewegten Leben stets an den sie begleitenden und immer wieder in Szene gesetzten Wasserläufen. Vom verschmutzten Dorfbach über den gewaltigen Huangpu-Fluß der Hafenstadt Shanghai bis zur Seine, die die europäische Kunstmetropole sanft durchfließt, ist es stets das Wasser mit seinen ungleichen Strömungen und unterschiedlichen Farbschattierungen vom lieblich-romantischen bis zum brutal-bedrohlichen, das ihre Stimmungen spiegelt.

Kunst und Leben sind dabei für die Protagonistin, wie offenbar auch für die Regisseurin, eine untrennbare Einheit, über die sie ihr Dasein definieren. Vor dem Hintergrund der äußerlich realistischen, in der Inszenierung der Innenwelt Yuliangs aber zugleich artifiziellen und sich auf eine philosophische Ebene hin öffnenden Fabel, gelingt es ihr auf eindrucksvolle und poetische Weise, ihre Weltanschauung zum Ausdruck zu bringen. Darüber vergißt der Zuschauer fast, daß die Filmfabel sich fernab der gesellschaftlichen Realität Chinas in romantischen Metaphern und einer eher entrückten Auffassung des Lebens bewegt. Damit erreicht dieser Film nie die aktuell-politische und historisch-gesellschaftliche Relevanz der Kollegen aus der Fünften Generation.

Die Pekinger Regisseurin Zhang Nuanxin hat im Jahre 1990 mit dem Film *Guten Morgen Peking (Beijing ni zao)* eine inhaltlich wie formal dem von Huang Shuqin und Xie Fei vertretenen Filmmodell nahezu entgegengesetzte Realismusdefinition auf die Leinwand gebracht. In ihrer Darstellung des städtischen Verdichtungsraums der Metropole Peking, in der die Träume und die allgegenwärtige Suche eines jeden einzelnen nach einem ›besseren‹ Leben kulminieren, verzichtet sie fast vollständig auf Stilisierungen und die Inszenierung eigener und fremder Weltanschauung. Sie erzählt die Geschichte von vier jungen Leuten, die willkürlich aus der Menschenmasse auf den überfüllten Straßen Pekings herausgegriffen scheinen und damit exemplarisch für alle anderen stehen. Zhang Nuanxin ermöglicht Einblicke in die Innenwelten ihrer Protagonisten, wenn diese sich begegnen, Beziehungen aufbauen, sie zerstören oder versuchen, sich im Alltagsleben zurechtzufinden bzw. aus ihm auszubrechen. All das ist in vielen anderen Filmen durch Abstrahierung und Funktionalisierung im Dienst eines größeren Aussagezusammenhangs verstellt.

Realismus wird hier also weniger im Sinne Bazins oder Xie Feis psychologisch verstanden. Statt dessen folgt Zhang Nuanxin in diesem Film eher Siegfried Kracauers in Europa längst verworfener, bezüglich des chinesischen Kinos aber durchaus relevanter Theorie vom Film als Medium der ›Errettung der äußeren Wirklichkeit‹. Die Regisseurin stellt die bisher nur von wenigen ihrer Vorgänger überbrückte, ansonsten zumeist durch die staatsoffizielle Geschichtsklitterung verstellte, Verbindung zwischen Kunst und Realität unmittelbar her. Damit verwirklicht sie ihre bereits 1979 formulierte These bezüglich eines größeren Realismus im chinesischen Kino und straft damit das gesamte staatskonforme Reformkino der achtziger Jahre Lügen. *Guten Morgen Peking* läßt sich nicht auf Aussagen und Intentionen seiner Autorin reduzieren. Vielmehr zeichnet dieser Film ein, zwar nicht ganz wertungsfreies, aber doch vielschichtiges Bild einer modernen urbanen Gesellschaft zwischen Tradition und Innovation. Dabei stehen nicht Gesellschaftsmodelle und Theorien sondern die Menschen im Vordergrund. Der Film vermittelt Lebensfreude und eine realistische Hoffnung auf die Zukunft, die sich von den unerreichbaren Idealen abgrenzt, wie sie von der kommunistischen Propaganda nach wie vor verbreitet werden. Diese Hoffnung äußert sich in dem – einen Neuanfang verheißenden – Filmtitel *Guten Morgen Peking* genauso wie im Alltagsleben der dargestellten Charaktere. Deren Zuversicht auf eine bessere Zukunft steht in den neunziger Jahren im krassen Gegensatz zur politischen und gesellschaftlichen Situation und wirkt daher zugleich dialektisch auf diese zurück – eine unmittelbare Reaktion vielleicht auf die zum Zeitpunkt der Dreharbeiten noch allzu frischen Erinnerungen an die Ereignisse auf dem Tiananmen Platz und die neuerliche Ideologisierung der Kunst.

Ein im Frühjahr 1994 vorgestellter weiterer Film Zhang Nuanxins zeigt nicht die in *Guten Morgen Peking* zum Ausdruck gebrachte Frische und Leichtigkeit des Alltagslebens, sondern eine Fabel, die auf die Darstellung von Gesamtzusammenhängen ausgerichtet ist. Das Werk *Eine Geschichte aus Yunnan (Yunnan gushi)* stellt sich, nach Angaben der Regisseurin und im Werk selbst deutlich erkennbar, die unlösbare Aufgabe einer »Analyse der weiblichen Natur, insbesondere der Frauen des Ostens« (in: »China Screen«, 2/1994). An diesem Anspruch ist der Film allerdings gescheitert. Erzählt wird die im chinesischen Kino nicht mehr ganz neue Geschichte eines nach dem Krieg im südwestlichen China zurückgebliebenen japanischen Mädchens. Dieses wird von einem jungen chinesischen Offizier gerettet und folgt ihm – sei es aus Dankbarkeit, Liebe oder purer Hilflosigkeit – als seine Ehefrau in dessen Heimatdorf. Auch nach seinem frühen Tod bleibt sie bei ihrer neuen Familie. Sie heiratet nach jahrelanger Bekanntschaft in urplötzlich entbrennender Liebe ihren jüngeren Schwager. Einige Jahre später reist sie erstmals nach Japan, um ihre Eltern kennenzulernen. Trotz deren Reue für ihre Fehler in der Vergangenheit und ihr offensichtliches Bemühen um die inzwischen selbst nicht mehr junge Tochter, entscheidet diese sich zur Rückkehr nach China und zu ihrem – chinesischen – Ehemann. Gemeinsam mit ihm verbringt sie den Lebensabend in der Gegend, die ihr längst zur Heimat geworden ist.

Die filmische Aussage und somit die Aussage über die ›Natur der Frauen des Ostens‹ reduziert sich in dieser unglaubwürdig arrangierten Handlung auf den zu übenden Verzicht und ihre Fähigkeit zur Liebe, die, so fährt die Regisseurin fort, »die Grenzen von Rasse und Ländern überschreiten kann«. Keinesfalls ist es Zhang Nuanxin also gelungen, mit dieser von Klischees strotzenden und selbst in China kaum noch zeitgemäßen Handlung und insbesondere deren bewußt auf die emotionelle Zuschauerreaktion abgestimmten melodramatischen Inszenierung der Natur der Frauen, was auch immer darunter zu verstehen sei, analytisch näher zu kommen. Ganz im Gegenteil hat sie den Frauen mit dieser Charakterisierung als selbstlose und opferbereite Anhängsel ihrer Männer einen schlechten Dienst erwiesen. Ein subtiler, weitgehend wertfreier realistischer Blick, wie er ihr im Film *Guten Morgen Peking* bezüglich der urbanen Gesellschaft gelungen war, ist ihr hier versagt geblieben. Im Frühjahr 1995 hat Zhang Nuanxin in Peking ihr letztes Werk *Südliches China (nan Zhongguo)* vorgestellt. Kurz darauf verstarb sie während der Dreharbeiten zu einem weiteren Spielfilm über die Rolle der Frau in der Gesellschaft, der auf der im Herbst 1995 in Peking abgehaltenen Weltfrauenkonferenz einem weltweiten Publikum hätte präsentiert werden sollen.

Auch Zhang Nuanxins Pekinger Kollege Huang Jianzhong konnte nach 1989 mit seinen romantisch verklärenden lyrischen Filmepen *Frühlingsfest (guonian,* 1991) und *Berggott (shanshen,* 1992) über das Leben der Minoritätenvölker im chinesischen Hinterland sowie schönfärberischen Werken über den gesellschaftlichen Wandel der Reformperiode wie *Drachenjahr-Polizisten (longnian jingguan,* 1990) oder *Haus des Nebels (wuzhai,* 1994) nie mehr an die gesellschaftspolitische Relevanz seiner frühen Schaffensphase heranreichen. Wie die meisten seiner Künstlerkollegen ist er offensichtlich vor den Drohungen der Machthaber in die inhaltliche Konformität und künstlerische Belanglosigkeit ausgewichen.

In erster Linie war es hingegen Xie Fei, der das Kino der Vierten Generation mit vier neuen Werken unterschiedlicher Thematik und formaler Umsetzung in die neunziger Jahre führte. Unmittelbar nach der Niederschlagung der Demokratiebewegung und unter dem Eindruck der sich anspannenden politischen Lage legte er im Jahre 1989 seinen Film *Schicksalsjahr (benmingnian)* vor. Diesen hatte er zwar lange geplant, er verwies in seiner Endfassung aber dennoch deutlich auf die Niederschlagung der Demokratiebewegung. Der Titel dieses Streifens, der sich in das Zentrum der politischen Gewalt, die Hauptstadt Peking, begibt, deutet bereits auf seine politische Brisanz. Sie macht ihn zu einem der wenigen Werke von Filmkünstlern aus den älteren Generationen, die nicht mit der Distanzierung von jeglicher politischen Stellungnahme und der Flucht in das zeitlose Melodram oder das Unterhaltungsgenre reagiert haben. Vielmehr zeichnet er ein drastisches Bild der erneut geknüppelten Gesellschaft. Damit begibt er sich – mit hintergründiger Symbolik und Metaphern verschlüsselt – auf das Glatteis der vorsichtigen oppositionellen Teilnahme am politischen Prozeß.

Schicksalsjahr
(benmingnian, 1989, R: Xie Fei)

Xie Feis Gesellschaftskritik ist allerdings an keiner Stelle so radikal wie diejenige der Avantgardisten aus der Fünften Generation mit ihrer grundsätzlichen Verurteilung der gesamten zweitausendjährigen konfuzianischen und der kurzen sozialistischen Geschichte. Immerhin betrachtet aber auch er in diesem Werk Geschichte und Gegenwart nicht isoliert, sondern stellt Zusammenhänge her und sucht die Ursachen für die Ereignisse in kulturverwurzelten Eigenarten der Gesellschaft. Der Modernisierungsprozeß erweist sich als Fassade, während die Regierung und die Menschen in Wirklichkeit unfähig zur Weiterentwicklung sind. Dagegen sind eine aus den bäuerlichen Wurzeln der chinesischen Kultur zu formende ehrliche Moral und Ethik die Stichworte, über die Xie Fei seine Zukunftshoffnung bezieht. Daß sein moralischer Held dennoch scheitert, zeugt von der tatsächlichen Perspektivenlosigkeit der Gesellschaft unmittelbar nach Tiananmen, die auch Xie Fei nicht verborgen geblieben ist.

Der Film *Schicksalsjahr* erzählt die Geschichte Li Huiquans, der im Jahre 1988 nach vielen Jahren der Zwangsarbeit aus einem Straflager in seine Heimatstadt Peking heimkehrt. Er war wegen seiner Beihilfe zu einer von seinem Freund begangenen Vergewaltigung verurteilt worden. Ein Verbrechen aus falsch verstandener Freundespflicht und Hilfsbereitschaft, mit dem er exakt die allseits gepflegte konfuzianische Tugend der Freundespflicht bedient und damit die kulturellen Widersprüche Chinas geweckt hat.

Die aus Xie Feis früheren Werken bekannte melodramatische Erzählweise steht in *Schicksalsjahr* deutlich hinter den kultur- und sozialkritischen Aussagen sowie den eindrucksvollen Charakterzeichnungen und kühl inszenierten, zumeist im Dunkeln gehaltenen, Stadtbildern zurück. Diese erinnern an das düstere Milieu amerikanischer Städte der vierziger und fünfziger Jahre und den einzelgängerischen, zynischen Helden des Film Noir. Mit unfaßbaren, bedrohlich wirkenden Bildern aus Peking wird die nach seiner langen Abwesenheit auch für Li Huiquan fremd gewordene Welt in Szene gesetzt. In den Straßen zwischen traditionellen Hofhäusern und weltstädtischen Glasfassaden und den alten und traditionsverbundenen Leuten auf der einen und der modernen, westlich beeinflußten jungen Generation auf der anderen Seite zeigen sich die Widersprüche, mit denen Li Huiquan konfrontiert wird. Das Leben seiner Altersgenossen ist von Geschäften und schnellen Vergnügungen geprägt, während sie selbst ohne gesellschaftliche Bezugspunkte und Werte und ohne zukunftsweisende Perspektiven bleiben. Sie stilisieren ihr Dasein in einer künstlich geschaffenen Halbwelt nach den exotischen Vorstellungen vom fernen Westen, ohne daß man in ihren Gesichtern oder Handlungen jemals Zufriedenheit oder gar Glück ablesen könnte.

Doch all das bleibt für Li Huiquan nur Kulisse. Es gelingt ihm nicht, in dieser Gesellschaft Fuß zu fassen, deren eine Hälfte ihn nach traditionellen Normen der Moral als Verbrecher ausstößt, während die andere Hälfte ihm und seinen Moralvorstellungen auf seiner Suche nach Sinn und Halt nur Unverständnis entgegenbringen kann. So empfindet er sich selbst als Fremdkörper in der tatsächlich von Täuschung und Betrug bestimmten Welt, die ihre Werte und Ideologien lediglich als leere Chiffren präsentiert. Sein Scheitern und der tragische Tod nach einer erneuten Auflehnung gegen erlittenes Unrecht stehen exemplarisch für das Schicksal unzähliger Chinesen, die für ihre Ideale und ihre ehrliche Auffassung von Moral in den Tod gegangen sind und von der Geschichte dafür nichts als Verachtung erfahren haben. Wie er sind sie für ihre Haltung, die den moralisch-ideologischen Richtlinien der Partei zwar entspricht, den Realitäten in China tatsächlich aber krass zuwiderläuft, aus der Gemeinschaft der ›Guten‹ ausgestoßen worden. Diese definiert sich nämlich nicht über Taten und Gesinnung sondern über einen festgelegten Verhaltenskodex, der weniger die Moral als vielmehr die Loyalität gegenüber den jeweiligen Machthabern und ihren – oft beliebig bemühten – Regeln zum Mittelpunkt hat. Treffend kommentiert ein Polizist beim Anblick von Li Huiquans Leiche im Park: »Sicher ein Besoffener oder ein Verrückter«. Ansonsten geraten die meisten Menschen, die sich durch ihre Moral gegen die Willkür der Mächtigen erhoben haben, bald in Vergessenheit – wie inzwischen auch schon die Opfer vom Tiananmen Platz, die naivgutgläubig ihre Rechte und gesellschaftlichen Pflichten haben wahrnehmen wollen. Auch die konsequente Moral Li Huiquans in seinem – durch den Rhythmus des chinesischen Tierkreises bestimmten – ›Schicksalsjahr‹ gründet auf einem konsequenten Individualismus und Selbstverantwortlichkeit, die nach Jahrtausenden der Normierung und Kategorisierung erst wieder zu erlernen sind. Nichtsdestoweniger begründet Xie Fei seine Zukunftshoffnungen auf dieser natürlichen, von den Normen und Machtansprüchen der Gegenwart unbelasteten Moral, die im sozialistischen China zugleich auch immer politische Opposition bedeutet.

Xie Feis nächster Film *Die Sonne am Dach der Welt* (*shijie wuji de taiyang*, 1991), das preisgekrönte Werk *Die Sesammüllerin* (*xianghunnü*, 1992, VT: *Die Frauen vom See der unschuldigen Seelen*) und seine bisher letzte Arbeit *Eine mongolische Sage* (*heima*, 1995), die mit eindrucksvoller visueller Umsetzung auf die Leinwand gebrachte Geschichte einer Jugendliebe in der Inneren Mongolei, heben die traditionelle, der Lyrik verhaftete filmische Erzählform wieder in den Vordergrund. In *Die Sonne am Dach der Welt* erzählt er vor dem Hintergrund des okkupierten Tibets die Geschichte eines jungen – natürlich han-chinesischen – Paares. Diese endet tragisch, als das schwangere Mädchen Milan sich von Mann und Vaterland trennt und für eine Zukunft in Amerika entscheidet. Ihr Geliebter Fang Jingsheng hingegen ist nicht bereit, sein Engagement für ein Entwicklungsprojekt in Tibet aufzugeben. Dafür stirbt er letztendlich bei seinem selbstlosen Einsatz im Kampf gegen eine Explosionsserie. Die überdeutliche moralische und nationalistische Attitüde, die Xie Fei seinem Film unterlegt hat und an der seine Dramaturgie erheblich leidet, reiht ihn fast in das Reformkino ein. Dafür spricht nicht zuletzt der dramatisch inszenierte Tod des jungen Mannes, der ihn in eine lange Reihe namenloser für die Revolution gestorbener Heroen in der Geschichte wie Filmgeschichte stellt. Selbst die Schönheit der Bilder, mit denen Xie Fei im *Mädchen aus Hunan* das Publikum verzauberte, vermochte er hier nicht mehr hervorzubringen.

In seinem international erfolgreichsten Film *Die Sesammüllerin* ist Xie Fei das wieder besser gelungen. Darin erzählt er die Geschichte der lebensfrohen Xiang Ersao, die gemeinsam mit ihrer Familie in einer Gegend am landschaftlich reizvollen Sesamsee eine Mühle leitet – ein Joint Venture mit japanischen Kapitalgebern. Die immer wieder in langen Einstellungen in Szene gesetzten, an die traditionelle romantische Landschaftsmalerei erinnernden, Bilder ihres Lebensraums und die melodramatische Handlung haben sicher nicht unwesentlich zu der hohen Bewertung dieses Films auf der Berlinale im Jahre 1993 beigetragen, wo er den Goldenen Bären verliehen bekommen hat. Diesen Bildern berückender Schönheit steht die Lebensrealität der Protagonistin antagonistisch gegenüber. Ihr Leben verläuft nämlich keineswegs so harmonisch, wie es das äußere Erscheinungsbild glauben macht, das so überdeutlich dem konfuzianischen Ideal einer hierarchisch geordneten Familie entspricht. Sie lebt in Ehe mit einem gewalttätigen Trinker und hat Schwierigkeiten mit einem geistig zurückgebliebenen Sohn. Nicht das ferne, sowohl konfuzianischen wie auch sozialistischen Maßstäben widersprechende Ziel der Selbstverwirklichung und des Ausbruchs aus ihrer engen Welt ist es, was sie in die Arme eines Liebhabers treibt und dazu bewegt, für ihren Sohn eine auffallend schöne Frau zu suchen. Vielmehr wird sie durch den Wunsch nach Harmonie und familiärer Wärme angetrieben, die sie von ihrem Mann nicht zu erwarten hat. Dieses Streben nach einem kleinen persönlichen Glück innerhalb der gesellschaftlichen Schranken sowie das vorsichtige Erkunden von deren Grenzen bestimmen die behutsam inszenierte Handlung. Darüber hinaus steckt sie die engen Grenzen individueller Freiheit ab, die Regierung und Gesellschaft den Menschen zugestehen und die auch dieser Film nicht in Frage stellt. Xie Fei bringt an keiner Stelle innovative Gedanken oder entsprechende filmische Mittel hervor. *Die Sesammüllerin* ist letztlich eine Hommage an die traditionelle chinesische Moral und Ästhetik, die die vollständige Harmonie von Gesellschaft und Natur verkündet. Dabei spielt das Individuum tatsächlich aber keine Rolle und wird lediglich in seiner Funktion innerhalb des hierarchisch definierten gesellschaftlichen Gesamtgebildes betrachtet.

Alles in allem zeigt sich selbst in den meisten kunstorientierten unabhängigen Filmen der achtziger und neunziger Jahre, wie wenig sich nach einhundert Jahren gesellschaftlicher und künstlerischer Erneuerung am Bewußtsein der Menschen in China verändert hat, und wie wenig die Kunst in der Lage ist, ihre durch die Traditionen vorgegebenen Beschränkungen zu überwinden. Daß dies trotz aller Widerstände dennoch möglich ist, haben hingegen die Filmavantgardisten der Fünften und Sechsten Generation seit den achtziger Jahren eindrucksvoll unter Beweis gestellt.

IV. Auf dem Weg zu internationaler Anerkennung: Das Avantgardekino der achtziger und neunziger Jahre

1. Vergangenheitsbewältigung und Kulturkritik: die Fünfte Generation

Mitte der achtziger Jahre drängten die Filmavantgardisten der Fünften Generation an die chinesische Öffentlichkeit. Ihre Werke waren Teil einer innovativen Bewegung in allen Bereichen der Kultur. Sie haben das chinesische Kino revolutioniert und nach seinen Erfolgen in den dreißiger und vierziger Jahren wieder reputierlich gemacht. Den Filmschaffenden der Fünften Generation sind ihre Erfahrungen aus Kindheit und Jugend und das Studium an der Pekinger Filmakademie nach 1978 gemeinsam. Sie haben mit ihren avantgardistischen Ausdrucksformen im künstlerischen Medium Film – neben literarischen Neuanfängen – die Künste in China erstmals wieder als individuelle und politisch oppositionelle Ausdrucksform persönlicher Weltanschauung definiert. Mehr als alle ihre Berufsgenossen in China, Taiwan und Hongkong haben sie die überkommenen Beschränkungen durch den strengen konfuzianischen Moralkodex, die traditionellen gesellschaftlichen Hierarchien und die jeweilige Staatspolitik abgeschüttelt. Darüber sind sie zu einer beispiellosen Eigenständigkeit und Vielfalt der Darstellungsweisen unter kritischer Einbeziehung sowohl traditioneller chinesischer wie auch importierter Ästhetik gelangt. Ihre kritische Sicht auf die Gesellschaft konnten sie angesichts der harschen Zensur allerdings nur in Metaphorik und einer subtilen Symbolsprache zum Ausdruck bringen. Diese künstlerische Stilisierung ist zum Markenzeichen ihres Schaffens geworden. Gleichzeitig bedeutete das Mitte der achtziger Jahre den entschlossenen Bruch mit allen unter der kommunistischen Herrschaft begründeten oder weiterexistierenden Genres und Darstellungsweisen und eine beispiellose Reflexion von erlebter chinesischer Geschichte und Filmgeschichte. Die Künstler der Fünften Generation haben auch über die Erfolge auf internationalen Filmfestivals hinaus im eigenen Land ihren Beitrag zu einer allmählichen Lösung der starren und unfreiheitlichen Strukturen geleistet. Das hat sich im Bewußtsein immer breiterer

Kreise, leider aber noch nicht in den Köpfen einer machtversessenen Funktionärsschicht, niedergeschlagen. Diese hindert auch noch Mitte der neunziger Jahre alle individualistischen und politisch oppositionellen Künstler am Arbeiten. Ihre Werke werden indiziert, und sie persönlich diffamiert und verfolgt.

Die Motive ihres künstlerischen Schaffens bezog die Filmavantgarde der Fünften Generation vornehmlich aus der eigenen Vergangenheit, die seit ihrer Geburt in den frühen fünfziger Jahren von der totalitären Machtpolitik Mao Zedongs geprägt war und sich bis in den persönlichen Lebensbereich der meisten Familien auswirkte. Die politische Indoktrination begegnete in ihrer Jugend überall im öffentlichen Leben und stand damit in krassem Gegensatz zur traditionellen elterlichen Erziehung. Die Kinder dieser Generation wuchsen in einem stark polarisierten Umfeld auf, das ihnen stets ein klares Feindbild in Gestalt ›imperialistischer Mächte‹, der Anhänger und Sympathisanten der Nationalregierung auf Taiwan wie der eigenen Verwandten aus der Bürgerklasse vermittelte und zu einem permanenten Minderwertigkeitsgefühl führte. Dabei waren die Machthaber immer mehr darum bemüht, auch schon bei dieser jüngsten Generation Klassenhaß zu schüren und sie damit auf ein reibungsloses Funktionieren im Sinne des Staatsapparats vorzubereiten. Angesichts der Widersprüchlichkeit in der Staatsführung und ihrer häufigen – durch innerparteiliche Machtkämpfe ausgelösten – Linienwechsel wurden die gesellschaftlichen Antagonismen allerdings immer undurchsichtiger. Die Entwicklung spitzte sich schon in den späten fünfziger Jahren deutlich auf einen Kampf ›Jeder gegen Jeden‹ zu. Darin wiederum drückte sich Hoffnung wie Furcht der Menschen gleichermaßen aus.

Wenn all diese Erscheinungsformen des Klassenkampfes im kommunistischen China auch nicht unmittelbar den Ausbruch der Kulturrevolution im Jahre 1966 bewirkten, so waren sie doch von entscheidender Bedeutung für deren Eskalation, an der nicht wenige der späteren Filmemacher selber aktiv beteiligt gewesen waren. Das betrifft in erster Linie die Gewalt, die sich im ganzen Land ausbreitete und China in ein beispielloses Chaos stürzte. Gesellschaftliche Polarisierung, vollständige Ideologisierung und Politisierung aller Bereiche mitsamt der mit totalitären Mitteln indoktrinierten kommunistischen Ideale und ihrer Symbole, der Kampf um knapper werdende Ressourcen, die eine Abhängigkeit von der Willkür lokaler Kader mit sich brachte, und schließlich der in der Führungsspitze der Partei lange schwelende Machtkampf wie auch der Personenkult um Mao Zedong. All dies sind Ereignisse, die die chinesische Gesellschaft und die Heranwachsenden jener Zeit geprägt haben.

Dazu kamen die Erfahrungen der harten Arbeitseinsätze, zu denen Mao alle Mittelschüler in den urbanen Zentren zwecks ›Umerziehung durch Leben und Arbeit bei den bäuerlichen Massen‹ im Frühjahr 1966 aufgerufen hatte. Während Mao den Städten dadurch in erster Linie ein Ventil zu verschaffen beabsichtigte, wurde der Kontakt der Jugendlichen aus den Städten zur bäuerlichen Lebensweise zum Wendepunkt ihres Lebens. Die prägenden Jahre der Landverschickung brachten sie der archaischen Lebensweise auf dem Lande, aber auch einer möglichen vorkommunistischen Vergangenheit Chinas, näher. Dabei entdeckten sie ihre Zuneigung zu einem natürlichen Lebensstil, in dem sie die Wurzeln der chinesischen Volkskultur mit all ihren positiven und negativen Eigenschaften wiederentdeckten. Zugleich bot er ihnen eine Alternative zur ideologisierten Gesellschaft. In der fremden Umgebung, in der sie erst lernen mußten sich zu behaupten, fand ein Prozeß der individuellen Selbstfindung statt. All dies hatte unübersehbar Einfluß auf die Werke dieser Künstlergeneration.

Als die Jugendlichen nach Beendigung der linksradikalen Herrschaft in den späten siebziger Jahren in die Städte zurückkehrten, warb die staatliche Propaganda für ein bürgerliches Leben. Eine Aufarbeitung der Vergangenheit blieb hingegen aus. So erlebten sie einerseits einen radikalen Wertewandel und den Bruch mit den ihnen nach Jahrzehnten des politischen Radikalismus längst vertrauten Antagonismen, andererseits aber blieben ungezählte Fragen, die die Vergangenheit hinterlassen hatte, unbeantwortet. Die jungen Erwachsenen lebten in der äußerlich heilen Welt der zusehends verwestlichten – und gleichzeitig gesichtslos gewordenen – Städte, den Motoren des Wirtschaftsaufbaus. Während die Staatsmacht weiterhin auf ihre uneingeschränkte Herrschaft insistierte und tatsächliche Innovationen im intellektuellen Bereich kaum stattfanden, paßten nun die vielen hundert Millionen Bauern, die jahrzehntelang zu Vorbildern für die Heranwachsenden stilisiert worden waren, nicht mehr in das propagierte Bild einer nach westlichen Mustern konsumorientierten Gesellschaft. Die von Mao angestrebte Sinisierung war damit endgültig gescheitert, das Wertesystem, nach dem die Jugendlichen großgezogen worden waren, außer Kraft gesetzt.

Gleichzeitig konnten die Studierenden die Restriktionen beobachten, mit denen auch die neuen Machthaber ihre Kritiker – darunter insbesondere wieder die Künstler – zu sozialisieren versuchten. Dazu zählten nicht zuletzt die blutige Niederschlagung des Pekinger Frühlings (1979) und die hohen Haftstrafen für seine Aktivisten. Die neue Parteiführung hatte sich bei den jungen Intellektuellen damit nachhaltig diskreditiert. Doch auch die sich ausbreitende Idee von Demokratie, individueller Selbstbestimmung und künstlerischer Freiheit, die sich in Form von politischen Traktaten, vergangenheitsbewältigender Prosa, einprägsamen Gedichten und selbst in einigen oppositionellen Filmwerken wie *Bittere Liebe* (1979) niederschlugen, blieben den Filmemachern der Fünften Generation nachhaltig im Gedächtnis. Auch sie flossen unübersehbar in ihre spätere Arbeit ein, wurden allerdings radikal unterdrückt.

Die Werke dieser Regisseure der Fünften Generation wurden mehr noch als alle anderen Genres in der chinesischen Filmgeschichte zuvor zu Manifestationen der Gesellschaftsgeschichte, die ihre persönlichen Geschichten maßgeblich prägte. Die Aufarbeitung und kritische Reflexion erlebter Geschichte beschränkt sich dabei aber in den wenigsten Fällen auf die dargestellte oder durch die Filmhandlung parabolisch ins Bild gesetzte Zeit. Vielmehr wird in den Filmkunstwerken von Regisseuren wie Chen Kaige, Huang Jianxin, Tian Zhuangzhuang, Wu Ziniu oder Zhang Yimou das umfassende Bild einer Kultur entworfen, die sich seit zwei Jahrtausenden in den engen Grenzen eines Apparates unvernünftiger Dogmen und Riten bewegt. Die Unfähigkeit der chinesischen Kultur zu einer fruchtbaren Weiterentwicklung liegt einerseits in dem bedingungslosen Ahnenkult des Konfuzianismus begründet, nach dem jegliche Innovation und jeder eigenständige Gedanke als Verbrechen an den Vorfahren gewertet wird. Andererseits resultierte sie in der zweiten Hälfte des 20. Jahrhunderts aber auch aus der dogmatischen Starre des sozialistischen Systems, dessen Vertreter nach wie vor nicht in der Lage sind, den Menschen realistische Perspektiven zu vermitteln und ihre Herrschaft statt dessen unverändert über die Vergangenheit des Guerilakrieges gegen Japan und die Revolution legitimieren, ohne nennenswerte Neuerungen zu etablieren. In der dadurch hervorgerufenen geistigen Isolation sind der Gesellschaft Menschlichkeit, Natürlichkeit und die für eine Weiterentwicklung unabdingbare Individualität und Kreativität abhanden gekommen. Das zeigt sich in den vergangenen theokratischen Herrschaftsapparaten der chinesischen Kaiser genauso wie in der totalitären Politik Mao Zedongs; nicht zuletzt aber auch in der Realität der achtziger und neunziger Jahre mit ihren wachsenden sozialen Spannungen, ihrem Werteverlust und einer unübersehbaren Identitätskrise Chinas und seiner Bürger. Diese Entwicklungen laufen den Versprechen der Machthaber unter Deng Xiaoping von einem wirtschaftlich blühenden Staat krass zuwider. Insbesondere der ungebrochene Machtanspruch der Pekinger Führer zeigt deren Willen zur Beibehaltung tradierter Hierarchien und unterstreicht damit die trotz Revolution und Reformpolitik ungebrochene Kontinuität der Geschichte bis in die Gegenwart. Hoffnung gerät zum sekundären Faktor der angesichts der erlebten Realität oft resignativen Aussagen der Filmkünstler aus der Fünften Generation, bleibt aber als Motor für ihr Schaffen auch für den Zuschauer zumindest unterschwellig erkennbar. Mit vielfältigen visuellen und auditiven Mitteln haben sie die chinesische Filmsprache neu definiert und ihrem Medium seine künstlerische wie soziopolitische Relevanz zurückverliehen. Dabei sind sie aber weiterhin Opfer einer restriktiven Unterdrückungspolitik geblieben. Diese schlug ihnen nach der Niederschlagung der Demokratiebewegung von 1989 in den neunziger Jahren mit neuer Vehemenz entgegen und hat ihnen das Filmemachen durch die strenge Zensierung ihrer Filme, zeitweilige Arbeitsverbote, die immer schwierigere Zusammenarbeit mit den nach wie vor staatlichen Studios und Verboten der Zusammenarbeit mit ausländischen Koproduzenten, die die Finanzierung, Fertigstellung und Vermarktung ihrer Werke seit den späten Achtzigern regelmäßig übernehmen, zusätzlich erschwert.

Trotz der strengen Zensur, mit denen die heutigen Machthaber insbesondere sich selbst und ihre Herrschaft aus der Kritik heraushalten wollen, haben sich die Filmkünstler der Fünften Generation neben vorwiegend vergangenheitsbewältigenden, allein über die Darstellung von Geschichte auch die Gegenwart reflektierenden und Zukunft antizipierenden Parabeln auch der chinesischen Gegenwart und Zukunft zugewandt. Indem Regisseure wie Zhang Yimou, Chen Kaige oder Huang Jianxin seit den frühen Neunzigern die Fabeln ihrer Filme verstärkt auch in die Gegenwart verlagern, sprechen sie unmittelbar auch aktuelle Probleme an. Diese betreffen in erster Linie den Konflikt zwischen der raschen wirtschaftlichen Modernisierung und dem alten – ambivalenten – Wertemodell. Kultur und Denkweise der Menschen und nicht zuletzt ihr Bildungsniveau vermochten sich der raschen Entwicklung noch nicht anzupassen. In einem System, das all seine tradierten Werte für den ökonomischen Aufbau über Bord geworfen hat und das dadurch entstandene kulturelle Vakuum mit inhaltslosen nationalistischen Parolen zu füllen versucht, ist die Entfaltung menschlicher Eigenschaften und Fähigkeiten weiterhin nahezu unmöglich. Diese erneute Identitätskrise und die fortschreitende Entwurzelung der Menschen, die den Künstlern tagtäglich begegnen, haben die vergangenheitsbewältigenden Themen vieler Werke der Fünften Generation in den Neunzigern allmählich abgelöst.

Alles in allem haben Regisseure wie Chen Kaige, Huang Jianxin, Tian Zhuangzhuang, Wu Ziniu oder Zhang Yimou das chinesische Kino mit ihren mutigen Filmexperimenten, mit denen sie provokativ mit allem bisher dagewesenen gebrochen haben, sowohl künstlerisch wie auch auf der Ebene von Inhalt und Aussage entscheidend bereichert. Sie haben die gesellschaftliche Verantwortung übernommen, sich von der parteilichen Bestimmungsgewalt zu lösen, um als selbstbewußte Intellektuelle den Menschen Perspektiven zu eröffnen und soziopolitische Alternativen anzubieten. Zumindest haben sie gemeinsam mit den Mitstreitern aus Literatur, Wissenschaft und den anderen Künsten einen kritischen Blick auf die Gesellschaft gewagt und dabei alle in China damit immer noch verbundenen persönlichen Risiken hingenommen. Dadurch unterscheiden sie sich wesentlich von den meisten Kollegen aus älteren Generationen sowie von ihren Altersgenossen, die die bequeme Rolle von Opportunisten wählten und damit ihrer Verantwortung als Intellektuelle ausgewichen sind.

Alle vorgestellten Werke der avantgardistischen Filmemacher aus der Fünften Generation sowie einige weitere von Regisseuren wie Wang Junzheng oder Xia Gang sind auf die ein oder andere Weise von den äußeren Umständen geprägt, die Einfluß auf den persönlichen und künstlerischen Werdegang dieser Generation genommen haben und in der Kunst reflektiert werden. Gemeinsam war ihnen die Suche nach einer Identität, die auch die Gesellschaft der achtziger und neunziger Jahre ihnen nach der verheerenden

Kampagnenpolitik der fünfziger und sechziger Jahre und der Kulturrevolution nicht zu bieten imstande war und ist. Darüber stellten sie in eindrucksvollen Werken mit einer in der chinesischen Filmgeschichte erstmals deutlich werdenden persönlichen Handschrift die traditionellen Strukturen wie auch das herrschende Gesellschaftssystem und die zum Dogma erhobenen Werte der traditionellen Kultur in Frage. Sie wiesen Wege in die Zukunft, in der – so hofften sie – das chinesische Volk und der einzelne Mensch von den Zwängen der nationalen Geschichte, der Starre der konfuzianisch geprägten Tradition, der Dogmatik des herrschenden kommunistischen Systems und nicht zuletzt der unreflektierten Übernahme importierter Gesellschaftsformen und Lebensanschauungen befreit und zu selbstverantwortlichem Leben befähigt sein werden.

Dabei ist es den Filmschaffenden gelungen, ihre Kunst auch formal neu zu definieren. Sie haben expressive, aber auch überraschend realistische und sich dem Naturalismus annähernde filmgestalterische Mittel eingeführt. Darüber hinaus haben sie fremde Filmtheorien kritisch auf ihre Kultur bezogen und die eigenen Kunsttraditionen von ihrer einschnürenden Dogmatik befreit. So entstand eine eigenständige filmische Ausdrucksweise, die zwar – mit Ausnahmen – kulturübergreifend verständlich ist, dabei aber unübersehbar chinesische Charakteristika aufweist, über die sich das Kino der Fünften Generation als nationale Kinematographie definiert. In ihren Händen hat der Film nach einem Jahrhundert seiner Existenz seinen festen Platz im Spektrum der chinesischen Künste wie auch in der internationalen Filmgeschichte finden können. Allerdings haben die Filmschaffenden dabei nach wie vor gegen den Widerstand einer machtversessenen Führungsclique in Peking wie gegen versteinerte Traditionen im Volksbewußtsein zu kämpfen, das jede Neuerung, die über die Wirtschaft hinausgeht, noch immer ungeprüft ablehnt.

Chen Kaige

Chen Kaige (geb. 1952), der Sohn des Filmregisseurs Chen Huaiai, wurde bereits im Jahre 1957 durch die Tätigkeit seines Vaters aus der von Mao Ze dong heraufbeschworenen Gemeinschaft ausgestoßen. Auch die aktive Beteiligung an den zerstörerischen Aktionen der Rotgardisten während der Kulturrevolution, die er in seiner Autobiographie (dt.: *Kinder des Drachen*, 1994) eindringlich beschrieben hat, verhalf ihm nicht zu der ersehnten gesellschaftlichen Anerkennung. Zwischen 1969 und 1976 verbrachte er prägende Jahre bei der Arbeit in den Kautschukplantagen und als Soldat in der südwestchinesischen Provinz Yunnan. Nach seiner Rückkehr nach Peking und dem Abschluß des Studiums an der Filmakademie produzierte er im Jahre 1984 gemeinsam mit dem Kameramann Zhang Yimou seine erste Regiearbeit im Filmstudio der südchinesischen Stadt Nanning. Schon in diesem frühen Werk reflektiert er eindringlich seine Erfahrungen mit der erlebten Geschichte, bringt unmißverständlich seine Zweifel an den bestehenden Autoritäten zum Ausdruck und kritisiert insbesondere die Menschen, die sich in China in der Geschichte und bis heute nicht zu geistiger Unabhängigkeit gegenüber den jeweiligen – selbsternannten – Machthabern haben erheben können.

Gelbe Erde (*huang tudi*, 1984)

Mit *Gelbe Erde* schuf Chen Kaige einen Film, in dem er zugunsten einer expressiven filmischen Gestaltung die Handlung auf das äußerste verknappt hat. Der Film spielt im Jahre 1939 in Shaanbei, dem nördlichen Teil der Provinz Shaanxi. Die eintönige, nahezu baumlose hügelige Lößlandschaft am Oberlauf des Gelben Flusses beherrscht die Bilder. Sie wird zum Mitspieler und Kontrahenten der in ihr lebenden Menschen. Der Gelbe Fluß und die von den Staubstürmen der Wüste Gobi gelb überzogene nordchinesische Landschaft gelten in der chinesischen Mythologie als Wiege der Nation. Damit greift Chen Kaige auf eine Mythifizierung dieses Landstrichs zurück, deren sich die chinesischen Machthaber zu allen Zeiten bedient haben und bedienen. Die gelbe Farbe ist als bestimmendes Element dieses Films Sinnbild für Wandlung und Wandlungsfähigkeit. Darüber hinaus ist sie der Inbegriff der chinesischen Zivilisation, wie sie die Farbe der kaiserlichen Herrscher des Reiches der Mitte war und auch die kommunistische Nationalflagge schmückt. Auf der anderen Seite widersprechen diese eintönige Landschaft und die in ihr lebenden Menschen dem chinesischen Schönheitsideal, wie es seit zwei Jahrtausenden gepflegt wird und sich deutlich in Literatur und Kunst niedergeschlagen hat. Dieses bevorzugt die sanft geschwungenen Hügelgegenden und gewaltigen Gebirge des Südens mit ihrer feinstrukturierten Landschaft.

Doch es ist gerade die Zuneigung zu und seine Identifikation mit dem grobschlächtigen nordchinesischen Menschenschlag, woraus der Regisseur Hoffnung für die Zukunft ableitet. In diesen Menschen, die zwar als Ursprung der chinesischen Zivilisation und Vertreter des Nationalcharakters gelten, zugleich aber weitgehend von deren Entwicklung ausgeschlossen blieben, entdeckt Chen Kaige die durch Kampagnen und Kulturrevolution erschütterte Identität des Volkes und jedes einzelnen wieder. Ihre Rückständigkeit und Unberührtheit von äußeren Einflüssen evoziert eine Aura von Reinheit, die den Charakter dieser Menschen prägt und deren Charme ausmacht. Auf der anderen Seite repräsentiert sie aber auch eine Verschlossenheit und Starre, die die Bauern unzugänglich erscheinen lassen und Veränderungen verhindern. Es sind die Menschen und die Landschaft, die – untrennbar miteinander verknüpft – das Thema von *Gelbe Erde* bestimmen. Der Regisseur zeichnet die Charaktere mit einem Höchstmaß an Individualität und begreift auch die Umwelt mit ihrem unverwechselbaren Charakter als Mitspielerin der Handlung. So ist der Film gleichermaßen eine Liebeserklärung gegenüber den Menschen wie eine Anklage gegen sie und gegen das gesellschaftliche System, das sie prägt und das sie tragen.

In Gestalt des kommunistischen Offiziers Gu Qing dringt das Fremde in die abgeschlossene Welt eines kleinen Dorfes ein. Dieser zieht auf der Suche nach Volksliedern durchs Land, um deren Melodien – mit revolutionären Texten unterlegt – in die Propagandaarbeit seiner Partei im nahen Yanan einfließen zu lassen. Bei seiner Ankunft im Dorf wohnt Gu Qing einer Hochzeitszeremonie bei. Die Verknüpfung von Armut und Rückständigkeit mit einer unbändigen Lebensfreude weist auf das Defizit an positivem Lebenswillen hin, an dem die moderne chinesische Gesellschaft generell leidet. So inszeniert Chen Kaige die fröhliche Hochzeitszeremonie in opulenten Bildern, in denen an keiner Stelle zu erkennen ist, wie schwer es den Menschen fällt, ihre Armut zu ertragen. Während dieser Zeremonie, bei der ausgerechnet die verschleierte Braut nicht in die fröhliche Stimmung hineinzupassen scheint, wird die Protagonistin, das dreizehnjährige Mädchen Cuiqiao, als Beobachterin in die Handlung eingeführt. Gemeinsam mit ihrem gerade siebenundvierzigjährigen und doch schon vergreisten Vater und ihrem jüngeren Bruder Hanhan lebt sie in einer der für die Gegend typischen Höhlenwohnungen, in deren Bild sich zusätzlich Archaisches manifestiert. Der Fremde dringt nun immer weiter in ihre Welt ein und infiziert sie mit für sie bis dahin unvorstellbaren Gedanken.

Der Zufall bestimmt, daß Gu Qing ausgerechnet in der Höhle der Familie Cuiqiaos Quartier nimmt. Während der gemeinsamen Abende erzählt er den begeisterten Kindern von den sozialen Reformen in Yanan, der Bildung, auf die dort auch Frauen Anspruch haben, und der freien Partnerwahl, die dort herrsche und damit auch den Frauen ungeahnte Lebensperspektiven eröffne. Dabei sind die Kommunistische Partei und Yanan als Perspektive und Ziel der Zukunftshoffnungen, die sich aus den Erzählungen in Cuiqiao formen, als Tribut an die Zensoren zu verstehen, während sie für Handlung und Aussage kaum Bedeutung haben. Gu Qing und Yanan stehen vielmehr als Synonyme für die Außenwelt, mit der die Menschen nach Jahrtausende andauernder Starre und Abgeschlossenheit konfrontiert werden. Für Cuiqiao, die Vertreterin der in Traditionen und der Dogmatik des jeweiligen – feudal-theokratischen bzw. sozialistisch-bürokratischen – Systems gefangenen Menschen in China, bedeuten sie Hoffnung auf eine bessere Zukunft und ein selbstbestimmtes, von den Lasten der Vergangenheit und den Beschränkungen der Gegenwart befreites Leben.

Die Antagonismen zwischen Alt und Neu durchziehen leitmotivisch die Handlung. Immer wieder werden der stets in bedrohliche Dunkelheit getauchte Fluß und die endlose Weite der Landschaft in den Mittelpunkt gerückt. In ihr verlieren die Menschen sich völlig. Aus dieser spezifischen Form des Gefangenseins entwickelt Cuiqiao eine wachsende Hoffnung und Bereitschaft zum Auf- und Ausbruch. Die Träume des Mädchens verdichten sich so weit, daß sie schon bald bei ihrer harten Tagesarbeit, dem Wasserholen aus dem mehrere Kilometer entfernten Fluß und dem nächtlichen Weben von Kleidung, nicht mehr die alten Volkslieder singt, sondern die kommunistischen Gesänge, die der Fremde sie gelehrt hat.

Auf der einen Seite ist darin ihre allmähliche Befreiung zu erkennen, wenn sie die überlieferten Bräuche aufgibt und aus ihrer Lethargie und der Gebundenheit an ihr starres Leben mit dem befreienden Ausruf: »Ich bin erwacht« zu sich selbst findet. Auf der anderen Seite verweist diese Euphorie parabolisch auf diejenige der kommunistischen Untergrundkämpfer vor der Übernahme der Regierungsgewalt in China. Auch sie unterlegten die alten Melodien der Volkslieder mit neuen Texten und gewannen mit diesen Kontrafakturen die Menschen für ihre Ideologie. Daß diese anfängliche Euphorie in der Volksrepublik China schon bald der nüchternen Realität gewichen ist, zeigt die nächste Szene. Darin trägt Cuiqiaos Vater ihr in der dunklen Enge der Wohnhöhle seine Entscheidung vor, sie mit einem Mann aus dem Dorf zu verheiraten. Der Sieg der einengenden Traditionen scheint vollendet, als Gu Qing sich kurze Zeit später zur Abreise entschließt und das Mädchen mit ihren jäh zerstörten Träumen zurückläßt.

Äußerlich unterscheidet sich die Hochzeitszeremonie Cuiqiaos kaum von derjenigen, der sie als Beobachterin beigewohnt hatte. Aus ihrer Perspektive wird ihr jetzt allerdings eine völlig andere Stimmung und Bedeutung verliehen. Nun ist es die schmerzhafte Rückkehr in die abgeschlossene Welt, die ihr in Gestalt eines alten häßlichen Bauern entgegentritt. Cuiqiaos Hochzeit steht für das Schicksal der chinesischen Frauen aller Zeiten, verweist darüber aber auch auf die immer wieder starr reproduzierten Traditionen. Diese lassen bis in die Gegenwart in ihrem nicht zu durchbrechenden Kreislauf keine wirkliche gesellschaftliche Erneuerung und individuelle Selbstbestimmung zu. Die ausgelassenen Tänze finden nun in für Cuiqiao unerreichbarer Ferne im – sonnenüberfluteten – Yanan statt, wie ein Zwischenschnitt auf das kommunistische Hauptquartier zeigt.

Für Cuiqiao hingegen ist die Hoffnung, die sie mit dem fremden Ort verbindet, zu einem unerreichbaren Mythos geworden. Genauso hatte Maos ›Befreiung‹ für die Menschen in China schließlich die Rückkehr in Enge und Starre unter den veränderten Vorzeichen der sozialistischen Dogmatik bedeutet. Die Realität spiegelt sich für das Mädchen in dem bedrohlichen Gelben Fluß. Er wird zum Symbol des gesellschaftlichen Zustands. Einsam verschwindet Cuiqiao, das Lied ihrer Hoffnung singend, in einem kleinen Boot auf dem reißenden Strom.

Gelbe Erde
(huang tudi, 1984, R: Chen Kaige)

Mit einem Schrei des Bruders Hanhan bricht der nächste Tag an. Drei schnell wechselnde Einstellungen auf den reißenden Strom, die alles in sich verschluckende Landschaft und einen gleichgültig im Ufersand zurückgelassenen Schuh des Mädchens lassen auf ihr tragisches Ende schließen. Anschließend füllt die gelbe Erde wieder das Bild aus. Sie symbolisiert die Niederlage des sich auflehnenden Individuums. Darin läßt sich auch immer die kommunistische Herrschaft in China assoziieren, die den Menschen über seine Befreiung genauso täuschte wie alle vorhergehenden, der Tradition verhafteten politischen und sozialen Systeme. Als vage Hoffnung bleibt allenfalls der bis zum Ende ungeklärte Tod Cuiqiaos und damit eine letzte geringfügige Möglichkeit, daß sie mit ihrem Boot – und mit ihr das chinesische Volk – schließlich doch noch an das Ziel gelangen wird, das das Mädchen zum Ausbruch aus dem ihr vertrauten Umfeld veranlaßt hat.

Die abschließende Sequenz von *Gelbe Erde* faßt die gesamte Thematik noch einmal dramatisch zusammen. Gu Qing kehrt in das Dorf zurück, um Cuiqiao mit nach Yanan zu nehmen. Doch er findet es verlassen. Die Bewohner haben sich auf einem Plateau über den Ufern des Gelben Flusses zu Gebetszeremonien zusammengefunden, in der Hoffnung auf ein baldiges Ende der plagenden Trockenzeit. Eine Götzenstatue des Drachenkönigs wird in steigender Ekstase umtanzt. Es sind die Traditionen aus Mythos und Religion, denen diese Menschen auf dem Land letztendlich verbunden bleiben. Der Kult um den Götzen verweist darüber hinaus aber auch auf die irrationalen Massenbewegungen im kommunistischen China. Auch diese kreisen letztlich sinn- und perspektivlos um einen Götzen, die zur liturgischen Kultfigur erhobene Person Mao Zedongs.

Im weiteren Verlauf der Schlußsequenz werden die Ekstase der Tänzer und die Dramatik der sich zuspitzenden Ereignisse von der Kamera mit immer kürzeren Schnitten auf zurückgebliebene Kleidungsstücke Cuiqiaos, ihren trauernden Vater und die größer und größer werdende Statue als Antagonismen der Handlung formal umgesetzt. Schließlich füllt die Statue das Bild ganz aus und übernimmt damit die Macht über die Menschen. Von ihrer augenscheinlichen Gewalt angetrieben, stürmen diese in einer brodelnden Masse auf den Fluß zu. Nur Hanhan stemmt sich mit aller Kraft gegen die zu einer amorphen Masse verschwimmende Menge. Auch das verweist deutlich auf das Schicksal der vielen Menschen, deren Aufbegehren in gezielten Massenkampagnen erdrückt wurde. Allein der aus der Weite der stechend gelben Landschaft am Horizont auftauchende Offizier, Symbol der individuellen Befreiung, und die ursprüngliche Natürlichkeit und Standhaftigkeit Hanhans gegenüber der Masse bleiben dem Zuschauer als Hoffnungsschimmer. Im Film allerdings wird er nicht mehr zur Realität.

Die große Militärparade (*dayuebing*, 1986)

Der im Jahre 1986 produzierte Film *Die große Militärparade* ist die zweite Gemeinschaftsarbeit des Regisseurs Chen Kaige und des Kameramanns Zhang Yimou. Auch hier war wieder das Eingebundensein der Menschen in ein Gefängnis aus künstlich erschaffenen Regeln und Normen, die das Individuum in jeder Hinsicht einschränken und zum Teil einer machtkonformen Masse degradieren, das zentrale Motiv. Allerdings verlegten sie die Handlung aus den dreißiger Jahren in die Zeit der Entstehung dieses Films. Hintergrund der Geschichte sind die Vorbereitungen auf die – authentische – Militärparade, die unter den Augen der Staatsführung und der gesamten Welt am 1. Oktober 1984 auf dem Pekinger Tiananmen Platz abgehalten wurde. Von derselben Stelle aus, von der nun Deng Xiaoping auf sein Volk herabschaute und seine Macht zelebrierte, hatte fünfunddreißig Jahre zuvor Mao Zedong die Volksrepublik China ausgerufen.

Doch der Platz im Zentrum Pekings wird erst am Ende des Films ins Bild gerückt. Die Handlung setzt einige Monate vor dem denkwürdigen Ereignis in einem abgelegenen Militärcamp ein, aus dem sich die Kamera bis auf wenige – traumhaft eingefangene – Momente des versuchten Ausbruchs nicht mehr hinaus begeben wird. Dort lassen Soldaten Gesundheitstests und Tauglichkeitsprüfungen über sich ergehen, sich die Haare scheren und die Körper zurechtbiegen. Damit hoffen sie, das Lebensziel, die Teilnahme an den großen Paraden, Wirklichkeit werden zu lassen.

Unmißverständlich macht dieser Film deutlich, daß der unter dem Banner der Gleichheit angetretene chinesische Kommunismus sich längst seine neuen Klassen und Eliten geschaffen hat. Sie werden auch in den achtziger Jahren noch nach dem Prinzip absoluter Gleichheit und Reinheit im Sinne der Herrschenden und der damit gesetzten Normen ausgewählt. Konsequent wird die Erziehung und Gleichschaltung der Menschen so weit fortgeführt, bis sie nicht nur den eigenen Willen sondern auch ihre körperlichen Unterschiede und schließlich jegliches auf Individualität deutende Merkmal ihres Selbst aufgegeben haben.

Den Normen der Macht steht auch in diesem Film die Hoffnung der Menschen gegenüber. Auf der einen Seite besteht sie in dem Ziel, den Ansprüchen ihrer Herren zu genügen und sich dadurch einen Platz in der Gemeinschaft zu sichern. So lassen sie sich willenlos vermessen und im Zeichen des Dienstes für Vaterland und Partei ihre eigene Natur angleichen. Zugleich steht das Ziel, das die Soldaten unreflektiert zu ihrem eigenen erklären, für die Entindividualisierung der Menschen in einer Gesellschaft, die dem Prinzip der Masse und den Dogmen der Tradition unterworfen ist. In dieser Hinsicht wird Hoffnung in China durch den Menschen oktroyierte Ideale und Traditionen bestimmt; nicht jedoch von seinen Bedürfnissen, die jeder einzelne bis zur Selbstaufgabe dem gemeinsamen Ziel unterwirft. Dieses manifestiert sich in der roten Nationalflagge mit den gelben Sternen – Farben, die bereits die Kaiser zierten. Die Flagge dominiert am Ende die Bilder und proklamiert damit die erfolgreich abgeschlossene Vereinnahmung der Menschen.

Der kurzen Eingangssequenz folgt ein Schnitt auf den Militärflughafen, auf dem sich die Soldaten zusammengefunden haben, um an der Endauswahl und den Vorbereitungsseminaren für die Parade teilzunehmen. Diesen mit Stacheldrahtzäunen von der Außenwelt abgeschlossenen Raum wird die Kamera während des weiteren Handlungsverlaufs nur noch selten verlassen. Vielmehr wird sie in ständig wiederholten Einstellungen auf die Formalausbildung die Eintönigkeit des Lebens in dem Camp auch formal umsetzen, begleitet von einförmiger militärischer Marschmusik sowie den ausdruckslos gebrüllten knappen Befehlen. Schlüsse auf die dahinter stehende Ideologie drängen sich dabei auf. Das stets brennende Sonnenlicht, aus dem es auf dem Exerzierplatz kein Entrinnen gibt, suggeriert eine in grelles Licht gezwungene Starre, die wiederum symptomatisch für den Zustand der gegenwärtigen chinesischen Gesellschaft und Politik ist. Dabei steht in diesem Film der Stacheldrahtzaun des Militärlagers für die Ambivalenz, ja Paradoxie der Existenz der dahinter exerzierenden Soldaten. Sperrt er sie doch einerseits in Gleichförmigkeit ein, um sie andererseits als Auserlesene über alle anderen zu erheben. Ein treffendes Bild für die oft widersprüchlichen gesellschaftlichen und ideologischen Normen, die auch das China der achtziger und neunziger Jahre prägen. Nur über die Einhaltung der von den Instanzen aus Macht und Tradition gesetzten Grenzen sowie absolute Konformität läßt sich das Ziel sozialer Zugehörigkeit, gesellschaftlichen Ranges und persönlicher Sicherheit erreichen.

Der Mensch als Individuum, der die Stacheldrahtzäune zu überwinden versucht, steht dem als Antagonist gegenüber. Während der Prozeß der Nivellierung jeglicher Ungleichheit und individueller Merkmale an Körpern und Verhalten der Soldaten fortschreitet, fängt die Kamera in immer dichteren Abständen auch eine andere Perspektive ein. Sie richtet sich auf vier der Auszubildenden. Für deren individuelle Züge stehen einige Großaufnahmen auf ihre Gesichter und Teile ihrer Körper. Untrüglich werden dabei Züge deutlich, die die vier von der Masse der Gleichgeschalteten unterscheidbar werden lassen. Dabei kommen auch immer wieder persönliche Lebensträume zum Vorschein; so, wenn der eine auf der Rückseite seines Handspiegels das Photo seiner Freundin angebracht hat oder ein anderer heimlich Englischlektionen über den mitgebrachten Walkman einstudiert. Es wird bald klar, daß sich keiner ihrer Träume innerhalb des Lagers und damit der heutigen Gesellschaft realisieren lassen wird. Der Kontrast zwischen ihren Charakteren und der zur Schau getragenen Selbstverleugnung – zwischen menschlicher Natur und gesellschaftlichem Zwang – wird zum zentralen Thema. Doch jeglicher Zweifel und jeder Versuch des Ausbruchs wird restriktiv sanktioniert; mit der schlimmsten vorstellbaren Strafe, dem Ausschluß aus der Gemeinschaft.

Ihre Abhängigkeit wird den Soldaten nur in wenigen Momenten überhaupt bewußt. Dies sind schmerzhaft erlebte Augenblicke der Einsicht in die Sinnlosigkeit ihres Tuns, aus denen unweigerlich Versuche des Ausbruchs hervorgehen. Einer der vier Protagonisten verläßt das Gelände des Flughafens, um ein wenig Ablenkung zu finden und sich über seine Gedanken und Gefühle bewußt zu werden. Als krasser Gegensatz zu dem Lager, wo kein Baum und kein Farbtupfer die Todesstarre aufhellt, weist die Außenwelt unverkennbare Zeichen des Lebens auf. Er streift über weite Kornfelder, trifft fröhlich lachende und arbeitende Menschen und scheint mit einem Mal den Sinn seines eigenen Daseins zu begreifen. Dabei packt er, von fröhlich arbeitenden Bauernmädchen begleitet, bei der Arbeit mit an und taucht damit in das Leben ein. Doch diese von Weichzeichner und sphärischen Klängen auch formal surrealistisch und wie ein Traum gestaltete Sequenz nimmt für ihn ein jähes Ende, als er von seinen Kameraden ins Lager zurückgeholt wird. Sein Ausbruchsversuch ist gescheitert. Am Ende darf er sich sogar glücklich schätzen, wieder in die Gemeinschaft aufgenommen zu werden.

Ein zweiter Soldat setzt alles daran, das Ziel des Trainings zu erreichen. Dafür geht er gegenüber seinen Kameraden rücksichts- und kompromißlos vor. Ein dritter kämpft gegen seine angeborene O-Beinigkeit, die ihn von den anderen abhebt und seine Teilnahme an der Parade trotz guter Ausbildungsnoten gefährdet. Dabei geht er so weit, daß er abends heimlich seine Beine fesselt und Dehnübungen macht, um den Makel zu verbergen. Seine Selbstfesselung symbolisiert die Unterwerfung sogar der Natur unter die ihm oktroyierten Normen – Indiz für die völlige Selbstverleugnung, die nicht einmal nach dem Sinn und persönlichen Nutzen der Unterwerfung fragt.

Ein letzter erfährt während der Ausbildung vom Tod seiner Mutter. Er macht sich in seiner Trauer und dem dabei auflebenden Heimweh spontan nach Hause auf, um an der Beerdigung teilzunehmen und seiner Pietätspflicht nachzukommen. Doch bereits nach einem kurzen Stück des Weges besinnt er sich. Er kehrt zur Truppe zurück, wo er den Kameraden erklärt, daß es der größte Wunsch seiner Mutter gewesen sei, seine Teilnahme an den Paraden im Fernsehen verfolgen zu können. Auch sein Ausbruch scheitert an falsch verstandenem Pflichtgefühl, das die staatlichen Normen über die Sohnespflicht und die persönlichen Bedürfnisse setzt. Dabei wird zugleich deutlich, daß auch den jahrtausendelang hochgehaltenen Werten der Ahnenverehrung unter dem von den heutigen Machthabern erschaffenen Apparat keine wirkliche Bedeutung mehr zukommt. Längst haben die kommunistischen Herrscher Götter und Ahnen als Objekte der Verehrung abgelöst.

Während die Masse auf dem Exerzierplatz immer uniformer wird, lichten sich ihre Reihen zusehends. Einer nach dem anderen wird von der Liste gestrichen, was den übrig gebliebenen mehr und mehr die vermeintliche Zugehörigkeit zur Gemeinschaft suggeriert. Die neue Elite aus einer austauschbaren und mechanisch handelnden Menschenmasse ohne individuelle Züge beginnt sich zu formen. Den Sieg der Masse über den einzelnen wie auch den der gesellschaftlichen Reglementierung über die persönlichen Bedürfnisse der Menschen markiert die Schlußsequenz der *Großen Militärparade*. Nachdem alle – Teilnehmer wie Gescheiterte – ihre Namen auf der roten Nationalflagge verewigt und sich damit uneingeschränkt in deren Dienste gestellt haben, haben am Ende nur die wenigsten das ersehnte Ziel erreicht, vor dem Porträt des Großen Vorsitzenden am Tor des Himmlischen Friedens vorbeimarschieren zu dürfen. Eingehende Studien der Paradeformationen und Schwenks über einzelne Körperpartien der marschierenden Soldaten, die die ohnehin roboterhaft wirkende Starre der Formationen noch verstärken, bestätigen die erreichte Gleichschaltung der Menschen zur Masse. Der Wunsch nach Zugehörigkeit hat ihre Charaktere den Anforderungen des Systems angepaßt. Dagegen sind all diejenigen, denen dies nicht gelungen ist, mit einem Mal von der Bildfläche verschwunden – gescheitert in der Gesellschaft und damit im Leben. Darin steckt eine der anklagenden Botschaften dieses Films.

Doch ebenso wie die gesellschaftlichen Werte und das System lediglich in Symbolen wie der Flagge oder der Nationalhymne dargestellt und an keiner

Stelle konkretisiert werden, bleibt auch der eigentliche Nutzen der Zugehörigkeit für die Soldaten diffus und für den Zuschauer fragwürdig. Mit der Parade schließt sich vielmehr ein Teufelskreis. Das Ziel ist der Weg der Parade, auf dem der einzelne in jedem Fall auf der Strecke bleibt. Die blutrote Fahne steht für die Nation, die sich das Individuum mit hohlen Phrasen, leeren Symbolen und einer menschenverachtenden Ideologie bis zur Selbstaufgabe unterworfen hat. Aus dem chinesischen Volk ist eine Masse von Opportunisten geworden. Alle – sogar die von der Gesellschaft verachteten – Menschen folgen willenlos den Wortführern der Macht, die die Traditionen vereinnahmt und einer abstrakten totalitären Ideologie und brutalen Herrschaft unterworfen haben. Die rote Fahne mit den Unterschriften signalisiert zum einen das Einverständnis der Unterworfenen, während sie auf der anderen Seite jenes sinnlos vergossene Blut verkörpert, das die unzähligen Opfer gaben, die in ihrem Namen ihr Leben lassen mußten. Paradoxerweise steht sie mit ihrer lebensspendenden Farbe allerdings auch immer für tausendjährige Traditionen wie für das Leben und die Hoffnung auf die Zukunft. Doch das realisiert sich allenfalls in den Köpfen der Zuschauer, jenseits des auf die Bilder versessenen Zugriffs der Zensur.

König der Kinder (*haiziwang*, 1987)

Seinen dritten Film *König der Kinder* drehte Chen Kaige 1987 nach einem Roman von Zhong Acheng in Xi'an. Die Handlung spielt in der einsamen Gebirgsgegend im Südwesten Chinas, wo auch der Regisseur einen Teil seiner Jugend verbrachte (vgl. Chen Kaige: *Kinder des Drachen*). Sie berichtet von den Erlebnissen eines landverschickten jungen Lehrers in der Kulturrevolution. Das Bildungsniveau, das dieser an der Dorfschule in der südwestchinesischen Provinz Yunnan antrifft, an der er seine Stelle antritt, ist niedrig. Selbst der Schuldirektor ist nur Grundschulabsolvent. Anstatt sich auf Wissen und Wissenschaft zu verlassen, vertraut er auf die starre kommunistische Ideologie und den in der Abgeschiedenheit seit jeher unveränderten Dogmenapparat, der es den Lehrern auch wider besseren Wissens nach wie vor verbietet, sich über die Lehren der Vorfahren zu erheben.

Der junge Lehrer hingegen versucht, unkonventionelle Unterrichtsmethoden einzuführen. Er baut durch seine Appelle an die Phantasie und Kreativität der Kinder ein durch gegenseitiges Verständnis und Vertrauen geprägtes Verhältnis zu ihnen auf. Dieses steht in krassem Gegensatz zu den alten hierarchischen Strukturen und der unverrückbaren Autorität, für die in China gerade die Lehrer, die ›Könige der Kinder‹, einstehen. Die sich dahinter verbergende Gesellschaftsmetaphorik zielt über die Systeme hinweg auf die unvernünftigen sozialen Strukturen und ein unangreifbares Herrschaftssystem, das sich in der starren konfuzianischen Hierarchie wie den von den Kommunisten eingeführten Prinzipien des Klassenkampfes und des Personenkultes um die revolutionären Anführer wiederfindet.

So zieht sich der junge Lehrer mit seinen Methoden, die den Kindern individuelle Freiheiten und ein persönliches Urteilsvermögen zugestehen, den Unmut der Behörden zu. An ihrem seit Jahrtausenden gesellschaftlich verankerten Selbstverständnis von Macht rüttelt er, selbst von Visionen heimgesucht, deren Visualisierung den Film immer wieder auf eine irreale Ebene heben. So hat der Lehrer beim Anblick des jungen Kuhhüters, der selbst nicht die Schulbank drückt, während des Unterrichts eine Vision, die ihn das undeutbare – aus den Zeichen für ›Wasser‹ (shui) und für ›Kuh‹ (niu) zusammengesetzte – Schriftzeichen an die Tafel schreiben läßt. Indem Chen Kaige an dieser und an vielen weiteren Stellen im Film die Gültigkeit der alten, von allen anerkannten Zeichen und Symbole in Frage stellt und diesen neue hinzufügt, betont er die Notwendigkeit einer neuen Filmsprache – und überhaupt einer neuen Terminologie im gesellschaftlichen Leben Chinas, mit der die gegenwärtige kulturelle Starre durchbrochen werden kann. Das wird auch in der Schlüsselstelle des Films deutlich. Darin erzählt der junge Lehrer seinen Schülern die folgend überlieferte Geschichte: »Es gab einmal einen Berg. Auf dem Berg gab es einen Tempel. In dem Tempel lebten ein alter und ein junger Mönch. Der junge Mönch bat den alten, eine Geschichte zu erzählen. Der erzählte: Es gab einmal einen Berg. Auf dem Berg gab es...«

Ein Schüler bittet den Lehrer um dessen Wörterbuch, das einzige im Dorf, um es abzuschreiben. Als der Lehrer wenig später wieder versetzt wird, übergibt er dem Jungen beim Abschied das Buch als Geschenk. Darin hat er den Satz: »Später darfst du nie wieder etwas abschreiben, nicht einmal ein Wörterbuch«, geschrieben; sprechende Metapher für Chen Kaiges Gesellschaftskritik. Diese beschränkt sich nicht auf die vom Regisseur erlebte Vergangenheit, sondern begreift die Geschichte als Gesamtkomplex. Nur über die Identitätsfindung innerhalb der Geschichte, in der nicht zuletzt auch Erklärungen für die Kulturrevolution verborgen sind, definiert Chen Kaige seine Position in der Gesellschaft. Dies ist Grundlage der Auseinandersetzung mit Vergangenheit und Gegenwart, die er in diesem Film mit eindringlichen, teilweise surrealen Bildern und einer tief philosophischen Symbolik und Metaphorik vorgenommen hat.

Der Lehrer und die Kinder, die erst allmählich mit den Hindernissen der starren Kultur und Bürokratie in Berührung kommen, verkörpern den Willen zur Veränderung. Sie sind die Identifikationsfiguren des Films und Hoffnungsträger für die Zukunft. Allerdings ist ihre Schwäche angesichts der Übermacht ihrer Gegner offensichtlich, die sich sowohl auf die kommunistische Ideologie wie paradoxerweise gleichzeitig auf jahrtausendealte Traditionen, den von den konfuzianischen Philosophen ins Leben gerufenen Ahnenkult und insbesondere den Zwang zur unkritischen Loyalität gegenüber den Autoritäten berufen. Dies drückt sich in der sich ständig wiederholenden, sich wie die Gesellschaft im Kreis bewegenden Geschichte von den Mönchen auf dem Berg aus; genauso aber auch in der Tradition, von der vorhergehenden Generation abzuschreiben, ohne deren Normen an der Realität zu überprüfen. Damit will der Lehrer – und mit ihm der Regisseur – aber Schluß machen, wenn er in dem Wörterbuch vermerkt, der Schüler möge nie wieder etwas abschreiben, oder wenn er durch innovative Unterrichtsmethoden im Schulgebäude – selbst steingewordene Tradition – zu Phantasie anregt. Das starre System trägt am Ende einen vordergründigen Sieg davon, der sich in der Versetzung des Lehrers manifestiert. Doch die nachfolgende Generation ist bereits infiziert mit seinen Ideen von Individualität und geistiger Freiheit. Darüber definiert Chen Kaige Zukunftshoffnung.

Die Weissagung (bianzou, bianchang, 1991)

Nach seiner Ausreise nach Amerika, wo Chen Kaige 1989 angesichts der sich in China politisch zuspitzenden Lage in New York einen Zweitwohnsitz genommen hat, kehrte er bereits im Jahre 1990 zu weiteren Dreharbeiten in die Heimat zurück. In Xi'an drehte er 1991 den Film *Die Weissagung*. Darin erzählt er in lyrischen Bildern die Geschichte eines alten blinden Balladensängers und seines – ebenfalls blinden – Schülers. Von den Menschen wie ein Heiliger verehrt, wandert der alte Mann durch die weiten Lößebenen Nordchinas. Angetrieben wird er von der Hoffnung auf Wiedererlangung des Augenlichts, das ihm schon in früher Kindheit mit dem Riß der letzten Saite seines Instruments prophezeit wurde. Seine Hoffnung steht metaphorisch für das Sehen, das die Menschen am Leben erhält. Deutlich löst Chen sich in diesem Film von der vergangenheitsbewältigenden Thematik wie überhaupt von jeder vordergründig politisch deutbaren Äußerung. Statt dessen wendet er sich dem Thema von Hoffnung und Lebensträumen zu. Verkörpert in der Weissagung führen diese den Protagonisten durch das Leben.

Allerdings besteht der tatsächliche Sinn im Dasein des alten Mannes nicht in dem egoistischen Ziel, das Augenlicht wiederzuerlangen, durch das er gleichzeitig an das Ende seiner Träume und damit zugleich seines Lebens käme. Vielmehr sind es die Visionen, die, gewissermaßen geschützt vor der enttäuschenden Realität, vielleicht nur noch einem Blinden möglich sind. Sie machen ihn zum Weisen und lassen ihn allein durch sein Charisma Frieden zwischen verfeindeten Bauernclans stiften. Die Tragik seines Lebens besteht darin, daß er immer weiter spielen muß, auch wenn er sein persönliches Ziel nie erreichen wird. Doch die Hoffnung, die ihn dazu treibt, ist zugleich Sinn und Inhalt des menschlichen Daseins, wie Chen Kaige es definiert. So verweist auch dieser Film letztendlich wieder parabolisch auf die chinesische Gesellschaft. An diese richtet er die Aufforderung zu Lebensmut, Idealen und Visionen, wie sie sich im Film in den Ausbruchsversuchen des Schülers und dessen Liebesbeziehung ausdrückt. An persönlichen Lebensperspektiven, wie der Schüler sie sich damit selbst schafft, mangelt es in China heute mehr denn je.

Lebewohl meine Konkubine (*bawang bieji*, 1993)

Im Jahr 1993 drehte Chen Kaige in Taiwan den Film *Lebewohl meine Konkubine*. Damit reichte er bei weitem nicht an die visuelle Qualität und soziopolitische Aussagekraft seiner früheren Werke heran. Die nicht immer überzeugend gelungene Mischung exotischer Farben und Klänge mit einer oberflächlichen politischen Aussage brachte ihm allerdings die Goldene Palme der 1993er Filmfestspiele in Cannes ein. Über eine glatte Ästhetik, die ihre chinesischen Ursprünge an einigen Stellen zu verleugnen scheint, und die in der Geschichte zweier Opernsänger simplifizierte Geschichte Chinas im 20. Jahrhundert ist ihm mit diesem Film eine Annäherung an das westliche Kinopublikum gelungen, dessen Geschmack und politische Erwartung an einen ›oppositionellen Film aus China‹ er bewußt bedient. Das bedeutet zugleich die Abwendung von dem hintergründigen Charakter, der seine vorherigen Filme ausgezeichnet hat, und die Zuwendung zu einer internationalen Filmsprache. Mit der perfekten Inszenierung dieses Films vermochte Chen zwar die Zuschauermassen in die Kinos zu locken. Er wurde seinen eigenen künstlerischen Maßstäben aber genauso wenig gerecht, wie er auf der anderen Seite mit diesem bunten historischen Bilderbogen seiner politischen Verantwortung nachgekommen ist. Chen Kaiges jüngster Film *Temptress Moon* (*fengyue*, 1996), eine tiefgründige, mit expressiver Metaphorik und lyrischer Ausdruckskraft verfilmte Liebesgeschichte aus dem Suzhou der dreißiger Jahre, sowie ein ehrgeiziges Projekt über das Leben des legendären Gelben Kaisers werden sich an den von ihm selbst gesetzten künstlerischen Maßstäben und der Aussagekraft seiner früheren Werke messen lassen müssen.

Huang Jianxin

Dem aus Xi'an stammenden Regisseur Huang Jianxin (geb. 1954) war – anders als Chen Kaige und den meisten Kollegen seiner Generation – in der Jugend unter Maos Kampagnenpolitik kein auffälliger Familienhintergrund zum Verhängnis geworden. Er hatte die Kulturrevolution und die Landverschickungskampagne relativ unbeschadet überstanden und kam Mitte der achtziger Jahre nach Militärdienst und abgeschlossenem Literaturstudium über ein Aufbaustudium zum Film. Im Filmstudio seiner Heimatstadt Xi'an drehte er seitdem eine Reihe eigener Spielfilme, in denen er sich deutlich weniger der erlebten Vergangenheit zuwandte als alle anderen Regisseure seiner Generation. Statt dessen hat er den Modernisierungsprozeß seit den achtziger Jahren zu seinem wichtigsten Thema gemacht und insbesondere die Fehlentwicklungen und Kehrseiten der Modernisierung in eindringlichen Filmsatiren aufs Korn genommen. Er war der erste Regisseur, der sich von der Darstellung des bäuerlichen Lebens abwandte und die chinesische Stadt wie die darin lebenden und von ihr geprägten Menschen in den Mittelpunkt seiner Filme rückte. Damit wurde er zum Vorreiter des postsozialistischen urbanen Kinos, das nach dem offensichtlichen Scheitern der kommunistischen Ideologie in den neunziger Jahren insbesondere auch zum Markenzeichen einer jungen Nachfolgegeneration geworden ist.

Der Zwischenfall der schwarzen Kanonen (*heipao shijian*, 1985)

Huang Jianxins Regiedebüt *Der Zwischenfall der schwarzen Kanonen* entstand 1985 nach einer Kurzgeschichte des Novellisten Zhang Xianliang. Mit diesem Film richtet er seine Kritik gegen die gegenwärtige Gesellschaft, die sich in den achtziger Jahren in Richtung auf Technokratie, Bürokratie, unreflektierte Modernisierung und fortschreitenden Werteverlust bewegte. Sein Genre ist in diesem wie in allen seinen Filmen die von einer eindringlichen Tragikomik seiner Charaktere gezeichnete urbane Satire. In *Der Zwischenfall der schwarzen Kanonen* geht es um das Aufeinandertreffen von wissenschaftlichen Methoden und Konsummodellen westlicher Prägung und tradierten Werten und Normen der konfuzianisch geprägten chinesischen Kultur. Die Widersprüche der Geschichte äußern sich im gegenwärtigen chinesischen Alltag zwischen inhaltlosen Parolen sozialistischer Ideologie, dem rasanten Eindringen westlicher Einflüsse und den tradierten Verhaltensweisen. Huang zeichnet anhand dieser Gegensätze ein desillusioniertes Bild der Gesellschaft in den achtziger Jahren. Dabei bedient er sich ausgerechnet der Stilmittel des staatsoffiziellen Reformkinos, um dessen schönfärberischen Aussagen zu konterkarieren. Die in unzähligen Propagandawerken gezeichneten ›realistischen‹ Bilder von einer blühenden Entwicklung der urbanen Gesellschaft Chinas unter Deng Xiaopings Modernisierungspolitik und den Heroen der ›sozialistischen Marktwirtschaft‹ lösen sich in Huangs Film in Kommunikationsunfähigkeit, Entfremdung und Hoffnungslosigkeit auf – das genaue Gegenteil dessen, was Dengs Propagandisten verkünden.

Der Antiheld in Huangs Geschichte heißt Zhao Shuxin, ein sozialistischer Intellektueller, dessen Moral sich schnell als unreflektierte Loyalität gegenüber der Partei und seinen Vorgesetzten entpuppt. An seinem Verhalten und den sich daraus ergebenden Verwicklungen wird deutlich, daß die in Parolen und Konjunkturstatistiken propagierten Entwicklungen in den Köpfen der Menschen keineswegs stattgefunden haben. Vielmehr verhalten sich diese auch heute noch so, wie es die konfuzianische Tradition und die sozialistische Doktrin sie gelehrt hatte. Das wird deutlich, wenn die Arbeitsmethoden Zhao Shuxins und der Funktionäre denjenigen des deutschen Ingenieurs Hans gegenübergestellt werden. Wenn hier weiterhin die Bürokraten über die Fachleute bestimmen, verschließen sich die Verantwortlichen und die Arbeiter zugleich gegenüber dem Ausländer und seinen Ideen. Man begegnet ihm mit unreflektiertem Mißtrauen und Ablehnung. Damit zeigt Huang, wie sehr China ungeachtet aller Öffnungs- und Freundschaftsparolen gegenüber der Welt noch immer in sich und seinem überkommenen Dogmenapparat verschlossen ist. Am Ende taucht die zu Beginn der Handlung verloren gegangene Schachfigur Zhao Shuxins wieder auf und symbolisiert das Happy End der Fabel. Gleichzeitig erfährt der Zuschauer, daß ein Finale, das allein in der Wiederherstellung des Alten und der Reproduzierung des bereits Dagewesenen besteht, keineswegs für Modernisierung und den Weg Chinas in die Zukunft stehen kann.

Die falsche Stelle (*cuowei,* 1987)

Im Jahre 1986 gedreht, hat Huang Jianxins zweiter Film *Die falsche Stelle* (VT: *Verwirrung*) bereits wesentliche gesellschaftliche Entwicklungen auch der neunziger Jahre vorweg genommen. Schon Mitte der achtziger Jahre erwiesen sich der Sozialismus und alle mit ihm in die Gegenwart transportierten Traditionen und Ideologien als gescheitert. An Stelle der jahrzehntelang verkündeten Verwirklichung der sozialistischen Utopien von einem ›Paradies auf Erden‹ ist die Gesellschaft in ein Wertevakuum geraten, in dem sie sich auch heute noch befindet. Der Mensch als einzelner ist desillusioniert und bleibt auch unter der proklamierten Modernisierung angesichts zunehmender Entfremdung weiterhin Objekt und Opfer der staatsoffiziellen Geschichtsschreibung. Für ihn gibt es keine Möglichkeit, seine eigenen Geschicke und die seiner Nation selbst zu gestalten. Um diese Aspekte der Gegenwart und die daraus hervorgehenden erschreckenden Zukunftsaussichten an das Publikum zu vermitteln, hat der Regisseur für seinen Film *Die falsche Stelle* wieder eine satirische Realismuskonzeption gewählt. Diese bedient sich unverkennbar der Mittel des Absurden und persifliert die Gegenwart.

Huang hat die Fabel dieses Films allerdings in die ferne Zukunft verlegt. Nur so konnte er die Zensur umgehen und eine konkrete Kritik auch an der gegenwärtigen Gesellschaft zum Ausdruck bringen. Zum anderen wird dem Zuschauer damit aber auch ermöglicht, die Perspektive des Außenstehenden einzunehmen. Ohne den Umweg unmittelbarer Betroffenheit und einer Identifikation mit den dargestellten Figuren kann das Publikum mit Hilfe dieses Films die Realität der Gesellschaft seiner Zeit und die sich in näherer oder fernerer Zukunft anbahnenden Entwicklungen kritisch analysieren bzw. antizipieren. Huang fordert die Befreiung der Menschen von ihrer Hörigkeit gegenüber den selbsternannten Autoritäten, ihrer Beschneidung individueller Freiheiten und ihren ästhetischen Manipulationen. Angesichts des rasanten Niedergangs aller Werte und der nahezu unkontrollierbaren Ausbreitung frühkapitalistischer Arbeits-, Erwerbs- und Sozialformen, die

die postsozialistische Epoche prägen, werden sie die nationale Zukunft nur so sinnvoll und unabhängig gestalten können. Huang spricht einerseits die erschreckenden Aussichten für die Zukunft an, in der die Menschen beliebig durch Roboter und Computer ersetzbar sein könnten, richtet seinen Blick andererseits aber auch auf die aus dreieinhalb Jahrzehnten sozialistischer Gesellschaftsordnung erwachsene gegenwärtige Gesellschaft. Darin haben die Menschen sich selbst auf eine systemerhaltende Rolle als entindividualisierte und konforme Objekte ihrer Herrscher und eines kafkaesken bürokratischen Apparats reduzieren lassen.

Nach Einblendung des bedrohlich auf den Zuschauer zuspringenden Filmtitels wird der bereits in Huangs Regiedebüt als Antiheld eingeführte Zhao Shuxin vorgestellt. Er ist Protagonist einer Reihe von Traumsequenzen, die sich schon bald als Alpträume erweisen. Nichts an der Inszenierung erinnert noch an das China der Gegenwart. Vielmehr erwartet den Zuschauer eine hochentwickelte Gesellschaft, die dadurch allerdings nicht lebenswerter geworden ist. Sie präsentiert sich dem Zuschauer mit einer unterkühlten Attitüde wie einer bedrohlichen Leblosigkeit und geistigen Starre der Menschen sozusagen als Übersteigerung ihres gegenwärtigen Zustandes, auf den sie damit dennoch unmittelbar rückverweist. Das äußert sich zum einen in der streng formalen Inszenierung mit stark reduzierten Kamerabewegungen und Montagen, durch die der Blick auf endlose sterile Gänge und leere Räume eröffnet wird; zum anderen aber auch im funktionalisierten Verhalten der Protagonisten, ihrer emotionslosen Mimik und ihren auf das notwendigste reduzierten Dialogen. Kein überflüssiges Detail bricht die starre Inszenierung auf, kein Akteur belebt neben dem durch ausgestorbene Flure, Säle, Kaufhäuser und Straßenschluchten wandelnden Protagonisten die Handlung und Atmosphäre. Ein gesellschaftliches Zusammenleben scheint es nicht mehr zu geben, die Menschen verbringen ihre Tage mit endlosen inhaltleeren Konferenzen. Emotionen sind dabei zur Konserve geworden, wenn Zhao Shuxin sie allenfalls noch in den melodramatischen Videofilmen aus früheren Zeiten besichtigen kann, die er sich abends in Einsamkeit anschaut.

In einer kurzen Traumsequenz zu Beginn des Films wird der gestreßte Zhao Shuxin, der inzwischen zum Abteilungsleiter in einem nicht näher benannten Ministerium aufgestiegen ist, von einer Flut auf ihn herabregnender Formulare zu Boden geworfen. Er findet sich unter dem Messer eines blutrünstigen Chirurgen im Krankenhaus wieder, der ihm ans Leben will. Dabei handelt es sich um eine deutliche Anspielung auf den bürokratischen Apparat, der die Menschen erdrückt und sie zu Objekten eines Systems degradiert, das sie am Ende ausnimmt anstatt sie in das versprochene Paradies zu führen. Ein immer wieder groß ins Bild gerücktes Perpetuum Mobile auf dem Schreibtisch Zhao Shuxins deutet zwar Bewegung innerhalb der Starre an, macht aber unmißverständlich klar, daß eine zielgerichtete Entwicklung festgefahrener Strukturen genauso Utopie bleiben wird wie das Funktionieren dieses kleinen Spielzeugs. Von den ersten Bildern an konfrontiert dieser Film unterschwellig mit der Frage, ob dies die Zukunft ist, auf die die Menschen in China ihr gegenwärtiges – von oben oktroyiertes – Streben richten. Die Absurdität aller Handlungen des Protagonisten und seiner Umgebung legt die Antwort auf diese Frage allerdings von vorne herein nah.

In Huang Shuxins – zu Realität mutierender – zweiter Traumsequenz ermuntert ihn ein kleiner Spielzeugroboter auf seinem Schreibtisch, sein von endlosen Sitzungen geplagtes Leben aufzulockern. Er schafft sich einen künstlichen Doppelgänger an, der ihm alle mißliebigen Aufgaben abnehmen soll. Die Ersetzbarkeit des menschlichen Individuums innerhalb der starren Strukturen im chinesischen Staatsapparat tritt dabei deutlich zutage. Ein Roboter, der exakt Zhao Shuxins Gestalt, dessen Stimme und Verhaltensweisen annimmt, soll den gestreßten Manager befreien. Dabei rückt der bürokratische Apparat des sozialistischen Systems immer mehr in den Mittelpunkt der Kritik. Dies drängt sich dem Zuschauer besonders auf, wenn die Akteure gegen Widerstände anrennen, deren Sinn ihnen, dem Zuschauer und selbst ihren Begründern, den Kommunisten, verborgen bleibt. Das jeweils notwendige Durchlaufen der endlosen Gänge, die von langen Reihen nutzloser Türen durchbrochen sind, um in die Büros und Konferenzräume zu gelangen, ist ein anschauliches, ein synekdochisches Beispiel dafür.

Paradoxerweise ist es schließlich nicht Zhao Shuxin, der sich aus den Zwängen des Systems befreit, sondern der Roboter, der allzu schnell menschliche Eigenschaften annimmt. Er begreift als einziger die Annehmlichkeiten des menschlichen Daseins und wagt es, sich diese zunutze zu machen. Er definiert seine Existenz nämlich nicht in Abhängigkeit von den Autoritäten und einer imaginären Gemeinschaft, sondern bestimmt seinen Weg selbst und ist dabei – nicht um sein Dasein und seine Zugehörigkeit zur Gemeinschaft fürchtend – vor den Drohungen der Machthaber gefeit. Der Roboter ist der einzige, der gegen seine staatspolitische Bestimmung und damit immer auch gegen die Gesellschaft aufbegehrt. Er fordert: »Ich will meinen Charakter«, und spricht damit einen der Schwachpunkte des gesamten Systems an. Dieses hat den Menschen ihre nationale und individuelle Identität bereits vor langer Zeit genommen, um sie durch Ideologien, Dogmen und nationalistische Parolen nur unzureichend zu ersetzen. So muß auch der Roboter sich mit einer standardisierten Formel zufrieden geben: »Du denkst zuviel, das ist gefährlich. Ich habe dich nicht erschaffen, damit du deine eigenen Ideen entwickelst. Du sollst nur meinen Willen ausführen. Wenn du das nicht tust, dann werde ich dich wieder zerstören.« Doch auch diese Drohung, mit der Huang Jianxin die totalitären Einschüchterungskampagnen der kommunistischen Herrscher in China wachruft, kann den Doppelgänger nicht daran hindern, einen – den Menschen fremd gewordenen – eigenen Lebensstil und persönliche Ideen zu entwickeln. Er kritisiert und persifliert die leeren Riten der Gesellschaft aus der Position des Nicht-Betroffenen, indem er sie kopiert und übersteigert. Dabei beginnt er zu rauchen, zu trinken und trifft sich sogar mit den weiblichen Bekannten seines Herrn in Bars und Restaurants. Am Ende hat er sein menschliches Vorbild vollständig ersetzt. Darüber hinaus kann er als einziger seine eigenen Vorstellungen vom Leben realisieren.

Am Ende hat der Zuschauer gelernt, daß die Utopien des Sozialismus den Menschen in China weder in ihrer maoistischen Ausprägung einer Massenkultur noch in der modernen Variante des wirtschaftlichen Kapitalismus Perspektiven für die Zukunft bieten, solange der überkommene bürokratische Apparat und die alten gesellschaftlichen und Machtstrukturen beibehalten werden. Das sich vorwiegend aus den Versprechungen eines irdischen Paradieses legitimierende sozialistische Gebilde ist an der Realität zerbrochen. Das daraus hervorgegangene Wertevakuum hat spätestens in der Gegenwart der achtziger Jahre auch all seine Absurditäten und seine gesamte Phraseologie an die Oberfläche geschwemmt und als inhaltlos entlarvt.

Genauso unmißverständlich macht Huang Jianxin in diesem Film deutlich, daß die Menschen dies scheinbar noch immer nicht begreifen wollen und die süßen, aber nie erreichbaren Utopien weiterhin einer – eher bitteren – Realität vorziehen. Dies zu ändern wäre für jeden einzelnen Voraussetzung für die verantwortungsvolle Gestaltung seiner eigenen Zukunft und derjenigen der Gesellschaft. Huang Jianxin hat in diesem Film einen Abgesang auf ein System formuliert, das seine Bürger jahrzehntelang mit pathetischen Versprechungen und der Schürung von Furcht zu fesseln wußte und sie auch in den vom Aufbruch geprägten achtziger Jahren noch von einer tatsächlichen Entwicklung abhält, die über die Wirtschaftskonjunktur hinausginge.

In seinem nächsten Werk *Samsara* (*lunhui*, 1988) erzählt Huang Jianxin die Geschichte des kleinen Gauners Shiba. In dessen Leben spiegelt sich das Schicksal und Lebensgefühl vieler Jugendlicher in den späten achtziger Jahren. Shiba hat keine beruflichen Perspektiven und findet sich in einer identitätslosen Gesellschaft, die von Werteverfall und der unaufgearbeiteten Last der Vergangenheit geprägt ist, nicht zurecht. Damit zeichnet Huang zugleich ein Bild seiner Generation der ehemaligen Rotgardisten und landverschickten Jugendlichen, von denen viele in der reformierten Gesellschaft nicht mehr Fuß fassen konnten. Anstelle eines geregelten Lebens, für das die Propaganda wirbt ohne wirklich Perspektiven zu bieten, verdient Shiba mit dubiosen Geschäften schnelles Geld, das er in Bars und Restaurants genauso schnell wieder ausgibt. Als er von einem Gläubiger zum Krüppel geschlagen wird, zerbricht sein gesamtes, ohnehin brüchiges Weltbild. Am Ende stürzt er sich entmutigt und vom Leben gezeichnet aus dem Fenster. Ein Funken Hoffnung erwächst allein mit seinem Sohn Shixiaoba, der sechs Monate später zur Welt kommt und auf ein freundlicheres Schicksal hoffen darf.

Steh auf, fürchte dich nicht (*zhanzhiluo, bie paxia*, 1992)

Nach *Samsara* drehte Huang Jianxin 1992 den Film *Steh auf, fürchte dich nicht* (VT: *Geh aufrecht!*). In einer unterhaltsamen Komödie, deren Komik an vielen Stellen aus der pointiert überzeichneten Darstellung der gesellschaftlichen Zustände und des Verhaltens eines jeden einzelnen resultiert, zeichnet er darin in satirisch-realistischen Bildern die Antagonismen des Modernisierungsprozesses noch unmittelbarer als in seinen vorherigen Filmen. Die Handlung von *Steh auf, fürchte dich nicht* spielt in der ostchinesischen Hafenstadt Qingdao. Die Kamera verläßt das Mietshaus, in dem sich die Handlung abspielt, aber nur zu wenigen Momentaufnahmen des Alltagslebens in der Stadt. Bezeichnenderweise spielt sich dieses nicht unter den Symbolen und Ideologemen der Kommunisten, sondern vielmehr denjenigen einer westlich ›dekadenten‹ Lebensweise in Diskotheken und Kaufhäusern ab. In Huang Jianxins Film spiegelt sich das Lebensgefühl der anbrechenden neunziger Jahre wider. Diese haben den Menschen nach der Aufbruchseuphorie in den Achtzigern neben einem jetzt durch Eigeninitiative erwerbbaren materiellen Reichtum auch negative Abfallprodukte wie zunehmende soziale Kälte, den fortschreitenden Verfall traditioneller Werte und den endgültigen und bisher ersatzlos gebliebenen Zusammenbruch der Ideologie beschert. Auf sie hatte sich das Leben von Generationen und das gesamte gegenwärtige Gesellschaftssystem gegründet.

Mit satirisch realistischem Blick zeichnet Huang eine Parabel der chinesischen Gesellschaft. Diese entpuppt sich auch in diesem Film als zerrissen zwischen traditionellen Verhaltens- und Denkweisen, einem noch immer fortlebenden, Parolen schwingenden Parteibürokratismus und dem Einbruch der Marktwirtschaft mit all ihren auch kulturgeschichtlichen Konsequenzen. Noch deutlicher, als es in den achtziger Jahren bereits absehbar war, kritisiert Huang in diesem Film, der kurz nach Deng Xiaopings Südchina-Reise (1992) und der dabei verkündeten Einführung weitgehend freier marktwirtschaftlicher Strukturen entstanden ist, den Weg der Modernisierung. Das westliche Konsummodell hat den Menschen die Illusion scheinbar grenzenloser Lebensperspektiven eröffnet, auf die hin die Werte der eigenen Kultur in den Hintergrund geraten. Die Divergenz zwischen den Vorstellungen der Menschen und der sich rasch wandelnden Realität spiegelt sich in dem privaten Leben dreier Parteien in besagtem Mietshaus sowie in dem alten Sun, der die Handlung mit zynischen Kommentaren begleitet. Er beobachtet das Leben der Kontrahenten aus seinem Häuschen im Hof. Dabei scheint er die Funktion des Komödianten in der Pekingoper einzunehmen, wenn er die Handlung aufbricht und die Vorgänge in dem Mikrokosmos zynisch kommentiert, den das Haus stellvertretend für den gesellschaftlichen Makrokosmos darstellt.

Schon den Einzug des Schriftstellers Gao Wen in das Mietshaus kommentiert der alte Mann mit den Worten: »Ihr seid jetzt so etwas wie ein Puffer.«

Gao Wen verkörpert den typischen chinesischen Intellektuellen, dünn, mit gekrümmtem Gang, dicken Brillengläsern und weltfremden Moralvorstellungen. Bei seinem Einzug wird er von den beiden Parteien neugierig durch den Türgucker beobachtet. Es geht hier um den Kampf zweier vordergründig gegensätzlicher, dabei aber tatsächlich gleichermaßen dem Streben nach persönlichen Vorteilen verhafteter Weltanschauungen; der des bürokratischen Sozialismus mit der modern-westlichen Lebensweise, die sich mit alten Wertvorstellungen vermischt.

Wie in der jüngeren Geschichte Chinas entpuppen sich die konträren Standpunkte und zu Ideologien hochstilisierten Ideale in Wirklichkeit aber auch hier als bloßer Vorwand für die streitenden Parteien, sich persönliche Vorteile und Machtmittel zu sichern. Zum einen steht dafür der Kader Liu, ein strenger, bieder wirkender Mann, der sich dem Intellektuellen von Anfang an als freundlicher Nachbar anbiedert. Schnell stellt sich aber heraus, daß er hinter der Folie seiner Parolen und Biederkeit ein intriganter, erbittert um seine Lobby und seine Privilegien kämpfender Egoist ist. Nicht anders als dieser ›nette‹ Herr und seine scheinheilige Moral hatten die Kommunisten vor ihrer Machtübernahme in China die Intelligenz auf ihre Seite zu ziehen vermocht, um sich ihrer alsbald wieder zu entledigen Auch Kader Liu verbirgt seinen wahren Charakter hinter den staatsoffiziellen Parolen, die die jüngere Geschichte Chinas geprägt haben und als Legitimation für ungezählte Verbrechen und ein ungehindertes Streben nach persönlichen Vorteilen herhalten mußten: »Liberalismus ist schädlich, Ungerechtigkeit triumphiert nie über Gerechtigkeit.« Diesen Satz rückt der alte Sun mit einem Versprecher, der seine Bedeutung umkehrt, zynisch gemäß den Wirklichkeitsbedingungen zurecht und straft damit das gesamte System Lügen.

Dem Kader Liu gegenüber wohnt der Fabrikarbeiter Zhang Yongwu. Als klassischer Kleinbürger, dumm, dick und faul, erschleicht er sich mit simpler Logik, gaunerhafter Ehrlichkeit und offen zutage tretender Skrupellosigkeit auch gegen den Kader Liu und das hinter diesem stehende System seine persönlichen Vorteile: »Ich sage, was ich denke. Das ist doch auch was gutes.« Doch dieser Satz signalisiert nur vordergründig intellektuelle Unabhängigkeit. Auch er kämpft nämlich erbittert um seine Vorteile und scheut dabei vor keinem Mittel zurück.

Wie in der chinesischen Realität steht der Intellektuelle zwischen den Stühlen der streitenden Parteien, ohne sich dabei eine eigene Lobby erkämpfen zu können oder dies auch nur ernsthaft zu versuchen. Die Streitenden nehmen hingegen die leeren Phrasen der Moral für sich in Anspruch, denen auch der Intellektuelle sich nicht verschließen kann, ohne sich verdächtig zu machen. So wird er in jedem Fall zum Opportunisten der Macht, ohne dabei eine selbständige Position im Haus – oder im Staat – einzunehmen. Einerseits bedürfen die streitenden Seiten für ihren Sieg der Unterstützung durch die Intelligenz, andererseits definiert sich aber auch der Intellektuelle von Anfang an nur in der Abhängigkeit von den jeweils Herr-

Steh auf, fürchte dich nicht
(zhanzhiluo, bie paxia, 1992, R: Huang Jianxin)

schenden. Ohne die Unabhängigkeit, die die konfuzianische Staatslehre dem Gelehrten zugesteht, und ohne die Chance auf eine eigene Machtposition biedert sich auch Gao Wen den Mächtigen an.

Indem der Intellektuelle damit seine Meinungsfreiheit einem feigen Opportunismus opfert, macht er sich in dem Haus wie der Gesellschaft letztlich überflüssig und wird zu einem politischen Chamäleon. Darin besteht Huang Jianxins Kritik an der Mehrheit der chinesischen Künstler und Intellektuellen in Vergangenheit und Gegenwart. Verbal haben sie stets die traditionelle Moral vertreten, waren aber selten bereit und in der Lage, auch in der Tat mutig für sie einzustehen. Vielmehr läßt Gao Wen sich am Ende von den jeweils Mächtigen korrumpieren.

Als letzte wird die Tochter des Kaders Liu eingeführt. Sie ist die Repräsentantin einer in den Neunzigern aufwachsenden Jugend. Nach schnellen Vergnügungen und materiellen Werten strebend und ohne ein politisches oder historisches Bewußtsein, ist sie für die Parolen ihres Vaters gänzlich unempfänglich. Daher ist es für dieses von westlichen Lebensformen beeinflußte selbstbewußte junge Mädchen selbstverständlich, seine Interessen unter dem Schlagwort marktwirtschaftlichen Engagements durchzusetzen. Ihr letztendlich doch unstetes und von den äußeren Verlockungen verführbares Verhalten entspricht dabei dem gegenwärtigen Weg Chinas in die Zukunft und eröffnet eher düstere Perspektiven.

Alle im Film vorgestellten Charaktere stehen somit für die verschiedenen Gesellschaftsgruppen wie für den Konflikt zwischen den Generationen. Im Kampf eines jeden einzelnen um seine persönlichen Vorteile zeigt sich, daß die von Mao angestrebte Massengesellschaft endgültig gescheitert ist. Der alte – symbolträchtig außerhalb des Mietshauses lebende – Sun behält dafür den klaren Blick: »Alles hat sich verändert. In was für Zeiten leben wir? Ich verstehe die Welt nicht mehr.« Dabei sind die Antagonismen der Gesellschaft längst nicht mehr so klar und eindeutig zwischen gut und böse einzuordnen, wie es die konfuzianische und in ihrem Gefolge die sozialistische Morallehre dem Volk über viele Jahrhunderte hinweg eingeredet hatte.

Die von den kommunistischen Machthabern und dem Kader Liu verkörperte, zur Phrase degenerierte, sozialistische Gesellschafts- und Moralordnung wird schließlich endgültig zu Grabe getragen. Das wird deutlich, als der Arbeiter Zhang Yongwu sich mit einem Zierfischgeschäft erfolgreich selbständig macht und dafür ausgerechnet die jüngsten Lehrsätze der Kommunisten heranzieht: »Ich tue, was die Partei sagt. Ich vergesse den Stolz der Arbeiterklasse und werde Jungunternehmer.« Damit zerbricht die Welt der alten Bürokraten, die jahrzehntelang auf Kosten des Volks ein zufriedenes Leben haben führen können. Die Reaktion des Kaders Liu: »Der nutzt die Lücken der Reform«, und seine Bemühungen, Unregelmäßigkeiten im Geschäft Zhangs aufzudecken, entpuppen sich als ein letztes Aufbäumen der alten Macht mit den alten Mitteln. Schließlich wendet auch er sich dem offenen Erwerb von Reichtum zu. Daß Zhang Yongwu seine neue – kapitalistische – Tätigkeit sogar mit Zitaten Mao Zedongs zu rechtfertigen weiß, zeigt, daß der Sozialismus, für den die Intellektuellen der Vierte-Mai-Generation noch vehement eingetreten sind, in der chinesischen Staatspolitik seit 1949 niemals mehr als eine Legitimation für die Machtbestrebungen der Herrschenden gewesen ist.

Gleichzeitig bedeutet dies in der Filmhandlung den radikalen Wandel der Werte. Der ehemalige kleine Gauner, der mit einem Mal zum gefragten und mächtigen, von allen ›Direktor Zhang‹ angeredeten Geschäftsmann avanciert, weiß nicht nur alle Trümpfe, sondern auch die Moral auf seiner Seite.

All diejenigen, die ihn bis dahin verachtet haben, hängen ihre Fahnen nun in den von ihm bestimmten Wind. Das bleibt dem – vorläufigen – Sieger der Geschichte nicht verborgen: »Es kommt doch nur aufs Geld an. Alles bekommt man, wenn man Geld hat.« Niemand wagt mehr, ihm zu widersprechen, obwohl er ihnen intellektuell weit unterlegen ist. Doch klassische Werte wie Bildung und Moral zählen in der modernen chinesischen Gesellschaft immer weniger. Diese fast lächerliche Ambivalenz bringt einer der Vasallen Zhangs auf den Punkt: »Die Gebildeten haben kein Geld, und wer Geld hat, der hat keine Bildung.«

Mit der simplen, in vierzig Jahren sozialistischer Geschichte aber außer Kraft gesetzten Maxime: »Wer arbeitet, erhält auch etwas dafür«, übernimmt Zhang Yongwu die Macht im Haus. Selbst sein bürokratischer Kontrahent, der Kader Liu, unterwirft sich ihm: »Wir können es uns nicht leisten, ihn zu verärgern.« Darin offenbart sich die Korrumpierbarkeit des alten Systems, dessen ideologischen Grundwerte und Gesetze nun ausgerechnet von demjenigen bedenkenlos negiert werden, der jahrzehntelang vehement für sie eingetreten ist. Ein Festbankett zu Ehren des Jungunternehmers verdeutlicht Lius Scheinheiligkeit. Eine Stange Zigaretten als Geschenk reicht Zhang Yongwu aus, ihn und alle seine ehemaligen Mitstreiter für sich zu vereinnahmen und ihre Prinzipien über Bord zu werfen. Sogar der selbsternannte Repräsentant der Moral, der Intellektuelle, gibt seine Bedenken spätestens in dem Moment auf, als auch ihm mit einer neuen Wohnung ein materieller Vorteil in Aussicht gestellt wird. Mit ungeahntem Pragmatismus läßt er sich dafür demütigen und konterkariert die überwachende Rolle im Staat, die er sich selbst stets zugedacht, die er aber nie wirklich ausgefüllt hat. »Du hast keinen Mut, du hast nur Phantasie und auch mehr Knochen als Muskeln«, erkennt Gao Wens Frau. Damit charakterisiert sie neben ihrem Mann den gesamten Intellektuellenstand Chinas seit der kommunistischen Machtergreifung.

Doch die Rolle der Intellektuellen war, ist und wird immer nur ein Spiegel und Barometer für die allgemeinen gesellschaftlichen Entwicklungen bleiben. Am Ende erweist sich nicht einmal der alte Sun als integer. Auch er erliegt den Verlockungen des Geldes, nachdem er von Jahrzehnten kommunistischer Indoktrination unbehelligt geblieben ist und sich seinen objektiv kritischen Blick – wenn auch allein mit Zynismus – stets hat erhalten können. Die Zerstörungen, die Revolution, Großer Sprung und Kulturrevolution nicht haben vollenden können, scheint nun die Beliebigkeit der Werte unter den Vorzeichen der Modernisierung und der damit einhergehenden Verrohung zu Ende zu führen.

Nach *Steh auf, fürchte dich nicht* hat Huang Jianxin noch einige weitere Filme vorgelegt. Dies waren zunächst das Werk *Wukui* (1993, VT: *Die Braut des hölzernen Mannes*) und ein Jahr später *Gesicht gegen Gesicht, Rücken gegen Rücken* (*lian kao lian, bei kao bei*, 1994). Darin erzählt er die Geschichte des Vizedirektors Wang, der gegen Bürokratie und Vetternwirtschaft erfolglos um seine Beförderung kämpft. Schließlich gelangt er zu der Einsicht, sein Leben selbst gestalten zu müssen. Er zieht sich aus der Gesellschaft mit ihren Zwängen zurück, um isoliert zu leben und sich seiner Leidenschaft, der Kalligraphie, zu widmen. Doch am Ende siegen auch bei ihm die Verlockungen von Macht und Reichtum. Auch Huang Jianxins jüngster Film *Links blinken, rechts abbiegen* (*da zuodeng, xiang you zhuan*, 1996) ist eine weitere Gesellschaftssatire auf das Leben in den Neunzigern, dessen Auswüchse sich in humorvollen Schilderungen aus einer Polizei-Fahrschule spiegeln.

Tian Zhuangzhuang

Tian Zhuangzhuang (geb. 1952) erlebte als Sohn des berühmten Schauspielers Tian Fang und der Akteurin Yu Lan eine Jugend, deren Verlauf mit der Chen Kaiges vergleichbar ist. Nach seinem Ausschluß aus der gesellschaftlichen Gemeinschaft während des ›Großen Sprungs‹, der Teilnahme an den Aktionen der Roten Garden (1966-69) und der Verschickung zur körperlichen Arbeit in die nordchinesische Provinz Jilin, wo er auch in die Armee eintrat, kam er 1976 in seine Heimatstadt Peking zurück. Dort produzierte er zunächst zwei Jahre lang Dokumentarfilme für das Landwirtschaftsministerium. Bereits während seiner Ausbildung an der Filmakademie (1978-82) drehte Tian den Videofilm *Unsere Ecke* (*women de jiaoluo*, 1980) nach einer Kurzgeschichte des jungen Autors Jin Shui. Nach Abschluß seines Studiums produzierte er den Kinderfilm *Roter Elephant* (*hongxiang*, 1982) und das Fernsehspiel *Ein Sommer* (*xiatian de jingli*, 1983). Die Erfolge dieser Werke brachten ihm einen Spielfilmauftrag im Filmstudio der südwestchinesischen Stadt Kunming ein. Dort produzierte er den Film *September* (*jiuyue*, 1984), ein Melodram über einen Kinderchor und seinen Lehrer. Damit konnte er allerdings noch nicht seinen eigenen künstlerischen und politischen Ansprüchen gerecht werden, die sich in seinen beiden folgenden Filmen deutlich herauskristallisierten

In den Jagdgebieten (*liechang zhasa*, 1985) und
Der Pferdedieb (*daomazei*, 1986)

1985 drehte Tian Zhangzhuang im Filmstudio der Inneren Mongolei den Film *In den Jagdgebieten*, ein Jahr später in Xi'an *Der Pferdedieb*. Beide Werke gehören zu den eindrucksvollsten und experimentierfreudigsten, zugleich politisch mutigsten Arbeiten des chinesischen Kinos. Sie offenbaren auf der Grundlage simpler Handlungen insbesondere die formalen Qualitäten Tian Zhuangzhuangs, seine Fähigkeit, Aussagen allein über Bilder und Töne zu vermitteln, ohne dabei ausladend epische Fabeln bemühen zu müssen.

An deren Stelle setzt der Regisseur in *In den Jagdgebieten* Aufnahmen über die Innere Mongolei, die einen beinahe dokumentarischen Charakter haben. Das Leben dort ist von der Jagd geprägt, die in eindrucksvollen Szenen geschildert wird. Dabei verzichtet der Regisseur vollständig auf Han-chinesische Charaktere, die als größte und herrschende Bevölkerungsgruppe Chinas für dessen Einheit einstehen und in allen staatsoffiziellen Werken im Vordergrund zu stehen haben. Bereits der Titel ›Zhasa‹, Jagdkodex der Mongolen und somit den meisten chinesischen Kinobesuchern fremd, ist eine Hommage an die Minderheitenvölker; ihren natürlichen Lebensrhythmus, ihre moralische Integrität trotz des ständigen Kampfes um die Sicherung der Lebensgrundlagen und ihre traditionellen Bräuche. Genauso wirkt die Natur, in der der Mensch sich eingerichtet hat anstatt sie sich zu unterwerfen, wie es in Maos China mit verheerenden Folgen geschah.

Noch eindringlicher vermittelt Tian Zhuangzhuang diese Motive in seinem nächsten Werk. Zugunsten authentischer Bilder aus dem Hochland Tibets verzichtet er auch in dem Film *Der Pferdedieb* weitgehend auf eine narrative Filmstruktur. Damit richtet er sich gegen die auf eindeutige filmische Aussagen und nachvollziehbare Handlungsstränge insistierende Kulturpolitik und gegen die Sehgewohnheiten des Publikums. Diese sind nach wie vor von didaktischen Propagandafilmen, eindimensionalen Melodramen und anspruchsloser Unterhaltung geprägt. In dieser Hinsicht verbirgt sich in Tians provokativer Aussage, daß dies ein Film für das Publikum des einundzwanzigsten Jahrhunderts sei (engl. in Berry, Chris: *Perspectives*... S.127ff), gleichzeitig die Hoffnung auf eine Neudefinierung der chinesischen Kultur und ihrer Medien. Außerdem fordert er damit den Ausbruch der Menschen aus ihrer Rolle als teilnahmslose Opportunisten und Befolger des staatlich verordneten Wegs. Es ist die Hoffnung auf eine neue Generation, die eine Kunst wie diejenige Tian Zhuangzhuangs tolerieren und vielleicht sogar honorieren wird.

Die Handlung des Films *Der Pferdedieb* ist auf das äußerste verknappt. Protagonist ist der tibetische Pferdedieb Rolbu, der mit seiner Frau Dolma und seinem Sohn Tashi in einem kleinen Dorf fernab der Zivilisation lebt. Neben der dargestellten Rückständigkeit des Lebens auf dem tibetischen Hochplateau war es in erster Linie die Religiosität und das Festhalten der Menschen an ihren Riten und Gebräuchen, was den Zensoren an diesem Film Kopfzerbrechen bereitet und dessen kategorisches Verbot verursacht hat. Religion und ein Leben in Übereinstimmung mit der Natur kennzeichnen die Handlung und deren Protagonisten. Sie symbolisieren die gesellschaftlichen Antagonismen der Gegenwart wie auch die Aufforderung des Regisseurs zur Rückbesinnung auf die Natur und die Wurzeln der eigenen Existenz. Damit richtet sich die Kritik unmittelbar auch auf die gegenwärtige Gesellschaft.

Rolbu lebt in einer dörflichen Gemeinschaft, ist aber dennoch ein Außenseiter. Er kann seine Familie nur durch Diebstähle ernähren. Er nimmt zwar nicht an den religiösen Zeremonien seines Stammes teil, die das Leben der Menschen dort scheinbar vollständig ausfüllen; doch der Glauben und die religiösen Gebräuche sind die treibenden Kräfte auch seines Lebens. Das wird bereits in der Eingangssequenz deutlich, die eine tibetische Beerdigungszeremonie zeigt. Die Bilder, in denen die Verstorbenen in den Bergen auf offenem Fels aufgebahrt und unter zeremonieller Musik der Mönche von den Vögeln gefressen werden, damit ihre Seelen in deren Körpern in den Himmel aufsteigen können, provozieren zum Nachdenken über die eigene – recht diesseitige – Kultur. Tian öffnet den Blick auf das, was sich jenseits der verschlossenen Mauern der Han-chinesischen Kultur befindet. Nur dadurch wird auch der (selbst-) kritische Blick auf die eigene Existenz des in erster Linie angesprochenen chinesischen Publikums innerhalb dieser Grenzen deutlich. Damit ist der Film als Kritik am bestehenden System zu verstehen, das wesentliche kulturelle Elemente verleugnet. Er fordert auf dieser Ebene zum Nachdenken über Geschichte und Gegenwart auf.

Für Rolbu gelten die gesellschaftlichen Zwänge, die der Regisseur mit diesem Film in Frage stellt, deutlich. An seinem Lebenswandel lassen sich nicht nur tibetische Riten und Gebräuche erkennen. Vielmehr steht sein Charakter parabolisch für alle Menschen in China und Tibet, die innerhalb der Mauern aus Tradition, Ideologie und Sozialisierung bis heute noch keine persönliche Freiheit und kulturelle Identität haben erringen können. Rolbus Leben spielt sich zwischen – im Dorf mehr oder weniger geduldeten – Diebstählen und religiöser Ergebenheit ab. Es kommt zur Harmonisierung dieser Antagonismen, wenn Rolbu jeweils einen Teil seines Diebesguts dem Kloster spendet, dem Repräsentanten der Macht. Ein abruptes Ende findet dieser Kreislauf, als er eines Tages Geschenke der – Han-chinesischen – Regierung an das Kloster stiehlt und dafür von der Dorfgemeinschaft zur Rechenschaft gezogen wird. Nicht der Diebstahl als solcher ist es, was ihm und seiner Familie die Verbannung aus dem Dorf beschert, und auch nicht die Pietätsverletzung gegenüber dem – von ihm bis dahin reichlich mit Geschenken bedachten – Kloster, sondern vielmehr der Affront gegenüber den Autoritäten des anonym bleibenden Staatsapparats. Die wahren Autoritäten befinden sich auch angesichts der kommunistischen ›Volksregierung‹ nach wie vor fernab vom tatsächlichen Leben des kleinen Mannes, der ihnen bedingungslos ausgeliefert ist. Ihre Willkür verbirgt sich hinter Symbolen – religiösen in diesem Film – die allerdings deutlich auf die autokratischen und weltlichen Herrscher des gegenwärtigen Chinas verweisen.

Deren – reale oder suggerierte – Macht über den einzelnen ist unermeßlich. Kurz nach dem Ausstoß aus der Dorfgemeinschaft stirbt Rolbus Stammhalter Tashi. »Eine Gottesstrafe«, glaubt dieser sofort zu erkennen. Nach diesem Schicksalsschlag stellt Rolbu seine Diebstähle ein, um sich fortan ausschließlich der Religion zu widmen und Buße für seine Vergehen zu üben. Doch das Kloster verweigert dem Ausgestoßenen den Einlaß. Auch das Dorf lehnt seine Bemühungen um Rückkehr in die Schutzgemeinschaft ab. Daran ändert auch die Gefährdung durch eine Seuche nichts, die über das Land hereingebrochen ist. Die einzige Gunst, die er trotz seiner Reue noch erfährt, ist die, in einer exorzistischen Zeremonie den Flußteufel zu verkörpern und sich – als Inkarnation des Bösen – von den Dorfbewohnern mit Steinen bewerfen zu lassen.

Die Situation spitzt sich für Rolbu und seine Familie zu, als auch noch der Winter über das Land hereinbricht, ohne daß der zum Flußteufel erklärte Dieb Erbarmen findet. Seine Frau hat inzwischen einen zweiten Sohn geboren, dem nun Rolbus Hoffnung gilt: »Er muß leben.« So stiehlt er in seiner Verzweiflung zwei Pferde, um Frau und Kind ins Tal zu bringen, bevor die Wege unpassierbar werden. Während beiden die rechtzeitige Flucht gelingt, wird Rolbu gefaßt, verprügelt und in der Ödnis der verschneiten Berge seinem Schicksal überlassen. Vergeblich versucht er, die heiligen Stätten zu erreichen, um dort zu sterben und am Ende doch noch reinkarniert zu werden.

Von den Dorfbewohnern verprügelt und verstoßen, sieht Rolbu seinem sicheren Tod entgegen. Auf dem Weg zu den Stätten der Reinkarnation tötet er das heilige Schaf und überläßt den Ort der Riten den Flammen. Schaf und Kultstätte sind die Symbole der Herrschaft, die die Machthaber im Namen der Religion errichtet haben, um das Volk zu sozialisieren. Nachdem diese aber sein Leben zerstört haben, hat Rolbu den Glauben an die selbsternannten Autoritäten schließlich verloren und zum reinen Glauben zurückgefunden. Erst angesichts seines durch die weltliche und autokratische Macht verursachten Sterbens lernt Rolbu zwischen dem – guten und notwendigen – Glauben und dessen selbsternannten – bösen – Repräsentanten zu unterscheiden. Damit hatte der Regisseur weniger die tibetische als vielmehr die gesamtchinesische Gesellschaft im Auge. Zu sehr erinnern die Versuche Rolbus, sich als willfähriges Instrument der Machthaber in deren Dienste zu stellen und sich ihrer gnadenlosen Willkür zu ergeben, an die Methoden der kommunistischen Machthaber in China, das Volk mit Versprechen vom irdischen Paradies geistig wie physisch in ihre Abhängigkeit zu zwingen und zu willenlosen Instrumenten der Macht zu erziehen. Dem Regisseur selbst sind seine Erfahrungen als Rotgardist, als der er sich dem Willen und den Versprechen bzw. Drohungen Maos verschrieben hat, im Gedächtnis geblieben und haben diesem Film maßgeblich zugrunde gelegen.

Auf der anderen Seite eröffnen die Bilder der religiösen Riten und Zeremonien von der tibetischen Hochebene dem Publikum aber noch eine zweite Perspektive. Diese bezieht sich auf das persönliche Selbstverständnis eines jeden Zuschauers und darüber auch wieder auf die gesamtgesellschaftliche Ebene. Indem nämlich die Kamera ihren Bildern nicht die Perspektive der Akteure zugrunde legt und ihnen noch weniger die Han-chinesische Blickrichtung und damit die reduzierte Sichtweise der kommunistischen Machthaber aufzwingt, sondern vielmehr den eigenen, mit dem tibetischen(!) Protagonisten sympathisierenden Standpunkt beibehält, bietet sie dem Publikum Spielraum für eigene Interpretationen und Schlußfolgerungen.

Der Pferdedieb
(daomazei, 1986, R: Tian Zhuangzhuang)

Offen hinterfragt Tian damit das von Propagandaparolen und unreflektiertem Nationalismus geprägte kulturelle Selbstverständnis der chinesischen Gesellschaft.

Im Jahre 1987 drehte Tian Zhuangzhuang den Film *Der Gushu Künstler (gushu yiren)*. Dessen Protagonist, der Paukenballaden-Sänger Baoqing, erlebt in den vierziger Jahren im japanisch besetzten Peking ein von Diskriminierung und persönlichen Verlusten überschattetes Schicksal. Resignierend entschließt er sich, der Gesellschaft den Rücken zu kehren und sich aufs Land zurückzuziehen – ein Schicksal, das die Künstler unzähliger Epochen der chinesischen Geschichte bis hinein in die Zeit unter Mao und zwei Jahre nach Vollendung dieses Films erneut mit ihm teilten.

In seiner bisher am deutlichsten kommerziell orientieren Produktion *Rock-Jugend (yaogun qingnian,* 1988) fängt Tian in einer als Musical inszenierten Liebesgeschichte das Lebensgefühl der Jugendlichen in den achtziger Jahren ein. Ein unmittelbar nach der Niederschlagung der Demokratiebewegung produzierter Film mit dem Titel *Illegale Leben* (*tebie shoushushi*, 1990), der die Problematik der Zwangsabtreibungen in China unverschlüsselt zur Sprache bringt, kam durch den Spruch der Zensoren bisher zu keiner öffentlichen Aufführung. Das im darauf folgenden Jahr vollendete Historienepos *Li Lianying, Eunuch des Kaisers* (*da taijian Li Lianying*, 1991) über diesen kaiserlichen Eunuchen des 19. Jahrhunderts hingegen versteht sich als Abrechnung mit der Schwarz-Weiß-Malerei der staatsoffiziellen Heldenepen und als Bruch mit der kommunistischen Propaganda. Dieser manifestiert sich in der individuellen Charakterisierung und überaus menschlichen Darstellung der – von den kommunistischen Historikern und in unzähligen Filmwerken verteufelten – Kaiserinwitwe Cixi und ihres Hofstaats.

Der blaue Drachen (*lan fengzheng*, 1993)

Erst 1993 erreichte Tian Zhuangzhuang mit dem Film *Der blaue Drachen* wieder seine von den Frühwerken her gewohnte politische und ästhetische Aussagekraft, wandte sich dabei allerdings einer eher epischen Erzählform zu. In diesem Werk zeichnet er anhand der einfühlsam erzählten Geschichte einer Familie von den fünfziger Jahren bis in die Hochphase der Kulturrevolution ein kritisches und ohne plakative Anklagen doch versöhnlich gestimmtes Bild der jüngsten Geschichte Chinas. Nichtsdestoweniger wurde dieser Film schon vor seiner Fertigstellung in China verboten. Er gelangte nur mit Hilfe der Hongkonger Koproduzenten doch noch in die – ausländischen – Kinos und über Video schließlich auch auf die einheimischen Fernsehschirme. Ein 1993 in Kraft getretenes zweijähriges Berufsverbot für den Filmemacher konnte – vielleicht gerade dadurch – allerdings nicht vermieden werden.

Der Film *Der Blaue Drachen* erzählt aus der Erzählperspektive des einzigen Sohns Dayu (Großer Regen), den allerdings alle nur unter seinem Spitznamen Tietou (Eisenkopf) kennen, die Geschichte der Familie Lin in einem traditionellen Pekinger Hofhaus. Schon das Jahr und der Ort von Tietous Geburt in den frühen fünfziger Jahren lassen erahnen, daß Tian Zhuangzhuang auch autobiographische Elemente aus seiner eigenen Kindheit, zumindest aber seine persönlichen Erfahrungen mit der Kampagnenpolitik unter Mao Zedong, in diesen Film hat einfließen lassen. Dabei verzichtet er auf künstlerische Stilisierungen und eine Dramatisierung der Handlung. Statt dessen gestaltet er den Film als mit leisen Tönen erzählte epische Geschichte über das alltägliche Leben der kleinen Leute in jener Zeit. Sie alle waren keineswegs die mobilisierten Volksmassen, die Mao damals propagieren ließ, sondern versuchten, ihr Leben jenseits von Politik und Ideologie so gut wie möglich einzurichten. Nicht die von außen auf sie eindringende Ideologie, die hehren Ideale der Kommunisten, die ihnen auffällig fremd bleiben, stehen bei ihnen im Vordergrund. Vielmehr geht es für sie um das kleine persönliche Glück, welches allerdings in jener Zeit die wenigsten von ihnen tatsächlich verwirklichen konnten. Daß sich darin unzählige Kinozuschauer wiedererkennen würden, die auf ähnliche Weise unter

Der blaue Drachen
(Ian fengzheng, 1993, R: Tian Zhuangzhuang)

der Ideologisierung des Alltags, den Kampagnen und der fehlgelenkten Wirtschaftspolitik hatten leiden müssen, wird wohl den Ausschlag für das kategorische Verbot auch dieses Streifens gegeben haben.

Die Radiomeldung von Stalins Tod am 5. März 1953 markiert den historischen Rahmen der Hochzeit von Tietous Eltern und seiner Geburt einige Zeit später. Schon diese privaten Ereignisse sind von der fortschreitenden Ideologisierung geprägt, wenn die kommunistischen Embleme die Hochzeitszeremonie bestimmen und das Brautpaar ausgerechnet ein Revolutionslied zum Besten gibt. Die ›Kampagne der Hundert Blumen‹ kennzeichnet nur ein Intermezzo im anhaltenden Kampf um gesellschaftliche Akzeptanz, der schon bald zum Kampf ums nackte Überleben ausartet. Da hilft auch nicht mehr die Devise: »Vor allem müssen Sie Ihre gute Laune behalten«, die der Augenarzt seinem Patienten als Behandlungsmethode mit auf den Weg gibt, oder der fröhlich im Wind flatternde blaue Drachen der Kinder, Symbol der Hoffnung wie des Unglücks. Denn nur kurze Zeit später bestimmen Kritiksitzungen und Parolen die Bilder. Tietou ruft seinem Vater, nachdem der ihn geschlagen hat, noch hinterher: »Ich erschieße diesen bösen Papa«, kann dabei aber noch kaum begreifen, daß er ihn nach diesem Tag nie mehr wiedersehen wird.

Nach dem ›Großen Sprung‹ und der Wirtschaftskrise entsteht in den frühen sechziger Jahren erneut Hoffnung. Diese hat sich längst von allen Idealen verabschiedet und reduziert sich bei den einfachen Menschen auf ein normales, von außen unbedrängtes Leben. Der blaue Drachen der Kinder flattert wieder hoch oben über den Dächern, und Tietous Mutter entschließt sich nach dem Tod ihres Mannes zu erneuter Heirat. Doch die Kulturrevolution wirft ihre Schatten voraus. »Sie haben doch schon alles revolutioniert, was wollen sie denn noch?«, fragt Tietous Großmutter verzweifelt. Doch kurz darauf bestimmen die Spruchbänder der Radikalen wieder das Straßenbild. Der erneute Sturz der Autoritäten ist auch durch die Prügel nicht mehr aufzuhalten, die Tietous Mutter ihrem Sohn verabreicht, nachdem dieser dem Aufruf zum ›Sturz der Autoritäten‹ gefolgt ist und gemeinsam mit seinen Klassenkameraden die Schuldirektorin beschimpft und bespuckt hat.

Als der Höhepunkt des Chaos erreicht ist, endet auch die Filmhandlung. Tietous Stiefvater wird von den jugendlichen Rotgardisten verprügelt. Er stirbt im November 1968 unter den anhaltenden Demütigungen und Foltern. Seine Mutter wird die nächsten zehn Jahre in einem Lager zur ›Umerziehung durch Arbeit‹ verbringen. Sie läßt ihren blutig geprügelten Sohn alleine auf der Straße zurück. Dieser blickt in eine hoffnungslose Zukunft, während der blaue Drachen zerrissen im Baum gelandet ist. Die Zuschauer werden die Fabel aus dem eigenen Gedächtnis heraus zu einem Ende führen. Eine unbequeme Erinnerung auch für die heutigen Machthaber, die sich aber nicht mit Maulkörben für diejenigen verhindern läßt, die sie wachrufen.

Wu Ziniu

Auch Wu Ziniu (geb. 1953), Sohn eines Intellektuellenpaars und Enkel eines Großgrundbesitzers, gehörte schon früh zu den Opfern der ›sozialistischen Transformation‹. Im Kreis Leshan in der südwestchinesischen Provinz Sichuan geboren, erhielt er keine Möglichkeit zu einer umfassenden Schulbildung, nachdem er aus der Unterstufe der Mittelschule heraus zur Arbeit auf Segelbooten der Flußschifferei verschickt worden war. Allerdings ging die Kulturrevolution fernab der Großstädte wesentlich spurloser an ihm vorbei als an vielen seiner Altersgenossen. 1975 kehrte er in seine Heimatstadt zurück und engagierte sich in einem kleinen Wandertheater, bevor er 1978 an der Pekinger Filmakademie aufgenommen wurde. Nach Abschluß seines Studiums kam Wu Ziniu im Jahre 1982 an das Xiaoxiang-Filmstudio in Changsha. Dort führte er noch im selben Jahr in einigen Episoden der Fernsehserie *Schöne Jugend (piaoliang de qingnian)* Regie. Auch in den beiden kommerziellen Spielfilmen *Der Kandidat (houbu duiyuan,* 1983) und *Das schwarze Tal der Blutsauger (diexue heigu,* 1984) wurden die Intentionen von Wu Zinius späteren Werken, die Menschen durch seine Filme zur Rückkehr zu humanistischen Werten und zu einem natürlichen Verhältnis zueinander und zur Natur zu bewegen, noch nicht deutlich.

Taubenbaum (*gezishu*, 1987) und
Der letzte Wintertag (*zuihou yige dongri*, 1986)

Zwischen 1984 und 1987 drehte Wu Ziniu den Film *Taubenbaum*. Darin geht es um den Einsatz der chinesischen Streitkräfte im nördlichen Vietnam im Jahre 1979, als viele tausend junge Soldaten der Volksbefreiungsarmee für zweifelhafte Ziele in den Tod geschickt wurden. Wu Ziniu hebt den Grenzeinsatz, bei dem die Machthaber bewußt eine große Anzahl Soldaten geopfert und diese der Öffentlichkeit später als patriotische Märtyrer präsentiert haben, unabhängig vom tatsächlichen Kriegsschauplatz auf eine abstrakte Ebene. Damit stellt er über diesen Einzelfall hinaus den Sinn von Kriegen im allgemeinen in Frage. Er prangert das menschenverachtende Verhalten der chinesischen Staatsführer unter dem Mantel von Patriotismus und Ideologie an. Nachdem die Autoritäten des Xiaoxiang-Studios diesen Film ohne größere Eingriffe hatten passieren lassen, verschwand er – vermutlich durch Intervention der Volksbefreiungsarmee – von einem Tag auf den nächsten von der Bildfläche und gelangte bis Mitte der neunziger Jahre zu keiner öffentlichen Aufführung.

Auch in dem Film *Der letzte Wintertag* greift Wu das Thema von Unmenschlichkeit und Unterdrückung auf. Allerdings konkretisiert er es darin in der Zeichnung des Individuums innerhalb einer unbarmherzigen Umwelt. Die mit pathetischen Bildern und Tönen präsentierte Filmhandlung erzählt vom Leben in einem chinesischen Straflager in der menschenleeren Einöde der Provinz Qinghai. Gemeinsam mit drei Besuchern, einem jungen Mann, einer Frau und einem Kind, die ihre verurteilten Verwandten besuchen wollen, fährt die Kamera in das Lager hinein. Wie bei den Besuchern bemüht sich Wu Ziniu auch bei den Lagerinsassen um eine individuelle Charakterzeichnung. Er definiert den Menschen nicht vorrangig in seiner Funktion im gesamtgesellschaftlichen Mechanismus. Vielmehr zeichnet er ihn individuell und in seinen Charakterausprägungen und persönlichen Bedürfnissen vielschichtig. Wu Ziniu gelingt mit diesem Film eine behutsame Darstellung der menschlichen Natur. Diese ist von Hoffnung, Furcht, Haß und Liebe, den guten wie den schlechten Eigenschaften geprägt, wie sie vielleicht nur in einer Extremsituation – einem Straflager – derart offen zutage treten.

Abendglocken (*wanzhong*, 1988)

Mit großer Brillianz hat Wu Ziniu das Individuum auch in seinem Film *Abendglocken* wieder in den Mittelpunkt gerückt. Dieser Film, der 1989 mit dem Silbernen Bären der Berliner Filmfestspiele ausgezeichnet wurde, spielt in den letzten Tagen des Verteidigungskrieges gegen die japanischen Besatzungstruppen. Nach deren Kapitulation trifft eine Gruppe chinesischer Soldaten auf einen versprengten japanischen Zug. Die Japaner wissen noch nichts vom Kriegsende und verschanzen sich in einer Höhle, bereit, sich zu verteidigen. Sie sind ungeachtet der Übermacht der Gegner, von künstlich produzierten Feindbildern geblendet, nicht bereit, sich zu ergeben. Doch allmählich löst sich die anfängliche Feindschaft zwischen den beiden Gruppen auf, und die Soldaten nähern sich vorsichtig einander an. Schließlich nehmen die halb verhungerten Japaner die Einladung ihrer Belagerer an. Sie kommen aus der schützenden Höhle heraus, um sich vor den feindlichen Gewehrläufen zum Mahl niederzulassen. Das dazu notwendige Vertrauen, die Wiederentdeckung der eigenen Menschlichkeit und die effektreich inszenierte Zerstörung eines hölzernen Beobachterturms signalisieren das Ende des Krieges. Im Gedächtnis haften bleibt neben der unübersehbaren nationalistischen Attitüde dieses Films Wu Zinius Forderung nach einer individuellen Moral und Menschlichkeit, die alle künstlich erschaffenen Schranken überwinden solle.

Der fröhliche Held (*huanle yingxiong*, 1988)
und *Die Grenze zwischen Leben und Tod* (*yinyang jie*, 1988)

Auch der Film *Der fröhliche Held* und dessen Fortsetzung *Die Grenze zwischen Leben und Tod* offenbaren wieder die Darstellung von Humanität im Widerstreit mit den sie unterbindenden sozialen Normen und einer irrationalen – oft von Haß erfüllten – Verhaltensweise der Menschen innerhalb der Gruppe. Erzählt wird die Geschichte zweier im Streit liegender Dörfer, dem Ort Shangshangmu, was so viel wie ›oberes Holz‹ bedeutet, und dem Ort Xiaxiamu, dessen Name für ›unteres Holz‹ steht. Mit diesen Namen wird die Verbundenheit und gegenseitige Abhängigkeit der beiden Dörfer zum Ausdruck gebracht – wie die der verschiedenen Teile eines Baums. Tatsächlich liegen sie eng beieinander an einem Hügel und schöpfen aus denselben natürlichen Ressourcen. Der blutig ausgetragene Konflikt zwischen diesen Dörfern dauert bereits mehrere Generationen, und niemand vermag mehr die Ursachen zu rekonstruieren. Das ruft unweigerlich die vielen Kriege, Bürgerkriege und politischen Kampagnen ins Gedächtnis, die in der jüngeren chinesischen Geschichte Gesinnungsgruppen, Orte und sogar Familien sinnlos entzweit und Untrennbares auseinandergerissen haben. Unter diesen absurden Umständen entstehen Beziehungen zwischen Mitgliedern der verfeindeten Parteien, die die verhärteten Fronten aufbrechen und anstelle der tradierten Ideologie den Menschen wieder in den Vordergrund rücken.

Wu Zinius nächster Film *Große Mühle* (*da mofang*, 1990) wurde noch vor seiner Uraufführung zurückgezogen und ist nie in die Kinos gelangt. Das folgende Werk *Sonnenberg* (*Taiyangshan*, 1991) hingegen hält sich von jeder politisch deutbaren Äußerung zurück. Damit wird die Filmaussage bedeutungslos, und auch mit der melodramatisch-glatt inszenierten Geschichte um eine Frau zwischen zwei Männern konnte der Regisseur keine eigenen künstlerischen Akzente setzen.

Feuerfuchs (*huohu*, 1994)

Mutigere Aussagen hat Wu Ziniu erst wieder in seinem jüngsten Film *Feuerfuchs* gemacht. Darin bedient er sich einer naturalistischen Erzählweise, verbunden mit berückenden Naturaufnahmen aus den tiefverschneiten Wäldern der nordöstlichen Provinz Jilin. Erzählt wird die Geschichte zweier Männer mit grundverschiedenen Charakteren. Diese stoßen auf der Jagd nach dem Feuerfuchs als erbitterte Konkurrenten aufeinander, um am Ende als Freunde auseinanderzugehen. Zugleich ist dieser Film als Parabel der gegenwärtigen Gesellschaft lesbar, deren unüberbrückbar scheinende Gegensätze sich in den subtil gezeichneten Protagonisten spiegeln. Zum einen handelt es sich dabei um den Städter, des Überlebens in der Natur scheinbar unfähig, worauf bereits sein Name Shouxiaoren, der Dürre, verweist. Daß er seinen Lebensunterhalt bis zu seinem Auszug in die Wälder in der Stadt als Filmvorführer verdient und diesen Beruf mit der Schließung des Kinos verloren hat, deutet auf den gegenwärtigen Zustand des Filmwesens in China und insbesondere die schwierige Situation der Filmkünstler.

Während die Charakterisierung des Shouxiaoren auf der einen Seite ein Stück Filmgeschichte erzählt, verweist sie auf der anderen Seite auf den Weg Chinas zu einer urbanen Gesellschaft. Im Zeichen der Modernisierung verleugnet Shouxiaoren seine eigenen Ursprünge und hat die Verbindung zur Natur längst aufgegeben. Dem widerspricht vehement sein Gegenspieler Huzi, dessen Name ihn sowohl als Banditen wie auch als nachlässigen, unordentlichen Charakter zeichnet. Er steht in enger Verbindung mit der Natur und kann sich in ihr auch ohne die aufwendigen Hilfsmittel zurechtfinden, die der Städter in seinem grenzenlosen Ehrgeiz, sich selbst zu beweisen, mit in den Wald gebracht hat. Damit steht Huzi für das kontrastierende Grundprinzip der Einheit mit Natur und Umwelt. Ehrgeizige Gefühle, die seinen Gegenspieler in den Wald getrieben haben, sind ihm fremd. Seine Ziele bei der Fuchsjagd sind nicht in hehren Idealen zu suchen, die die Menschen in der jüngeren Geschichte dazu getrieben haben, sich die Natur zu unterwerfen. Huzi jagt den Fuchs einzig und allein mit dem Ziel, seinen Lebensunterhalt zu bestreiten.

Im Kampf dieser beiden Menschen gegeneinander symbolisiert sich eindringlich die Widersprüchlichkeit der Gesellschaft zwischen ihren natürlichen Ursprüngen und den rücksichtslosen Bestrebungen, diese im Zeichen von Ideologie oder Modernisierung zu unterdrücken. Der Fuchs, gemeinsames Ziel der beiden, bleibt hingegen schemenhaft und wird für den Zuschauer zu einem irrealen Mythos. Als solcher führt er die Kontrahenten schließlich zusammen. Hoffnung entsteht am Ende aus der gegenseitigen Hilfe, die sie sich zukommen lassen, und aus der Überwindung aller ideologischen Gegensätze und persönlichen Feindschaften für das gemeinsame Ziel. Indem Wu Ziniu dieses allerdings in Gestalt des Fuchses nie konkret werden läßt, eröffnet er dem Zuschauer mit diesem Film eine breite Deutungsebene. So handelt es sich um einen Film, der sich über die heutige Gesellschaft hinaus auch wieder der Suche nach den Traditionen und der eigenen Natur zuwendet, um darüber Wege in die Zukunft zu eröffnen. Wu Ziniu stellt darin aber auch die Frage nach seiner eigenen Zukunft und der seiner Künstlerkollegen.

Zhang Yimou

Zhang Yimou (geb. 1951) war als Sohn eines ehemaligen nationalistischen Offiziers und Anhängers Chiang Kaisheks seit seiner frühen Kindheit der Diskriminierung durch die kommunistische Gemeinschaft ausgesetzt. Zu Beginn der Kulturrevolution (1966) wurde er aus seiner Heimat nahe der Stadt Xi'an zur Landarbeit verschickt und mußte anschließend von 1969 bis 1976 in einer Textilfabrik arbeiten, um nach der Inhaftierung seiner Eltern sich und seine beiden jüngeren Geschwister zu ernähren. Seine landesweiten Erfolge als Hobbyphotograph brachten ihm 1978 einen Platz an der Pekinger Filmakademie im Fach Kamera ein. Er wurde nach Abschluß seines Studiums im Jahre 1982 an das Guangxi-Provinzstudio in Nanning berufen. Dort war seine Cinematographie zwei Jahre später maßgeblich am Erfolg des Films *Einer und Acht* (*yige he bage*, 1984, R: Zhang Junzhao) beteiligt. Er drückte diesem Experiment durch seine beeindruckende Kameraführung seinen Stempel auf. Darüber definiert sich in erster Linie die neue Filmsprache, für die ein Jahr später seine Zusammenarbeit mit Chen Kaige in dem Film *Gelbe Erde* und kurz darauf in *Die große Militärparade* zum Maßstab wurde. Mit diesem Film endete die Zusammenarbeit der beiden Filmemacher, deren Weg aber gemeinsam nach Xi'an führte. Dort führte Zhang Yimou Ko-Regie in Wu Tianmings Film *Der alte Brunnen*. Für seine Hauptrolle in demselben Film wurde er außerdem 1987 beim Internationalen Filmfestival von Tokio ausgezeichnet.

Das rote Kornfeld (*hong gaoliang*, 1987)

Die Erfolge seiner Kameratätigkeiten ebneten Zhang den Weg für eine erste eigenständige Regiearbeit. Mit dem Film *Das rote Kornfeld*, der Verfilmung des gleichnamigen Romans von Mo Yan (dt. Reinbek 1993), die 1988 in Berlin mit dem Goldenen Bären ausgezeichnet wurde, gelang es ihm, die weltweite Aufmerksamkeit auf sein Schaffen und damit auch auf den lange

Zeit international kaum beachteten chinesischen Spielfilm zu lenken. Die Fabel setzt im Jahre 1929 in der nordchinesischen Provinz Shaanxi ein. Die noch jugendliche Protagonistin Jiu, mit deren Verkörperung die junge Absolventin der Schauspielhochschule Gong Li den Grundstein ihres weltweiten Erfolgs legte, wird den Traditionen gemäß in einer geschlossenen Sänfte zum Haus ihres zukünftigen Gatten getragen. Der Ehegatte, ein reicher Brennereibesitzer, ist bereits ein alter Mann und zudem an Lepra erkrankt. Die junge Jiu hat also kaum Grund zur Vorfreude, wenn sie von Sänftenträgern durch die karge Lößlandschaft getragen wird. Unter diesen befindet sich auch Yu, der spätere Vater ihres Kindes, dessen Rolle von dem jungen Schauspieler Jiang Wen verkörpert wurde. Dieser ist neben seiner erfolgreichen Schauspielkarriere inzwischen auch mit einer ersten eigenen Regiearbeit in dem Film *In der Hitze der Sonne* (*yangguang canlan de rizi*, 1994) an die Öffentlichkeit getreten.

Hintergrund der Handlung von *Das rote Kornfeld* ist die karge Landschaft von Zhang Yimous nordchinesischer Heimat, in der die Menschen nach wie vor in Armut und Rückständigkeit leben. Der Ausweg aus der Abgeschlossenheit dieser Welt wird durch einen Felsbogen dargestellt, der die eintönige Landschaft unterbricht und den Weg in Richtung auf den offenen Horizont weist. Doch niemand wagt es, diesen – offensichtlich mit Magie besetzten – Felsbogen wirklich zu durchschreiten. Das Leben innerhalb der Landschaft reduziert sich vielmehr auf seinen bloßen Erhalt. Die alles überziehende gelbe Farbe der Lößerde Nordchinas markiert diesen Landstrich zwar als Wiege der Nation, zeugt aber zugleich von einer Starre, aus der die endlosen Weiten keinen Ausweg zu weisen scheinen.

Mit dem monotonen Gelb kontrastiert die leuchtend rote Sänfte, die die leblose Landschaft, zudem von fröhlich und ausgelassen singenden und tanzenden Trägern getragen, lebendig schaukelnd durchschneidet. Damit ist die rote Farbe als zentrales Element eingeführt; vereint mit dem kräftigen Grün des Kornfeldes wird sie zu einem starken Symbol von Kraft und zum Hoffnungsträger. Das sich im Wind wiegende Kornfeld stellt im weiteren Verlauf den Ausbruch aus der Fremdbestimmung, den einengenden Traditionen sowie der Unterdrückung der Menschen dar. Mit der Einführung dieser Symbole für Kraft und Lebensfreude werden zugleich die Menschen charakterisiert, die in der feindlichen Umwelt leben. Sie zeichnen sich durch die Einfachheit ihrer Lebensführung aus und sind frei von den Eitelkeiten, Untugenden und der Lethargie, wie sie das System der Abhängigkeiten und Pietätspflicht genauso hervorgebracht hat wie die Klassenkampfideologie im China unter Mao Zedong.

Der Hochzeitszug wird auf seinem Weg durch das Kornfeld überfallen und die Braut aus der Sänfte ins Feld entführt, um vergewaltigt zu werden. Dabei verliert die Szene nicht den fröhlich lebendigen, kraftvoll auf Ausbruch drängenden Charakter. Selbst die Zeichen und Mittel der Gewalt stören den positiven Gesamteindruck und die daran geknüpften Intentionen bzw. Assoziationen nicht nachhaltig. Gewalt gilt hier als Ausdruck von Unbekümmertheit und Lebensfreude. Bei der ersten Begegnung wird zugleich die Verbindung zwischen den beiden Liebenden geknüpft, der Braut Jiu und dem Sänftenträger Yu. Diese werfen sich stille Blicke zu, bevor Yu sich auf den Räuber stürzt, um ihn zu töten. In ihrem neuen Heim angekommen, wird Jiu mit dem kranken Brennereibesitzer verheiratet, gegen dessen Annäherungen sie sich in ihrer Hochzeitsnacht allerdings gewaltsam zur Wehr setzt. So kann sie den Akt ihrer Entjungferung und Verunreinigung durch den leprakranken Alten verhindern – und damit zugleich durch das von Krankheit befallene und nach außen isolierte System. Währenddessen sitzt der Träger Yu vor dem Gemach der Brautleute und wird Zeuge ihres kurzen Kampfes. Das läßt eine Entscheidung in ihm reifen.

Drei Tage später setzt er diese in die Tat um, als die Braut – den Bräuchen entsprechend – zum Haus ihrer Eltern zurückkehrt und dabei erneut das Kornfeld durchstreifen muß – diesmal auf einem Esel sitzend. Was dem alten System in Gestalt des Ehemanns nicht gelungen ist, vollbringt Yu an diesem Tag. Während ihrer geschlechtlichen Vereinigung infiziert er sie sozusagen mit den ihn instinktiv prägenden Werten einer befreiten Gesellschaft.

Während ihrer Abwesenheit ist der Ehemann ermordet worden. Yu hat den zweiten Teil des in der Hochzeitsnacht gereiften Plans in die Tat umgesetzt. Nach dem Verschwinden des Hauptvertreters des kranken Systems übernimmt die junge Witwe die Aufgabe, den Hof und die männliche Belegschaft unter ihre Herrschaft zu bringen und die Brennerei weiterzuführen. Der Hof wird mit dem lebensspendenden roten Wein von den Lepraerregern gereinigt, der als Synthese des verflüssigten Kornfeldes mit dem menschlichen Blut zu verstehen ist. Der gesellschaftliche Umbruch und Abschied von feudalen und kommunistischen Krankheitssymptomen deutet sich an. Ein neues Leben kann beginnen. Es entspricht Zhang Yimous Vorstellung von einer Befreiung der chinesischen Gesellschaft aus ihren erdrückenden Lasten wie dem Text jenes Liedes, das – in der Brennerei nach der Fertigstellung des Schnapses gesungen – zur Absage an die Unterwürfigkeit gegenüber dem Herrscher aufruft.

Die darauf folgenden dramatischen Ereignisse, die Entführung Jius und Yus Prügelei mit den Arbeitern und mit dem Räuber Sanpao, zeugen von der Befreiung und Gesundung der Gesellschaft. In diesem Rahmen ist auch die Fertigstellung des ersten Weins ein freudiges Ereignis, das ausgelassen gefeiert wird. Yu uriniert in den blutroten Saft des Lebens, bevor er wortlos die Geliebte auf seine Schultern hebt, um sie ins Haus zu führen. Aus diesem Rausch der Besitzergreifung geht ein ungewöhnlich guter Schnaps sowie beider Sohn hervor, der nach einem Zeitsprung der Handlung neun Jahre alt ist. Währenddessen sind die japanischen Besatzungstruppen auf dem Vormarsch durch die nordchinesische Provinz, wo sich noch immer das grün leuchtende Kornfeld im Wind wiegt. Durch den abrupten Handlungssprung wird die Epoche des Ausbruchs aus den gesellschaftlichen Mauern als Fiktion entlarvt. Seine tatsächliche Verwirklichung wurde in China zunächst durch die Besatzung der Japaner und anschließend – und bis heute andauernd – durch die Herrschaft der Kommunisten verhindert und konnte allenfalls als Mythos Realität gewinnen.

Mit dem Einmarsch der Japaner hält auch die Vernichtung Einzug in die bis dahin unberührte Gegend. Symbolisiert wird dies durch das Niederwalzen des Kornfeldes, das in eine dramatisch-brutale Hinrichtungssequenz mündet. Doch aus der erlittenen Gewalt und Angst entsteht wiederum Lebensenergie, die die Furcht überwinden läßt und zur Gegenwehr ermutigt. Die Witwe Jiu organisiert den Widerstand. Sie schickt ihre Belegschaft wie auch ihren Geliebten ins Feld, um dort auf den Panzerwagen der Japaner zu lauern und diesen in die Luft zu sprengen. Während die Männer in der Mittagshitze warten, macht sie sich mit ihrem Sohn auf den Weg, ihnen Wein und Essen zu bringen. Auf der Straße im Kornfeld, die mit ihrer Abgabelung den Scheideweg in ihrem Leben wie auch in der chinesischen Gesellschaft darstellt, trifft sie auf den heranrollenden Panzerwagen und wird von einer Gewehrsalve niedergestreckt.

Nun arbeitet die Kamera mit schnellen dramatischen Schnitten. Mehrfach wiederholt sie in Zeitlupe, wie Yu fällt und wie sich ihr Blut mit dem Wein aus den Krügen vermischt. Gleichzeitig stürzen die Männer auf den Panzer zu, der schließlich mit einem befreienden Knall explodiert. Dieser bewegt inszenierte Moment symbolisiert die Befreiung Chinas von den Japanern, die zugleich als endgültiges Ende der jahrtausendelangen Unterdrückung durch die eigenen Kaiser und die Kolonialmächte verstanden werden könnte.

Die Wandlung besteht jedoch tatsächlich in der Machtübernahme der Kommunisten, welche als Nutznießer aus der gewaltigen Befreiungsaktion des chinesischen Volkes erneut einen Unterdrückungsapparat aufbauen. So stehen als einzige Überlebende der Vater und sein Sohn – auch wieder auf dem Scheideweg – vor dem halb zerstörten Kornfeld. Eine Verfinsterung der Sonne taucht alles in dunkelrotes Licht. Das Lied des Weines, das die letzten Bilder begleitet hat, geht in den Klagegesang des Jungen über. Die rote Sonne und ein Erzähleinschub, der von der durch das rote Licht hervorgerufenen Augenerkrankung des Jungen erzählt, weisen auf die Herrschaft Mao Zedongs hin, der das Land im Zeichen der roten Nationalflagge und der Selbststilisierung als rote Sonne mit seiner totalitären Herrschaft überzogen hat. Die Menschen sind mit ihrem Versuch zur Selbstbestimmung und Gewinnung kultureller Identität gescheitert und haben dies millionenfach mit dem Leben bezahlen müssen.

Judou (1990)

Im Jahre 1988 drehte Zhang Yimou den kommerziellen Thriller *Deckname Puma (daihao meizhoubao)*. Ein Jahr später übernahm er während seiner von den Ereignissen um die Niederschlagung der Demokratiebewegung in Peking unterbrochenen Vorbereitungen zu dem Film *Judou* in Hongkong in dem Film *Terracotta Krieger (qinyong)* eine zweite Rolle vor der Kamera. In seinem Film *Judou*, den er kurz nach der Niederschlagung der Demokratiebewegung und inmitten des sich rasant verschärfenden Klimas für chinesische Künstler und Intellektuelle zu Beginn der neunziger Jahre fertigstellte, bezieht Zhang Yimou sich unmittelbar auf die erlebte Geschichte. Die Inszenierung von *Judou* verliert gegenüber Zhang Yimous Regiedebüt *Rotes Kornfeld* an Leichtigkeit. So sind in *Judou* die Ausbrüche von Leidenschaft und Gewalt, die in *Rotes Kornfeld* hoffnungsvoll in die Zukunft weisen, erheblich gedämpft, zugleich schwebt der Schatten allgegenwärtiger Unterdrückung, mit der die Gesellschaft nun wieder verstärkt konfrontiert wird, ständig über seinen Szenen. Dabei handelt es sich immer auch um die Schatten, die die Jugend Zhang Yimous verdunkelten und die mit den Ereignissen von 1989 eine endgültige Auseinandersetzung von ihm forderten.

Die Handlung von *Judou* ist als historische Darstellung der chinesischen Geschichte dieses Jahrhunderts bis zu der Katastrophe lesbar, die sich ausgerechnet ›Kulturrevolution‹ nannte. Deren Ursachen aufzuarbeiten, ist das eigentliche Anliegen des Films. Er vollzieht die Zeit feudaler Unterdrückung und der Befreiung von despotischen Vertretern durch idealistische Revolutionäre nach. Diese wollten mit Hilfe des Volkes einen neuen – selbstbestimmten – Staat aufbauen. Doch durch ihre nur sehr inkonsequente Loslösung von den alten Strukturen und die Legitimierung der eigenen Macht zugleich aus diesen wie auch aus einer neuen Ideologie entstand eine geistesgeschichtliche Antinomie und eine gesellschaftliche Spaltung. Dadurch war die intendierte Befreiung des Volkes von vorne herein zum Scheitern verurteilt, was dieser Film unmißverständlich klar macht.

Zhang Yimou stellt parabolisch dar, daß die chinesische Gesellschaft es nach Gründung des neuen Staates nicht geschafft hat, sich vom jahrtausendealten feudalen und konfuzianischen Gedankengut zu lösen. Damit war sie prädestiniert, sich einem neuen Herrscher zu unterwerfen. Nach dem Scheitern seiner bürgerlichen Vorläufer war es Mao Zedong, der sich mit Hilfe seiner Propagandisten im alten Kaiserpalast in Peking selbst zum Gott erhob. Dabei zog er mit hehren Versprechen das Volk auf seine Seite und versuchte, eine neue Variante alter Kaiserherrschaft zu errichten. Doch schon bald glitt Mao und seiner säkularisierten Theokratie die ›Armee‹ der Roten Garden aus den Händen. Schließlich wandte diese sich in seinem Namen gegen ihn selbst und stürzte das Land endgültig ins Chaos.

Die geistige Aufarbeitung dieser Epoche hat Zhang Yimou in den Rahmen einer Familiengeschichte gekleidet. Diese verweist immer wieder auf die historischen Ereignisse, durch die konsequente Verknappung der Protagonisten und die ebenso konsequente Reduzierung des Raums ist sie aber genauso schlüssig auch auf einer symbolischen und vor allem mythologischen

Ebene lesbar. So verweist etwa die Tötung des bzw. der Väter und die Verteidigung und ›Rettung‹ der Mutter durch den Sohn sowohl in Richtung des antiken Mythos von Ödipus wie auf die ödipalen Konstellationen neuzeitlicher Psychoanalyse; der Kampf zweier – dazu verwandter – Männer um die Frau verweist auf die Dreieckskonstellation antiker wie moderner Dramatik; die das Haus in Flammen setzende Frau erinnert am Schluß des Films an tragische Heldinnen wie Kriemhild und das verschworene Liebespaar in der Höhle läßt durchaus an einschlägige, sozusagen archetypische Konstellationen des Tristanstoffes denken. Diese enge Verflechtung von Assoziationen einer politisch wie einer mythologisch-psychologischen Ebene macht Zhang Yimous Filme zu vielschichtigen Kunstwerken.

Die Handlung spielt in den zwanziger Jahren. Sie führt in die Stoffärberei eines kleinen, abgeschiedenen Dorfes, welches nach traditionellem Muster von einem Ältestenrat autoritär geführt wird. Das Dorf stellt die äußeren Grenzen einer abgeschlossenen, nach konfuzianischen Prinzipien regierten Gesellschaft dar. Die Geschichte spielt sich dagegen zum großen Teil in der Färberei ab, deren Bewohner die wenigen Protagonisten der Handlung sind. Deren markanten Hintergrund bilden die Häuser mit ihren gleichförmigen Dächern und Mauern, die für den Zuschauer undurchdringlich bleiben und so die Abgeschlossenheit und die Einbindung der Menschen in ihre beschränkte Welt darstellen. Sie ermöglichen es einer kleinen herrschenden Schicht, ihre Macht unkontrolliert und willkürlich auszuüben. Dies deutet zunächst auf die feudalen Traditionen Chinas, erinnert aber im weiteren Verlauf der Handlung auch an die Kommunistische Partei, die bis heute ihre Macht nach Jahrtausende alten Mustern ausübt.

Die autoritäre Gesellschaft wird am Beispiel der Familie Yang Jingshans veranschaulicht. Diese steht stellvertretend für alle Familien des Dorfes, aber genauso für die gesamte traditionelle Gesellschaft, deren Strukturen wie die der Familie durch die streng hierarchische Ordnung des Konfuzianismus festgelegt sind. Mit unbarmherziger Grausamkeit übt Yang Jingshan die durch das System der Pietät legitimierte Macht in seinem Haus aus. Das Dorf, das gegenüber der umliegenden Landschaft abgeschlossen ist wie das Haus gegenüber dem Dorf, bildet somit die größte räumliche und – wie sich zeigen wird – auch geistige Einheit der Handlung. Hier regiert der Ältestenrat, den er in allen Herrschaftsfragen hinter sich weiß. So überschatten die Traditionen jedes Individuum der Dorf- wie Hausgemeinschaft, und es scheint keinen Ausweg aus der Abhängigkeit von der Willkür der Herrschenden zu geben, die sich in den regel- und gleichmäßig arbeitenden Maschinen in der Färberei symbolisiert.

Doch trotz ihrer tiefen Verwurzelung in der Tradition ist die Generation Yang Jingshans – und mit ihr das feudale, durch konfuzianische Tugenden bestimmte System – nicht in der Lage, sich in der Gegenwart zu behaupten oder in die Zukunft fortzupflanzen. Die Impotenz des Familiendespoten symbolisiert das unübersehbar. Seine Unfähigkeit, einen Nachfolger zu zeugen, der ihm Macht und gesellschaftliche Stellung erhalten und sichern würde, zwingt Yang Jingshan, dem Ende seiner ›Dynastie‹ machtlos in die Augen zu blicken. Den dem physischen Untergang geweihten zahlreichen Herrscherhäusern in der chinesischen Geschichte gleich, klammert Yang sich in seiner Verzweiflung und Machtbesessenheit an jeden Strohhalm, nur um die Impotenz seiner selbst und damit auch seines Herrschaftssystems nicht anerkennen zu müssen. Statt dessen sucht er die Schuld bei seinen Ehefrauen, an denen er seine Macht – je stärker sie nachläßt, desto sadistischer und mitleidloser – ausläßt und von denen er bereits zwei zu Tode gequält hat.

Als dritte Frau hat Yang Jingshan sich die schöne und teure Judou erwählt. Mit größter Grausamkeit und Perversität quält und unterdrückt der Alte auch sie, um damit das ihm vorbestimmte Schicksal zumindest vorübergehend vergessen zu können. Doch die beständige Unterdrückung erzeugt in Judou einen revolutionären Geist. Für sie kann – nach vorübergehender Resignation und Todessehnsucht – die Rettung ihres Lebens nur in der Selbstbefreiung bestehen. So plant sie die Revolte gegen dieses System und ihre Befreiung. Um ihr Ziel zu erreichen, erwählt die in die Rolle der Revolutionärin wachsende Judou sich den willenlosen Tianqing als Partner. Diesen versucht sie, mit allen ihr zur Verfügung stehenden Mitteln auf ihre Seite zu ziehen. Das sind in erster Linie die Erweckung von Mitleid und die Zurschaustellung ihrer weiblichen Reize. Tianqing ist der Neffe des Despoten, der vom Onkel wie ein Arbeitssklave behandelt wird. Während Judou den Aufstand akribisch plant, erweist Tianqing sich als Vertreter des einfachen Volkes. Wie die Bauern in China, die aus ihrer feudalen Unterdrückung heraus von den Kommunisten für ihre Zwecke eingespannt wurden, wird Tianqing zum Instrument Judous. Er übernimmt – ausschließlich emotional, d.h. durch Liebe und Mitleid, motiviert – eine aktive Rolle bei ihrer Befreiung. Diese ist vordergründig auch die seine, erweist sich für ihn tatsächlich aber als ein Weg in neue Abhängigkeiten. Mit der Beseitigung des kleinen Stopfens der Triebregulierung – bezeichnenderweise beobachtet er die ›Tante‹ zunächst durch ein Astloch im Bad – wächst bei ihm aus anfänglicher Zuneigung und Mitleid heftiges, ja schließlich zügelloses Begehren. Aus der Pietät gegenüber dem Onkel und seiner damit einhergehenden Hilflosigkeit entsteht Haß, den die Geliebte berechnend schürt. Als er Ohrenzeuge der Mißhandlungen der Tante durch den Onkel wird, schlägt er nur voller Wut ein Beil in die Treppenstufen vor dem Schlafgemach und erweist sich damit als Schwächling, der den Mut zum tatsächlichen Bruch mit den Konventionen und zur Verletzung seiner Treuepflicht gegenüber dem Onkel nicht aufzubringen vermag.

Dafür hat Judou bereits die Macht über den Neffen übernommen. Als der Alte anläßlich einer Geschäftsreise das Haus verlassen muß, kommt es vor der Kulisse in dynamische Bewegungen geratener roter und gelber Tuchbahnen zum ekstatischen Koitus der beiden ›Revolutionäre‹. Die Protagonistin appelliert an Tianqings Stolz und seinen Wunsch nach Selbstbestimmung: »Wovor fürchtest du dich? Der Alte ist nicht im Haus.« Damit hat Judou die Herrschaft Yang Jingshans als Arbeitgeber und Erzieher des Neffen und damit zugleich des Ehemanns über sich selbst erschüttert.

Mit der Vereinigung der beiden beginnt in der Färberei ein Leben mit neu verteilten Herrschaftsrollen. Ein neuer tyrannischer Staat unter der Herrschaft Judous ist geboren. Das Volk bleibt weiterhin ein Mittel der Macht. Ihren Untertanen knechtet Judou genauso mitleidlos wie der Vorgänger. Die politisch-historische Folie, die sich in dieser Sequenz aufdrängt, ist die Ablösung der seit Beginn des zwanzigsten Jahrhunderts brüchig gewordenen Herrschaft der Kaiser, Mandarine und ihrer unentschlossenen militärischen und bürgerlichen Nachfolger durch die kommunistischen Revolutionäre. Der Koitus im Zeichen der in das rote Färbebecken stürzenden roten und gelben Stoffbahnen wäre demnach auf die Revolution von 1949 zu beziehen. Damals übernahm nach der alten Herrschaft (Yang Jingshan) eine junge neue Herrscherin, die Kommunistische Partei (Judou), die Herrschaft über das Volk (Tianqing) und pflanzte die rote (!) Fahne mit den gelben (!) Sternen über dem Reich der Mitte auf.

Aus dieser neuen Gemeinschaft geht der Sohn Tianbai hervor. Seine Geburt weist auf die in den jungen Staat hineingeborene Generation hin, der auch Zhang Yimou angehört. Diese wird von klein auf zu Haß erzogen und richtet später die von Tianqing nicht genutzte Waffe gegen den Vater, und damit zugleich gegen die gesamte revolutionäre Elterngeneration. Unter dieser Perspektive rückt Yang Jingshan, der sich gegen allen Augenschein zum Vater Tianbais erklären läßt, in die Rolle des selbsternannten Vaters der Nation, Mao Zedong. Wie jenem gleiten ihm die Zügel aus der Hand, bevor er – wie jener von Krankheit und Schwäche getroffen – das Land an der Schwelle des eigenen Todes in weitere blutige Auseinandersetzungen stürzt. Yang Jingshan ertrinkt unter den Augen des fröhlich lachenden Sohns im blutig roten Färbebecken, das die Quelle seiner Herrschaft – als Färber oder als Parteivorsitzender – gewesen ist. So wird der in der Gestalt Mao Zedongs wiederauferstandene Despot schließlich vom Blut seines eigenen Volkes verschlungen, das seine wildgewordenen Söhne im Zeichen der Kulturrevolution so reichlich vergossen und das der Knabe Tianbai sich in Gestalt des Färbebeckens bezeichnenderweise als Spielplatz auserkoren hatte.

Wenn danach die aus dem Rhythmus geratenen Maschinen unter der Herrschaft Judous wieder gleichmäßig arbeiten, wird erneut auf die jüngste Geschichte der Volksrepublik China verwiesen. Der Despot ist abgetreten. Doch den neuen Machthabern gelingt es trotz Aufrechterhaltung der äußeren Ordnung und ihrer Kampagnen und Demütigungen gegen das alte System nicht, den seit Jahrtausenden verankerten Werteapparat außer Kraft zu setzen, der die Macht legitimierte. Weiterhin geben die alten Regeln den Ton an. Sie manifestieren sich in der nach strengem Ritus ablaufenden Aufnahme des Kindes in die Dorfgemeinschaft, vor allem aber in dem pompösen, von hohlen und lügenhaften Gesten der Hinterbliebenen – der neuen Herrscher und des ›Volkes‹ (Judou und Tianqing) – geprägten Leichenbegräbnis Yang Jingshans.

Als Kind der Revolutionäre und Waffe der neuen Herrscher in China greift Tianbai, die jugendlichen Rotgardisten in der Kulturrevolution prä- wie postfigurierend, in die Auseinandersetzungen ein. Dabei verselbständigt er sich zu einer außer Kontrolle geratenden zerstörerischen Kraft, die ohne jegliche Rationalität oder Moral ihr Werk konsequent zu Ende führt. Die endgültige und sozusagen offiziell legitimierte Machtübernahme Tianbais – und mit ihr der Ausbruch einer Art Kulturrevolution – findet bei der Trauerfeier für Yang Jingshan statt. Während sich Judou und Tianqing den Sitten unterordnen und in gespielter Trauer immer wieder vor dem Wagen mit dem – roten – Sarg niederwerfen müssen, findet diese Unterwerfung zugleich vor dem Jungen statt, der despotisch und als Erbe auf dem Sarg selbst thront.

Deutlich zeigt Zhang Yimou in dem rasch zu äußerer Stärke und Brutalität heranwachsenden Tianbaj, wem damit die eigentliche Macht im Haus zugefallen ist. Das verschlossene und gewalttätige Kind versperrt nicht nur symbolisch die Pforten des Hauses vor jedem Eindringling – und sei es der eigene Vater. Er nimmt zugleich das Beil wieder auf, das der schwache Tianqing in ohnmächtigem Zorn einst in die Treppe gerammt hatte. Zuerst wirft er es bei der Verfolgung des Denunzianten seiner Mutter mitten im Dorf dem Volk sozusagen als eine Art Fehdehandschuh vor die Füße, um anschließend dem eigenen Vater (Tianqing) damit den Garaus zu machen. Dieser stirbt in dem gleichen roten Farbbottich, in dem zuvor auch Yang Jingshan durch die Hand des ›Sohnes‹ sein Leben lassen mußte. Unschwer sind aus diesen dramatischen Vorgängen und Symbolen die politisch historischen Bezüge abzulesen. Tianbai verkörpert die von Mao Zedong im Zeichen seiner Schwäche beschworenen Geister der jungen Generation, die er in Gestalt der China isolierenden (Schließung der Pforte) sowie mordenden und brandschatzenden (Tianbais Beil) Rotgardisten nicht mehr los wird und denen schließlich er (Yang Jingshan) und das Volk (Tianqing) im Zeichen der reinen Lehre (rotes Färbebecken) politisch zum Opfer fallen.

Die Schlußbilder des Films werden bestimmt von den gelben Flammen des Hauses. Judou hat es angezündet und kommt in ihm um. Ein Kinderlied verweist unmittelbar auf die Meute jugendlicher Rotgardisten: »Ein Schritt zum Dorf, dort gibt es einen Wurf junger Hunde, die heftig streiten. Daher kehre ich zurück nach Hause und spiele meine eigene Trompete.« Im Chaos des Endes liegt auch immer ein Stück Hoffnung auf die Auferstehung eines neuen und – was Judou betrifft – Flammen haben auch immer läuternde Kraft. Dem Zuschauer bleibt es vorbehalten, dieses eindrucksvolle Schlußlied privat oder politisch zu deuten.

Rote Laterne (*dahong denglong gaogaogua*, 1991)

In seinem nächsten Film *Rote Laterne* nach der Romanvorlage des avantgardistischen Schriftstellers Su Tong (dt.: München 1992) zeichnet Zhang Yimou eine tiefgründige psychologische Studie über die chinesische Kultur und Gesellschaft. Dieser Film ist die umfassendste kulturkritische Studie, die das chinesische Kino bisher hervorgebracht hat. Auf der Folie seiner historischen, gegenwärtigen und geistesgeschichtlichen Bezugsebenen werden die Bilder aus dem China der zwanziger Jahre auf traditionelle wie aktuelle Machtstrukturen hin lesbar; eröffnen sie Perspektiven auf die dogmatische Starre traditioneller wie moderner Machtapparate; offenbaren sie das Fehlen individueller Freiheit und persönlicher Unabhängigkeit angesichts willkürlich ausgeübter Herrschaft damals wie heute. Das in den Bildern des Films gezeigte, wie das vom Zuschauer dabei konnotierte System von Herrschaft zwingt den Menschen zu Anpassung. Ausbrüche enden in der Katastrophe. So trifft Zhang Yimou gleichermaßen Geschichte wie Gegenwart; Bilder der Hoffnung muß der Zuschauer im eigenen Kopf produzieren.

Die hermetische Umgebung, in der sich die Fabel von *Rote Laterne* abspielt, ist das Haus des allmächtigen Herrschers Chen Zuoqian. Dahinter verbirgt sich der Makrokosmos der chinesischen Gesellschaft, während die Filmfiguren als deren gebeutelte Repräsentanten zu konnotieren sind. Der Hausherr erinnert in seinem schattenhaften und sporadischen Auftreten an den Mao der letzten Jahre und das von ihm nach außen abgeschlossene China, ruft aber zugleich die Erinnerung an die früheren Kaiser wach, die – hinter undurchdringlichen Mauern verborgen – sich selbst zu ungreifbaren Mythen stilisierten, dem Volk dabei aber als reale Personen kaum bekannt waren. Chen Zuoqian dient eine Schar ergebener Diener und bestochener Berufsvertreter, die unschwer als Personifikation der Nomenklatura von Fürsten und Eunuchen aber auch der Schergen um den ›Großen Vorsitzenden‹ verstanden werden können. Wenn der scheinbar allmächtige Chen Zuoqian selber nur als – wenn auch hoher – Beamter gezeichnet wird, offenbart sich darin allerdings letztlich auch die Unfreiheit der Herrscher angesichts der totalen und totalitären Systeme, die jedes Individuum medialisieren – sei es Kaiser oder ›Großer Vorsitzender‹. Das schwierigste Schicksal haben jedoch die Ehefrauen des Herrn zu ertragen. Durch Zwangsheirat in die hermetisch abgeriegelte Umgebung zwischen den kalten Steinmauern geraten, suchen sie sich in Form von Anpassung oder Auflehnung gegen die Willkürherrschaft der Herren ihre individuelle Freiheit. Ihre Auflehnung endet aber mit persönlichen Niederlagen oder auch mit dem Tod.

Der räumlichen Begrenzung der Handlung auf die vier Höfe der Frauen in Chen Zoqians Haus entspricht eine ebenso streng – den Jahreszeiten gemäß – strukturierte Vierteilung der Zeit. Raum und Zeit erscheinen nicht mehr als Kategorien zur Entfaltung menschlicher Freiheit sondern als Realität wie zugleich Spiegel seiner Entmündigung. Das eine in der Handlung dargestellte Jahr symbolisiert darüber hinaus den Lebenslauf eines Menschen und deutet mit der Wiederkehr des Sommers und der Ankunft der fünften Frau, die die dritte ersetzt, auf die ewige Wiederholung des Gleichen und damit auch auf die Entwicklungsunfähigkeit der chinesischen Gesellschaft.

Die vierte Ehefrau Chen Zuoqians, die junge Studentin Songlian, wird bei ihrer Ankunft vom Verwalter empfangen, der winzig klein aus der Steinwelt des Hauses auftaucht. Sie dringt von außen, von einer anderen Lebenswelt und aus der – lebendigen Geist vermittelnden – Universität in dieses Steinlabyrinth ein. Zwischen dessen alles Leben verschluckenden Mauern geht sie ihren ausweglosen Gang durch immer engere Gassen und immer kleinere Räume, bis er schließlich im kleinsten denkbaren Raum, ihrem Gehirn, endet. Indem sie sich von der äußeren Welt abwendet und in den Wahnsinn eintaucht, erlebt sie das Ende ihres Kampfes gegen das System als Niederlage in Gestalt des geistigen Todes.

Die Inszenierung läßt schon nach Songlians Schritt durch den Torbogen kein Zeichen von Leben mehr zu. Genauso wie die Kamera in Starre verfällt, werden die Bilder von nun an durch die kalten Steine und die Räume der Höfe beherrscht. In deren verwirrende und im einzelnen doch streng symmetrische Architektur erhält der Zuschauer bis zum Ende des Films keinen Ein- geschweige denn Überblick. Kein Zeichen von Natur und Leben durchbricht die morbide Atmosphäre. Gleiches spiegelt sich in den ausdruckslosen Gesichtern und mechanischen Gesten der Menschen im Hof. Mit ihren gleich einem Uhrwerk ablaufenden Pflichten und Diensten werden sie zu einer Art Statuen und Instrumenten der Traditionen degradiert, die jeden Bezug zur Lebenswirklichkeit verloren haben.

Schließlich scheinen sogar atmosphärische Einflüsse nicht in diese Welt eindringen zu können; so wenn die Sonne kein direktes Licht und keine erkennbaren Schatten auf die Bilder wirft oder wenn der durch eine dünne Schneedecke kenntlich gemachte Winter nur durch die Einblendung der Schriftzeichen, die einen neuen Akt ankündigen, nicht aber durch Mittel der Inszenierung sichtbar gemacht und übergangslos von anderen Jahreszeiten abgelöst wird. Der Winter, selbst ein wichtiges Todessymbol, bleibt nach der dramatischen Steigerung vom Sommer über den Herbst bis hin zum dritten Akt eindeutig vorherrschender Zeit- wie Handlungsraum. Er evoziert eine Todesatmosphäre, die sich nach dem ausgesparten Akt der Retardation, dem Frühling, auch auf den von keinem grünen Blatt erhellten Sommer des zweiten Jahres überträgt.

Nach ihrer Ankunft wird Songlian in das Leben im Haus eingeführt. Die Hierarchie der hier präsenten Gesellschaft wird spätestens klar, wenn sie zuerst den Ort des rituellen Ahnenkultes besuchen muß, um anschließend den Herrn als dessen Verkörperung zu begrüßen und schließlich den Mitfrauen – ebenfalls in der offiziellen Rangfolge – vorgestellt zu werden. Im altersmäßigen Abstand der Frauen, die allesamt für die Jahrhunderte und

Generationen der unterdrückten chinesischen Gesellschaft stehen, wie in deren Dienerin Yaner wird Songlian im weiteren Verlauf der Handlung ihre Mit- und Gegenspieler beim Kampf um die Gunst des Herrn wie auch bei der Auflehnung gegen ihn finden. Die Fußmassagen, die die jeweils Begünstigte erhält, wie der Kult um die roten Laternen, mit dem die Wahl des Herrn zeremoniell verkündet wird, manifestieren dabei die absurde Erstarrung des in Mauern eingeschlossenen Systems. Niemand kennt mehr den ursprünglichen Sinn dieser Riten.

Die Neuangekommene erhält in ihrer ersten Nacht verständlicherweise die Gunst des Herrn. Sie sitzt am Abend in ihrem Gemach und wartet darauf, ihm dienen zu können und damit einen – partiellen – Triumph über die Konkurrentinnen davonzutragen. Ein Bild, das auf autoritäre Herrschaft in Form eines ›divide et impera‹ und mit den roten Laternen insbesondere auf die der Kommunisten in China hinweist. Denn das in das rote Licht getauchte gleichmütige Warten der Frau läßt den Betrachter die Unfähigkeit des Volkes zur Eigeninitiative assoziieren, wenn es in lethargischer Ergebenheit auf die Launen kaiserlicher oder kommunistischer Herren wartet, denen es sich klaglos unterwirft.

Der schattenhafte Chen Zuoqian wird an keiner Stelle als individuelle Persönlichkeit ins Bild gesetzt. Er ist zugleich Personifikation wie Schema der von den Traditionen bestimmten zwischenmenschlichen Beziehungen. Bereits in der ersten Nacht wird Songlians Medialisierung zum gleichgültigen Spielzeug – zur Manipuliermasse – Chen Zuoqians und der Macht unüberhörbar von diesem ausgesprochen: »In Ordnung, zieh dich aus und leg dich aufs Bett!«, nachdem er seine vierte Ehefrau im Schein der rot leuchtenden Laternen abschätzend betrachtet hat.

Von dieser Nacht an muß Songlian mit den anderen Frauen um die Gunst des Herrn konkurrieren. Dabei scheint vordergründig nur eine siegen zu können, allerdings nur als bevorzugtes Objekt sexueller Gier und Medium in der Geschlechterfolge. Das wiederum bedeutet für sie – wie für alle anderen ›Verliererinnen‹ – nichts anderes als den Verlust der Individualität und die Anpassung an das System, das sie letztendlich zu austauschbaren ›Möbelstücken‹ degradiert. Eine solche Versachlichung und damit den Tod als Person und Persönlichkeit hat die erste Frau bereits hinter sich. Durch das Absterben ihrer individuellen Eigenschaften wird sie – wie die sich marionettenhaft bewegenden Diener – zu einem Instrument des Systems. So hält sie am Ende die strengen Riten in ihrem Hof aufrecht und macht sich im Sinne der Herrschaft – ihre eigene Menschlichkeit und Weiblichkeit verleugnend – zur grausamen Richterin über die sich als Mensch und Frau erhebende Dienerin Yaner.

Die eigentlichen Intrigen hingegen werden zwischen den drei anderen – noch um ihr (sexuelles) Überleben kämpfenden – Ehefrauen und Yaner gesponnen. Letztere träumt von ihrer Aufnahme in den Gunstkreis des Systems. Daher erklärt sie sich zur Feindin ihrer Herrin Songlian, deren Platz sie – von einer sexuellen Annäherung des Herrn ermutigt – für sich in Anspruch zu nehmen hofft. So hat Yaner, ihre Rolle als Dienerin einer Sklavin verdrängend, sich in ihrer Kammer eine Traumwelt für sie verbotener – ausrangierter – roter Laternen geschaffen, worin sich alle ihre Hoffnungen auf den – in Wirklichkeit unmöglichen – Aufstieg zur Ehefrau ausdrücken. Auch wenn Songlian diese Traumwelt schließlich wie rasend zerstört, wird Yaner zum Schluß die einzige sein, die sich – wenn auch um den Preis des Todes – aus den Zwängen dieses frauen- wie menschenunwürdigen Systems zu befreien vermag. Ein dennoch pessimistisches politisches Symbol: das von den Kommunisten immer wieder liturgisch gefeierte Opfer der Revolutionäre der enterbten Klassen hat diese zu Heroen gestempelt – auch Yaner verharrt in heroischer Geste im Schnee. Aber am Verhältnis von Herrschern und Beherrschten hat das alles schließlich nichts verändert. Die Sorge des Herrn um das Schicksal Yaners bleibt eine leere Geste, das Leben in den Höfen geht nach ihrem Tod unbewegt weiter.

Als Sympathieträgerin wird hingegen die zweite Frau Zhuoyun eingeführt. Sie empfängt die Neuangekommene mit offener Herzlichkeit und biedert sich bei ihr als vertrauenswürdige Gesprächspartnerin an. Dadurch wird sie jedoch zur gefährlichsten Gegnerin, die undurchschaubar ihre Intrigen spinnt. Diese werden im Verlauf der Handlung erst nach und nach aufgedeckt. Sie tragen ihr jeweils den vorläufigen Sieg über die Mitstreiterinnen ein, wenn sie in ihrem jeglichen Stolz aufgebenden Opportunismus Nutznießerin der Streitereien und schließlich auch der gescheiterten Emanzipationsversuche der anderen ist. Die Korrumpierung der Beherrschten manifestiert sich am eindringlichsten in dieser Gestalt.

Als dritte Ehefrau wird Meishan vorgestellt. Während Songlian selbst ihren psychischen Tod und damit ihren persönlichen ›Ausweg‹ im kleinsten Raum ihres Gehirns finden wird, in das sie sich in – halb gesuchtem, halb erlittenem – Wahnsinn zurückzieht, wird die den sexuellen Aufstand probende Meishan in einer kleinen Kammer hoch über den Dächern des Hauses einen gewaltsamen physischen Tod erleiden; allerdings weniger im Sinn einer Freiheit zum Tode als vielmehr einer Befreiung durch den Tod. In dieser unheimlich verschlossenen Kammer wird sie ge(selbst)mordet. Genauso ist es unzähligen unterdrückten Frauen vor ihr ergangen, die gegen die (sexuellen) Normen und Traditionen verstoßen und damit an der Macht ihrer Be-Herrscher gerüttelt haben.

Die erste Frau wird zum Instrument der Macht, Meishan und Yaner erleiden einen gewaltsamen Tod und die junge Songlian, die sich durch die Vortäuschung einer Schwangerschaft die Gunst des Herrn erschwindeln wollte, wird verstoßen und flüchtet in den Wahnsinn. Damit bleibt nur die intrigante zweite Frau Zhuoyun als Siegerin übrig. Durch Opportunismus und Intrigen selber gesichtslos geworden, muß sie am Ende aber doch auch ihren – zumindest gesellschaftlichen – Tod erleiden, wenn das gesamte – scheinbar ewig dauernde bzw. sich ständig wiederholende – Spiel mit der

Rote Laterne
(dahong denglong gaogaogua, 1991, R: Zhang Yimou)

Ankunft der fünften Herrin von neuem beginnt. Sie muß erkennen, daß sie gegen die ständig reproduzierte Jugend und Schönheit ohnmächtig ist. Zugleich deutet die Ankunft der fünften Herrin auf die Sinn- und Aussichtslosigkeit des sich Behauptenwollens innerhalb der Schranken des Systems und zeigt dem Zuschauer damit die Notwendigkeit des Niederreißens von eben dessen Mauern auf.

Als Hoffnung bleibt die Erinnerung an die Auflehnung der Dienerin wie der durch die gewählte Tragödienform evozierte Reinigungseffekt beim Publikum, das wohl gerade deshalb den Film im Land seiner Handlung wie seiner Entstehung lange nicht zu sehen bekommen hat. Denn schließlich weist auch dieser Film über die in seinen Bildern präsentierten traditionellen und historischen Gesellschaftsformen hinaus direkt auf die Herrschaft der Kommunisten in China. Diese haben – analog zu den Traditionen und Riten in Chen Zuoqians Haus – einen totalitären Apparat aufgebaut und dem Volk (Chen Zuoqians Frauen wie Dienern) jede Möglichkeit eigenständiger und selbstbewußter Identitätsfindung genommen. Das so entstandene Vakuum haben sie mit ihren Ideologien und deren Emblemen (den Traditionen und den roten Laternen in Chen Zuoqians Haus) und nicht zuletzt mit dem Personenkult um Mao Zedong (Chen Zuoqian und seine Ahnen) aufgefüllt.

Nur innerhalb dieser Zwänge erhält das Volk seinen Platz. So haben die Machthaber die haltlosen Menschen in eine Situation der Abhängigkeit gebracht, in der sie zu willenlosen Instrumenten geworden sind, mit dem einzigen Lebenswunsch, die Gunst der Herrschenden und des Systems nicht zu verlieren. Darüber sind sie zu Opportunisten und Egoisten degeneriert.

Aus dieser psychischen Verfassung heraus lassen sich die Entwicklungen in *Rote Laterne* erklären und zugleich die Ereignisse verstehen, die die chinesische Kulturrevolution vorbereitet und geprägt haben. Wie sich die Frauen im Film gegenseitig in ihren eigentümlichen Tod treiben, obgleich sie doch eigentlich solidarisch gegen den gemeinsamen Feind – ihren Unterdrücker – aufbegehren müßten, sind auch die Menschen in jener Zeit mit allen Mitteln des Hasses, der ihnen von jüngster Kindheit an gelehrt wurde, in erster Linie gegeneinander losgegangen. Anlaß war allein die vage Hoffnung, sich auf diese Weise einen Platz und Anerkennung in der – von der Partei repräsentierten – Gesellschaft und Gemeinschaft zu erkämpfen. Dieser Zusammenhang macht *Rote Laterne* über die Ästhetik seiner geschichtlichen Bilder zur aussagekräftigen politischen Allegorie der Volksrepublik China, wo noch immer das Porträt eines der mörderischsten Diktatoren der Weltgeschichte das Tor am Kopf des blutgetränkten Platzes des Himmlischen Friedens (!) schmückt.

Die Geschichte der Qiuju (*Qiuju da guansi*, 1992)

Mit seinem Film *Die Geschichte der Qiuju* hat Zhang Yimou sich ein Jahr nach *Rote Laterne* von der vergangenheitsbewältigenden Thematik und der Inszenierung seiner Werke als artifizielle, streng stilisierte Gesellschaftsallegorien abgewandt. An ihre Stelle tritt eine naturalistische Erzählform, über die er die gegenwartsbezogenen Aussagen dieses Films eindringlich an das Publikum vermittelt. Zhang erzählt über die tragische Antinomie von Leben und Recht in der heutigen chinesischen Gesellschaft, wie sie bereits Heinrich von Kleist in seiner Erzählung *Michael Kohlhaas* anhand der ‹Geschichte des rechtschaffenen Pferdehändlers› thematisiert hat. Dieser griff in seinem verletzten Rechtsempfinden als schließlich gewaltsamer Selbsthelfer selber nach seinem Recht, um diesem am Ende konsequenterweise als Landfriedensbrecher und Mörder zum Opfer zu fallen. Die – allerdings weitaus weniger radikale und tragische – Rolle des Michael Kohlhaas übernimmt in Zhang Yimous Film die nordchinesische Chili-Bäuerin Qiuju. Sie läßt sich bei der Suche nach Gerechtigkeit auf den Kampf gegen die Traditionen und behördlichen Institutionen ein. Dabei kommt sie – wie Michael Kohlhaas – schließlich zu ihrem Recht, ohne jedoch – und auch da ähnelt sie dem Kleistschen Vorbild – ihres ‹Sieges› recht froh werden zu können. Mit ihrem von simpler bäuerlicher Logik geprägten Begriff vom Recht steht sie am Ende fassungslos vor dessen realen Konsequenzen. Damit stellt Zhang Yimou die Antinomie von Leben und Recht nicht als unaufhebbar, sondern im allgemeinen wie auch in diesem besonderen Fall als ein Produkt gesellschaftlicher Fehlentwicklungen dar.

Die Protagonistin, die mit ihrem ausgeprägten Rechtsbewußtsein als Identifikationsfigur einen sozusagen autonomen Volkscharakter repräsentiert, steht für eine Form von Gerechtigkeit, die sich für sie in dem Begriff ›Erklärung‹ manifestiert. Damit ist nichts anderes als eine Entschuldigung gemeint, die sie vom Beleidiger ihres Mannes verlangt. Darüber hinaus wird dieses Wort für die Protagonistin zur Antriebskraft, um gegen die starren Traditionen und festgefahrenen hierarchischen Strukturen der Gesellschaft jenes ›real existierenden Sozialismus chinesischer Prägung‹ aufzubegehren. Dieser – und darin liegt die Ambivalenz dieses Films – erweist sich am Ende als lern- und verbesserungsfähig und setzt die ihr privates Recht konsequent erstreitende Heldin damit gewissermaßen ins Unrecht.

Die Handlung setzt mit einer Straßenszene in einer Gemeinde der nordchinesischen Provinz Shaanxi ein. Dazu gehört auch das abgelegene Bauerndorf, in dem Qiuju gemeinsam mit ihrem Ehemann Wan Qinglai lebt und Chili anbaut. Aus einer minutenlangen starren Einstellung heraus fokussiert die Kamera die Protagonistin, die mit der Schwester ihres Manns einen Karren durch die belebte Dorfstraße zieht und vor einer Arztpraxis stehen bleibt. Der schwer verletzte Wan Qinglai schleppt sich mit Hilfe beider Frauen in die Praxis. Im Rahmen der medizinischen Untersuchung offenbart sich die Vorgeschichte. Im Streit um die Bebauung eines Ackerstücks hat Wan Qinglai den Dorfvorsteher Wang Shantang verspottet. Er hat ihm, dem – bereits mit zwei Töchtern gesegnet – ein weiteres Kind und damit der ersehnte männliche Erbe durch die Gesetzgebung zur Familienplanung versagt ist, vorgehalten: »Ich habe bald einen Erben. Du hast nur einen Stall voller Hühner.« Dadurch aufgestachelt, hat der Dorfvorsteher den Bauern verprügelt und – darin ist die Erniedrigung begründet, in die auch Qiuju persönlich involviert ist – ihn in den Unterleib getreten.

Mit einem Attest des Arztes treten die beiden Frauen mit dem Verletzten auf dem Karren den schweren Heimweg durch die Winterlandschaft an. Dieser Weg steckt zugleich die engen Grenzen ihres vertrauten Lebensbereichs ab. Im weiteren Verlauf der Geschichte wird Qiuju diese Grenzen auf der Suche nach Recht und einem individuellen Selbstwertgefühl noch vier Mal überschreiten. Dabei wird sie mit einer Außenwelt konfrontiert, die ihrer Lebensweise zunehmend antagonistisch gegenübersteht, um ihr am Ende doch noch zu ihrem ›Recht‹ zu verhelfen.

Ihr Kampf um die ›Erklärung‹ setzt mit einem Besuch beim Täter ein, der als Dorfvorsteher und Parteifunktionär zugleich die lokale Autorität verkörpert. Doch ein Schuldbekenntnis in Form der geforderten Erklärung würde für Wang Shantang einen Gesichtsverlust und die Erschütterung seiner Autorität im Dorf bedeuten. Er kann also gar nicht anders, als sie zu verweigern. Auf der anderen Seite bietet er nach dem Grundsatz ›Gleiches mit Gleichem‹ seinem Opfer einen Gegentritt an. Hier wird schlagartig jener

Konflikt deutlich, der in China zwischen einem legalistischen Rechtsprinzip und den konfuzianischen Strukturen herrscht, nach denen die Gesellschaft unverrückbar funktioniert. Diese verschließen die Menschen gegenüber modernen Rechtsvorstellungen. Indirekt weist Zhang Yimou damit auf das Problem der kommunistischen Herrschaft hin, die die Menschen nicht wirklich verändern konnte, auch wenn sie ihre Macht scheinbar unangreifbar bis in die kleinsten Verästelungen der Gesellschaft ausgedehnt hat. Damit ist eine nicht zu durchbrechende und in sich widersprüchliche hierarchische Ordnung entstanden, die bis ins letzte Dorf in einem marxistisch agitierenden und herrschenden, zugleich aber die konfuzianische Variante eines ›Auge um Auge‹ fordernden Rechtsarchaismus des Dorfvorstehers manifest wird.

Qiuju deckt während ihres Zuges durch die Instanzen der Staatsmacht und die modernen Städte die gesellschaftlichen Widersprüche dadurch auf, daß sie sie mit ihrer naiven Uneingebundenheit in dieses System und der daraus resultierenden unabhängigen und simplen Logik konfrontiert. In ihrer bäuerlichen Unbedarftheit entschließt sie sich zum Kampf gegen die Ungerechtigkeit, der zugleich ein Kampf für ihre individuelle Identität innerhalb der Gesellschaft ist. Sie beginnt, ihren Eigenwert zu begreifen und streitet für dessen gesellschaftliche Anerkennung. Hierfür nimmt sie das für sie diffuse sozialistische Recht in Anspruch, das eigentlich nicht in ihre und die chinesische Wertewelt hineinpaßt. Sie lehnt sich unbewußt gegen die tragenden Werte der Gesellschaft auf und avanciert schließlich, indem sie deren Strukturen hinterfragt, von der beleidigten Bäuerin zur Querulantin und Feindin des Systems. Dessen Willkür verkörpern in dem Film die sich widersprechenden Rechtsauffassungen, die sich allesamt auf eben jenes System berufen können und es damit in Gestalt beliebig zu bemühender Grundsätze letztendlich auch stabilisieren. Damit verrät Qiuju diese Gesellschaft, um sie gleichzeitig zu entlarven und – darin liegt zugleich ein Stück Affirmation – sie am Ende doch als dem Recht verpflichtet erfahren zu können.

Auf dem langen Marsch zu ihrem Recht tritt Qiuju immer wieder den Weg über die Straße zur Gemeinde an. Begleitet werden diese Szenen von einem alten Volkslied, das sie aus ihrer Welt hinaus in eine der auf den Straßen der Städte allgegenwärtigen Schlagermusik führt. Sie bedient sich zunehmend moderner Verkehrsmittel, um ihre auch räumliche Trennung von den immer höheren Instanzen des Rechts bzw. des damit verwobenen Staatsapparats zu überwinden. Dabei wendet sie sich zunächst an den Polizisten Li von der Gemeindeverwaltung, der jedoch in erster Linie darauf bedacht ist, die Reputation des Vorstehers zu wahren. Er läßt sich bei ihrem zweiten Besuch gar verleugnen, um nicht den Widerspruch zwischen den gültigen Gesetzen, die auch seine Position legitimieren, und den Traditionen aufdecken zu müssen, die das Leben in der Gemeinschaft seit Jahrtausenden beherrschen.

Es folgt die Kreisverwaltung, deren Besuch für Qiuju den Eintritt in die moderne Welt der Städte bedeutet. Der Kontrast zur archaischen Lebensweise der Bauern auf dem Land wird dort besonders deutlich. Aber auch die inneren Widersprüche der modernen Gesellschaft, denen ihr Rechtssystem entspricht, werden aufgedeckt. So, wenn die Kamera über wie selbstverständlich nebeneinander hängende Poster unterschiedlichster Motive schwenkt, die Qiuju in einem Verkaufsstand vorfindet. Diese verdecken die triste Realität der ihren bäuerlichen Wurzeln entfremdeten Provinzstadt. Zugleich symbolisieren sie die Widersprüchlichkeit der gegenwärtigen Gesellschaft, wenn neben Landschaftsaufnahmen und Abbildungen von revolutionären Helden auch kitschig entfremdete Motive aus der klassischen Malerei und dazwischen Photos spärlich bekleideter westlicher Schönheiten gezeigt werden.

Damit macht Zhang Yimou die Poster zu Emblemen des Identitätsverlustes, den die chinesische Gesellschaft nach der Kulturrevolution erlitten hat. In dem von orthodoxer Doktrin und wirtschaftlicher Reformpolitik gleichermaßen beherrschten System der Gegenwart manifestiert sich dessen Problematik am deutlichsten. Bäuerliche Armut und Bescheidenheit auf dem Land, westlich geprägte Konsumorientierung in den Städten, der entfremdete Blick auf die eigene Kultur und ein diese Widersprüche allenthalben offenbarendes Rechtswirrwarr sind für den Regisseur die Chiffren und das Thema, um die Gesichts- und Orientierungslosigkeit seiner Nation zum Ausdruck zu bringen. Wenn im übrigen die grellbunten Motive millionenfach reproduzierter Ästhetik auch in den Bauernhäusern in Qiujus Heimat auftauchen, wird klar, daß es sich beim Thema des Traditionsverlustes schon längst nicht mehr um eine Alternative zwischen ›gutem‹ Land- und pervertiertem Stadtleben handelt. Wie ein Fanal solcher Dekadenz posiert inzwischen sogar Mao Zedong – plakativ – zwischen den austauschbaren Posterstars westlicher Provenienz.

Zhang Yimou stellt das urbane China als Karikatur einer Gesellschaft dar, die die Last ihrer Traditionen äußerlich abzulegen versucht, ohne ein praktikables neues Wertesystem an deren Stelle gesetzt zu haben. Übrig bleibt das Plagiat einer fremden Lebensart und die Trivialisierung der eigenen Traditionen. Dazu treten die von all dem unberührten Bauern unübersehbar in Kontrast, wenn sie vergeblich in dieser ihnen fremden Welt nach ihrem Recht suchen. Aus alledem wird deutlich, daß die Gesellschaft einen geistigen Neuanfang nach Beendigung der Kulturrevolution verpaßt hat und – mehr oder weniger auf ökonomische Reformen beschränkt – das entstandene kulturelle Vakuum auch in den Neunzigern noch nicht auszufüllen vermag. Schließlich bleiben diejenigen, die sich ihren bäuerlichen Charakter und damit ihre Identität erhalten haben, als einzige Vertreter einer natürlich gewachsenen Gesellschaft und – noch – frei von den aufgezeigten Antinomien übrig. Allerdings werden sie dafür von einer sich modern und aufgeschlossen präsentierenden urbanen Gesellschaft zusehends verlacht und mit Mißtrauen beäugt.

In der Polizeistation der Kreisverwaltung beginnt Qiuju zu ahnen, daß die Gerechtigkeit und vor allem der Weg der Rechtsinstanzen nicht ihrer simplen bäuerlichen Logik entspricht, welcher sie mit stumpfem Gesichtsausdruck und den wortkargen, in breitem Dialekt gesprochenen Sätzen Ausdruck verleiht. Die Anonymität und Absurdität des bürokratischen Apparats sowie dessen Gefühllosigkeit gegenüber der Naivität und emotionalen Handlungsweise der Rechtssuchenden wird offensichtlich, wenn Qiuju sich an einen Anklagenschreiber wendet, der sein ›Büro‹ auf der Straße eingerichtet hat. Dieser entgegnet ihrer Anfrage in der geschäftsmäßigen und damit komödienhaft stereotypen Unberührtheit des Funktionärs: »Lebenslänglich oder Todesstrafe? Lebenslänglich ist billiger.« Eine Antwort, die Qiuju nicht versteht und die nichtsdestoweniger ihren weiteren Weg durch die Instanzen prägen wird. Als sie auch bei der Kreisbehörde erfolglos bleibt und ihr nur eine finanzielle Wiedergutmachung, nicht aber die Erklärung – mithin nur gespaltenes, widersprüchliches Recht – zugesprochen wird, wiederholt sich ihr Weg aus dem Dorf bis in die Details der Wege und Verkehrsmittel zum dritten Mal. Sie macht sich in die Provinzhauptstadt auf, um ihrer Forderung dort Geltung zu verschaffen.

Hier findet die Entfremdung der Bäuerin von der modernen Gesellschaft Chinas ihren Höhepunkt. Qiuju und ihre Schwägerin, die sie auf allen Wegen begleitet, sind unübersehbare Fremdkörper in der modernen Welt, die ihre bäuerlichen Wurzeln am liebsten verleugnen würde. Sie werden in ihrer offensichtlichen Naivität Opfer von Betrügern, werden in eine menschenunwürdige Behausung verbannt und folgen schließlich dem Rat, sich neu einzukleiden, um in der städtischen Welt überhaupt Gehör zu finden. Doch als Qiuju mit einem übergroßen Herrensakko bekleidet aus dem Laden kommt, verkörpert sie selbst in effigie eine als Städterin lediglich verkleidete Bäuerin. Die Schilderung und Gegenüberstellung der beiden aufeinandertreffenden Welten findet in einem weiteren sprechenden Detail Ausdruck, als die beiden Frauen auf der Straße der Provinzhauptstadt hilflos vor einer Getränkedose sitzen, die sie nicht zu öffnen verstehen. Schließlich suchen sie den Polizeichef auf. Dafür kaufen sie ein Geschenk, dessen Auswahl einerseits humor- und liebevoll ihre Naivität, zum anderen aber auch ihre antiquierte Vorstellung von einem Recht offenbart, das grundsätzlich auf einer Gegenleistung beruht.

Noch immer ohne ›Erklärung‹ geblieben, macht Qiuju sich schließlich zu ihrer vierten – und letzten – Reise auf, die sie erneut in die Provinzhauptstadt führt. Auf Rat des Polizeichefs Yan vertraut sie sich einem Rechtsanwalt an und begibt sich damit in einen Prozeß, den sie selber nicht mehr steuern kann. Letztendlich wird ihr die Verantwortung und Kontrolle über die Wahrung ihres Rechtsempfindens aus den Händen gerissen. Obwohl sie nicht nur ihrem Gegner, dem Vorsteher und dessen Reputation, schadet, sondern auch Leuten, die sie schätzt und respektiert, wie dem Polizisten Li, der kritisiert wird, oder dem Polizeichef Yan, der auf die Anklagebank kommt, beendet Qiuju diesen Prozeß nicht. Damit läßt sie dem Unheil seinen Lauf. Nachdem eine Klage vor dem Verwaltungsgericht abgewiesen worden

Gong Li in *Die Geschichte der Qiuju*
(Qiuju da guansi, 1992, R: Zhang Yimou)

ist, geht das Verfahren automatisch an den Volksgerichtshof über, den sie schon nicht mehr aufsucht, sondern der sich in Gestalt zweier Beauftragter unaufgefordert zu ihr begibt. Denn nachdem man einen Rippenbruch bei Wan Qinglai festgestellt hat, avanciert die Angelegenheit zur Körperverletzung. Dies ist ein entscheidender neuer Klagepunkt, der in Qiujus Rechtsempfinden, das sich allein auf den Unterleib ihres Gatten bezieht, aber eigentlich gar nicht von Belang ist.

Inzwischen hat sich die Situation für Qiuju nach einer schweren Geburt während der Feiern des Frühlingsfestes ohnehin verändert. Der Vorsteher Wang Shantang hat ihr und ihrem Sohn(!) nämlich uneigennützig das Leben gerettet. Sie ist dem Vorsteher dankbar für seinen Beistand, und dieser hat sein Gesicht wiedererlangt. Damit hält sie die Angelegenheit für erledigt und lädt den Vorsteher selbstverständlich zur traditionellen Ein-Monatsfeier für ihren Sohn ein. Doch daran kann er nicht mehr teilnehmen, nachdem er – bereits im Festkleid – kurz zuvor von einem Polizeiwagen abgeholt worden ist, um die vom Volksgerichtshof diktierte Haftstrafe anzutreten. So hat die Geschichte schließlich ein tragisches und von niemandem gewolltes Ende genommen. In der einzigen Großeinstellung verharrt die Kamera auf Qiujus Gesicht, in dem sich das Entsetzen und das Bewußtsein ihrer eigenen Schuld ebenso widerspiegeln wie der Unglaube bezüglich der Logik des Systems, dessen scheinbar willkürliche Rechtssprechung den Sieg über ihre ›natürliche‹ bäuerliche Denkweise – und damit wohl auch über den chinesischen Nationalcharakter – davongetragen hat.

Qiuju hat sich in ihrem Aufbegehren zwar gegen die Dogmen des alten, an Autoritäten gebundenen Systems gestellt, schließlich aber nur mit Hilfe eines neuen, importierten Systems Recht bekommen. Darin äußert sich der Widerspruch zwischen der Einbindung der Menschen in ein seit Jahrtausenden herrschendes Machtgefüge, nach dessen Prinzipien sogar die lokalen kommunistischen Funktionäre ihre Herrschaft ausüben, und dem importierten Rechtssystem unterschiedlich entscheidender Instanzen und eines letztlich anonymen Justizapparates. Diesem ist die Gesellschaft ausgeliefert, ohne hinreichend aufgeklärt zu sein; ein Widerspruch, der von den Betroffenen nur als Willkür erfahren werden kann. Schließlich steht die bäuerliche Welt Chinas jenseits dieser neuen Ordnungsprinzipien, die somit an den tatsächlichen Bedürfnissen der Gesellschaft vorbeigehen. So kann sich das moderne Recht zwar – rechtsstaatlich – jederzeit selber korrigieren, hat aber in China letztlich keine Basis, da ihm das Vertrauen der in verkrusteten Traditionen verharrenden Gesellschaft und einer jenseits aller Rechtsprinzipien agierenden Führerschaft fehlt. Eine solche widersprüchliche Gesellschaft, wie sie sich als Folge der Kulturrevolution und deren fehlender Aufarbeitung, unreflektiert importierter westlicher Lebensformen und Normen und dem Festhalten an überkommenen Machtstrukturen im China der achtziger und neunziger Jahre entwickelt hat, produziert schließlich Geschichten wie *Die Geschichte der Qiuju*. Sie erzählen von erschütterten Dorfgemeinschaften genauso wie von der Selbstentfremdung und dem Identitätsverlust des einzelnen. Damit spiegeln sie – trotz des vordergründigen Sieges des ›Rechts‹ – etwas von der beklemmenden kulturellen Atmosphäre im gegenwärtigen China.

Leben (huozhe, 1994)

Im Jahre 1994 drehte Zhang Yimou nach der gleichnamigen Romanvorlage des Schriftstellers Yu Hua den Film *Leben*. Ähnlich wie Tian Zhuangzhuangs Film *Der Blaue Drachen* spannt auch *Leben* einen Bogen über die jüngere Geschichte Chinas bis zur Kulturrevolution. Zhang Yimou wählte für die Darstellung dieses in China ohnehin äußerst sensiblen Themas ausgerechnet die Perspektive des kleinen Mannes, des vorgeblichen Nutznießers von Maos Kampagnenpolitik. Er zeichnete diese ohne vieldeutige künstlerische Stilisierungen in der Form eines unprätentiös epischen Realismus in all seiner nur scheinbar zufälligen Tragik und Tragikomik. Dadurch wurde der Film zu einer eindeutigen und für den chinesischen Zuschauer leicht verständlichen Anklage an Geschichte und Gegenwart. Durch die Wahl dieses Themas und der schlichten filmischen Form war das Aufführungsverbot dieses Streifens im Land seiner Entstehung von vorne herein absehbar.

Die Geschichte dieses Films, die ohne verdeckte Symbolik oder Metaphorik von einer erzählenden, kaum gestaltenden, sondern scheinbar nur dokumentierenden Kamera zur Darstellung gebracht wurde, erzählt die von den historischen Ereignissen geprägte Lebensgeschichte des Lebemanns Fugui. Dieser ist als Sohn eines wohlhabenden Grundbesitzers aufgewachsen. Dabei drängen die geschichtsschreibenden Geschehnisse und medienwirksamen Greueltaten aus der Geschichte nie in den Vordergrund der Handlung. Vielmehr reflektiert dieser Film die private Lebensgeschichte seines Protagonisten und seiner Familie. Diese gerät, obwohl selbst unpolitisch und allein um ihr kleines privates Glück bemüht, immer wieder auf tragische Weise in die Mühlen der historischen Entwicklung und wird so zu deren Opfern, wie es Millionen Familien im China des 20. Jahrhunderts widerfahren ist.

Doch gerade in der kleinbürgerlichen Normalität der Charaktere dieses Films und der scheinbaren Zufälligkeit ihres Lebens wie der fast willenlosen Ergebenheit gegenüber ihrem Schicksal steckt die soziopolitische Brisanz dieses Films. Die Handlung von *Leben* setzt in den vierziger Jahren ein. Die Gesellschaft ist im Umbruch. Allerorts kündigt sich der grundlegende soziale Wandel und politische Umbruch an. Nichtsdestoweniger verbringt Fugui seine Tage und Nächte beim Würfelspiel in Teehäusern, verwöhnt vom ererbten Luxus seiner Familie und einem bis dahin sorglosen Leben. Er ahnt nichts von den gesellschaftlichen und politischen Entwicklungen, die sich um ihn herum anbahnen. Vielmehr ernten seine Tochter und seine hochschwangere junge Frau Jiazhen mit ihren Bemühungen, seinem Leben einen Sinn zu geben und ihn vom leichtfertigen Verspielen seines Vermögens abzubringen, nichts als Spott und Beschimpfungen.

Damit bewegt er sich unweigerlich auf seinen ersten Kontakt mit dem ›Schicksal‹ zu, das sich im weiteren Verlauf dieses Films ebenso wenig als vorherbestimmt herausstellt wie in Zhang Yimous vorherigen Werken. Es ist vielmehr von den Mächtigen gemacht und von den Menschen erduldet. Die scheinbare Unerschütterlichkeit der Existenz Fuguis erweist sich als trügerisch. Genauso werden sich die von ihm bewunderten Mythen des seit Jahrtausenden immer dieselben Geschichten erzählenden Schattenspiels um Könige und Konkubinen in der Realität auch seines Lebens bald als Illusion herausstellen. Im stets aufs neue reproduzierten Sieg des Guten nehmen diese Schattenspiele im Film ein jeweils glückliches Ende. Fugui vermischt und verwechselt das mit seinem Leben, wenn er hinter der Leinwand selbst zur Erhu greift und dadurch, daß er die Stücke auf diesem traditionellen Saiteninstrument und mit seinem kommentierenden Gesang musikalisch begleitet, zu einem Teil der von ihm vorgetragenen Erzählungen wird. Die seiner selbsterschaffenen Traumwelt krass widersprechende Realität holt ihn ein, als er die gesamten Besitztümer und sogar das Haus seiner Familie verspielt hat und auf die Straße gesetzt worden ist. Seinen Vater hat er darüber in den Tod getrieben, seine Frau hat ihn verlassen. Fuguis Illusionen sind geplatzt, das alte China ist im Untergang begriffen und seine Gebräuche sind mit einem Mal verpönt.

Erst als Bettler kommt er zum ersten Mal überhaupt zum Nachdenken über seine Existenz. So findet er zu sich selbst und damit auch seinen Platz in der Gesellschaft. Mit einem Koffer voller Schattenspielfiguren beginnt er ein neues, ehrliches Leben. Dadurch gewinnt er auch seine Familie zurück. Die Hoffnung seiner Frau: »Ich will nichts anderes als ein geruhsames Leben mit dir führen«, die für die Wünsche des von Kriegen, Bürgerkriegen und Kampagnen erschütterten chinesischen Volkes im zwanzigsten Jahrhundert steht, scheint sich zu erfüllen, wenn er kurz darauf durchs Land zieht und Frau und Kinder durch sein Schattenspiel ernährt.

Doch kaum scheint Fugui seinen Platz in der Gesellschaft gefunden zu haben, gerät diese in Bewegung. Wieder holt ihn das ›Schicksal‹ ein – diesmal in Form des Bürgerkriegs. Wenn ein Soldat der nationalistischen Truppen Chiang Kaisheks die Leinwand mit dem Bajonett durchstößt, drängen sich neben der eigenen Erfahrung unweigerlich auch Parallelen zur Geschichte des chinesischen Films und seiner Akteure auf. Wie Fuguis Schattenspiel, das zudem als ein Vorläufer des Films gilt, verlor auch das Kino sein freies Betätigungsfeld und wurde von Chiang Kaishek genauso funktionalisiert wie von den Kommunisten unter Mao Zedong. Das wird deutlich, wenn Fugui, in Maos Truppen gezwungen, nicht mehr die traditionellen Geschichten vorträgt, sondern den Soldaten heroische Befreiungsepen präsentiert. Das Aufspießen einer in den Schnee gefallenen Schattenspielfigur durch einen kommunistischen Soldaten hat Fugui zwar das Leben gerettet. Doch zugleich verweist der Gewaltakt gegenüber der Figur auf die Geschichte und das Schicksal von Film und Kunst nach Gründung der Volksrepublik China.

Von diesem Moment an werden sich Fuguis ohnehin bescheidenen Wünsche nach einem ruhigen Leben immer wieder auf den bloßen Überlebenskampf reduzieren. »Versuch am Leben zu bleiben statt zu jammern!«, sagt ein alter Soldat. In diesem Satz, der sich für ihn selbst allerdings nicht erfüllt, formuliert er die Devise, mit der viele Chinesen die drei Jahrzehnte radikal-kommunistischer Herrschaft haben überstehen können. Fugui avanciert nun endgültig vom Lebemann zum einfachen Bürger, wandelt sich zugleich bei wachsender Furcht um das eigene Schicksal aber auch zum Opportunisten. Damit wird er zum Repräsentanten der Volksmassen, auf die sich die Revolution und alle politischen Kampagnen seit den frühen fünfziger Jahren berufen haben und die auch die heutigen Machthaber in China noch gerne zur Legitimation ihrer eigenen Herrschaft bemühen. Während die Massen ihre Stimme nie haben erheben können, sondern in krassem Widerspruch zur propagierten Volksregierung von einer kleinen politischen Elite beherrscht blieben, steht das Schicksal Fuguis und der Menschen für den Werdegang der chinesischen Nation wie auch eines jeden einzelnen.

Fugui erfährt zunächst noch die Gnade der ›Befreier‹ und wird nach dem kommunistischen Sieg nach Hause geschickt. Das erweckt auch in ihm die Hoffnung: »Wir müssen hier lebend rauskommen und ein ruhiges Leben führen.« Seine Mutter ist zwar gestorben, und seine Tochter hat ihre Sprache verloren, ganz wie Volk und Künstler nach der ›Befreiung‹ zum opportunen Schweigen verurteilt wurden. Doch Fugui und Jiazhen können sich als Wasserträger eine zwar ärmliche, aber immerhin ruhige Existenz aufbauen. Daß sie außerdem in die Kategorie ›arme Stadtbevölkerung‹ eingestuft werden: »Nichts ist besser als zum einfachen Volk zu gehören«, und an Fuguis Stelle der neue Besitzer seines im Spiel verlorenen Hauses hingerichtet wird, erscheint angesichts der jüngeren chinesischen Geschichte schon fast als Geschenk an die junge Familie. Auch in der Realität hatten es die neuen Herrscher über China so einzurichten gewußt, daß dem Volk die bloße Einhaltung der Grundrechte und jeder selbst erwirtschaftete Besitz, ja selbst die Grundnahrungsmittel als Geschenk und Gunst der Mächtigen erscheinen mußten. Dies wird in Zhang Yimous Film unmißverständlich deutlich. Unmittelbarer als in allen anderen Filmen zur jüngsten chinesischen Geschichte wird hier die Schuld und Mittäterschaft auch des kleinen Mannes angeprangert, der zwar zumeist nicht selbst an den Greueltaten und Verbrechen beteiligt war, diese aber geduldig hingenommen und mit seinem Opportunismus unterstützt hat.

Daß Opportunismus allerdings kein Garant für das ersehnte ruhige Leben war, zeigen im weiteren Handlungsverlauf von *Leben* die Ereignisse des ›Großen Sprungs‹ im Jahre 1958. »Da haben wir nun bald den Kommunismus und mancher denkt noch, es gäbe nichts zu essen«, sagt der hoffnungsfrohe Ortsvorsteher. Dabei ahnt er aber noch nichts von der verheerenden Hungersnot, die nur wenige Jahre später Millionen von Opfern fordern sollte. Ebenso wird sich das Einschmelzen allen Eisens (»Drei Kanonenkugeln für Chiang Kaishek«), das große Teile der Wirtschaft und des gesellschaftlichen Lebens über Jahre hinweg lahm legte, als sinnlos erweisen, denn die ›Befreiung Taiwans‹ ist bis heute nicht erfolgt. Statt dessen ist die Insel zu einem blühenden Wirtschaftsleben und allmählich auch liberaleren Gesellschaftsstrukturen erwachsen, was auch der festland-chinesische Zuschauer nur allzu gut weiß.

Das Leben der Menschen im China unter Mao Zedong hingegen verdichtet sich in den fünfziger Jahren merkbar auf die stets aufs neue herausposaunten Ideale und Ziele. Diese entfernen sich immer weiter von der Lebensrealität. Der Grat, auf dem sich die Existenz Fuguis und eines jeden einzelnen bewegt, wird zusehends schmaler. Die wenigen Vergnügungen, mit denen die Menschen sich in der politisierten Umwelt Freiräume schaffen, fallen immer mehr der Ideologie und deren Parolen zum Opfer. Auch das ängstliche Schweigen gegenüber den Mißständen und der bedingungslose Opportunismus, der Fugui und alle anderen charakterisiert, bieten keine Sicherheit mehr. Das muß er schmerzlich feststellen, als sich das ›Schicksal‹, das ihn 1950 noch vor der Hinrichtung bewahrt hat, nun doch gegen ihn wendet und sein Sohn durch einen – nur scheinbaren – Zufall ums Leben kommt.

Tietou stirbt nach einer politischen Versammlung ausgerechnet durch das Auto eines kommunistischen Kaders. Die Abschiedsworte Jiazhens an seinem Grab: »Schlaf ganz ruhig, du hast dich in deinem Leben kein einziges Mal ausschlafen können«, erhalten ihre Bedeutung nicht nur angesichts seines kurzen Lebens, sondern auch im Hinblick auf das Dasein eines jeden einzelnen, der in der Geschichte dieses Jahrhunderts niemals zu Ruhe und privatem Glück gekommen ist. Das Leitmotiv der Menschen und Ausdruck ihrer Hoffnung: »Erst kommt das Küken, dann das Schaf, dann das Rind und am Ende der Kommunismus«, mit dem sie zugleich ihre Passivität und widersinnige Parteitreue rechtfertigen, hat mit Tietous Tod seine spezifische Bedeutung erhalten. Die leere Phrase des ›Kommunismus‹, die in der Realität wie im Film diffus bleibt, füllt sich hier nämlich erst mit dem tragischen Tod des Jungen. Alle Parolen, die das Leben der Menschen in jener Zeit bestimmt haben, werden damit außer Kraft gesetzt. Jiazhens Appell an den ›Mörder‹ ihres Sohnes: »Du schuldest uns ein Leben!«, wird hingegen zur Anklage an die Kommunistische Partei als Staatssystem. Wie die Ereignisse im Juni 1989 zeigen, scheuen die Mächtigen auch weiterhin nicht davor zurück, den eigenen Herrschaftsansprüchen und Doktrinen weitere Menschenleben zu opfern.

Auch die sechziger Jahre bringen den Menschen in China keine Entspannung. Fugui und Jiazhen haben sich in ihr Schicksal ergeben und den Tod ihres Stammhalters akzeptiert. Bezeichnend ist dabei, daß Jiazhens Haß, geleitet von jahrelanger Propaganda und undifferenzierter Parteitreue, sich nicht gegen die wahren Urheber des Unglücks richtet, sondern allein auf den unglücklichen Verursacher des Unfalls. Die marxistische Lehre, die die ganze Welt erklären zu können behauptet, hat in Wirklichkeit die ihr Unterworfenen zu blind Unterworfenen gemacht, die über die engen Grenzen ihrer privaten Existenz nicht hinauszublicken vermögen. Sie werden in Gestalt Fuguis und seiner Frau mit dem Beginn der Kulturrevolution sogar noch zu Parias der Gesellschaft, nur um den Machthabern zur Legitimation ihres Herrschaftsapparats zu dienen.

Nicht besser als den Menschen ist es bis dahin auch der Kunst ergangen. Fuguis Schattenspiel war aus Krieg und Bürgerkrieg heil hervorgegangen, mit der Machtübernahme der Kommunisten für deren Zwecke funktionalisiert worden und hatte trotz heftiger Erschütterungen auch den ›Großen Sprung‹ heil überstanden. Mit Beginn der Kulturrevolution wird der Kunst schließlich endgültig der Garaus gemacht. »Je älter etwas ist, desto reaktionärer ist es«, erklärt lapidar der Ortsvorsteher und übernimmt dabei ein weiteres Mal unreflektiert die ihm von höherer Stelle übermittelten Phrasen. Wie alle alten Werte und Künste wird das Schattenspiel einer angeblich neuen Kultur geopfert, von der allerdings niemand eine klare Vorstellung hat. Wenn im Film die Schattenspielfiguren, langjährige Begleiter und Ernährer Fuguis und seiner Familie, den Flammen zum Opfer fallen und nur eine leere Kiste zurückbleibt, werden unweigerlich Erinnerungen an den Kultursturm und das Schicksal der Cinematographie in China wachgerufen.

Doch selbst in dieser Periode geht das Leben für Fugui unspektakulär weiter. Die Tragik seines Daseins manifestiert sich nicht in großen Erschütterungen und pathetischen Gesten, sondern in der allmählichen Zermürbung und den vielen Schicksalsschlägen, die er und unzählige andere – von der großen Geschichtsschreibung unbemerkt – einzustecken hatten und haben. Vehement klagt Zhang Yimou in diesem Werk zugleich die phrasenhaft pathetische Geschichtsverarbeitung an, die auch die Filmgeschichte geprägt hat. In *Leben* wählt er statt dessen den Blickwinkel des ›kleinen Mannes‹ als vordergründig unschuldiges, nicht zuletzt durch seinen Opportunismus aber dennoch am stärksten betroffenes Opfer der Geschichte.

Konsequenterweise hat Zhang Yimou die Schicksalsschläge im Leben Fuguis und Jiazhens mit dem Tod Tietous noch kein Ende finden lassen. Nachdem die große Kampagnenwelle seit 1957 ihnen den Sohn genommen hat, raubt ihnen die Kulturrevolution auch noch die Tochter. Auch dieses Mal sind es vordergründig wieder tragikomische Verwicklungen und Umstände, unter denen die junge Frau bei der Geburt ihres Kindes unter der Betreuung ungelernter Rotgardistinnen ums Leben kommt, der lebensrettende Arzt hingegen nach tagelangem Hungern durch ein paar Dampfbrötchen und etwas Wasser matt gesetzt worden ist. Am Ende wird von dem Familienphoto eine ganze Generation ausgelöscht sein. Es ist die Generation der in die Volksrepublik China hineingeborenen Kinder und zugleich diejenige Zhang Yimous, die sogenannte ›verlorene Generation‹.

Die Schlußsequenz von *Leben* führt den Zuschauer in die achtziger Jahre. Die Zeiten haben sich erneut geändert. Ohne die Teilnahme des Volkes oder auch nur dessen Mandat sind die Regeln ein weiteres Mal umgeschrieben worden, nachdem sie drei Jahrzehnte lang Credo und Legitimation der gesamten Gesellschaft gewesen waren. Das vergilbte und abgeblätterte Mao-Porträt im Hof Fuguis weist unverkennbar darauf hin. Auch Fugui selbst hat sich ein weiteres Mal mit dem Schicksal arrangiert, das ihn und Jiazhen so sehr gezeichnet hat. Die Generation seiner Kinder ist ausgelöscht. Dennoch richtet sich seine ganze Hoffnung erneut auf den propagierten Neuanfang. Trotz seiner bitteren Erfahrungen glaubt er noch immer an die Zukunft, die die Mächtigen nun anpreisen. Doch jetzt sind es nicht mehr Kunst und Kultur, auf die er seine Hoffnung richtet. Diese haben in ihrer staatsoffiziellen Form nach dem Kultursturm der sechziger und siebziger Jahre endgültig ihre Legitmation verloren. An ihre Stelle tritt der Wirtschaftsaufbau, dessen Anfang für Fugui in ein paar Küken besteht, die er in der Kiste großzieht. Allerdings ist dieser erneut von oben verordnet, und er plappert ein weiteres Mal die Parolen der Machthaber gedankenlos nach. Gechichte wird nach wie vor nicht von der Masse der ›kleinen Leute‹ und auch nicht für sie gemacht.

Obgleich Fugui seinem Enkel Mantou von einer strahlenden Zukunft berichtet: »Die Küken werden fressen, dann wachsen sie schnell. Und wenn sie groß geworden sind, dann werden es Gänse. Und wenn die Gänse groß geworden sind, dann werden es Schafe. Und wenn die Schafe groß geworden sind, dann werden es Rinder.« – »Und wenn die Rinder groß geworden sind?« – »Dann wird Mantou erwachsen sein. Die Eisenbahn wird fahren, Flugzeuge werden fliegen, und unser Leben wird immer besser werden.« Wieder einmal wähnen sich die Menschen an einem Wende- und Anfangspunkt. Sie schöpfen neue Hoffnung auf eine sich von selbst vollziehende Entwicklung zum Besseren. Doch die Erfahrung hätte sie lehren sollen, daß den einfachen Menschen, die aus den Jahrzehnten des Kommunismus mit nichts hervorgegangen sind als ihrem bloßen ›Leben‹, auch die Zukunft nicht gehören wird.

Shanghai Serenade (*yao a yao, yao dao waipo qiao*, 1995)

In seinem vorläufig letzten Film *Shanghai Serenade* flüchtet Zhang Yimou sich wieder in das China der zwanziger Jahre. Erzählt wird eine Verbrechergeschichte um einen kleinen Jungen, der von seinem Onkel als Diener einer Gangsterbraut nach Shanghai gebracht wird und dort sowohl die Verlockungen der mondänen Metropole wie auch deren soziale Ungerechtigkeiten und Auswüchse bis hin zu seinem tragischen Ende am eigenen Leib erfährt. Deutlich kehrt Zhang Yimou die Differenzen zwischen dem ruralen – natürlich gewachsenen – China und den künstlichen Gebilden der Städte heraus. Damit verweist er auf die Widersprüchlichkeit auch der heutigen Gesellschaft zwischen ihren natürlichen Wurzeln und der unnatürlichen Entwicklung, die sich besonders im sich radikal verändernden Shanghai manifestiert. Kritik zu üben ist für diesen Regisseur, der 1997 einen Film mit dem Arbeitstitel *Sprich, wenn es etwas zu sagen gibt!* (*you hua hao hao shuo*) über den Alltag im heutigen Peking fertigstellen will, auch Mitte der neunziger Jahre nur verschlüsselt möglich. Daß er unter diesen Bedingungen dennoch immer neue filmische Formen gestalten kann und damit inzwischen auch eine breitere Öffentlichkeit in China anspricht, belegt die Aufmerksamkeit, die der Person Zhang Yimous trotz bestehender Aufführverbote für die meisten seiner Filme in den chinesischen Medien zukommt. Das läßt immerhin für die Zukunft hoffen.

Andere Regisseure

Neben den international bekannten Regisseuren der chinesischen Filmavantgarde müssen noch einige weitere Erwähnung finden, die – obwohl nicht zum erfolgreichen Kern der Fünften Generation gehörend – mit einer Reihe vergleichbarer Filmwerke in Erscheinung getreten sind.

Zhou Xiaowen

An erster Stelle ist der populäre Zhou Xiaowen (geb. 1954) zu nennen. Nach mehreren Kameraarbeiten und erfolglosen bzw. von der Zensur zurückgehaltenen Versuchen als Regisseur konnte er erst 1991 mit dem Film *Jugend ohne Reue (qingchun wuhui)* einen größeren kommerziellen – weniger künstlerischen – Erfolg feiern. Der Durchbruch gelang ihm nach weiteren Produktionen von Unterhaltungsfilmen mit dem Werk *Der Weg zu den Schwarzen Bergen (heishan lu,* 1993). Es ist die Geschichte von einer kleinen Herberge tief in den Bergen Westchinas, die von einem alten Mann und einer jungen Frau während des Japankriegs gemeinsam geführt wird. Vordergründig eine gefällige Heldengeschichte über den Partisanenkampf der kleinen Leute, fällt dieser Film durch seine aufwendige visuelle Umsetzung auf. Zhou Xiaowen zählt durch die eindrucksvollen, mit hohem finanziellen Aufwand gestalteten Inszenierungen und spannenden Erzählhandlungen seiner Filme zu den wichtigsten kommerziellen Filmemachern in China. Sein bisheriger künstlerischer Höhepunkt war im Jahre 1994 der Film *Ermo,* eine einfühlsame Geschichte über eine junge Frau, die als Ehefrau des körperbehinderten, despotisch über sie herrschenden Dorfvorstehers eines kleinen Bergdorfs in Nordchina für ihr persönliches Glück kämpft. Daß dieses sich schließlich nicht in Gestalt einer kurz auflebenden, am Ende aber unterdrückten Liebesbeziehung zu einem jungen Mann verwirklicht, sondern lediglich im Kauf eines Farbfernsehers, verweist deutlich auf den Zustand der sich modernisierenden Gesellschaft.

Im Frühjahr 1996 stellte Zhou Xiaowen mit dem Film *Das Lied des Kaisers (qin song)* eine der bisher aufwendigsten Produktionen des chinesischen Kinos fertig. In einem opulenten, farbenprächtig inszenierten Historienepos berichtet er aus dem Leben des Qin-Kaisers Ying Zheng und dessen Freund und lebenslangen Begleiters Gao Jianli. Dabei konnte er über die filmische Gestaltung hinaus aber keine künstlerischen oder politischen Akzente setzen. Zhou Xiaowen bleibt weiterhin dem Unterhaltungsgenre verhaftet, hat dieses allerdings als erster chinesischer Regisseur an ein internationales Niveau heranführen können.

Sun Zhou

Große Aufmerksamkeit bei den Kritikern, weniger allerdings beim Publikum, haben die Filme des aus der ostchinesischen Provinz Shandong stammenden, in Kanton arbeitenden Regisseurs Sun Zhou (geb. 1954) auf sich gezogen. In seinem ersten Kinofilm *Etwas Zucker in den Kaffee* (*gei kafei jia dian tang*, 1987) setzte er sich nicht wie die meisten seiner Altersgenossen mit der erlebten Vergangenheit auseinander. Vielmehr wendete er sich direkt der modernen Stadt und den in ihr aufkeimenden Widersprüchen zwischen Tradition und Modernisierung zu. *Etwas Zucker in den Kaffee* erzählt die Geschichte des jungen Photographen Gangzi, der als Vertreter des neuen Typs städtischer Jugendlicher charakterisiert wird. Mit großem Selbstbewußtsein macht er sich in seiner Heimatstadt Kanton die Errungenschaften der Modernisierung zueigen und wendet sich unbefangen einem westlichen Lebensstil zu; so wie es Millionen Jugendliche seit Mitte der achtziger Jahre getan haben. Daß dies allerdings nur Fassade ist, mit der er seine grundsätzliche Lebensfurcht, seine Angst vor dem Alleinsein, verdeckt, vermag selbst seine Freundin Linxia nicht zu erkennen. Sie kommt vom Land, tritt damit als Repräsentantin der traditionellen bäuerlichen Strukturen auf und ist neugierig auf die fremde Welt, die ihr in der Millionenstadt Kanton begegnet. Das Leitmotiv des Kaffees und die glatte Ästhetik der Inszenierung mit kurzen Einstellungen und Momentaufnahmen, die kaum tiefergehende Einblicke ermöglichen, präsentieren dem Zuschauer das Bild der wirtschaftlich hoch entwickelten Städte im Einzugsgebiet Hongkongs. Auf deren materielle Verlockungen und oberflächliche Vergnügungen will niemand aus der jüngeren Generation verzichten. Auf der anderen Seite beschwören dieselben Bilder aber Entfremdung und Einsamkeit herauf. Am Ende wird Linxia in ihr Dorf zurückkehren und Gangzi mit der Hoffnung auf ihre Rückkehr zurücklassen – eine Hoffnung, die auch als diejenige auf Rückkehr der traditionellen ruralen Strukturen lesbar ist, unter denen die Menschen keiner künstlichen Fassade bedürfen.

Nach dreijährigem, nur von einer kommerziellen Produktion unterbrochenem Schweigen setzte Sun Zhou im Jahre 1992 seine künstlerische Karriere mit dem Film *Die Treuherzigen (xinxiang)* fort. Mit diesem Film erreichte er den bisherigen künstlerischen Höhepunkt seiner Karriere. Darin erzählt er die Geschichte des jungen Jingjing, der nach der Scheidung seiner Eltern bei seinem exzentrischen Großvater aufwächst. Mit einfühlsamen Einstellungen zeichnet der Film die langsame Annäherung der beiden aneinander, geprägt von einem mühsamen Leben und den schweren Schicksalsschlägen, die ihnen die Geschichte zusätzlich auferlegt hat. Damit ist Sun Zhou eine eindrucksvolle Hommage an das Leben in seiner unverfälschten Form gelungen. Dessen Kraft und Zukunftshoffnung drückt sich in den beiden Charakteren dieses Films aus, die am Ende alle künstlich erschaffenen Barrieren und die Generationenschranken überwinden. Gleichzeitig ist dies eine offene Aufforderung an das chinesische Volk zur Versöhnung und Rückbesinnung auf Tugenden wie Humanität und Toleranz, an denen es der heutigen Gesellschaft mehr denn je mangelt. Sie entdeckt der Regisseur allenfalls noch unter den einfachen Menschen auf dem Land, denen seine ganze Sympathie gilt.

Zhang Zeming

Der Regisseur Zhang Zeming (geb. 1951) drehte seinen ersten Spielfilm *Schwanengesang* (*juexiang*, 1986) nach einer Kurzgeschichte seines Altersgenossen und Freundes Kong Jiesheng in Kanton. Darin setzt er sich mit seiner persönlichen Vergangenheit auseinander. Die Fabel handelt von der Familie eines kantonesischen Musikers, die unter der despotischen Herrschaft des Alten tief zerstritten ist. Erst nach dem tragischen Tod des Vaters in der Kulturrevolution findet die Familie wieder zueinander. Es ist ein Film über Generationenkonflikte, der darüber hinaus aber direkt auf die streng hierarchischen Strukturen chinesischer Gesellschaftsordnung verweist und als Anklage an das System zu verstehen ist, das vielen Millionen Menschen in China ein solch unsägliches Schicksal bereitet hat. Am Ende gibt es kein glückliches, sondern ein pessimistisches Ende. Verzweifelt schauen die Protagonisten auf eine Vergangenheit, aus der sie für sich keine Zukunft zu gewinnen vermögen.

Im Jahre 1988 drehte Zhang Zeming den Spielfilm *Sonne und Regen* (*taiyang yu*). Darin setzt er die Handlung von *Schwanengesang* praktisch fort, indem er das Leben der jungen Chinesen in den Sonderwirtschaftszonen im Schatten Hongkongs während der Reformperiode der achtziger Jahre beschreibt. Protagonistin ist eine junge Bibliothekarin, die in Shenzhen nur wenige Kilometer von der für sie verschlossenen Grenze zur Kronkolonie lebt. In dieser nahen und doch so fernen Stadt manifestieren sich für sie alle ihre Lebenshoffnungen und Träume. Zhang erteilt dem unreflektierten Streben nach westlichen Werten und dem daraus hervorgehenden Verlust persönlicher und nationaler Identität eine deutliche Absage. Damit zeichnet er ein apokalyptisches Bild haltloser Menschen in einer Umgebung, in der sie sich zwar – versteckt hinter selbsterschaffenen Fassaden – mit spielerischer Sicherheit bewegen, die ihnen in Wirklichkeit aber fremd geblieben ist.

Im Jahre 1991 ist Zhang Zeming seiner britischen Ehefrau nach England gefolgt, wo er 1995 den Film *Fremder Mond* (*yueman yinglun*) und ein Jahr später *Rotes Licht, roter Stern* (*hongying, hongchen*) fertigstellte. In *Fremder Mond* setzt er anhand der Geschichte junger chinesischer Auswanderer in England zugleich sein eigenes Schicksal als Exil-Chinese in Szene. In *Rotes Licht, roter Stern* begibt er sich thematisch wieder in seine chinesische Heimat. Er zeichnet die Reise eines jungen Engländers durch das moderne China mit all seinen Widersprüchen nach. Dabei erlebt dieser eine

Liebesgeschichte mit einer Chinesin, ohne allerdings zu wissen, ob sie ihn seinetwegen liebt oder ihn nur als ›Fahrkarte‹ in den Westen betrachtet. Zhang Zeming hat sein privates Schicksal und die Abhängigkeit von den prägenden äußeren Bedingungen zum unmittelbaren Thema seiner Filme gemacht. Stilisierungen und Metaphorisierungen, wie sie die meisten Werke der Kollegen seiner Generation prägen, sind ihm dabei fremd.

Hu Mei

Einige nennenswerte Beiträge zum Kino der Fünften Generation hat auch die Regisseurin Hu Mei (geb. 1956) geleistet. In ihrem Debütfilm *Militärschwester* (*nüerlou*, 1985) erzählt sie Episoden aus dem Leben der Schwester Qiao Xiaoyu in einem Militärkrankenhaus. Diese opfert für ihre Pflichten gegenüber Vaterland und Ehre ihre Persönlichkeit und verzichtet sogar auf ihre große Liebe. In all den diffus bleibenden Werten, an denen sie starr und unreflektiert festhält, kann sie aber kein persönliches Glück finden – eine laute Anklage gegen patriarchalische Strukturen und ein Plädoyer für eine angemessene Stellung der Frau in der Gesellschaft. In *Fern dem Kriege* (*yuanli zhanzheng de niandai*, 1987) wendet Hu Mei sich der modernen städtischen Gesellschaft der achtziger Jahre zu, gestaltet darin aber auch von Schmerz wie Freude geprägte Erinnerungen an die jüngere chinesische Geschichte. Mit *Schütze ohne Gewehr* (*wuqiang de qiangshou*) legte sie im Jahre 1988 einen dritten Spielfilm vor, bevor auch für sie die Förderquellen versiegten. Seitdem hat sie keinen nennenswerten Film mehr produziert.

Peng Xiaolian

Auch die Regisseurin Peng Xiaolian (geb. 1953) besuchte nach ihrer Rückkehr von der Landverschickung die 1978er Regieklasse der Pekinger Filmakademie. In ihrem Film *Meine Mitschüler und ich* (*wo he wo de tongxuemen*, 1985) stellt sie das Lebensgefühl der jungen Menschen im Shanghai der achtziger Jahre kritisch dar. Drei Jahre später legte sie mit *Frauengeschichte* (*nüren de gushi*, 1988) ihren zweiten und zugleich letzten Spielfilm in China vor, bevor sie 1989 nach Amerika emigrierte und sich aus dem Filmgeschäft zurückzog.

Li Shaohong

Li Shaohong hingegen trat nach einigen erfolglosen bzw. von der Zensur zurückgehaltenen Regieversuchen, darunter *Blutiger Morgen* (*xuese qingchen*, 1990) und *Familienporträt* (*sishui buhuo*, 1992), erstmals im Jahre 1994 mit ihrem Film *Rouge (hongfen)* erfolgreich an die Öffentlichkeit. In diesem Film nach einem gleichnamigen Roman von Bai Sutong geht es um das Schicksal von zwei Prostituierten im Suzhou der vierziger Jahre und nach der kommunistischen Machtübernahme. Die Gründung der Volksrepublik China erscheint nicht als ›Befreiung von der feudalen Unterdrückung‹, wie es ihnen ihre neuen Herren glaubhaft machen wollen, sondern als ein fataler Eingriff in das Leben dieser beiden Frauen. Dieser bringt ihnen mehr Leid als Glück und eine zuvor nie erlebte Unterjochung, wie ihre Trennung und die anschließend völlig unterschiedlichen, jeder auf seine Weise tragischen Lebensläufe demonstrieren. Damit stellt die Regisseurin deutlich den Wert der kommunistischen ›Befreiung‹ in Frage. So läßt sich auch dieser Film als aussagekräftige Parabel der kommunistischen chinesischen Gesellschaft lesen, die den Menschen niemals die versprochene ›Befreiung‹ gebracht hat.

2. Urbaner Realismus: die Sechste Generation

Völlig andere persönliche Lebenserfahrungen und ein Weltbild, das mit dem der Filmemacher aus der Fünften Generation nicht vergleichbar ist, spiegeln sich in den Werken einer jungen Nachfolgegeneration, deren Akteure zumeist erst in den sechziger Jahren geboren sind. Sie drängen seit den frühen Neunzigern auf den Markt. Im heutigen, stark von der Konkurrenz durch die elektronischen Medien, einer zunehmenden Kommerzialisierung und der unverändert restriktiven ideologischen Kontrolle geprägten Filmgeschäft Chinas kämpfen sie mit ersten Werken um künstlerische Anerkennung. Darüber hinaus geht es bei ihnen um die Mittel und Lizenzen für das Filmemachen, die ihnen von den staatlichen Gremien bisher zumeist verweigert worden sind. Vielfach hat sich für diese Regisseure, die mit wenigen Ausnahmen aus den 1985er bis 1989er Abschlußjahrgängen der Pekinger Filmakademie hervorgegangen sind, bereits der Begriff Sechste Generation eingeprägt. Dem fehlt bislang allerdings noch die Grundlage. Denn nicht zuletzt wegen des heftigen Widerstandes, der ihnen seitens der Zensoren und Kulturfunktionäre entgegenschlägt, hat sich bisher bei keinem von ihnen ein festes weltanschauliches und künstlerisches Konzept profiliert.

Vielmehr evozieren ihre Themen, ihre dem dokumentarischen Realismus verwandte Darstellungsweise und die äußeren Umstände ihrer noch relativ wenigen Produktionen Perspektiven auf die Entwicklungen in der heutigen Gesellschaft. Diese unterscheidet sich bereits deutlich von derjenigen der achtziger Jahre. Auf die jungen Regisseure wirkte sich die wirtschaftliche Krise im Zusammenhang mit dem radikal vorangetriebenen Wechsel von der Plan- zur Marktwirtschaft weitaus stärker aus als auf ihre etablierten Kollegen. Ein Großteil der staatlichen Subventionen für den Filmsektor fiel weg. Trotzdem waren die Studios unter unverändert strenger Zuteilung von

Produktionsziffern gezwungen, fortan vorwiegend nach kommerziellen Kriterien zu arbeiten. Gleichzeitig gingen die Zuschauerzahlen bei allgemeiner Zunahme des Freizeitangebots seit den späten achtziger Jahren rasant zurück. So bot sich für Experimente mit dem Filmmedium schon bald kaum noch Spielraum. Die zunehmende Repression der chinesischen Intelligenz und die strenge Zensur der Medien trugen ein übriges dazu bei. Dies wiederum hatte zur Folge, daß sich im Bereich des Films seit den frühen neunziger Jahren zwei nahezu gegensätzliche Tendenzen abzeichnen, nach denen die jungen Künstler ihren Lebensweg bestreiten und ihre Werke gestalten.

Anpassung

Als anpassungsfähig im Umgang mit Gesellschaft und Politik haben sich diejenigen Regisseure dieser jüngsten Generation erwiesen, die nicht bereit waren, die für eine künstlerische Opposition in China schwierigen und sie persönlich gefährdenden Repressalien durch Politik und Gesellschaft auf sich zu nehmen. Ihnen war es in der von den ideologischen Wächtern mit Argusaugen beobachteten Phase nach 1989 gelungen, eine Anstellung in einem staatlichen Studio zu finden. So ließen sie sich mehr oder weniger bereitwillig in ein starres, noch immer nach planwirtschaftlichen Kriterien funktionierendes Produktionssystem einfügen. Größere Freiheiten oder künstlerische Eigenständigkeit schließen sich angesichts dieser ›Privilegien‹ für sie genauso aus wie für eine große Zahl namenloser junger Regisseure aus dem kommerziellen Unterhaltungsgenre.

Der auch über die Grenzen Chinas hinaus bekannt gewordene Regisseur Huang Jun (geb. 1958) z.B. produzierte die Filme *Kindheit in Ruijin* (*tongnian zai Ruijin*, 1990), *Heroische Floßschar* (*beilie paibang*, VT: *Die Hure und der Flößer*, 1993), *Das Leben mit dir* (*yu ni tongzhu*, 1994) und den Kinderfilm *Der Fremde* (*muoshengren*, 1995). Sein Kollege Hu Xueyang (geb. 1963) trat bisher mit drei nennenswerten Werken an die Öffentlichkeit: dem Kurzfilm *Geschichten meiner Kindheit* (*tongnian huiyi*, 1989), der einen zweiten Preis bei der Oscar-Verleihung im Jahre 1990 erringen konnte, dem Spielfilm *Die rückwärtige Frau* (*liushou nüshi*, 1992) und seinem jüngsten Werk *Living Dream* (*qianniu hua*, 1996). Diese beiden in der Heimat erfolgreichen Regisseure orientieren sich wie einige ebenfalls mit Erstlingswerken bekannt gewordene Kollegen, darunter Lou Ye und Wu Tianye, eher an publikumswirksamen Genres und einer gefälligen Aussage und filmischen Gestaltung als an Themen mit gesellschaftskritischen, politischen oder künstlerisch avantgardistischen Ansprüchen. Mutigere Arbeiten und künstlerische Innovationen werden von diesen talentierten Filmemachern noch so lange auf sich warten lassen, bis entweder die Politik ihnen größere Freiheiten zugesteht, oder – was wahrscheinlicher ist – sie sich diese durch den eigenen – insbesondere internationalen – Ruhm indirekt erkämpfen.

Auflehnung

Für Nachwuchsregisseure, die sich nicht in den Apparat der kommerziellen oder propagandistischen Filmproduktion einfügen lassen und statt dessen mit eigenen künstlerischen Vorstellungen und politischen Idealen hervortreten, gibt es inzwischen kaum noch eine Nische für die Verwirklichung ihrer künstlerischen Ideen und den Ausdruck ihrer politischen Weltanschauung. Nur wenige von ihnen nehmen angesichts bestehender Berufsverbote den Weg der illegalen freiberuflichen Tätigkeit auf sich. Das bedeutet, über Werbefilme, Musikvideos und umsatzträchtige Fernsehaufträge, vor allem aber mit der Hilfe in- und ausländischer Mäzene, die Mittel für Spielfilmprojekte zu sammeln. Diese können sie allenfalls unter Verzicht auf das umfangreiche Equipment und technische wie künstlerische Personal der chinesischen Filmwirtschaft und gegen den Widerstand der Behörden, damit mehr oder weniger illegal fertigstellen. Eine breite Öffentlichkeit in der Heimat bleibt ihnen, von den Feuilletons und Distribuenten ignoriert, von den Zensoren und Kulturbehörden verfolgt, zumeist verwehrt. So scheinen sich für sie Perspektiven derzeit nur durch die wachsende Aufmerksamkeit im westlichen Ausland und die Erfolge ihrer Werke auf internationalen Festivals zu ergeben. Dort ist man trotz des Widerstands durch die chinesische Regierung wie der niedrigen Produktionsbudgets dieser Filme, die sich unübersehbar in ihrer formalen Qualität niederschlagen, von deren künstlerischer und soziopolitischer Aussagekraft angetan. Dadurch haben sich für einige wenige von ihnen, wie z.B. für den Regisseur Zhang Yuan, bereits erste Kooperationsmöglichkeiten mit europäischen Produzenten ergeben.

Nur wenige unabhängige junge Filmemacher haben es trotz dieser Schwierigkeiten und ungeachtet auch der finanziellen Verlockungen, die sich ihnen bei den Fernsehsendern und in der Wirtschaft bieten, dennoch geschafft, mit einer individuellen, künstlerisch und politisch mutigen Filmkunst an die Öffentlichkeit zu treten. Sie haben nicht nur mit permanenten finanziellen Problemen zu kämpfen, sondern bewegen sich mit ihren – allesamt in Peking und im Umkreis des Pekinger Filmstudios gedrehten – ›Schwarzen Filmen‹ (hei dianying) ohne Genehmigung und außerhalb von Planziffern in einer sie auch persönlich gefährdenden Illegalität. Dennoch – oder gerade deswegen – sind es ihre individuell geprägte, kompromißlos kritische Sichtweise auf die Gesellschaft und die schlicht realistische Form ihrer Werke, die sie künstlerisch in eine Reihe mit den Avantgardisten aus der Fünften Generation stellen, obwohl sich ihre Themen und Darstellungsweisen grundsätzlich von denjenigen ihrer älteren Berufskollegen unterscheiden.

In den Werken dieser jungen unabhängigen Künstler zeichnen sich die Entwicklungen des urbanen Chinas der neunziger Jahre ab. Die Stadt betrachten sie aus der Perspektive ihrer eigenen Erfahrungen und wenden sich kaum mehr der radikal-sozialistischen Vergangenheit der Kampagnen und Kulturrevolution zu. Für die jungen Menschen in den chinesischen Metropolen gehört das äußerlich entideologisierte und kommerzialisierte Leben zum Alltag. Dieses ist mit all seinen Auswüchsen auch in das jahrzehntelang hermetisch nach außen verschlossene ›Reich der Mitte‹ eingedrungen und hat sich dort unwiderruflich etabliert. Daher wird es von ihnen kaum mehr hinterfragt – anders als von den älteren Kollegen, die auch ein anderes China kennengelernt haben. Im Vordergrund der Filmthemen dieser jungen Regisseure steht nicht etwa eine Metaphorisierung des städtischen Verdichtungsraums im Hinblick auf gesamtgesellschaftliche und kulturelle Analysen. Vielmehr wird die Stadt zur selbstverständlichen Kulisse des dargestellten Lebens ihrer Generation. Diese hat sich längst in der sich radikal wandelnden Umwelt zurechtgefunden und richtet ihren Blick nun auf die konkreten Lebensbedingungen. Indem sie die politischen, sozialen und zwischenmenschlichen Mißstände in den modernen Städten Chinas – Synonyme für das chinesische Wirtschaftswunder und Vorbilder für die propagierte strahlende Zukunft – aufdecken und lautstark beklagen, prangern sie zugleich eine Entwicklung an, die zwischen radikaler wirtschaftlicher Modernisierung und den weiterhin alles überschattenden gesellschaftlichen Reglementierungen, Traditionen und Ideologien der Vergangenheit zerrissen ist. Hinter den Fassaden des Wirtschaftswunders zeichnen die jungen Regisseure völlig andere Gesellschaftsbilder als die Konjunkturstatistiken und sogenannten Reformfilme der Machthaber. Mit bedrückenden Perspektiven aus dem Alltag der ›kleinen Leute‹ bringen sie ohne jegliche Schönfärberei oder filmische Stilisierung das desillusionierte Lebensgefühl der meisten Menschen in der urbanen Metropole Peking zum Ausdruck. Doch gerade die Darstellung der Kehrseiten der Modernisierrung und der Einblick in den Alltag mit all seinen schäbigen Nichtigkeiten, in der die meisten Menschen die verborgen gehaltenen unangenehmen Seiten ihres eigenen Lebens wiedererkennen, hat den jungen Regisseuren den Haß der Behörden eingebracht, die nach wie vor keimfreie Gesellschaftsbilder und strahlende Heldenfiguren im Film fordern. Dabei erinnert ihr Stil des urbanen Realismus, der teilweise dokumentarisch ist, sich in anderen Sequenzen aber auch zu allegorischen, teilweise surrealistischen Visionen hinreißen läßt, mit seinen schonungslosen, mit Laiendarstellern wirkungsvoll umgesetzten Bildern an den italienischen Neorealismus der vierziger Jahre und die düsteren Leinwandvisionen des Film Noir.

Urbaner Realismus: die Sechste Generation 225

Mama
(mama, 1990, R: Zhang Yuan)

Zhang Yuan

Der international bekannteste unter den jungen Regisseuren Zhang Yuan (geb. 1963) etwa, der im Jahre 1989 die Kameraklasse der Pekinger Filmakademie abgeschlossen hat, dokumentiert in seinen beiden ersten Spielfilmen *Mama* (*mama*, 1990) und *Peking Bastard* (*Beijing zazhong*, 1993) eindrucksvoll die Entwicklungen der chinesischen Gesellschaft nach der Niederschlagung der Demokratiebewegung auf dem Pekinger Tiananmen Platz im Jahre 1989. Zugleich zeichnet er ein düsteres Bild vom Schicksal der Randgruppen innerhalb des unverändert antagonistischen Systems. Dieses läßt keinen Platz für Außenseiter irgendwelcher Art. Statt dessen bringt es als Kehrseite des wirtschaftlichen Wachstums soziale Kälte und eine zunehmend brutale Selektion hervor. In *Mama* erzählt er in einer – immer wieder von dokumentarischen Aufnahmen und authentischen Interviews unterbrochenen – Spielhandlung vom Leben behinderter Kinder und ihrer Familien. Diese werden gemeinsam an den Rand der Gesellschaft gedrängt. Sie scheitern ausnahmslos an traditionellen Maßstäben, nach denen Außenseiter öffentlich verspottet und ihrer Grundrechte beraubt werden.

So ergibt sich ein allegorisch lesbares Porträt einer Gesellschaft, die vom Einheitsschema abweichenden Persönlichkeiten – seien es Behinderte oder

Künstler – keinen Raum bietet und sie zur Perspektivenlosigkeit verdammt. Dieser Eindruck wird durch die reale Brutalität zusätzlich unterstrichen, die die Staatsgewalt auf dem Tiananmen Platz wenige Monate vor Beginn der Dreharbeiten demonstriert hat. Zhang Yuan selbst kommentiert: »Ich denke, daß dies Familien ohne Hoffnung sind. Dies sind Geschichten ohne Hoffnung.« (in: Eder, K. und D. Rossell (Hg.): *New Chinese Cinema*. S.124ff) Die unprätentiöse Inszenierung mit ihrem illusionslosen Ausgang stellt einen krassen Widerspruch zu Xie Jins zuschauerwirksamem, reflexionsfeindlichem Melodram *Morgenstern* (1991) zum selben Thema dar. Die unaufbrechbare Eindimensionalität der Gesellschaftsstrukturen in China, unter denen die Menschen zu Marionetten der Herrschaft erzogen werden, wird in Zhang Yuans Film eindringlich geschildert. Das weckt die Erinnerung an Chen Kaiges fünf Jahre vor *Mama* entstandenes Werk *Die große Militärparade*.

Angesichts der in seinen Filmen schonungslos realistischen Gesellschaftsbilder ist es kaum verwunderlich, daß Zhang Yuan zu den ersten gehörte, die im Frühjahr 1994 in einer neuerlichen Offensive der Regierung gegen die Künstler mit Aufführungs- und Berufsverboten belegt wurden. Kurz zuvor hatte er mit *Der Platz* (*guangchang*, gemeinsam mit dem Dokumentarfilmer Duan Jinchuan, geb. 1962) ein weiteres Werk gedreht. Darin präsentiert er dem Publikum von verschlüsselten politischen Implikaten durchsetzte Momentaufnahmen vom Pekinger Tiananmen Platz. Dokumentation und Fiktion verschwimmen in diesen Bildern vollständig miteinander, hinter der vordergründigen alltäglichen Normalität treten die Mißstände des Systems hervor. Die Wahl des an historischen Jahrestagen reichen Frühjahrs 1994 für die Dreharbeiten erhöht die politische Brisanz der Bilder aus dem chinesischen Zentrum der Macht, das zum Synonym für die brutale Niederschlagung der Demokratiebewegung von 1989 avanciert. Während in diesem Film die kommunistischen Parolen, von Schulkindern mechanisch herausgeschrien, offen der Lächerlichkeit preisgegeben werden, gerät die von jedem einzelnen Zuschauer für sich selbst zu beantwortende Frage: »Ältere Brüder, habt ihr das nicht vermißt?« zu einer plakativen politischen Äußerung, wenn sie von Kindern gestellt wird, die im Schatten der unübersehbaren Militärpräsenz fröhlich auf dem Platz spielen. In diesem Film wird der Zuschauer zum Nachdenken über Geschichte und Gegenwart aufgefordert und ein deutlicher Abgesang auf das Unterdrückungssystem formuliert. Ein Jahr später drehte Zhang Yuan trotz Berufsverbots den Film *Söhne* (*erzi*, 1995). Dieser handelt vom Zerfall einer Familie im heutigen Peking angesichts zunehmender sozialer Probleme. Zhang Yuan zeichnet das jahrhundertelang hochgehaltene Ideal der harmonischen Familienstrukturen, die nicht einmal Maos Massenkultur nachhaltig hat zerstören können, aber dann doch Opfer der Modernisierungspolitik werden. Damit stellt er das gesamte System in Frage, das sich einerseits auf die sozialen Werte des Konfuzianismus beruft, andererseits aber deren Zerfall in nie dagewesener Qualität zuläßt, wie dieser Film eindrucksvoll schildert. Seinen jüngsten Film *Ost-Palais, West-Palais* (*donggong, xigong*, 1996) konnte Zhang Yuan angesichts der parallel zu seinem internationalen Ruhm wachsenden Verfolgung in China nur noch im Ausland fertigstellen.

He Jianjun

Ähnlich schaut das Bild des modernen Chinas aus, das der ehemalige Regieassistent Chen Kaiges und Zhang Yimous He Jianjun (geb. 1960) in seinem Debütwerk *Rote Perlen* (*xuanlian*, 1993) zeichnet. In apokalyptischen Schwarz-Weiß-Bildern erzählt er die Geschichte eines Tagtraums, den der Protagonist Jingsheng erlebt, während er in einem Restaurant auf seine Freundin wartet. Sein Traum führt ihn in eine psychiatrische Klinik, die offensichtlich als Allegorie der modernen Gesellschaft gedacht ist. Dort werden die noch nicht stromlinienförmig angepaßten Menschen in Einsamkeit, Verzweiflung und Hoffnungslosigkeit getrieben und gleichzeitig mit Zwangsmaßnahmen sozialisiert und diszipliniert. Hier ist es die – geträumte – Figur der gerade dreiundzwanzigjährigen Liyun, die sich verzweifelt gegen die erzwungene Gleich- und Ausschaltung ihrer Persönlichkeit in der Klinik anstemmt. Eine solche Maßnahme soll schließlich durch eine erzwungene Gehirnoperation gewaltsam durchgesetzt werden.

In seinem zweiten Film *Der Postmann* (*youchai*, 1995) eröffnet He Jianjun dem Publikum noch tiefere Perspektiven auf dieses Thema. Erzählt wird die Geschichte eines Briefträgers, der über Jahre hinweg ihm anvertraute Post öffnet und dadurch den Menschen auch einen letzten Rest Privatsphäre und Individualität raubt, die ihnen die Gesellschaft noch gelassen hat. Opfer sind u.a. eine Prostituierte, ein Selbstmörder und ein Homosexueller – Randgruppen, die es in China offiziell überhaupt nicht geben darf. Indem He Jianjun deren Charaktere aber einfühlsam individuell zeichnet, verdeutlicht er gleichzeitig, daß sie – und mit ihnen alle Außenseiter, zu denen in China auch die Künstler zählen – diese Individualität in einer nach Einförmigkeit strebenden, jeden Abweichler hingegen brutal aussondernden Gesellschaft niemals werden entfalten können.

Wang Xiaoshuai

Auch der 1966 geborene Wang Xiaoshuai, Drehbuchautor von Zhang Yuans *Mama*, übt in seinem 1993 fertiggestellten Regiedebüt *Wintertage, Frühlingstage (dongchun de rizi)* in einer fiktiven Handlung heftige Kritik an der modernen, in sich zerrissenen Gesellschaft. Dabei geht er noch über He Jianjuns Anklagen hinaus und stellt das bereits degenerierte Individuum in den Mittelpunkt seiner Aussage. Anders als in den Filmen seiner Mitstreiter lehnen sich die Protagonisten in Wang Xiaoshuais Film nicht einmal mehr gegen ihr Schicksal auf. Vielmehr haben sie mit der Kraft zur Auflehnung gegen die Gesellschaft, die sie unterdrückt, auch jegliche Hoffnung auf eine

Wintertage, Frühlingstage
(dongchun de rizi, 1993, R: Wang Xiaoshuai)

bessere Zukunft verloren. Erzählt wird die Geschichte eines sich fremd gewordenen Künstlerpaars, dessen Leben aus der Bahn geraten ist. Nur noch vor sich hin vegetierend und ohne ihren einstigen künstlerischen Elan wie die Leidenschaft im Umgang miteinander leben sie nebeneinander her. Auch eine gemeinsame Reise in das Heimatdorf, von der sie nur bruchstückhafte Erinnerungen an die Kindheit, keinesfalls aber Zukunftsperspektiven gewinnen, ändert nichts an ihrem resignierten Dasein. Schließlich wagt einer der beiden den Ausbruch und entschließt sich, nach Amerika auszuwandern. Damit bietet er dem Zuschauer eine, allerdings sehr vage Hoffnung, die sich zudem nur außerhalb der geistigen und räumlichen Grenzen Chinas konkretisieren läßt. Daher erscheint sie bezüglich der gegenwärtigen Realität noch illusionsloser als in allen bisherigen Filmwerken über das moderne China.

Nicht besser ergeht es dem Protagonisten in Wang Xaoshuais zweitem Film *Das große Spiel* (*da youxi*, 1994). Dieser – auch er ein Künstler – erhofft sich die Aufmerksamkeit, die die Gesellschaft ihm verweigert, von einem spektakulären Selbstmordversuch. Auch er kann seine Lebensträume und seine Fähigkeiten, von einer starren Gesellschaft gegängelt, nicht verwirklichen. Damit steht er zugleich stellvertretend für diese junge Generation von Filmkünstlern, die ähnlich verzweifelt um ihre Existenz und um die Möglichkeit zu kämpfen haben, sich in der Gesellschaft künstlerisch Ausdruck zu verschaffen.

Ning Ying

Die Regisseurin Ning Ying (geb. 1959) hatte ihre Ausbildung bereits 1978 an der Pekinger Filmakademie begonnen. Danach lebte sie einige Jahre in Italien, bevor sie ihre Karriere in China als Regieassistentin bei Bernardo Bertoluccis Produktion *Der letzte Kaiser* (1987) begann. Seitdem erregte sie mit drei eigenen Werken die Aufmerksamkeit des Publikums. Diese neigen formal und thematisch dem urbanen Realismus ihrer Kollegen aus der Sechsten Generation zu. Angesichts der in ihnen zum Ausdruck gebrachten schwachen Kritik, die das System an keiner Stelle in Frage stellt, konnten sie alle unter legalen Bedingungen entstehen. Dabei reichen sie allerdings an keiner Stelle an die soziopolitische Aussagekraft der ›schwarzen Filme‹ von Ning Yings Berufskollegen heran. Dies sind die Werke *Jemand liebt mich* (*youren pianpian aishang wo*, 1990), *Zum Spaß* (*zhao le*, 1993) und *Auf Streife* (*mingjing gushi*, 1995).

Debütfilme

Eindrucksvoll sind außerdem einige Regiedebüts junger Kollegen; darunter Guan Hus (geb. 1968) Film *Schmutz* (*toufa luanle*, 1995) über das perspektivenlose Leben einer ihrer Werte beraubten jungen Generation, Zhang Mings *Regenwolken über Wushan* (*wushan yunyu*, 1995) über die Monotonie des Alltagslebens in einem kleinen Dorf am Yangzi-Strom, sowie eine erste Regiearbeit des Schauspielers Jiang Wen, der durch seine Rolle des Yu in Zhang Yimous Film *Das rote Kornfeld* (1987) zu weltweitem Ruhm gelangt ist. Sein Film *In der Hitze der Sonne* (*yangguang canlan de rizi*, 1995) ist die Verfilmung eines Romans des populären Schriftstellers Wang Shuo. Diese unterscheidet sich durch ihre Thematik deutlich von den Stadtfilmen. Jiang Wen zeichnet das Leben der einfachen Menschen während der Kulturrevolution nach. Er verzichtet auf plakative Bilder spektakulärer Zerstörungen und rückt an deren Stelle die privaten Lebensgeschichten einer Gruppe Jugendlicher in den Mittelpunkt der Handlung. Deren Anführer Monkey läßt die Erinnerung an Sun Wukong, den – fast – unbesiegbaren Affen aus Wu Chengens Roman *Die Reise nach dem Westen* lebendig werden. Darüber hinaus verweist er auf die Lebensgeschichte des Regisseurs und die seiner Generation. Trotz aller Prüfungen, die ihnen schon als Kinder durch die Geschichte auferlegt werden, richten sie ihr Leben so gut wie möglich in ihrer rauhen Epoche ein und erleben dabei so etwas wie eine normale Kindheit. Damit mag dieser Film auch als Mahnung an die junge Generation gelten, ihren individuellen Weg in der heutigen Gesellschaft unabhängig von ideologischen Parolen, überkommenen Dogmen und Versprechungen von einer strahlenden Zukunft zu suchen. Tatsächlich bieten ihnen die politisch erstarrten alten Männer an den Schalthebeln der Macht in Peking zur Zeit nämlich genauso wenig Perspektiven wie es deren Vorgänger in Zeiten von Maos Kampagnenpolitik vermocht hatten.

Perspektiven

Angesichts der gewaltigen gesellschaftlichen Widersprüche, die sich etwa in Form von zunehmenden sozialen Konflikten und kultureller Entfremdung wahrscheinlich bald noch erheblich zuspitzen werden, werden auch in näherer Zukunft die Probleme der jüngsten Vergangenheit und der Gegenwart das Kino der jungen Filmemacher in China prägen. Die von den unabhängigen Regisseuren der Sechsten Generation auf die Leinwand gebannte aus den Fugen geratene urbane Gesellschaft der neunziger Jahre ist vielleicht das zentrale Thema für den Beginn einer neuen Ära der chinesischen Filmkunst. Diese Filmavantgardisten sind unübersehbar von Tiananmen und der zwischen Tradition und rücksichtsloser Modernisierung gespaltenen Gesellschaft geprägt, in der sie aufgewachsen sind. Ihr Bild der Gesellschaft und dessen filmische Umsetzung entspricht genauso wie das der Fünften Generation weder den Sehgewohnheiten eines Massenpublikums, noch bedient es das von Partei und Regierung propagierte Weltbild.

Damit unterscheiden sie sich deutlich von den schönfärberischen Melodramen der Vierten Generation, die die Dogmen und Riten der Kommunisten letztlich nicht in Frage stellen. Allerdings werden es diese jungen Filmemacher in der näheren Zukunft schwer haben, sich auf dem chinesischen Markt und gegen die Zensoren und die Behinderungen der Machthaber zu behaupten. Perspektiven kann vielleicht eine 1995 von dem bekannten Regisseur aus der Fünften Generation Tian Zhuangzhuang in Peking ins Leben gerufene Produktionsgesellschaft eröffnen, mit der Tian die jungen Regisseure unterstützen will. Der selbst erst 1995 mit einem Arbeitsverbot belegte Regisseur will den jungen Künstlern helfen, ihre künstlerische und geistige Unabhängigkeit zu bewahren. Gleichzeitig sollen sie wieder in die Legalität zurückgeholt werden. Wenn sie nicht bereit sind, ins Ausland abzuwandern, finden sie nur dort die finanziellen und technischen Voraussetzungen, um langfristig auch größere und einen breiteren Publikumskreis im In- und Ausland ansprechende Produktionen verwirklichen zu können. Ihnen ist es auferlegt, neue Themen und Darstellungsweisen zu etablieren, um den von ihren Kollegen aus der Fünften Generation zehn Jahre zuvor begründeten Ruf ihres Filmlandes als Teil des Weltkinos zu untermauern. Formal können sie dabei aus einem großen Fundus importierter filmtheoretischer Modelle und eigener Kunsttraditionen schöpfen. Themen eröffnen sich sowohl in den ungelösten Problemen der Gegenwart wie auch in der sagenmwobenen, mythengeschwängerten Vergangenheit des Reichs der Mitte.

V. Chinesisches Kino in Taiwan und Hongkong

1. Das Kino Taiwans

Die Technik der Photographie fand erst im Jahre 1858, nach der Verabschiedung der Verträge von Tianjin, Eingang in die vor der südostchinesischen Küste gelegenen Insel Taiwan. Damals wurden die Häfen der vom Zivilisationsprozeß noch nahezu unberührt gebliebenen chinesischen Insel für den auswärtigen Handel geöffnet und damit der Grundstein für deren rasche Entwicklung gelegt. Nach der wirtschaftlichen Öffnung Taiwans, die zusehends auch fremde Techniken und neue Ideen in das kleine Land brachte, wurde im auslaufenden 19. Jahrhundert auch dort der Weg für die Etablierung des Filmmediums geebnet.

Im Schatten Japans

Nach der Abtretung Taiwans an Japan im Jahre 1895 verhinderten die neuen Herren über die Insel, die diese gegenüber westlichen Einflüssen und einer weiteren Industrialisierung abschotteten, den Heranbruch des Kino-Zeitalters bis ins Jahr 1901. Sie bauten das vor der Südostküste Chinas militärstrategisch günstig gelegene Taiwan zu einem bedeutenden Stützpunkt aus und etablierten den Film schließlich selbst als Waffe auf ihrem Eroberungszug durch die fernöstliche Welt. Als früheste Filmvorführung in Taiwan gilt die Projektion von Reihenphotographien durch den japanischen Kameramann Takamatsu Toyojiro am 17. November 1901 auf eine Leinwand im Hsi-men-ting Vergnügungsviertel in Taipei. Schon bald darauf wurden erste Lichtspielhäuser errichtet. Dort präsentierte man dem Publikum vorwiegend Kriegsdokumentationen japanischer Herkunft und Filme über die ›guten Beziehungen der Völker zueinander‹. Von Aktivitäten der sich in Ostasien engagierenden französischen und amerikanischen Filmpioniere auf der okkupierten Insel ist hingegen aus jener Zeit nichts bekannt geworden.

Statt dessen wurde das Filmwesen auf der Insel bis in die vierziger Jahre konkurrenzlos durch die japanische Kriegspropaganda beherrscht. Dieser kann weder ein künstlerischer Wert beigemessen werden, noch können deren Werke überhaupt einer taiwanesischen Filmgeschichte zugeordnet werden. Denn die Produzenten und Regisseure dieser Filme waren Japaner, und den Werken lagen ausnahmslos japanische Themen zugrunde. Doch auch Werke taiwanesischer Regisseure, von denen einige unter strenger Überwachung durch die Kolonialherren produziert wurden, haben sich in keinem Punkt über ihre bloße Propagandafunktion im Dienst der japanischen Besatzer erhoben. Dazu zählen Li Songfens und Zheng Chaorens *Mitleidloser Himmel* (*laotian wuqing*, 1925) oder *Blutige Spur* (*xueben*, 1929) von Zhang Yunhe. Diese und viele weitere Werke dieser Epoche setzten allesamt die japanischen Vorgaben auf primitivste Weise filmisch um. Ein Gegenkino oder eine freie künstlerische Tätigkeit der taiwanesischen und chinesischen Künstler wurde hingegen bereits im Keim erstickt.

Das Propagandakino Chiang Kaisheks

Die Geschichte des taiwanesischen Films begann nach der Kapitulation Japans im Asien-Pazifik-Krieg im Jahre 1945 praktisch von neuem. Damals wurde ein japanisches Studio für Nachrichten- und Propagandafilme von chinesischen Anhängern der Truppen Chiang Kaisheks übernommen. Aus den vorhandenen Einrichtungen und dem spärlich vorgefundenen Equipment entstand das Taiwan-Filmstudio. In der Zeit des Bürgerkriegs und während der ersten Jahre nach der kommunistischen Machtübernahme auf dem Festland wurden die Insel und dieses Studio, das heute unter dem Namen ›Taiwanesische Filmgesellschaft‹ weiterexistiert, zur Zufluchtstätte für eine große Anzahl Filmemacher chinesischer Herkunft. Einige von ihnen waren zuvor in Shanghai als freie Produzenten und Regisseure aufgetreten. Der Großteil von ihnen hatte hingegen im Kriegs-Hauptquartier von Chiang Kaisheks Regierung, der Stadt Chongqing am Oberlauf des Yangzi-Stroms, als Dokumentarfilmer in Diensten von dessen Propagandaapparat gestanden. Daher waren diese Künstler dem neuen Herrscher über Taiwan nicht nur politisch sondern auch persönlich eng verbunden.

In der Republik China auf Taiwan hatte sich das Filmwesen in den fünfziger Jahren vollständig der Politik und Propaganda unterzuordnen. Mit dem Taiwan Provincial Department of Information, dem heutigen Government Information Service, wurde eine Instanz geschaffen, die die Umsetzung der ideologischen Vorgaben in dem Medium nicht minder restriktiv überwachte als das Pekinger Filmbüro in der Volksrepublik China. Eine politische Opposition über den Film wurde damit von Beginn an ausgeschlossen. Doch auch eine freie taiwanesische Filmkunst, über die die alteingesessene

Bevölkerung sich hätte zu Wort melden können oder über die Probleme der ins Exil gezwungenen Chinesen thematisierbar geworden wären, kam nicht zustande. Erst nach der Vertreibung vom Festland hatten die nationalistischen Machthaber in breiterem Umfang das Filmmedium als Waffe im Kampf der Ideologien entdeckt. Sie gestalteten es in den fünfziger Jahren zu einem bloßen Propagandainstrument gegen die Feinde unter Mao Zedong. Dabei stand das taiwanesische Kino in der Plattheit seines didaktischen Vermittlungsanspruchs bezüglich ideologischer Aussagen dem kommunistischen Kino in nichts nach. Man brachte eine gleichförmige filmische Massenware auf die Leinwände, mit der man als einziges Ziel die Verbreitung antikommunistischer Propaganda und des großchinesischen Traums im Auge hatte: die baldige Rückeroberung des chinesischen Festlands aus der kommunistischen Herrschaft. Tatsächlich bedrohten allerdings Maos Soldaten mit ihren ›Befreiungsplänen‹ inzwischen längst auch diese letzte Enklave von Chiang Kaisheks ehemals so riesigem Herrschaftsbereich.

Die Themen der staatlichen taiwanesischen Filmproduktion reduzierten sich in den fünfziger Jahren auf die Genres des traditionellen Ritterfilms und des gegenwartsbezogenen melodramatischen Liebesfilms. Dazu kamen antikommunistische Dokumentations- und Propagandastreifen. Allesamt überboten sie sich in der Darstellung traditionell konfuzianischer Hierarchien und der Verbreitung moralischer Werte, auf die sich die Regierung jetzt verstärkt berief – sozusagen als Gegenpol zur kommunistischen Staatsdoktrin im Nachbarland. Die Furcht vor einem Überschwappen der Revolution auf die Insel war bei den Machthabern wie der Bevölkerung allgegenwärtig. Den Ritterfilmen lag ein antagonistisches Gut-Böse-Schema nach moralethischen Kriterien zugrunde. Die dem Zuschauer als Räuber, Verräter und Staatsfeinde präsentierten Bösen, die den Frieden fiktiver oder tatsächlicher früherer chinesischer Gesellschaften bedrohten, stellten in vielen hundert Filmen zugleich auch immer personifizierte Metaphern für das benachbarte kommunistische ›Reich des Bösen‹ dar. Man kann sich leicht ausmalen, wen die Zuschauer auf die heroischen Helden projizieren sollten, die am Ende – exakt nach der Tradition der in den Groschenromanen fortlebenden Geschichtenerzählung – Frieden, Gerechtigkeit und die traditionell angestrebte Harmonie durch selbstlosen Einsatz wie unter strenger Einhaltung der konfuzianischen Moralkodizes wiederherstellten. Über derartige Heldengeschichten mit hohem Identifikationsgehalt und durch die Indoktrination traditioneller – und damit antikommunistischer – Werte, versuchten die nationalistischen Machthaber, ihren Herrschaftsanspruch über das gesamte China zu legitimieren. Gleichzeitig ermöglichten sie dem einheimischen Publikum damit die Flucht aus der desillusionierenden sozialen und politischen Realität und dem eigenen Exil-Alltag auf der Insel. Die den Zuschauern über die Leinwände nahegebrachten virtuellen Gesellschaftsbilder trugen dazu bei, das zerstörte nationale Selbstbewußtsein allmählich wieder aufzurichten und auf neue, zukunftsorientierte Ziele zu lenken. Filme wie Xu Xinfus *Duftende Blüte in der*

Truppe (*junzhong fangcao*, 1952), Hu Jies *Ein bewundernswertes Mädchen in den Flammen des Krieges* (*fenghuo liren*, 1953) oder Xiong Guangs *Flucht* (*ben*, 1955) erfüllten in dieser Hinsicht die ihnen zugedachte Funktion beim Publikum. Filmhistorisch und insbesondere filmästhetisch sind sie hingegen von nur geringem Wert.

Auf der anderen Seite versuchten die melodramatischen Liebesfilme sehr direkt, den Blick für die Zukunft zu öffnen und die sich allgemein breitmachende Depression zu durchbrechen. An ihre Stelle sollte die Teilnahme am Prozeß des nationalen Aufbaus treten. Mit Filmen dieses Genres wollten die Kulturfunktionäre unmittelbaren Einfluß auf das Verhalten der Menschen nehmen und sie über die Filmhandlungen zum persönlichen Einsatz bei der Errichtung von Chiang Kaisheks Staat motivieren. Die meisten Filme setzten sich aus einer Mischung zunächst unglücklich verlaufender Liebeshandlungen mit Erfolgsgeschichten aus dem Berufsleben zusammen. Dabei führte nach einem in wenigen Variationen immer wieder benutzten Handlungsschema der wirtschaftliche Erfolg des zumeist jugendlichen Liebhabers in Verbindung mit seiner damit errungenen gesellschaftlichen Anerkennung am Ende schließlich jeweils auch zum gewünschten Erfolg bei der von ihm begehrten weiblichen Schönheit. Ein deutlicher Appell zur Teilnahme am wirtschaftlichen Aufbau durch private Eigeninitiative, der dann in der Realität bekannterweise auch eindrucksvoll gelungen ist. Für die Filme dieses Genres stehen Produktionen wie Chen Wenrongs *Wertvoller Ehemann* (*qianjin zhangfu*, 1954), Xu Xinfus *Auf Abwegen* (*qilu*, 1955) oder Zong Yous *Glänzende Aussichten* (*jinxiu qianchen*, 1956), deren Titel bereits viel über ihre simple Handlungsstruktur und die in ihnen vermittelten Werte verraten.

Alles in allem konnten die taiwanesischen Filmproduktionen dieser beiden Genres in den fünfziger Jahren kaum die gewünschte Publikumswirkung erzielen. Sie verstehen sich als unmittelbare Gegenpropaganda zu den Gattungen des Revolutionsfilms bzw. des Gegenwartfilms über den kommunistischen Aufbau, von denen damals auf dem chinesischen Festland hunderte hergestellt wurden. Die Filmschaffenden in Taiwan haben es damals nicht vermocht, den Film als noch immer junge, im traditionellen Kunstspektrum nicht etablierte Kunst auf der Insel gesellschaftlich breit zu verankern. Genauso wenig gelang es, einen völlig neugestalteten Film als Gegenkunst zu etablieren, die gegenüber traditionellen Formen konkurrenzfähig gewesen wäre.

In den sechziger Jahren machte die wirtschaftliche Entwicklung Taiwans unübersehbare Fortschritte, über die sich die Identität der Republik China zusehends definierte. Da war es dann auch nicht das Genre des Kunstfilms, das dem taiwanesischen Kino zu einem relativen Boom verhalf. Vielmehr trat der kommerzielle Unterhaltungsfilm in den Vordergrund. Dieser hatte allerdings weiterhin auch politische Aufgaben zu erfüllen und blieb ein Instrument von Chiang Kaisheks Staatspolitik. Unter dem Begriff der ›positiven Beeinflussung‹ insistierte die Regierung auf die Beibehaltung des moralischen Gut-Böse-Schemas konfuzianischer Weltanschauung und reagierte überdies äußerst sensibel auf jegliche auch nur im entferntesten als pro-kommunistisch auslegbare Äußerung in der Kunst. Bei den meisten Filmen der sechziger Jahre, die diesem ideologischen und wirtschaftlichen Anspruch nachkamen, handelte es sich nach wie vor um Ritterfilme und Liebesdramen sowie in zunehmender Zahl auch um traditionelle Opernverfilmungen und Action- bzw. Kriminalfilme aus dem Milieu der sich modernisierenden Städte.

Bei allen Filmen dieser Periode spielte die Identifikationswirkung auf den Zuschauer eine erhebliche Rolle. Besonders die Verfilmungen von Themen aus dem Krieg boten reichlich Platz für die Pflege des nationalen und kulturellen Selbstbewußtseins, das nach dem erzwungenen Ausscheiden Taiwans aus der UNO im Jahre 1972 an seinem Tiefpunkt angelangt war. Diese Filme setzten auf das emotionale Miterleben ihrer Handlung durch das Publikum. Indem sie sich in die realitätsfremden Leinwandgeschehnisse hineinversetzten, sollten den Zuschauern die persönlichen Zukunftshoffnungen suggeriert werden, die ihnen die Realität jener Jahre nicht zu bieten imstande war. Mit zusehends kommerziell orientierten, politisch und moralisch didaktischen Filmen wurde das wirtschaftlich aufstrebende Taiwan zum zwischenzeitlich umsatzträchtigsten Filmland Asiens. Das lag nicht zuletzt daran, daß die polarisierenden Aussagen und simplen Darstellungsformen seiner Filme den Sehgewohnheiten und Lebensanschauungen wie einem zunehmenden Freizeitbedürfnis in ganz Ost- und Südostasien entgegen kamen. Unter der Masse nachlässig hergestellter Billigproduktionen konnten damals immerhin schon einige hochwertige Einzelwerke auch filmästhetisch höhere Maßstäbe setzen. Darunter finden sich Filme wie Li Hanxiangs Neuverfilmung des bereits 1953 in Shanghai erfolgreich verfilmten Yue-Dramas *Liang Shanbo und Zhu Yingtai* (*Liang Shanbo yu Zhu Yingtai*, 1963) oder *Die Herberge am Drachentor* (*longmen kezhan*, 1966) des populären, aus Hongkong stammenden, Regisseurs King Hu (Hu Jinquan). Das machte Hoffnung für eine auch künstlerisch ansprechendere Entwicklung des Filmwesens in der Republik China auf Taiwan. Inhaltlich und thematisch bot sich den Filmemachern zu jenem Zeitpunkt allerdings, bedrängt von der restriktiven Zensur des autoritären Regimes unter Chiang Kaishek, noch keine Möglichkeit einer Neuorientierung.

Die künstlerische und thematische Beschränkung wie kommerzielle Ausrichtung des Films führte in den späten sechziger Jahren schließlich zu einer Welle primitivster Low-Budget-Filme ohne nennenswerte inhaltliche oder formale Qualitäten. Selbst von der anspruchsvollen Unterhaltung, wie sie das Kino Hollywoods und die teilweise zumindest technisch brillianten Martial-Arts-Filme Hongkongs immer wieder hervorbrachten, war man abgesehen von wenigen um visuelle Gestaltung bemühten Einzelwerken schon bald wieder meilenweit entfernt. Während auf dem Gebiet der Literatur in den siebziger Jahren mit dem Genre des Heimatromans (xiangtu) und einer bodenständigen Lyrik erste künstlerische Erfolge verzeichnet werden konnten und über sie allmählich eine bis dahin unmögliche Auseinandersetzung mit der Vergangenheit und Gegenwart Taiwans und der überwiegend chinesischstämmigen Bevölkerung über die Kunst einsetzte, spielte sich im Filmwesen das Gegenteil ab. Hier wurden kritische und vergangenheitsbewältigende Themen vermieden. Statt dessen dominierten geistlose Melodramen als Wirtschaftsprodukt, oder fungierten schematische Kriegsfilme als staatspolitisches Propagandainstrument. Damit war die Filmproduktion Taiwans von der internationalen Entwicklung abgeschnitten. Die Möglichkeit einer Aufarbeitung von Vergangenheit und Gegenwart und eine Identitätsfindung der im taiwanesischen Exil entwurzelten Menschen über die Kunst sollten dem unter restriktiver politischer Kontrolle stehenden, nach schnellen Kassenerfolgen strebenden Film im Inselstaat noch lange Zeit verwehrt bleiben.

Das quittierten Mitte der siebziger Jahre die ausbleibenden Zuschauer, die man mit immer neuen primitiven Aufbereitungen alter Themen und Geschichten nicht mehr in die Kinosäle locken konnte. Damit hatte es die Filmindustrie Taiwans zunächst verpaßt, mit den inzwischen rasant verlaufenden gesellschaftlichen und ökonomischen Entwicklungen auf der Insel Schritt zu halten. Gleichzeitig erfreute sich in den Lichtspielhäusern der taiwanesischen Großstädte das Unterhaltungskino Hollywoods großer Beliebtheit. Dessen Produkte, die dem Publikum neben ansprechendem Unterhaltungskino zugleich virtuelle Bilder von dem westlichen ›Land der Träume‹ übermittelten, wurden von den amerikanischen Schutzherren in großer Menge ins Land gebracht. Durch sie verdeutlichte sich den Zuschauern die mangelnde Qualität einheimischer Produktionen zusätzlich.

Das neue Kino Taiwans

Erst in den achtziger Jahren setzte auch in Taiwan eine Neuorientierung in der Kunst- und Filmpolitik ein, durch die sich dem Film neue Perspektiven eröffneten. Vorausgegangen war eine Welle der Liberalisierung in den Bereichen Politik, Gesellschaft und Kultur nach dem Tod Chiang Kaisheks im Jahre 1974, der Machtübernahme seines Sohns Chiang Ching-kuo im Jahre 1978 und den Wahlerfolgen der Opposition bei den Lokalwahlen im Jahre 1981. Darüber hinaus entwickelte sich bei der jüngeren, von der Auseinandersetzung mit den Kommunisten unbelasteten Generation ein ausgeprägtes Bewußtsein für die nationale und persönliche Existenz der Menschen. Die politischen Veränderungen in den achtziger Jahren hatten erst den Blick auf die – in der Realität kaum noch leugbare – taiwanesische Identität wie Mängel und Probleme der lange Zeit nicht hinterfragbaren, stets im Schatten der Rückeroberungspläne stehenden kulturellen Entwicklung Taiwans geschärft. Erst das allmähliche Abrücken vom großchinesischen Traum, das 1987 zur Aufhebung des Kriegsrechts führte, sowie die weitgreifende Demokratisierung Taiwans in den achtziger Jahren, die im Abrücken vom autoritären Herrschaftssystem der Guomindang-Partei nach dem Tode Chiang Chingkuos im Jahre 1988 ihren Höhepunkt erlebte, hatten eine junge Avantgarde in der Kunst möglich gemacht. Diese betrachtete die Insel nicht mehr lediglich als vorübergehende Zufluchtstätte vor der Rückeroberung Gesamtchinas. Vielmehr richteten die jungen Künstler, denen das chinesische Mutterland fremd geblieben war, ihren Blick in die eigene – taiwanesische – Gegenwart und Zukunft. Damit folgten sie thematisch ihren Künstlerkollegen aus dem Bereich der Heimatliteratur. Nach deren Vorbild legten sie in ihrem Medium den Grundstein für das Bewußtwerden einer ›taiwanesischen‹ Identität sowohl für die alteingesessenen Einwohner wie auch für die Exilchinesen.

Die Akteure des im Jahre 1982 erstmals an die Öffentlichkeit getretenen Kunstkinos in der Republik China befassen sich seitdem auf kritische Weise mit der Geschichte und Gegenwart der taiwanesischen Gesellschaft. Dabei entwickelten einige von ihnen neue ästhetische Konzepte wie persönliche künstlerische Handschriften und begründeten erstmals eine diesem Namen gerecht werdende taiwanesische Filmkultur. Dies geschah zeitlich parallel zur Entwicklung des kunstorientierten Kinos auf dem chinesischen Festland, dessen neue filmästhetischen Modelle den jungen taiwanesischen Regisseuren Pate standen. In den achtziger Jahren konnte die unabhängige taiwanesische Filmkunst mit einfühlsamen und ausgeprochen individuell gestalteten Werken ästhetisch wie auch von ihrer Aussagekraft her Weltniveau erreichen. So kann das Kunstkino Taiwans sich bis heute in der internationalen Kritik behaupten, ohne dabei allerdings ein breiteres einheimisches Publikum anzusprechen.

Gleichzeitig hat das neue Kino in den meisten seiner Werke aber die bereits unter Chiang Kaishek propagierten traditionellen Werte der konfuzianischen Weltanschauung übernommen. Dies zeigt sich insbesondere in ihrer nostalgischen Verklärung der Sozialutopien von einem wohlgeordneten ländlichen Staatsgebilde, wie sie bereits von dem bedeutenden konfuzianischen Philosophen Menzius (Mengzi, 372–289 v.Chr.) in seinen Ausführungen zum ›Brunnenfeldsystem‹ (vgl. Legge, 1960. Bd.2, S.243ff.) beschrieben worden waren. Während das alte Wertesystem damals im Hinblick auf den verhaßten Kommunismus politisch funktionalisiert und weitgehend auf die Bedeutung einer Gegenkultur reduziert worden war, fand es nun insbesondere im Hinblick auf die jüngere Geschichte und den gegenwärtigen Entwicklungsstand der taiwanesischen Gesellschaft in sozialer wie geistesgeschichtlicher Hinsicht eine wohldurchdachte Renaissance. Die Spannungen zwischen chinesischer Vergangenheit und einer langjährigen eigenständigen, eher dem Westen zuneigenden Entwicklung machten eine künstlerische Auseinandersetzung notwendig. Dasselbe galt für den Modernisierungsprozeß, der in den Metropolen der Insel und deren ohnehin begrenztem Hinterland in sozialer, kultureller und geistesgeschichtlicher Hinsicht nicht nur positive Folgen hinterlassen hatte.

Die Kunst wandte ihren Blick ab von der Trauer um vergangene Größe, den Konflikten mit der kommunistischen Volksrepublik China und dem erlittenen Verlust internationalen Renommees. An ihre Stelle trat die Auseinandersetzung mit der eigenen, über den Film und die anderen Künste erst noch zu definierenden Kultur und gesellschaftlichen Realität des im Alltag längst zu einem eigenen Staatsgebilde geformten Taiwan. Dazu kamen die Erfolge und Probleme seiner Entwicklung in den vergangenen Jahrzehnten. In diesem Zusammenhang spielten nicht mehr die großen ideologischen Themen die entscheidende Rolle. Statt dessen rückten die Filmemacher die sehr viel dringlicheren wie auch konkreteren sozialen und menschlichen Probleme in den Vordergrund. Über die persönlichen Schicksale eines jeden einzelnen im geteilten China, wo Familienbanden zerrissen worden und das vielfach erlittene Leid bisher nur in propagandistischen Parolen thematisierbar gewesen war, wurden dadurch aber auch aktuelle wie historische gesellschaftliche Zusammenhänge in nie dagewesener Intensität und Subtilität deutlich. Über sie allein ist auch das heutige Taiwan begreifbar.

Dabei richtete die Kunst ihren Blick neben der bloßen Vergangenheitsbewältigung allmählich auch auf die gegenwärtige Gesellschaft. Diese erweist sich als zerrissen zwischen der Modernisierung und westlich orientierten Kommerzialisierung auf der einen und den immer noch mächtigen Traditionen, den Grundlagen der kulturellen Identität, auf der anderen Seite. Soziale Probleme, wie das Gefälle zwischen Stadt und Land und die zunehmenden Konflikte innerhalb der urbanen Ballungsräume, die sich zu Schmelztiegeln aller gesellschaftlichen Extreme und Spiegeln der kulturellen Zerrissenheit entwickelt haben, nahmen parallel zur Zunahme ihrer politischen Brisanz immer stärkeren Einfluß auf die Kunst.

Die Stadt als Verdichtungsraum sozialer Auswüchse und Motor der ökonomischen Entwicklung wie des Modernisierungsprozesses wurde in den achtziger Jahren zum bevorzugten Hintergrund von immer mehr Filmen des neuen Kinos in Taiwan. Darin wird die in der Darstellung der historischen, kulturellen und sozialen Antagonismen propagierte Rückbesinnung auf tradierte Werte immer wieder als Zuflucht vor einer aus den Fugen geratenen Entwicklung verstanden; als ein virtueller Halt, der sich in der zusehends urbanisierten Realität dieser kleinen Insel allerdings als trügerisch erweist. Nichtsdestoweniger drückt sich darin unübersehbar der Wunsch nach einer Umkehrung von Tendenzen und Folgen der Modernisierung aus. Explizit manifestiert sich der beklagte Einfluß des Westens in der unreflektierten Entstehung urbaner Gebilde im Stil von dessen Zivilisation. Die Künstler entdeckten statt dessen die Idylle des naturnahen Dorfes mit seinen gesunden Gesellschaftsstrukturen als Manifestation urchinesischer Lebensprinzipien wieder, während sie andererseits die – importierte und schon aus diesem Grund suspekte – Großstadt westlicher Prägung verteufelten. Damit riefen sie alle jene tradierten Utopien von diesseitigen Paradiesen wieder hervor, die sich durch die lange chinesische Geistesgeschichte ziehen.

In der Filmkunst kam dem Individuum mit seinen unzähligen, schematisch nicht faßbaren persönlichen Facettierungen eine wachsende Bedeutung zu. Damit entsprachen die Charaktere der neuen Filme eher als die in Propagandawerken, Melodramen und Actionfilmen auf Typen reduzierten Figuren dem Bewußtsein der immer mehr pluralistisch angelegten Gesellschaft. Darüber hinaus bot ihre realistische Darstellung jedem einzelnen Zuschauer die Möglichkeit, sich in den Leinwandcharakteren wiederzuerkennen und seine Beziehungen zu Geschichte und gegenwärtiger Umwelt zu überdenken. Gleichzeitig versahen immer mehr Autorenfilmer ihre Werke vor dem Hintergrund eines gemeinsamen Erfahrungshorizontes wie daraus hervorgehender ähnlicher Intentionen mit persönlichen Handschriften. Sie befreiten den Film aus der Anonymität seiner industriellen Produktion wie seiner politischen Funktionalisierung.

Hou Hsiao-hsien

Der international bekannteste unter den kunstorientierten Filmemachern der jüngeren Generation ist der aus der südchinesischen Provinz Guangdong stammende Hou Hsiao-hsien (geb. 1947). Als Angehöriger der Hakka-Nationalität ist er in Taiwan aufgewachsen und war, wie alle Kollegen seiner Generation, Zeuge und unmittelbarer Betroffener der raschen Entwicklung seiner Heimat von bäuerlich geprägten Strukturen zu einer modernen Industriegesellschaft. Dabei ist es diese kollektive Erfahrung mit Vergangenheit und Gegenwart, die sich in den immer wieder in Szene gesetzten Gegensatzpaaren seiner Filme widerspiegelt: Land und Stadt, Tradition und Moderne, Vertrautheit und Entfremdung, Familie und Einsamkeit, Unschuld und Schuld, Gut und Böse, Träume und Desillusionierung. Dahinter wird immer wieder die konfuzianische Tradition von anzustrebender Harmonie und zu besiegender Unordnung deutlich: Yin und Yang der chinesischen Weltanschauung. Trotz der äußerst individuell gezeichneten Charaktere seiner Filme hat Hou Hsiao-hsien sich immer wieder exakt diejenigen Antagonismen angeeignet, die auch die allgemeine künstlerische und politische Auseinandersetzung Taiwans mit Vergangenheit und Gegenwart beherrschen.

Über die Glorifizierung des einen und die Verteufelung des anderen bedient Hou Hsiao-hsien inhaltlich wenig innovativ die nationalen Dichotomien, die der Wiedergewinnung kultureller Identität dienen sollen. Damit deckt sich sein Anliegen wie das vieler taiwanesischer Filmkünstler aus Hous Generation mit den Werken der – allerdings wesentlich älteren – Vierten Generation vom chinesischen Festland. Mit unterschiedlichen ideologischen Vorzeichen haben beide Gruppen den einzelnen Menschen wie die Gesellschaft konsequent auf ein moralisches Gut-Böse-Schema reduziert, um darüber eine traditionell harmonische Gesellschaft zu propagieren. Das entsprach genau der Politik ihrer jeweiligen Staatsführung gegenüber dem jeweils anderen China.

Zwar werden die Probleme in einer eindrucksvollen künstlerischen Umsetzung in all diesen Filmen bewußt gemacht, in denen auch die Menschen als Individuen in den Mittelpunkt zurückgeholt werden. Allerdings leiden die Filme unter der kaum verschlüsselten Darstellung der Menschen als unschuldige Leidtragende der historischen und gegenwärtigen Ereignisse. Gleichzeitig bieten die vorgestellten Lösungsmöglichkeiten der beklagten Fehlentwicklung mit ihrem Beharren auf Wertesystemen, die den gesellschaftlichen Realitäten zumeist krass widersprechen, keinerlei tatsächliche Perspektiven für die Zukunft. Denn gerade mit der kompromißlosen Propagierung von Traditionen in einer sich mehr und mehr westlich orientierenden Gesellschaft verschärft sich die Problematik der kulturellen Zerrissenheit, unter der die heutige Gesellschaft noch nicht in der Lage ist, Arrangements für die Zukunft zu treffen. Das immer wieder angebotene dichotomische Modell bietet dafür auf Dauer keine Lösung.

Im Jahre 1982 drehte Hou Hsiao-hsien ein Kapitel des Spielfilms *In unserer Zeit (guangyin de gushi)*. Ein Jahr später entstand nach einem Roman des Heimatdichters Huang Ch'un-ming (,Kasper für den Sohn‹. dt. in: Guo Hengyu (Hg.): *Der ewige Fluß*. 1986) gemeinsam mit den Regisseuren Zeng Zhuangxiang (geb. 1947) und Wan Ren (geb. 1950) der Film *Eine große Puppe für seinen Sohn* (*erzi de da wanou*, VT: *Der Plakatträger*). Darin stellen die drei Regisseure – jeder in einer eigenen Geschichte – das Alltagsleben der gesellschaftlichen Außenseiter und Opfer der Modernisierung an den Stadträndern Taipeis in subtilen, von ihrer Sympathie zu diesen Menschen geprägten Bildern dar. In der tragi-komischen Handlung geht es um einen Plakatträger, der traumwandlerisch und ohne Bezüge zur Realität durch den Moloch Taipei zieht und seine Familie mit seiner Arbeit nur mühsam ernähren kann. Außerdem tritt eine erfolglos um schnellen Reichtum bemühte Gruppe Jugendlicher und ein mittelloser Vater von sechs Kindern auf, der durch einen tragischen, zum Guten umschlagenden Unfall aus seinem Elend befreit wird.

Auch die weiteren Filme Hou Hsiao-hsiens sind den einfachen Menschen in Taiwan gewidmet, die nicht in der Lage sind, sich selbst durch wirtschaftliche oder gesellschaftliche Erfolge Gehör zu verschaffen. Vielmehr begegnen sie immer wieder als Opfer der rückhaltlosen Modernisierung und gesellschaftlichen Entfremdung. In der modernen Gesellschaft haben individuell geformte Persönlichkeiten wie die Filmfiguren mit ihren Marotten und Träumen keinen Platz mehr. Diese erhalten innerhalb ihrer zusehends entfremdeten Umgebung immer die konfuzianischen Grundwerte der Moral aufrecht und werden damit zu Vertretern der – verdrängten – traditionellen Kultur stilisiert. Im Jahre 1983 drehte Hou zu diesem Thema *Die Leute aus Fenggui (Fenggui lai de ren)* und ein Jahr später *Dongdongs Ferien* (*Dongdong de jiaqi*, VT: *Ein Sommer beim Großvater*). In melancholischen Bildern zeichnete er in seinem Film *Geschichten einer fernen Kindheit* (*tongnian wangshi*, 1985) anhand der Geschichte des kleinen Ah-ha das Bild einer im

Der Puppenspieler
(ximeng rensheng, 1993, R: Hou Hsiao-hsien)

Untergang begriffenen Familie, das als Metapher für die schwindenden moralischen Werte in der Gesellschaft gelesen werden kann. Darüber hinaus trägt dieser Film autobiographische Züge. Er zeichnet exemplarisch die Geschichte von Hous Generation wie die seiner Heimat nach.

Andere Werke beschäftigen sich mit dem Aufeinanderprall der ›guten‹ Traditionen des Landlebens mit den neuen ›charakterlosen und sozial kalten‹ Städten. So etwa *Staub im Wind* (*shaonian ye anla*, 1986) über zwei Jugendliche, die sich voller Träume und Hoffnungen von ihrem Heimatdorf nach Taipei aufmachen und dort die bittere Realität erleben, angesichts derer sie schließlich resignieren. Dazu kommt der 1987 gedrehte Film *Tochter des Nils* (*Niluohe nüer*) über den negativen Einfluß, den das Stadtleben mit seiner importierten Kultur und der eigenen Charakterlosigkeit auf jeden einzelnen ausübt. Der 1989 gedrehte Film *Stadt der Traurigkeit* (*beiqing chengshi*) sowie *Der Puppenspieler* (*ximeng rensheng*) aus dem Jahre 1993 sind hingegen zu Hou Hsiao-hsiens bisher größten Erfolgen geworden.

In ersterem bringt er mit der blutigen Niederschlagung der Unabhängigkeitsbewegung vom 28. Februar 1947 ein Tabuthema auf die Leinwand, das noch immer einer ehrlichen und vollständigen Aufarbeitung der eigenen Vergangenheit im Weg steht. Mit diesem politisch mutigsten seiner Filme mahnt er die ehrliche Aufarbeitung der Geschichte als Beitrag zur Identitätsfindung eines jeden einzelnen wie auf der politischen Ebene für die Zukunft von Staat und Gesellschaft an.

Der Film *Der Puppenspieler* erzählt die Lebensgeschichte der authentischen Gestalt des Puppenspielers Li Tien-lu in Form von fragmentarischen Erinnerungen an seine eigene Vergangenheit. Diese ist geprägt von der fiktiven Bühnenrealität des Theaterlebens und seinen darin gelebten – konfuzianisch reinen – Träumen auf der einen und der im Stil des dokumentarischen Realismus präsentierten kontrastiv und negativ ins Bild gesetzten tristen Wirklichkeit auf der anderen Seite. Die sich gegenseitig ergänzenden, zugleich aber auch abstoßenden Elemente menschlichen Bewußtseins fügen sich dabei zu einem geschlossenen Bild. Dieses zeigt mit subtilen Mitteln die Individualität des dargestellten Charakters wie auch die äußeren Umstände seines Lebens. Indem Hou die innere Welt des Puppenspielers letztendlich mit dessen äußerer Existenz verschwimmen läßt, ohne dabei allerdings eine harmonische Vereinigung herbeizuführen, liefert er ein einfühlsames Porträt des menschlichen Daseins und dessen Entfremdung von Umwelt und Geschichte. Dies ist insbesondere vor dem historischen und gesellschaftlichen Hintergrund der zwischen Tradition und Innovation zerrissenen taiwanesischen Gesellschaft möglich. Im Jahre 1995 drehte Hou Hsiao-hsien den Film *Goodmen, Goodwomen (haonan, haonü)* und stellte im Frühjahr 1996 mit *Goodbye South, Goodbye (nanguo, zaijan nanguo)* seine jüngste Regiearbeit vor.

Ang Lee

Auch Ang Lee (Li An, geb. 1954) konnte mit unterhaltsamen und gesellschaftskritischen Filmen, die mit viel Humor auf sich selbst und die chinesische Kultur blicken, weltweite Erfolge verzeichnen. Ang Lee lebt und arbeitet heute in Amerika. Seine Filme verraten viel von dem Wanderer zwischen den Welten. Während Hou Hsiao-hsien den Einfluß der amerikanischen und japanischen Kulturen auf Taiwan und insbesondere die Metropole Taipei anhand von Gegenüberstellungen des teilweise romantisch verklärten Lebens auf dem Land mit demjenigen in der Stadt beklagt und darüber in einfühlsamen Melodramen traditionellen Zuschnitts die Rückbesinnung auf die eigenen Traditionen und die historisch erlangte nationale Identität anmahnt, hat Ang Lee in seinen nachdenklichen – und zum Nachdenken anregenden – Komödien einen sehr viel distanzierteren wie zugleich offeneren, humorvoll-selbstkritischen Zugang zu den Entwicklungen im modernen Taiwan gefunden.

In Ang Lees Werken zeigen sich deutlich die Konflikte und scheinbar unauflösbaren Widersprüche zwischen der traditionellen chinesischen Gesellschaft und der modernen westlichen Welt. Diese manifestieren sich in den von ihm selbst erlebten kulturellen Berührungs- und Reibepunkten zwischen Taiwan und Amerika, ebenso aber auch im Mikrokosmos dieses Konflikts,

Das Kino Taiwans 245

Das Hochzeitsbankett
(xiyan, 1993, R: Ang Lee)

der zwischen den Weltanschauungen und Lebensweisen zerrissenen taiwanesischen Hauptstadt Taipei. Gleichzeitig drückt sich darin immer wieder ein Generationenkonflikt zwischen den in traditionellen Denkschemata aufgewachsenen ›Alten‹ und ihren ›Söhnen und Töchtern‹ aus. Letztere gestalten ihre persönliche Welt nach eigenen, auch vom Westen beeinflußten Ansichten. Dabei erleben sie den Widerspruch zwischen alt und neu bei ihren Lebensentscheidungen auf gleichermaßen tragische wie komische Weise.

Als Regiedebüt drehte Ang Lee im Jahre 1992 noch in Taiwan den Film *Schiebende Hände (tui shou)*. Darin präsentierte er eine Tragi-Komödie über Generationenkonflikte innerhalb der modernen taiwanesischen Gesellschaft und insbesondere mit deren jüngster Generation. Diese scheint im Film fast komplett nach Amerika ausgewandert zu sein. Die Darstellung der Modernisierung und des Ausverkaufs der überlieferten Werte und Gebräuche wie auch der Pietät gegenüber der älteren Generation, die im übrigen mit der wirtschaftlichen Öffnung die fremde Kultur erst ins Land geholt hat, erscheint daher fast schon überspitzt. Am Ende mißlingt beiden der Kompromiß.

Mit seinen Komödien *Das Hochzeitsbankett* (*xiyan*, 1993) und *Eat Drink Man Woman* (*yin shi nan nü*, 1994) feierte Ang Lee zwei große Publikumserfolge. Beide Filme sind zwischen kritischer Gesellschaftsreflexion und kommerzieller Unterhaltung einzuordnen. An ihren Inhalten, Darstellungsweisen und dem Genre der sentimentalen Komödie läßt sich die amerikanische Herstellung und Vermarktung dieser beiden Filme ablesen. Auch einige allzu glatt in Szene gesetzte Sequenzen, die die dargestellte Problematik teilweise in den Hintergrund drängen, zeugen von einer eher westlichen Perspektive auf das Thema. Die ansonsten häufig melodramatisch vermittelte Problematik einer chinesischen Gesellschaft zwischen alt und neu ist hier auf eine leicht ironische, immer aber einen internationalen Publikumsgeschmack ansprechende Weise verfilmt worden.

Insgesamt ist Ang Lee in diesen Filmen mit der Darstellung der Tragikomik des kleinen Mannes zwischen den Lebensformen und Gesellschaften eine einfühlsame und amüsante Darstellung traditioneller chinesischer Denkart im Widerspruch mit dem Modernisierungsprozeß gelungen. Allerdings sprechen beide Filme, die in erster Linie an ein westliches Publikum gerichtet sind, die Problematik allenfalls an der Oberfläche an. Zugunsten einer stets auf neue Effekte bedachten Fabel und einer rasanten Inszenierung geht Ang Lee dabei an keiner Stelle eine tiefergreifende Gesellschaftsanalyse an. Sein jüngster Film *Sense and Sensibility* (1996) nach dem gleichnamigen Roman von Jane Austen, mit dem er 1996 den ›Goldenen Bären‹ der Berliner Filmfestspiele gewinnen konnte, wendet sich dagegen vollständig von China und Taiwan ab. Damit zeugt er von der Internationalität dieses Regisseurs, der sich künstlerisch längst nicht mehr auf die engen Beschränkungen seines eigenen Kulturkreises eingrenzen läßt.

Edward Yang

Tiefgreifende Gesellschaftsanalysen bezüglich seiner taiwanesischen Heimat finden sich hingegen in den Werken Edward Yangs (Yang Dechang, geb. 1947). Nachdem auch er zum Autorenteam des Films *In unserer Zeit* gehört hatte, drehte er nach 1982 eine Vielzahl eigener Werke. Sie alle handeln von der im Modernisierungsprozeß befindlichen urbanen Gesellschaft Taipeis. Die bekanntesten unter ihnen sind die Filme *Ein Tag am Strand* (*haitan de yi tian*, 1983), *Eine Geschichte aus Taipei* (*qingmei zhuma*, 1985, VT: *Taipei Story*), *Die Terroristen* (*kongbufenzi*, 1986, VT: *Spur des Schreckens*) und *Die Angelegenheit um die Ermordung eines Jugendlichen in der Gulingstraße* (*Gulingjie shaonian sharen shijian*, 1991, VT: *Ein heller Sommertag*).

Ein Tag am Strand erzählt die Geschichte zweier Frauen auf ihrem Weg zu individueller Unabhängigkeit. Edward Yang bricht in diesem Film mit den traditionellen Tabus der taiwanesischen – und chinesischen – Gesellschaft, die von Regisseuren wie Hou Hsiao-hsien oder Ang Lee unangetastet geblieben sind. Statt dessen übt er grundsätzliche Kritik an den kulturverwurzelten Gesellschaftsformen. Unter den taiwanesischen Regisseuren ist es ihm neben Stan Lai als einzigem gelungen, sich auch von den formalästhetischen Beschränkungen der Kunst in China zu befreien und eine individuelle filmische Stilistik zu entwickeln. Diese verweist mit ihren hintergründig metaphorischen, zugleich subtil persönlichen Bildern unübersehbar auf die Gesamtheit der chinesischen Kultur wie der taiwanesischen Gesellschaft.

Edward Yangs Film *Die Angelegenheit um die Ermordung eines Jugendlichen in der Gulingstraße* trägt autobiographische Züge seines Autors. Darin wird die Geschichte einer vom Festland nach Taiwan geflüchteten Familie in langatmig epischen Bildern aufgerollt. Insbesondere die beiden Filme *Eine Geschichte aus Taipei* und *Die Terroristen* zeichnen hingegen das bisher wohl eindrucksvollste und analytisch subtilste Porträt der modernen taiwanesischen Gesellschaft im Film. Damit sind Edward Yang zwei Werke gelungen, deren analytische Qualitäten als einzige in der Filmgeschichte Taiwans dem Vergleich mit der Festland-chinesischen Fünften Generation standhalten. Zugleich wird in diesen Filmen der geistesgeschichtliche Unterschied in der Entwicklung der beiden Chinas in den letzten fünfzig Jahren deutlich.

Während die Film-Avantgardisten vom chinesischen Festland sich in der Aufarbeitung einer ideologisierten Vergangenheit und der Identitätssuche innerhalb der aus dieser erwachsenen modernen, in Wirklichkeit allenfalls nominell sozialistischen Gesellschaft üben und erst in jüngster Zeit den auch dort rasant fortschreitenden Modernisierungsprozeß kritisch mit einbeziehen, zeigt sich in diesen beiden Filmen Edward Yangs eine ganz andere Perspektive. Es ist die bei der jungen Generation in Taiwan längst vollzogene Westorientierung und Modernisierung. Für den Regisseur spielen die traditionellen Werte oder die Rückbesinnung auf die eigene Kultur genauso wenig eine Rolle wie die Auseinandersetzung mit den großen gesellschaftlichen und staatspolitischen Konflikten aus Vergangenheit und Gegenwart. Dennoch sind diese in den Handlungen der beiden Filme gegenwärtig. Darüber hinaus sind sie tief in der Denkstruktur auch der Jugendlichen in Taiwan verwurzelt, die die eigene Kultur nur bedingt rezipieren.

Beide Filme Edward Yangs spielen in den Straßenschluchten Taipeis. Die Metropole wird als Konglomerat traditionell chinesischer wie westlicher Einflüsse dargestellt, die sich zu einer bedrohlichen Mischung verbinden. Die Straßen, in denen sich die vorwiegend jugendlichen Akteure bewegen, gleichen einem unfaßbaren und unheilverkündenden Moloch. Keiner von ihnen wird darin seine Träume und Lebensideale verwirklichen. An deren Stelle tritt ein umfassender Werteverlust. Auch die in Gestalt der alten Generation gelegentlich aufblitzenden Traditionen bieten keinen Ausweg. Vielmehr zeugen sie von einer jahrtausendelang gepflegten Unmenschlichkeit, die auch heute noch zu keinem humanen Wandlungsprozeß fähig ist.

Der Protagonist Ah-lung in dem Film *Eine Geschichte aus Taipei* flüchtet sich vor der in ihren engen geistigen wie räumlichen Schranken bedrückenden Welt des alten, ländlichen Taiwans in die moderne Stadt. In deren Vorstellung verkörpern sich alle seine Lebensträume. In Taipei muß er diese allerdings den desillusionierenden Wirklichkeitsbedingungen anpassen und die Widersprüchlichkeit zwischen Tradition und Moderne am eigenen Leib erfahren. Beide können ihm keinen Ausweg aus seiner Identitätskrise bieten, die zugleich allegorisch für den kulturellen Zustand der Gesellschaft steht. Vielmehr verstricken sie ihn bei seinen verzweifelten Versuchen, sich in die anonyme, gesichtslos gewordene Gesellschaft der Stadt einzufügen, immer tiefer in deren Chaos. Dies hat der Regisseur mit eindrucksvoll desillusionierenden, dem dokumentarischen Realismus nahestehenden Bildern inszeniert.

Dasselbe gilt für Ah-lungs Gefährtin Ah-ch'ing, die für sich den Weg der Moderne gewählt hat. Damit repräsentiert sie ein westlich-freies Lebensgefühl, wie es eine ganze Generation junger Taiwanesen genauso wie volksrepublikanischer Chinesen anstrebt. Dafür steht ihre dunkle Sonnenbrille, sprechendes Bild westlicher Lebensweise, die sie in keinem Moment abzulegen bereit ist. Doch zugleich symbolisiert diese Brille, die dem Zuschauer den Blick auf ihre Augen, den Spiegel ihrer Seele, verwehrt, ihre Identitätslosigkeit hinter der falschen Fassade sexueller Emanzipation und Einfügung in importierte, dabei aber in Wirklichkeit nicht übertragbare Wertemodelle und Lebensweisen. Beide Protagonisten scheitern, und mit ihnen ihre Beziehung. Ein Schicksal, das dem ganzen Volk droht – so zumindest suggeriert es der Film in seinen apokalyptischen Visionen von einer entfremdeten und entmenschlichten Zivilisation.

Der nur kurze Zeit nach *Eine Geschichte aus Taipei* gedrehte Film *Die Terroristen* ist praktisch als dessen Fortsetzung zu verstehen. Darin geht der Regisseur bereits von einer desillusionierten, ihrer Zukunft beraubten jungen Generation in Taipei aus. Weder aus den Traditionen noch aus importierten Lebensweisen können die jungen Protagonisten noch Hoffnung schöpfen. An die Stelle der Suche nach persönlichem Glück und Selbstverwirklichung ist ein monoton-mechanischer Alltag gerückt, der weder Platz für Glücksgefühle noch für irgendwelche anderen menschlichen Tugenden oder humanen Werte bietet. Unter diesen Umständen des Eingeschlossenseins in die menschenfeindliche urbane Gesellschaft Taipeis wird das Individuum als bindungsunfähiges und unsoziales Wesen gezeichnet. Es wird zum potentiellen Terroristen, zu einer Bombe, die keines Auslösers mehr bedarf, die im Chaos versinkende Stadt auszulöschen. Damit zerstört der Regisseur im Film den Mythos ›Stadt‹ als Sinnbild für die Modernisierung und glückverheißende Wirtschaftskraft des Inselstaats. Alle offiziell propagierten Zukunftsziele und Wertesysteme werden als trügerisch entlarvt. Sie halten der Realität an keiner Stelle stand. In *Die Terroristen* zeichnet Edward Yang die bislang düsterste Allegorie der modernen taiwanesischen Gesellschaft. Dabei konterkariert er zugleich den sich in vielen gesellschaftskritischen Werken seiner Kollegen immer wieder anbietenden –

rückwärtsgewandten – Lösungsweg über konfuzianische Traditionen und rurale Gegenwelten, der die chinesische Gesellschaft seit Jahrhunderten an einer natürlichen Weiterentwicklung gehindert hat. Die Rückkehr in die Vergangenheit erweist sich als trügerisch, ja als unmöglich.

Im Jahre 1994 drehte Edward Yang den Film *Zeitalter der Unabhängigkeit (duli shidai)* und hat 1995 mit *Mahjong (majiang)* seine vorläufig letzte Regiearbeit vorgestellt. Darin begibt er sich wieder in das Alltagsleben in Taipei. Er erzählt vom Schicksal einer Gruppe Jugendlicher, das sich unter den gegebenen äußeren Umständen als genauso unvorhersehbar und für sie selbst unsteuerbar erweist wie der Verlauf eines Mahjong-Spiels.

Hsü Hsiao-ming

Eine derartige Radikalität bei der Darstellung gesellschaftlicher Mißstände wie der eigenen Identitätskrise ist neben Edward Yang allenfalls noch Hsü Hsiao-ming (geb. 1955) mit seinem Film *Staub der Engel (lianlian fengchen*, 1992) gelungen. Darin negiert er nahezu alle von Gesellschaft und Regierung propagierten Werte durch die schonungslose Offenlegung der gesellschaftlichen Auswüchse. Eine Lösung deutet sich bei ihm immerhin noch – fernab von allen traditionellen und aktuellen Heilsangeboten – in den Menschen selber und deren Besinnung auf ihre ganz persönliche Identität an. Sie äußert sich in Emotionen, die immer wieder spontan zum Ausbruch kommen und die Filmhandlung vorantreiben. Nicht in der starren Befolgung überlieferter Riten und Normen, sondern allein in der unbeherrschbaren Individualität und Spontaneität sieht Hsü Hsiao-ming die Voraussetzungen für ein fruchtbares Miteinander, über das sich Zukunftshoffnung definiert.

Unter den übrigen Filmemachern der neuen Welle findet sich kaum einer, der mit vergleichbarer Konsequenz wie Edward Yang und Hsü Hsiao-ming gegen die formalen und inhaltlichen Konventionen verstößt, um das tradierte Weltbild zu zerstören und mit der Filmgeschichte wie deren melodramatisch-harmonisierenden Vergangenheitsaufarbeitungen zu brechen. Zu nennen sind in erster Linie Ho Ping (geb. 1957) mit seinem Film *Achtzehn (shiba*, 1993) und Yeh Hung-wei (geb. 1963) mit *Fünf Mädchen und ein Seil (wuge nüren he yigen shengzi*, 1991).

Stan Lai

Aus der Vielzahl junger Regisseure, die im heutigen Taiwan um Marktanteile streiten, ist außerdem noch Stan Lai (Lai Sheng-chuan, geb. 1954) herauszuheben. In Amerika geboren, kam er 1983 als Hochschullehrer, Theaterregisseur, Autor und Filmemacher nach Taipei. Sein Regiedebüt *Das Land der Pfirsichblüte (anlian taohuayuan*, 1992) nach einem von ihm selbst verfaßten Theaterstück gehört zu den vielschichtigsten und zugleich psychologisch tiefgreifendsten Filmen des taiwanesischen Kinos.

Darin verknüpft Stan Lai traditionell chinesische Stilelemente mit europäischen Formen des Theaters zu einem surrealen Stück. Dieses bewegt sich zwischen der Lebensrealität der heutigen taiwanesischen Gesellschaft wie ihrem historischen Hintergrund auf der einen und der Traumrealität des ›Pfirsichblütenlandes‹ auf der anderen Seite. Das Motiv einer diesseitigen paradiesischen Gesellschaft hat Stan Lai dem *Bericht über den Pfirsichblütenquell* des Dichters Tao Qian (Tao Yuanming, 365–427, dt. in: K.-H. Pohl (Hg.): *Tao Yuanming. Der Pfirsichblütenquell.* Köln 1985) entlehnt. Aus dem reichhaltigen Repertoire klassischer chinesischer Mythen und Geschichtenerzählungen und den westlichen Metaphern, Symbolen, Formen und Stilelementen von Literatur und Theater schöpfend, setzt er eine simple Fabel subtil in Szene. Sie spielt um die Liebe zweier Menschen, die durch Bürgerkrieg und die Teilung Chinas getrennt wurden und erst vierzig Jahre später durch einen tragikomischen Zufall wieder zusammentreffen – mit inzwischen weit auseinandergehenden persönlichen Geschichten und durch sie bedingten Lebensansichten. Dabei gleiten die von Tao Qian noch streng getrennten Welten von Traum und Realität ineinander über. So bietet sich dem Zuschauer eine ausdrucksstarke Metapher der modernen Gesellschaft, für die die traditionellen moralethischen Antagonismen von Gut-Böse, Paradies-Hölle, Diesseitigkeit-Jenseitigkeit in Wirklichkeit längst an Bedeutung verloren haben.

Die beiden miteinander verschmolzenen Ebenen von Realität und Bühnendrama führen dem Publikum in tragischen Bildern den Zustand der heutigen Gesellschaft vor Augen. Diese definiert sich über die Psychologie jedes einzelnen Menschen, der allerdings immer auch in Abhängigkeit zu seiner Umwelt steht. Darauf verweist der historische Hintergrund der Fabel. Indem Stan Lai aber als dritte Ebene ein parallel aufgeführtes Theaterstück aus dem Bereich der trivialen Komödie hinzumischt, stellt er schließlich auch die Endgültigkeit seiner zuvor zum Ausdruck gebrachten Gefühle bezüglich der Identitätsfindung seiner Protagonisten in Frage. Er konterkariert die scheinbar klaren Aussagen, die der Zuschauer bis dahin in dem Film erkannt haben mag. Damit entzieht er das Gezeigte jeder eindeutigen Interpretation und am Ende auch jeder Möglichkeit zur Identifikation mit den Charakteren und dem Geschehen. Die auf Harmonie und Klarheit der Aussage ausgerichteten Zuschauererwartungen werden als naiv entlarvt. Der sehr viel komplizierteren Realität kann die antagonistische Weltanschauung, die auch in den Neunzigern noch propagiert wird, nicht mehr gerecht werden. Darüber hinaus setzt Stan Lai durch die oft widersprüchliche Vielschichtigkeit seines Films all diejenigen Künstlerkollegen ins Unrecht, die auch heute noch mit simplifizierenden Lösungsschemata arbeiten. *Das Land der Pfirsichblüte* zeichnet eine erschreckende wie zugleich belustigende Parabel der zerrissenen Menschen im Nachkriegs-Taiwan und China, die der jeweiligen Staatspolitik ausgeliefert sind, ohne sich gegen ihr Schicksal aufzulehnen. Zugleich führt er exakt den Zustand der stilmäßig kaum noch abgrenzbaren Künste im selbst surrealistisch anmutenden urbanen China der Moderne vor

Augen. Dort stellen Tragödie und Komödie kein Gegensatzpaar mehr dar, wie der Regisseur selbst unterstreicht: »Ich habe mich oft gefragt, warum ähneln sich unsere Grimassen, wenn wir weinen oder lachen?« (in: Peng Pon-to: *Retrospektive. Die taiwanesische Filmlandschaft bis 1994*. 1994).

In seinem 1995 fertiggestellten zweiten Regiewerk *Die Gesellschaft des Roten Lotus (feixia ahda)* erzählt Stan Lai Geschichten aus dem Taipei der fünfziger Jahre. Darin rechnet er endgültig mit den Mythen ab, die Chiang Kaishek um sein nationalistisches Refugium errichtet hatte. Indem er dessen Gebilde aus Propaganda und Lügen aufgreift und dem Publikum in surrealen Bildern präsentiert, stellt er die Gültigkeit der ehemals propagierten Werte in Frage, die das Leben der Menschen auf der Insel teilweise noch heute prägen.

Tsai Ming-liang

Der Regisseur Wang Tung (geb. 1942) konnte mit seiner Filmtrilogie *Der Strohmann (daocaoren,* 1987), *Bananenparadies (xiangjiao tiantang,* 1989) und *Schweigender Berg (wuyan de shanqiu,* 1992) ebenfalls interessante Einzelwerke präsentieren. Diese berichten vom verzweifelten Überlebenskampf ihrer Protagonisten in der feindlichen Umwelt ihrer Heimat – Metapher für die Geschichte Taiwans. Außerdem hat Tsai Ming-liang (geb. 1957) im Jahre 1992 mit *Jugendliche Rebellen des Neongottes (qinqshaonian Nazha,* 1992) einen ersten Spielfilm fertiggestellt. Darin thematisiert er das Leben von Jugendlichen in Taipei, die vergeblich nach Bezugspunkten und Werten suchen. Dafür stand die Figur des noch jungen, aber doch schon mit ungewöhnlichen Fähigkeiten begabten Gottesministersohns Nozha aus Wu Chengens klassischem Roman *Die Reise nach dem Westen* Pate (dt.: *Die Pilgerfahrt nach dem Westen*. 1962). Das verweist deutlich auf die Intentionen des Regisseurs. Für ihn ist die begabte junge Generation Taiwans, deren Leben in der Filmfabel offensichtlich ohne Sinn und Höhepunkt verläuft, in ihrer natürlichen Entwicklungsfähigkeit gestört.

In seinem zweiten Kinofilm *Es lebe die Liebe (aiqing wansui,* 1994) zeichnet Tsai Ming-liang ein Bild seiner Heimat, das von sozialer Kälte und dem Verlust persönlicher Bindungen geprägt ist. Darin begleitet die Kamera scheinbar willkürlich ausgespähte Leute auf ihren alltäglichen Wegen durch Taipei. Nichts Spektakuläres belebt die Handlung, sie berichtet von einer bedrückenden Leere der Straßenschluchten und wenig einladenden Zufluchtstätten der Leute, die ansonsten ziellos umherirren. Werte wie diejenigen von Heimat oder dem traditionell hochgehaltenen Refugium der Familie sind für sie längst verloren gegangen. Doch auch die Charaktere selbst bleiben bei ihren flüchtigen Begegnungen wortkarg. In ihrem Alltagstrott scheinen sie jede antreibende Kraft verloren zu haben. Bei diesen Bildern gesellschaftlicher Entfremdung, die unschwer als Folge der radikalen Modernisierung und unmenschlichen Urbanisierung ausgemacht wird, erwächst

Hoffnung schließlich allein aus dem minutenlangen – und doch übersteigert artifiziellen – Schluchzen der Protagonistin Yang Kuei-mei. Dieses erlöst den Zuschauer in den Schlußbildern aus der Kälte. Das bis dahin emotionslos gespielte und daher umso bedrückendere Geschehen steht in krassem Widerspruch zu den problemlos konsumierbaren Melodramen, die das taiwanesische und chinesische Publikum in die Kinos locken. Die Gefühle der Protagonistin sprechen von einer Moral und Menschlichkeit, die die Gesellschaft nicht mehr gewährt. Tsai Ming-liang hingegen entdeckt sie, und das ist sein Tribut an die Konventionen, in den traditionellen Werten.

Schlußbild

Das neue taiwanesische Kino hat das Filmwesen in der Republik China auf Taiwan nach Jahrzehnten der Propaganda und des anspruchslosen Kommerzkinos in den Rang eines nationalen Kunstkinos katapultiert. Damit hat die taiwanesische Filmgeschichte sich verselbständigt und von den Beschränkungen durch Politik und Kunsttradition gelöst. In den Werken selbst und im Vergleich zur Avantgarde des Kinos in der Volksrepublk China spiegelt sich deutlich die unterschiedliche Entwicklung dieser beiden chinesischen Staaten seit 1949. Während man sich auf dem Festland noch immer in erster Linie mit der ereignisreichen und schmerzhaften jüngsten Geschichte auseinanderzusetzen hat und erst zögerlich die seit einem Jahrzehnt fortschreitende Modernisierung und Verstädterung zum Thema macht, ist die Geschichte Taiwans wie seines Kinos bereits Jahrzehnte zuvor im Hinblick auf die prägende Internationalisierung und das Eindringen westlicher Einflüsse zu begreifen. Diese prallen auf die Traditionen, die in Taiwan weiterhin ein starkes Gewicht haben und Denken und Handeln der meisten Menschen bestimmen. So ist die urbane Welt des modernen Taipei nicht von ungefähr ein bevorzugter Hintergrund für die Werke vieler Filmemacher, und auch Elemente westlicher Ästhetik sind in ihren Filmen unübersehbar. Diese hatten das – auf der kleinen Insel ohnehin begrenzte – nun allmählich verschwindende Hinterland längst als ein schützenswertes Paradies entdeckt, auf das sie ihre harmoniesüchtigen Träume projizierten, als auf dem chinesischen Festland die Stadt und die Modernisierung erst angedacht wurden.

Anders als die progressiven Filmemacher der Volksrepublik China, deren persönliche Erfahrung mit dem Dogmatismus der Partei sehr viel tiefer ist als bei ihren taiwanesischen Kollegen die mit dem Staatsapparat, haben es auf der ›Schönen Insel‹ Formosa allerdings nur die wenigsten geschafft, sich konsequent vom traditionellen Gesellschaftsbild zu lösen und darüber einen wirklichen Individualismus zu entwickeln und filmisch zu gestalten. So sind sie in ihrem Verharren bei traditionellen Werten, die von den anderen bei den Wurzeln gepackt und grundsätzlich auf ihre Legitimation hinterfragt werden, bis auf wenige Ausnahmen nur sehr wenig innovativ in der Entwicklung von Gegenwartsbildern und Zukunftsvisionen. Da hat auch die Besinnung weg von der selbstmitleidvollen Vergangenheitsbewältigung oder heimatbezogenen Glorifizierung des Landlebens, das harmonischen und klassischen Idealen entspricht, auf die Welt des modernen Taipei bezüglich ihrer Filmfabeln noch wenig bewirkt.

Viele der in der modernen Gesellschaft allgegenwärtigen Probleme werden inzwischen eindrucksvoll reflektiert und in subtilen Bildern auf die Leinwände gebannt. Dort hinterlassen die Filmemacher inzwischen persönliche Handschriften. Ob das taiwanesische Kino es vermag, aus der Gegenwart heraus eigene Themen und Stile zu entwickeln, ob es sich weiter westlicher Stil- und Geschmackbildung anpaßt, oder ob es nach einer möglichen Wiedervereinigung gar zu einem Mitläufer des expandierenden volksrepublikanischen Kunst- oder Kommerzkinos wird, wird in Zukunft stark von der gesellschaftlichen und kulturellen Entwicklung in dem Inselstaat und seiner Beziehung zum chinesischen Mutterland abhängen.

2. Das Kino Hongkongs

Die frühesten Filmaufführungen in der britischen Kronkolonie fanden unter Leitung von Kameraleuten der Lumières vermutlich im Herbst des Jahres 1896 statt, kurz nach der ersten belegten Vorführung des ›abendländischen Schattenspiels‹ in Shanghai. Aufzeichnungen finden sich allerdings erst über Aktivitäten der Edison Company im Jahre 1898, als deren Kameraleute ein vierminütiges Szenarium des Government House, der Sikh Artillerie, des Hongkong Regiments sowie von Straßenszenen von der Insel Victoria auf Zelluloid bannten und einem einheimischen Publikum präsentierten. In den frühen Jahren des zwanzigsten Jahrhunderts wurden erste Filmtheater eröffnet, darunter das im Jahre 1900 gegründete Chungking-Theater im Central Bezirk der Insel Victoria. In den folgenden Jahren fanden zusehends britische und französische Filme Eingang in die Vorstellungen, die von der britischen und chinesischen Oberschicht Hongkongs rege besucht wurden. Parallel dazu fanden erste chinesische Versuche mit der Produktion von Reihenphotographien statt, von denen allerdings kein Material erhalten geblieben ist.

Die belegte Produktionsgeschichte des Films in der britischen Kronkolonie Hongkong setzte – vier Jahre nach dem ersten Pekinger Dramenfilm – im Jahre 1909 mit zwei Kurzfilmen der Asia Motion Picture Co. ein. Diese war kurz zuvor von dem amerikanischen Filmpionier Benjamin Brodsky gegründet worden. Brodsky brachte die noch mit einfachsten Mitteln verfilmten

Burlesken *Wiederherstellung der Gerechtigkeit mit einem Tontopf (wapen shenyuan)* und *Der Diebstahl einer Pekingente (tou kaoya)* auf die Leinwand, die jeweils eine Länge von nur wenigen Minuten hatten. Danach war es erst Benjamin Brodskys ehemaliger Partner, der Hongkonger Theaterleiter und Direktor der Shanghaier Minxin-Gesellschaft Li Minwei, der im Jahre 1921 neben der Filmmetropole Shanghai auch Hongkong als absatzträchtigen Filmmarkt entdeckte. Li Minwei gilt daher zumindest als Mitbegründer einer eigenständigen Filmindustrie in der britischen Kronkolonie. Während aus dem westlichen Ausland und aus Shanghai importierte Filme dort seit jeher ein breites Publikum fanden, bewirkte allerdings erst die Fluchtwelle linksgerichteter Künstler und Aktivisten vor den Truppen Chiang Kaisheks aus dem benachbarten Kanton in den späten zwanziger Jahren den Aufschwung auch der Produktion in Hongkong.

Zwischen Shanghai und Kanton

Nach 1926 nahm die Filmgeschichte Hongkongs zunächst einen Verlauf, der eng mit der Filmszene auf dem chinesischen Festland und der Produktion in Shanghai und Kanton verbunden war. Dabei bestand bis weit in die vierziger Jahre hinein eine weitreichende wirtschaftliche Abhängigkeit von den Aktivitäten der kommerziellen Produzenten in der blühenden asiatischen Filmmetropole Shanghai. Viele der dort entstandenen und zumeist ebenso rasch wieder verschwundenen Produktionsfirmen errichteten sich in der Kronkolonie ein zweites wirtschaftliches Standbein. Damit trugen sie damals der politisch unsicheren Lage in der Filmmetropole am Unterlauf des Yangzi-Stroms Rechnung. Allerdings konnten die Filmunternehmen sich in Hongkong mangels eines mutigen Engagements und noch schwach entwickelter Infrastruktur nur selten fest etablieren. Erst nachdem einige von ihnen, wie die berühmten Shaw Brüder, nach der kommunistischen Machtübernahme ihre Firmen komplett nach Hongkong verlegten und die Wirtschaft in der Kronkolonie einen allgemeinen Aufschwung erlebte, konnten sie in den fünfziger Jahren den Siegeszug des dortigen Filmwesens begründen.

Doch bereits in den dreißiger Jahren konnte Hongkong infolge der politischen Umschwünge in China eine gewisse Unabhängigkeit von der Filmindustrie Shanghais erreichen. Im Mutterland ließen heftige Auseinandersetzungen zwischen den Bürgerkriegsparteien und die Einflußnahme durch die japanischen Besatzer auch das Filmwesen nicht unberührt. Gleichzeitig behinderten wirtschaftliche Schwierigkeiten und insbesondere die politische Zensur von allen Seiten die Produktion. Als vorübergehender Nutznießer dieser Entwicklungen konnte sich das Kino in Hongkong mit kommerziellen Unterhaltungsfilmen allmählich ein eigenes Standbein schaffen.

Nach dem Zerwürfnis zwischen Kommunisten und Nationalisten auf dem Festland und dem Einsetzen der Verfolgung linksgerichteter politischer Aktivisten wurde Hongkong immer mehr zu einem Zufluchtsort politisch engagierter Künstler. Aus ihrem Exil konnten diese in Gestalt von Dokumentar- und Spielfilmen Propaganda für soziale Reformen, Selbstbestimmung, den Kampf gegen Japaner und Nationalisten sowie für eine sozialistische Revolution in ihrer Heimat betreiben. Auch viele der traditionalistisch ausgerichteten südchinesischen Filmemacher, die nach der Einführung des Tonfilms im Jahre 1931 ein regionales kantonesisches Filmgenre etabliert hatten, wählten für sich die Hongkonger Produktionsstätten, als die Regierung Chiang Kaisheks in Kanton nur noch mandarinsprachige Werke zuließ und ihnen damit die Grundlagen für ihre Dialekt-Komödien, Melodramen und Dramenverfilmungen entzog. Das kantonesische Kino stand in der Tradition der südchinesischen Oper oder war den einst mündlich überlieferten Volkssagen nachempfunden. Es reproduzierte die moralethischen Prinzipien des Konfuzianismus und deren aus der Bühnentradition übernommenen konservativen Darstellungsweisen. Damit bediente es die Sehgewohnheiten eines breiten Publikums nicht nur in China, sondern in ganz Südostasien und in den chinesischen Besiedelungen in Amerika und Australien. Nach der Übersiedlung der Kantoner Produzenten in das profitorientierte Hongkong wurden solche Filme schnell zu kapitalträchtigen Verkaufsschlagern. Mit ihnen gelangte die Kronkolonie erstmals als Filmproduzent in das internationale Bewußtsein.

Exil

Die ständigen Unruhen in China und die ungewisse politische Lage, deren Umschwünge sich jeweils direkt auch auf die Künste auswirkten, verhalfen Hongkong schon in den zwanziger Jahren zum Status einer alternativen chinesischen Filmindustrie. Von dort konnten die zumeist vom Festland stammenden Filmemacher in der Zeit zwischen den beiden Weltkriegen viele Filme kommerzieller, aber auch oppositionell-propagandistischer Zielsetzung verbreiten. Der Trend, die Kronkolonie als künstlerisches wie politisches Exil und als Ausgangspunkt für linke Propaganda zu benutzen, wurde fortgesetzt, als die japanischen Truppen im Jahre 1937 in China einfielen und während des 2. Weltkriegs die Shanghaier Filmindustrie lahmlegten. Bald darauf reglementierten sie mit wachsendem Einfluß auch in Südostasien allerdings auch die Distribution von Hongkong her und konnten diese schon in den frühen vierziger Jahren auf ein Minimum reduzieren.

Viele der in den dreißiger und vierziger Jahren von linken und liberalen Filmemachern in Hongkong unter den gegebenen Umständen dennoch produzierten sozial und antijapanisch engagierten – sozusagen exilchinesischen – Filme stehen in der Tradition des linksgerichteten Shanghaier Kinos. Zu den bekannten Hongkonger Filmen dieses Genres gehören Werke, wie *Marschlied* (*qianjinqu*, 1937) von Ma Kwok Inn (Ma Guoyan), *Zurück ins Vaterland* (*hui zuguo qu*, 1937) von Hung Chung Huo (Hong Zhonghao), *Kriegerinnen* (*nü zhanshi*, 1938) von Kho Lai Hung (Guo Lihen), *Brennendes Shanghai* (*huozhong de Shanghai*, 1938) von Lo Sze (Lu Si), *Chinesische Jugend* (*Zhongguo qingnian*, 1937) von Wong Tak Choi (Huang Decai) oder *Märtyrer des Widerstandskrieges* (*lieshi kangzhan*, 1937) von Fung Chi Kwong (Feng Zhigang).

Mit diesen Filmen und der in ihnen publikumswirksam verbreiteten antijapanischen Propaganda florierte die linke Hongkonger Filmindustrie bereits zu diesem frühen Zeitpunkt. Allerdings erregten diese zumeist patriotisch motivierten Werke auch die Aufmerksamkeit der japanischen Zensurbehörden, die alledem schon bald nach ihrer Okkupation der Kronkolonie ein Ende bereiteten. Ab dem Jahre 1942 unterbanden die neuen Herren in Hongkong jegliche pro-chinesische und antijapanische Stimmungmache. Statt dessen ließen sie nur noch eigene Kriegspropaganda und unpolitische chinesische Unterhaltungsfilme auf den Leinwänden zu. Bis zum Kriegsende war damit diese letzte freie chinesische Enklave für die Filmkünstler verloren. So teilte das gesamte Filmwesen Hongkongs das Schicksal der Stagnation mit dem des Kinos auf dem Festland. Produktion wie Distribution kamen unter den gegebenen Umständen – es fehlte sogar oft am notwendigen Strom – fast vollständig zum Erliegen.

Unmittelbar nach der japanischen Kapitulation im Jahre 1945 nahmen zunächst sieben Produktionsfirmen ihre Arbeit wieder auf. Sie konnten bald große Gewinne mit dem Export kommerzieller kantonesischer Filme erzielen. Diese wurden nach althergebrachten Schemata für traditionelle Sehgewohnheiten aufbereitet. So entstanden unzählige Low-Budget-Produktionen, die in den Theatersälen und Filmstudios oft in kürzester Zeit mit zumeist starrer Kamera von den Bühnen abphotographiert wurden. Daneben gab es melodramatische Kriegs- und Liebesgeschichten mit simplem Gut-Böse-Schema, das regelmäßig mit der Wiederherstellung der gefährdeten Harmonie endete und zugleich tradierte soziale Hierarchien auf der Basis des konfuzianischen Moralkodexes bediente. Zugleich zogen diese Filme die Leute mit aktuellen Themen und der Verwendung von glatten Darstellungsweisen in ihren Bann. Sie alle entsprachen den populären Groschenromanen, denen über ihre bloße Visualisierung hinaus kaum neue Mittel der Darstellung hinzugefügt wurden. Daher sind sie weder aus filmhistorischer noch aus filmästhetischer Perspektive erwähnenswert.

In den vier Jahren nach Kriegsende wurde Hongkong aber erneut zum Zufluchtsort liberaler und linker chinesischer Filmemacher. Diese entzogen sich den bald entbrannten Bürgerkriegswirren und den unsicheren politischen und wirtschaftlichen Verhältnissen in Shanghai wie der Verfolgung durch die Nationalisten. Deren dünnhäutig gewordenen Führern war inzwischen jeder Künstler suspekt und der kommunistischen Kollaboration verdächtig. Andererseits waren die Filmschaffenden aber auch nicht bereit, sich in die relativ sichere, dabei aber kunstfeindliche und freiheitstötende Propagandamaschinerie der Kommunisten im Dongbei-Filmstudio oder in die kaum noch existente Dokumentarfilmproduktion Chiang Kaisheks einfügen zu lassen. Einige Regisseure, die zumeist schon in der Vorkriegszeit mit politischen Filmen in der Tradition des Vierten Mai in Shanghai zu Ruhm gelangt waren, brachten das linksgerichtete politische Filmgenre zurück in die Kronkolonie. Dort hatte es in Händen renommierter Regisseure wie Shi Dongshan, Ouyang Yuqian oder Ke Ling in diesen wenigen Jahren vor Gründung der Volksrepublik China neben dem kommerziell aufstrebenden Unterhaltungskino zeitweilig Bestand. Als einziges Genre konnte es damals auch filmästhetischen Ansprüchen genügen.

Unter den gegebenen Umständen, die öffentliche Subventionen ausschlossen und damit kommerzielles Produzieren notwendig machten, und angesichts der antikommunistischen Front, die ihnen dort begegnete, erreichte allerdings keiner der linksgerichteten Regisseure die Qualität der Shanghaier Produktionen. Bekannt geworden sind immerhin einige Einzelwerke, wie Ouyang Yuqians *Wilde Feuer und Frühlingswinde* (*yehuo chunfeng*, 1948) und *Die Art zu lieben* (*lianai zhi dao*, 1949), Zhang Mins *Heirat unter Blutsverwandten* (*jie qin*, 1949) und Gu Eryis *Familie auf dem Wasser* (*shuishang renjia*, 1949).

Film als Industrieprodukt

In den wenigen Jahren zwischen Kriegsende und der Gründung der Volksrepublik China, in die viele Künstler nach Kriegsende zurückkehrten, bedeutete die linksgerichtete politische Produktion ein nur kurzes Intermezzo. Nach 1949 wurde die aufstrebende Filmindustrie Hongkongs hingegen schon wieder von einer breiten Unterhaltungsware ohne nennenswerten künstlerischen oder politischen Anspruch beherrscht. Publikum und Regierung bevorzugten die unpolitischen Genres leichter Komödien und kantonesischer Dramen, deren glatte Formen und simple Aussagen durchaus mit dem deutschen Nachkriegskino vergleichbar sind. Auch dieses war in erster Linie um die Wiederherstellung und Aufrechterhaltung der staatlichen Ordnung bemüht gewesen. Angesichts der kommunistischen Machtübernahme und der Expansionsbestrebungen der neuen Herrscher Chinas, die in der Kronkolonie nie als zuverlässige Partner galten, wurde 1949 gar eine Säuberungskampagne gegen reaktionäre und linksgerichtete Elemente im Filmwesen Hongkongs durchgeführt.

Nach Gründung der Volksrepublik China und angesichts der bedrohlichen Machtpolitik der Kommunisten, verschwand die linksgerichtete politische Opposition allmählich aus den Studios der Kronkolonie, deren Bedeutung als freiheitliche Enklave den Künstlern wie dem Publikum angesichts der politischen Ereignisse im Mutterland vor Augen geführt wurde. Schon bald konnten sich nur noch wenige renommierte linksorientierte Produktionsfirmen mit vorsichtig kritischen, in erster Linie aber kommerziellen Werken gegen die Konkurrenz aus dem Unterhaltungslager behaupten. Damit wurde das Kino endgültig zum kommerziellen Medium, zur Ware innerhalb der aufstrebenden Wirtschaft Hongkongs. Diese sollte über ihren ökonomischen Nutzen hinaus konservative Werte und das angesichts der turbulenten Ereignisse jenseits der Grenze noch verstärkte Bedürfnis nach gesellschaftlicher Ruhe und Harmonie vertreten. Über den Film sollte Hongkong von der Volksrepublik China abgegrenzt werden, um eine alternative chinesische (Film-) Kultur mit traditionellen Wertmaßstäben und einer politischen Westorientierung zu errichten. Tatsächlich war man dabei aber immer offensichtlicher auf wirtschaftliche Erfolge aus. Um sie bemühte sich bald eine rasch zunehmende Zahl privater Produzenten.

In den fünfziger und sechziger Jahren wurden in Hongkong mehr als viertausendfünfhundert Spielfilme produziert, wobei im Jahre 1961 ein Höhepunkt von dreihundertundzwei fertiggestellten Werken erreicht wurde. Im selben Jahr entstanden in der gesamten Volksrepublik China nicht mehr als sechsundzwanzig Filme, und selbst die führende Filmnation Amerika kam mit zweihundertvierundfünfzig Filmen nicht an die Produktionsziffern des Stadtstaates heran.

An Stelle traditioneller Dramenfilme und politischer Genres eroberten Melodramen und Komödien die Lichtspielhäuser. Diese entsprachen dem Geschmack eines Massenpublikums im gesamten ostasiatischen Raum. Mit ihren unverändert simplen Gut-Böse-Antagonismen und Fabeln, deren gutes Ende mit dem Sieg der Filmhelden gewiß war, stellten sie keinerlei Ansprüche an die Zuschauer. Damit entsprachen sie traditionellen Sehgewohnheiten wie dem von Hollywood geprägten internationalen Publikumsgeschmack. Sie ließen sich sogar weit über den ohnehin außerordentlich bevölkerungsreichen konfuzianischen Kulturraum in Ost- und Südostasien hinaus absetzen. Von den Filmimperien Hongkongs, die in den fünfziger Jahren ihre Vormachtstellung in Ostasien begründeten, konnten sich einige anhand ihrer Umsätze schon bald durchaus mit den Marktführern Hollywoods messen. Weit verzweigte Konzerne wie die Cathay Film Production Company, die Konzerne der aus einem ehemaligen Shanghaier Textilimperium hervorgegangenen Shaw Brüder oder die Golden Harvest Co. des ehemaligen Shaw-Mitarbeiters Raymond Chow (Zhou Wenhuai) bestimmen mit ihren Produktionsfirmen, Filmstudios, Kinoketten und Weltvertrieben auch in den neunziger Jahren noch das Hongkonger Filmwesen. Einige von ihnen haben der Konkurrenz aus Hollywood standgehalten und sich selbst im amerikanischen Film-Mekka erfolgreich engagiert. Die Umsatzzahlen von Firmen wie Golden Harvest oder der Shaws bestätigen den Ruf Hongkongs als einer der weltweit absatzträchtigsten kommerziellen Filmindustrien.

Das Erbe Bruce Lees

Ein radikaler inhaltlicher und ästhetischer Wandel in der Filmproduktion Hongkongs ergab sich erst, als in den frühen siebziger Jahren in Europa und Amerika das fernöstliche Martial-Arts-Genre, das in China bereits seit den Shanghaier Kampffilmen (wudapian) aus den zwanziger Jahren fest etabliert war und die Tradition der mündlich überlieferten Heldenerzählungen und der Groschenromane fortsetzte, als umsatzträchtiges Produkt erkannt wurde. Das westliche Publikum begeisterte sich an der Exotik und Rasanz dieser Filme genauso wie an der in ihnen dargestellten Kampfkunst. Mit seinem Schauspieler Bruce Lee (Li Xiaolong, 1940–73) stellte insbesondere Raymond Chow seine Produktion vollständig auf dieses wirtschaftlich vielversprechende Genre um, das bald darauf auch im Land seiner Entstehung große Umsätze einspielte. Damit veränderte er das Hongkonger Filmwesen nachhaltig. Er selbst stieg mit seiner Firma Golden Harvest zum Marktführer auf und machte Bruce Lee zum Weltstar. Immer mehr Produzenten in Hongkong folgten dem Beispiel Raymond Chows. Sogar amerikanische Konzerne, die sich mit einer rasch wachsenden Zahl Koproduktionen in diesem Genre engagierten, erkannten sehr schnell dessen kommerziellen Möglichkeiten innerhalb einer weltweiten Welle der Kungfu-Begeisterung. Dies führte jedoch dazu, daß im Hinblick auf die internationale Vermarktung weitere Abstriche am kulturellen Inhalt der Filme gemacht werden mußten, die bald zu bloßen Anleitungen für diverse Kampfsportarten verkamen.

Obwohl Bruce Lee schon bald nach der internationalen Etablierung dieses Genres während der Aufnahmen zu seinem vierten Film *Todesspiele (siwang youxi)* im Jahre 1973 verstarb, war der weitere Vormarsch von Martial-Arts-Filmen unaufhaltsam. Auch sie reproduzierten exakt ein simples Gut-Böse-Schema moralethischer Kriterien. Mit überschaubaren Antagonismen, auf das notwendigste reduzierten Handlungsstrukturen und dem abschließenden heldenhaften Sieg der guten Sache kamen sie in ihrer comichaften Inszenierung mit großer Identifikationswirkung zugleich amerikanischen und europäischen Sehgewohnheiten entgegen. Diese waren durch Hollywood, seine Western, Kriegsfilme und Thriller, auf einen vergleichbaren, ein extrem simplifiziertes Weltbild ausstrahlenden Heldenkult abgestellt. Insbesondere waren es dabei die äußerst akrobatischen und dabei unnötig brutalen Actionszenen sowie die sich mit ihnen verbindende Illusion von Exotik, die das westliche Publikum ungeachtet der minderen filmischen Qualität und auch der schwachen schauspielerischen Fähigkeiten in ihren Bann zogen. Darüber gerieten die zumeist minderwertigen Inszenierungen und groschenheftmäßigen Handlungsstrukturen in den Hintergrund des Publikumsinteresses.

Urbanes Kino

Bis in die achtziger Jahre hinein feierten die Hongkonger Marktführer mit Martial-Arts-Filmen große kommerzielle Erfolge. Dabei wählten sie immer mehr auch die moderne Stadt zu ihrem Hintergrund und eiferten dabei mit vielen tausend Kungfu-Thrillern zusehends den internationalen Entwicklungen von Gewalt und Sex auf den Leinwänden nach. Hongkong war bis dahin längst zur asiatischen Kommerzfilmmetropole avanciert. Damit behielt es gegenüber den aufstrebenden Industrien Taiwans, der Volksrepublik China und den südostasiatischen Konkurrenten die Oberhand.

Seit 1979 konnte sich aber auch in der Kronkolonie eine Reihe junger Regisseure mit innovativen Ausdrucksweisen und gesellschaftskritischen Themen etablieren. Diese mußten sich zwar den kommerziellen Zwängen der Filmindustrie beugen und für ein breites Publikum produzieren, gingen aber unübersehbar eigene künstlerische Wege. Sie konnten allmählich persönliche ästhetische Akzente setzen und höherwertige Produkte auf die Leinwände bringen. Darüber haben sie das Hongkonger Image eines niveaulosen Massenproduzenten korrigiert und einige ihrer gesellschaftskritisch akzentuierten Produktionen sogar erfolgreich auf internationalen Festivals und weltweit in den Lichtspielhäusern präsentiert.

Dabei ist es allerdings keinem der Regisseure aus der jungen Generation gelungen, glanzvolle Einzelkunstwerke von der Qualität der Arbeiten ihrer innovativen Kollegen vom Festland und aus Taiwan hervorzubringen. Dafür sind sie viel zu sehr in die kommerziellen Zwänge eingebunden, die Hongkong und das dortige Filmwesen auch in den neunziger Jahren noch immer prägen. Dennoch spiegelt sich in den Filmen dieser Erneuerer des Hongkonger Kinos die sich von den beiden anderen chinesischen Filmkulturen loslösende Hongkonger Identität deutlicher als bei all ihren Vorgängern in der Filmgeschichte der Kronkolonie. Als erste Generation sind sie nicht aus dem chinesischen Vorkriegskino hervorgegangen. Die meisten dieser jungen Filmemacher waren statt dessen an amerikanischen Filmakademien ausgebildet worden und über Tätigkeiten beim Fernsehen zum Film gekommen. Dessen Ästhetik spiegelt sich deutlich auch in ihren Leinwandprodukten.

Nicht China und seine Traditionen lieferte also die Motive für die in Hongkong aufgewachsenen und trotz der geographischen Nähe Chinas der westlichen Welt oft sehr viel näher stehenden Regisseure. Vielmehr war es die eigene Geschichte, Gegenwart und insbesondere die ungewisse Zukunft Hongkongs, die jeden einzelnen von ihnen auch ganz persönlich betrifft. Die fernsehgerechte, teilweise aber auch in aufwendigen Inszenierungen von poetischer Schönheit schwelgende westliche Ästhetik ihrer Werke verdeutlicht den unübersehbaren Bruch des Hongkonger Kinos mit den beiden chinesischen Staaten. Deren aus den eigenen Traditionen schöpfenden Impulse sind den jungen Filmemachern dort oft fremd geblieben.

In den Werken der Hongkonger Filmavantgarde kristallisierten sich drei Themenbereiche heraus, die die Künstler in altbekannten und publikumswirksamen Genres von Thriller, Melodram und Kampffilm aber auch in Historienfilmen an den Zuschauer vermittelten. Zum einen ist das die für Hongkong genauso wie für Taiwan geltende und auch in der Volksrepublik China allmählich aktuell werdende Problematik des Widerspruchs zwischen Tradition und Moderne. Dieser Themenkomplex beherrschte insbesondere die frühesten Werke des neuen Kinos, wurde aber schon bald durch aktuellere und gegenwartsbezogenere Themen verdrängt. Diese setzten sich zumeist mit der sich rasant entwickelnden urbanen Welt auseinander. Zugleich rückte aber die angesichts der wirtschaftlichen Erfolge jahrzehntelang unterdrückte Frage nach der eigenen kulturellen und nationalen Identität der Menschen Hongkongs an der Schnittstelle zwischen Ost und West immer deutlicher in den Vordergrund. Zudem drängt sich seit Beginn der Rückgabeverhandlungen Hongkongs an China im Jahre 1982 für die Filmemacher immer mehr auch die dringliche Frage nach der Zukunft der Kronkolonie auf.

Ann Hui

Die Regisseurin Ann Hui (Xu Anhua, geb. 1947) hat den Problemkreis um Tradition und Moderne sowie die Zukunftsängste und Haltlosigkeit der Menschen in der Kronkolonie in ihren Filmen am eindringlichsten formuliert. Im Jahre 1979 drehte sie mit *Das Geheimnis (fengjie)* ihren Debütfilm. Angesichts des räumlich begrenzten und somit nach innen wachsenden Hongkongs löste sie die Problematik nicht, wie viele ihrer Kollegen in Taiwan und der Volksrepublik China, in der Rückkehr zu Utopien von ruralen Lebensformen auf. Vielmehr überließ sie es dem Zuschauer, seine eigenen Schlüsse zu ziehen und über Lösungsmöglichkeiten nachzudenken, mit denen er selbst sich die Zukunft seiner Heimat vorstellen kann.

Mit den gefälligen Mitteln des Thrillers, über den in Hongkong noch immer am ehesten die stets im Vordergrund stehende kommerzielle Vermarktung möglich ist, erzählt *Das Geheimnis* die Geschichte einer jungen Frau aus dem westlichen Bezirk der Insel Victoria. Dort lebt ein Großteil der alteingesessenen Bevölkerung mit seinen traditionellen Riten und Weltanschauungen. Eindringlich vermittelt sich die Widersprüchlichkeit zwischen dieser abgeschlossenen Welt und den modernen westlichen Lebensformen an den Zuschauer. Letztere haben nur wenige U-Bahnstationen weiter das traditionelle China längst verdrängt. In ihrer in sich abgeschlossenen Umwelt erlebt die junge Protagonistin Li Wan eine Dreiecksbeziehung und wird – unverheiratet – schwanger. Wenige Blocks weiter wäre das angesichts eines emanzipierten weiblichen Selbstverständnisses kein Problem. Hier weckt sie damit allerdings alle traditionalistischen Kräfte. Diese wehren sich gegen den Westen, der die Riten und Werte ihrer Welt bedroht. Die

Menschen projizieren all ihre Ängste wie Verteidigungsenergien auf das ›Vergehen‹ dieser jungen Frau. Sie hat den traditionellen Verhaltenskodex verletzt und wird dafür ungeachtet ihrer tatsächlichen Unschuld grausam zur Rechenschaft gezogen. Damit kristallisiert sie sich als Opfer der gesellschaftlichen Widersprüche und Repräsentantin aller im Patriarchat unterdrückten Frauen heraus. Nachdem sie gesellschaftliche Ächtung erfährt und der – unbestraft gebliebene – Vater ihres Kindes sich auch noch für eine andere Frau entscheidet, blickt sie in eine hoffnungslose Zukunft. Eine solche hat angesichts der im gesellschaftlichen Bewußtsein ungebrochenen Sippenhaftung auch ihr Kind zu erwarten. Das Schicksal dieser jungen Frau läuft der Selbstdarstellung Hongkongs als weltoffene moderne Stadt krass zuwider. Der gesellschaftliche Druck, der insbesondere dort, wo die Stellung der Traditionen ohnehin geschwächt ist, kein Erbarmen mit seinen Widersachern hat, zieht die verzweifelnde Li Wan schließlich in den Strudel des Verbrechens. Darüber besiegelt sich ihr Schicksal zuletzt auf eine spektakuläre und publikumswirksame Weise.

In einem weiteren Film, *Zusammenprall mit den Regeln* (*zhuang dao zheng*, 1980), erzählt Ann Hui die Geschichte einer kantonesischen Theatertruppe. Ihr begegnen immer wieder die Geister einer ganzen Kompanie Soldaten, die im Bürgerkrieg an vergifteter Medizin gestorben sind. Sie fordern Wiedergutmachung, weil der Vorfahr einer Sängerin für ihren Tod verantwortlich sein soll. Damit klagt die Regisseurin die noch immer übliche Sippenverfolgung an, die sich teilweise über viele Generationen erstreckt. Zugleich verweist sie aber auf die Frage nach Sinn und Unsinn der unkritischen Einhaltung überkommener Traditionen. Diese ist nach ihrer Ansicht auch nicht durch die Gefahr eines endgültigen Verlustes der chinesischen Identität Hongkongs gerechtfertigt.

Allen Fong

Ann Huis Kollege Allen Fong (Fang Yuping, geb. 1947) hat mit seinem Regiedebüt *Vater und Sohn* (*fuziqing*, 1981), einer Wiederverfilmung von Wu Huis gleichnamigem Film von 1954, das bisher eindringlichste Werk zum Themenbereich von Tradition und Moderne vorgelegt. Für ihn manifestiert sich diese Problematik – wie für seinen taiwanesischen Kollegen Ang Lee – immer auch in Generationenkonflikten. *Vater und Sohn* erzählt die Geschichte einer Vater-Sohn-Beziehung aus der Perspektive der jungen Generation. Der Vater projiziert seine Lebensträume, die in der entbehrungsreichen Aufbauphase nach dem Krieg unerfüllt geblieben sind, auf seinen Sohn. Mit unnachgiebiger Härte und dem konsequenten Beharren auf einer traditionellen Hierarchie, die das Schicksal des Kindes vollständig in die Hände des Familienoberhauptes legt, versucht er, die Karriere des Sohnes voranzutreiben. Der aber, ein begeisterter Kinogänger und damit zugleich Reflexionsfigur für den Regisseur, verliert sich ungeachtet der Wünsche des Vaters in die Leinwandvisionen. Dabei vernachlässigt er seine Studien immer mehr – parallel zu dem steigenden Druck des Vaters. Der Unterschied von Allen Fongs Film zu Wu Huis Version desselben Stoffes ist unübersehbar. Dieser spiegelt zugleich den Generationenunterschied zwischen den Regisseuren und das inzwischen veränderte gesellschaftliche Bewußtsein.

Wu Hui hat in den fünfziger Jahren die verzweifelten Bemühungen des Vaters, seinen Sohn auf den rechten Weg der – konfuzianischen – Tugend zu geleiten, eindringlich inszeniert und dabei ein lebendiges Porträt des Vaters gezeichnet, den Charakter wie die Lebenswünsche des Sohnes hingegen gemäß den dogmatischen Hierarchien nebulös im Hintergrund gelassen. Allen Fong kehrt dies in seiner Umsetzung desselben Themas in das genaue Gegenteil um. Hier steht der Sohn im Vordergrund, seine Unzufriedenheit mit den Umständen seines Lebens und dem Vater als Repräsentanten des überkommenen und menschenverachtenden Dogmenapparats, die beide nicht zulassen, daß er sein Leben und die Suche nach seinem persönlichen Glück selbst in die Hand nimmt. Damit hinterfragt Allen Fong die Legitimation des alten Wertesystems in der neuen Gesellschaft. Er wird zum Vertreter einer selbstbewußten neuen Generation. Während in der Verfilmung Wu Huis mit der Übernahme der Rolle des Patriarchats durch den Sohn nach dem Tod des Vaters Ordnung und Harmonie wieder hergestellt sind, bleibt dessen Schicksal bei Allen Fong ungewiß. Damit verweist dieser auf die noch ungeklärte Zukunft dieser Generation junger Hongkonger Chinesen im Schatten Chinas.

Anders als in Taiwan und der Volksrepublik China üben in Hongkong bisher nur wenige Filmemacher über ihre Kunst Kritik an den negativen Folgen der Modernisierung. Angesichts des Abgeschnittenseins von den Errungenschaften der überlieferten chinesischen Kultur sowie der unaufhaltsamen Entwicklung der Kronkolonie, die vielen Menschen mehr Vor- als Nachteile eingebracht hat, ist für sie die Rückkehr zu traditionellen Werten und ruralen Strukturen undenkbar. Filme wie *Rouge* (*yanzhi kou*, 1987) von Stanley Kwan (Guan Jinpeng), *Nachtzug* (*yeche*, 1980) von Yim Ho oder *Dame in Schwarz* (*duoming jiaren*, 1987) von Sun Chun stellen in eindringlich realistischen, von der Entfremdung der Menschen im urbanen Moloch gerägten Bildern die rücksichtslose Modernisierung in Frage. Deren kühle Inszenierung lehnt sich unverkennbar an den Film Noir an. Dabei gehen die Regisseure allerdings an keiner Stelle so weit wie einige ihrer taiwanesischen Kollegen, die die verloren gegangenen traditionellen bäuerlichen Strukturen unreflektiert zum Heile-Welt-Modell stilisieren. Vielmehr begnügen sich die Filmemacher in Hongkong damit, die Auswüchse der modernen städtischen Gesellschaft in Werken über Kriminalität, Prostitution, Drogenhandel, den fortschreitenden Werteverlust und den Mangel an Mitmenschlichkeit in einer zunehmend kälter werdenden Umwelt zu beklagen. Dabei schaffen sie publikumswirksame rasante Thriller, bei denen in unzähligen Szenen die Grenzen zwischen Glorifizierung und Verteufelung der Gewalt kaum noch auszumachen sind. Weltweite Erfolge mit Filmen dieses urba-

Chungking Express
(Chongqing senlin, 1994, R: Wong Kar-wai)

nen Filmgenres feiert z.B. der Regisseur Wong Kar-wai (geb. 1958). Dieser hat in seinen kühl stilisierten, mit viel Liebe zu den Menschen in ihrer urbanen Umgebung ausgestatteten Filmen wie *Tränen vergehen* (*wangjiao kamen*, 1988), *Tage des Aufruhrs* (*A Fei zhengzhuan*, 1990), *Chungking Express* (*Chongqing senlin*, 1994), *Die Asche der Zeit* (*dongxie xidu*, 1994) und *Fallen Angels* (*duoluo tianshi*, 1995) den Charakter seiner Heimatstadt in alltäglichen Geschichten und düsteren Thrillern eindringlicher einzufangen gewußt als alle Kollegen seiner Generation.

Chinas Schatten

Zum dringlichsten gesellschaftlichen Thema der achtziger und frühen neunziger Jahre ist die bevorstehende Rückgabe Hongkongs an die Volksrepublik China geworden. Diese ist bereits wesentlicher Motivgeber für einige Werke des Gegenwartsgenres gewesen, das auf weitere Modernisierung und Anlehnung an den Westen setzt. Demgegenüber haben sich andere Regisseure im Hinblick auf den 30. Juni 1997 intensiver mit der Beziehung Hongkongs zum Nachbarland beschäftigt. Dabei setzen sie sich mit dessen feudaler und radikal-kommunistischer Geschichte sowie den Expansionsbestrebungen der heutigen kommunistischen Machthaber genauso auseinander wie mit dem gegenwärtig noch rückständigen Entwicklungsstand ihrer zukünftigen Herren.

Nur wenige Jahre nach dem Ende der Kulturrevolution und dem Sturz der linksradikalen Herrschaft in China, die auch den Menschen in Hongkong die Unberechenbarkeit der Pekinger Führer und die eigene Schutzlosigkeit in der winzigen Enklave am Südzipfel Chinas vor Augen geführt hat, setzten mit Margareth Thatchers Peking-Besuch im Jahre 1982 die Rückgabeverhandlungen ein. Damit begann auch eine Welle der Sensibilisierung gegenüber den Ereignissen jenseits der Stacheldrahtzäune. Ihr trägt beispielsweise Ann Hui in ihrem Film *Boat People* (*touben nuhai*, 1982) Rechnung. In diesem politischen Melodram über Flüchtlinge aus dem nachrevolutionären Vietnam ermöglicht sie dem Zuschauer einen Einblick in die gesellschaftliche und politische Lage sowie das Schicksal der politischen – und wirtschaftlichen – Flüchtlinge aus dem kommunistischen Staat, die in großer Zahl auch in Hongkong Asyl suchten. Auf der anderen Seite zeichnet sie damit metaphorisch ein lebendig übertragbares und desillusionierendes, in Ungewißheit mündendes Bild von der möglichen Zukunft Hongkongs nach der kommunistischen Machtübernahme. Mit dieser überzogenen und filmästhetisch kaum überzeugenden Form antikommunistischer Propaganda bediente und schürte Ann Hui die sich ausbreitenden Zukunftsängste der Menschen in der Kronkolonie. Trotz des in Hongkong ungewöhnlichen Genres des politischen Melodrams, das Actionszenen der Thriller und Martial-Arts-Filme weitgehend vermissen läßt, sicherte Ann Hui sich damit zwar eine breite Zuschauerschar, konnte andererseits aber bei weitem nicht an die künstlerische Qualität von Werken wie *Das Geheimnis* anknüpfen.

Yim Ho

Yim Ho (geb. 1952) schaut mittlerweile auf eine lange Reihe Regiewerke zum Themenkomplex um Hongkong und China zurück. Insbesondere in seinen Filmen *Heimkehr* (*sishui liunian*, 1984) und *Der Tag, als die Sonne erkaltete* (*tianguo nizi*, 1994), die die bisherigen Höhepunkte seiner künstlerischen Laufbahn darstellten, hat er das Thema der Hongkong-China-Beziehungen und der untrennbar mit diesen verbundenen Zukunft Hongkongs subtil umgesetzt. In *Heimkehr*, der einfühlsamen Geschichte einer jungen Hongkonger Frau, die erstmals seit ihrer frühen Kindheit in das Heimatdorf ihrer Familie auf dem Festland reist, hat er vollständig auf populistische Elemente und propagandistische Polemiken verzichtet, wie sie die Auseinandersetzung in der Öffentlichkeit Chinas wie Hongkongs beherrscht haben. Er nähert sich diesem Thema und all den damit verbundenen Ängsten und Hoffnungen mit großer Sensibilität. Dabei zeichnet er seine Protagonistin bei der Begegnung mit ihren Verwandten, Kindheitsfreunden und den Menschen in ihrem Heimatdorf mit großer Genauigkeit. Über persönliche Beziehungen, viel Einfühlungsvermögen und die ungebrochene Liebe zu ihrer Heimat gelingt es ihr, ihre diffusen Ängste abzubauen und für sich persönlich die Schranken zwischen den verschiedenen politischen und wirtschaftlichen Systemen zu überwinden. So kommt sie zu der Erkenntnis, daß die kulturelle wie familiäre und persönliche Verbundenheit zwischen den Menschen sehr viel stärker ist als alle von außen indoktrinierten Gegensätzlichkeiten. Darüber vermittelt die Protagonistin dieses Films die angesichts der kommunistischen Geschichte Chinas schon fast naive Zuversicht in die Zusammengehörigkeit der so unterschiedlichen Gesellschaften.

Yim Hos Film *Der Tag, als die Sonne erkaltete* hingegen handelt von einer Haß-Liebe zwischen Mutter und Sohn, in der der Sohn zwischen seinen – ohnehin zerrissenen – Gefühlen und den traditionellen Dogmen der Gesellschaft zu entscheiden hat; eine private Geschichte, die aber zugleich als umfassende Gesellschaftsallegorie lesbar ist. Schon bald werden nämlich wohl auch die Menschen in Hongkong vor einer solchen Entscheidung stehen, die ihnen die Pekinger Machthaber nach der Übernahme der Kronkolonie aufzwingen werden.

Tsui Hark

Der erfolgreichste Regisseur des neuen Hongkonger Kinos ist der seit seinem Film *Peking Opera Blues* (*daoma dan*, 1986) auch im Westen bekannte Tsui Hark (Xu Ke). Er ist mit seinen kunstvollen und effektreichen Inszenierungen klassischer Genres von Thriller und Kampffilm zum Begründer einer neuen Ästhetik geworden. Diese präsentiert dem Publikum unter Vermischung verschiedenster Stilelemente und mit rasanten Montagen höchst artifizielle Leinwandprodukte. Die Grenzen zwischen Hongkonger Realität und traditioneller Heldenfabel, zwischen realistischem Actionthriller und farbenprächtig choreographiertem Bühnendrama, populärem Kino und Kunstfilm läßt Tsui Hark bewußt verschwimmen. Der humorvoll kritische Blick des Regisseurs auf sich selbst und die metaphorisch als realitätsfernes Märchenreich präsentierte moderne Gesellschaft Hongkongs werden in seinen Filmen auf eindrucksvoll unpathetische und zugleich künstlerisch unterhaltsame Weise dargestellt. Damit füllen Tsui Harks Filme die großen Kinosäle in Ostasien und aller Welt und begeistern Kritiker und Festivaljuroren.

Im Jahre 1980 drehte Tsui Hark den Film *Gefährliche Begegnung der ersten Art* (*diyi leixing weixian*). Darin rief er mit Szenen über wahllos und ohne jegliche Motive von jugendlichen Unruhestiftern verschickte Bomben die Zensoren auf den Plan. Die dargestellten willkürlichen Terrorakte weckten die Erinnerung an die sich auch bis in die Kronkolonie auswirkenden Unruhen der Kulturrevolution. Sie zeichneten das Bild einer jederzeit dem Chaos ausgelieferten Zivilisation, das damit den wohlgeordneten Antagonismen der Gesellschaft krass zuwider lief. Die Furcht vor dem kommunistischen China war zwar allgegenwärtig, wurde aber selbst in dieser metaphorischen Form mit Rücksicht auf den einflußreichen Nachbarn nicht geduldet.

Auch in seinem Film *Shanghai Blues* (*Shanghai zhi ye*, 1984) setzt Tsui Hark sich anhand einer Geschichte über die japanische Besetzung Shanghais während des Asien-Pazifik-Kriegs mit der Beziehung Hongkongs zur Volksrepublik China auseinander. In seinem 1989 gedrehten Werk *Heldenhafter Charakter III* (*yingxiong bense III*, VT: *Liebe und Tod in Saigon*) erzählt er eine Liebesgeschichte aus dem kurz vor der kommunistischen Machtübernahme stehenden Saigon. Darüber verweist er wiederum unverkennbar auf die bevorstehende Übergabe Hongkongs an China. Szenen von demonstrierenden Studenten, die brutal niedergeknüppelt werden, erinnern dabei unübersehbar an die noch frisch im Gedächtnis haftenden Ereignisse auf dem Pekinger Tiananmen Platz im Frühjahr desselben Jahres. Sie eröffnen dem Zuschauer eine düstere Perspektive auf das Hongkong nach 1997. Dabei brillieren all diese Filme nicht allein durch ihre metaphorisch und in vielen Andeutungen und Symbolen sensibel an das Publikum vermittelten politischen Inhalte, sondern insbesondere auch durch die lebensbejahende Energie, die sie in rasanten Einstellungen und schnellen Schnitten auf den Zuschauer übertragen. Damit bestätigen sie ihren Ruf als hochwertiges Unterhaltungskino.

Tsui Harks Film *Peking Opera Blues* ist zweifellos ein Höhepunkt des Hongkonger Kinos in den achtziger Jahren. Der Regisseur führt das Publikum in das Peking des Jahres 1913. Er läßt ein längst vergangenes China der Warlords und Kämpfe um Macht, Liebe und Ehre mit all seinen nostalgischen Erinnerungen und rückwärtsgewandten Utopien auferstehen, die auch in Hongkong mit der Vergangenheit verbunden werden. Die extrem stilisierte, märchenhafte Inszenierung dieses Films ist an keiner Stelle um Realismus bemüht. Vielmehr hindert sie den Zuschauer unter zusätzlicher Verwendung schneller Schnitte und kürzester Einstellungen an jeder Einfühlung. Dennoch erreicht der Film über die Charakterzeichnung einen hohen Identifikationsgehalt und entführt aus dem Alltag in ferne und über die Traditionen doch vertraute Traumwelten.

Die Geschichte um eine bemühte, aber erfolglose Revolutionärin, eine arbeitslose Sängerin und die Tochter eines Operndirektors, in dessen Theater der Kampf in ein grandioses Finale eskaliert, erinnert dabei fast überdeutlich an Arthur Schnitzlers grotesken Einakter *Der grüne Kakadu*. Aber nicht die erzählte Geschichte zieht den Zuschauer in ihren Bann sondern der formale Bruch und das Spiel mit den im Hongkonger Erzählkino festgeschriebenen Konventionen. An ihre Stelle setzt Tsui Hark ein Experimentieren und Ausloten der Grenzen filmischer Stilisierbarkeit. Keine zeitliche oder räumliche Einheit dient dem Zuschauer als roter Faden durch die Handlung. Die artifiziell dargestellten Räume erinnern zudem an Filme des deutschen Expressionismus.

Peking Opera Blues
(daoma dan, 1986, R: Tsui Hark)

Tatsächlich kokettiert Tsui Hark aber mit der chinesischen Bühnentradition. Deren Ausdrucksformen, die oft allein auf dem gestischen Spiel der Akteure beruhen, beherrschen die Inszenierung und ersetzen realistische Bühnenbilder fast vollständig. Er übernimmt aber nicht deren starre Konventionen, um etwa an frühe Bühnenverfilmungen anzuknüpfen. Vielmehr benutzt, hinterfragt und vermischt er sie mit visuellen filmischen Mitteln zu einer virtuosen Choreographie. Darüber gerät die an vertraute Themen, Inhalte und Charaktere aus Erzählertradition und Groschenroman angelehnte Fabel leicht in Vergessenheit. Vor den bewegten historischen Hintergrund des frühen republikanischen Chinas und die Darstellung – scheiternder – revolutionärer Kämpfer in einer durchweg traditionalistischen Welt hat Tsui Hark auch hier wieder politische Aussagen gestellt. Diese kreieren eine virtuelle Gegengesellschaft zur desillusionierenden Realität. Über die Filmfabel, die in Form der comichaften Inszenierung an parodistischer Kritik und Selbstkritik nicht spart, beziehen sie sich wiederum unmittelbar auf die Beziehung Hongkongs zum kommunistischen China der Gegenwart und die ungewisse Zukunft für die Kronkolonie.

Der Film *Peking Opera Blues* und eine kleine Reihe weiterer Werke, die sich, wie etwa Ching Siu-Tungs *A Chinese Ghost Story* (*qiannü youhun*, 1987), dessen ästhetische Mittel zueigen machten, verbinden den kommerziellen Anspruch der Hongkonger Filmindustrie mit einer anspruchsvollen künstlerischen Inszenierung und der Vermittlung politischer wie gesellschaftlicher Aussagen am überzeugendsten. Obwohl bisher keiner der Regisseure des neuen Hongkonger Kinos auch nur annähernd an die visuelle Aussagekraft, gesellschaftliche Relevanz und filmische Brillanz der festlandchinesischen und teilweise auch der taiwanesischen Kollegen heranreichen konnte, bilden ihre Werke doch einen wohltuenden Gegenpol zu den unzähligen Low-Budget-Streifen, die noch immer auf Hongkongs Leinwänden vorherrschen.

Ein kommerziell erfolgreiches Hongkonger Kino kann also durchaus auch qualitative Maßstäbe setzen. Damit deutet sich vielleicht auch ein Weg in die Zukunft für ostasiatische Thriller und Martial-Arts-Filme als beachtenswerte Genres des populären Weltkinos an. Die weitere Entwicklung von jungen Regisseuren, wie Clara Law (Luo Zhuoyao) mit *Ich liebe Kosmonauten* (*wo ai taikongren*, 1988), Jacob Cheung (Zhang Zhiliang) mit *Der letzte Eunuch* (*Zhongguo zuihou yige taijian*, 1988), Alex Law (Luo Qirui) mit *Sieben kleine Segen* (*qi xiaofu*, 1988, VT: *Haltet die Rastlosen*) oder Lawrence Ah Mon (Liu Guochang) mit *Jugendbanden* (*tongdang*, 1988) oder *Drei Sommer* (*gege de qingren*, 1992), wird zeigen, ob sich diese Tendenz in Zukunft bestätigen wird. Allerdings hängt das alles davon ab, ob eine Fortsetzung der fortschreitenden Kommerzialisierung nach der Übernahme Hongkongs durch die Volksrepublik China und den vermutlich damit einhergehenden Problemen mit Zensur, Geldmangel und Bürokratie überhaupt gegeben sein wird, oder ob das Hongkonger Kino vielmehr in kürze von der übermächtigen chinesischen Filmindustrie völlig verschlungen und seine kulturelle Relevanz und eigenständige Identität damit praktisch ausgetilgt wird.

Anhang

Filmographie

(Auswahl bedeutender und repräsentativer Spielfilme in chronologischer Reihenfolge, abweichende deutsche Verleihtitel und deutschsprachige Erstaufführung sind in Klammern nachgestellt)

1. Festlandchina (1905–1996)

1905 *Der Berg Dingjun (dingjunshan)* R: Liu Zhonglun, Peking (Fengtai Photostudio)
1916 *Unschuldiger Geist in der Opiumhöhle (heiji yuanhun)* R: Zhang Shichuan, Shanghai (Huanxian)
1920 *Dieb im Wagen (che zhong dao)* R: Ren Pengnian, Shanghai (Commercial Press)
1920 *Der Frühlingsduft stört die Studien (chunxiang naoxue)* R: Mei Lanfang, Shanghai (Commercial Press)
1921 *Lady Killer (hongfen kulou)* R: Guan Haifeng, Shanghai (New Asia)
1923 *Ein Waisenkind rettet seinen Großvater (guer jiu zuzi)* R: Zhang Shichuan, Shanghai (Mingxing)
1925 *Baldige Geburt (zao sheng guizi)* R: Hong Shen, (Shanghai) Mingxing
1926 *Sohn der Feudalfamilie Feng (Feng dashaoye)* R: Hong Shen, Shanghai (Mingxing)
1926 *Gold und Liebe (aiqing yu huangjin)* R: Hong Shen, Shanghai (Mingxing)
1926 *Im späten April erblühen die Rosen (siyuelidi qiangwei chuchukai)* R: Hong Shen, Shanghai (Mingxing)
1926 *Nach drei Jahren (san nian yihou)* R: Tian Han, Shanghai (Minxin)
1926 *Rein wie Jade, klar wie Eis (yu jie, bing qing)* R: Ouyang Yuqian, Shanghai (Minxin)
1926 *Die Blume von Shanghai (Shanghai hua)* R: Wang Fuqing, Shanghai (Guoguang)
1926 *Liang Shanbo und Zhu Yingtai (Liang Shanbo yu Zhu Yingtai)* R: Shao Zuiwen, Shanghai (Tianyi)
1927 *Der Boxer aus Shandong (Shandong mayongzhen)* R: Zhang Shichuan, Shanghai (Mingxing)

1930 *Singmädchen Rote Päonie (genü Hongmudan)* R: Zhang Shichuan, Shanghai (Mingxing)
1931 *Liebe und Pflicht (lianai yu yiwu)* R: Bu Wancang, Shanghai (Lianhua)
1933 *Drei moderne Mädchen (sange modeng nü)* R: Bu Wancang, Shanghai (Lianhua)
1933 *Seidenraupen im Frühling (chuncan)* R: Cheng Bugao, Shanghai (Mingxing)
1933 *Geschwister Blumen (zimei Hua)* R: Zheng Zhengqiu, Shanghai (Mingxing)
1933 *Vierundzwanzig Stunden in Shanghai (Shanghai ershisi xiaoshi)* R: Shen Xiling, Shanghai (Mingxing)
1933 *Schrei der Frauen (nüxing de nahan)* R: Shen Xiling, Shanghai (Mingxing)
1934 *Das Lied der Fischer (yu guang qu)* R: Cai Chusheng, Shanghai (Lianhua)
1934 *Göttinnen (shennü)* R: Wu Yonggang, Shanghai (Lianhua)
1934 *Breiter Weg (dalu)* R: Sun Yu, Shanghai (Lianhua)
1936 *Hochfliegende Pläne (zhuangzhi lingyun)* R: Wu Yonggang, Shanghai (Lianhua)
1937 *Auf der Kreuzung (shizi jietou)* R: Shen Xiling, Shanghai (Mingxing)
1937 *Straßenengel (malu tianshi)* R: Yuan Muzhi, Shanghai (Mingxing)
1937 *Marsch der Jugend (qingnian jinxingqu)* R: Shi Dongshan, Shanghai (Xinhua)
1937 *Blutbad am Wolfsberg (Langshan diexue ji)* R: Shen Chen und Fei Mu, Shanghai (Lianhua)
1938 *Achthundert Helden (babai zhuangshi)* R: Ying Yunwei, Chongqing
1939 *Söhne und Töchter Chinas (Zhonghua ernü)* R: Shen Xiling, Shanghai (Mingxing)
1939 *Yanan und die Achte Route Armee (Yanan yu Balujun)* R: Yuan Muzhi, Yanan (Yanan Filmgruppe)
1946 *Bittere Liebe (kulian)* R: Dan Duyu und Chen Shi, Shanghai (Shanghai Film Co.)
1946 *Verlangen (yuwang)* R: Wang Yin, Shanghai (Zhonghua)
1947 *Auf dem Songhuafluß (Songhuajiang shang)* R: Jin Shan, Changchun (Dongbei)
1947 *Achttausend Li unter Wolken und Mond (baqianli lu yun he yue)* R: Shi Dongshan, Peking (Kunlun)
1947 *Madame X (Mou furen)* R: He Feiguang, Shanghai (Da Zhonghua)
1947 *Ein Frühjahrsstrom fließt nach Osten (yijiang chunshui xiang dong liu)* R: Cai
– 48 Chusheng und Zheng Junli, Shanghai/Peking (Lianhua/Kunlun) (VT: *Die Wasser des Frühlingsstromes fließen nach Osten*, 2.11.80 ZDF)
1948 *Verlaß ihn, um den Alten Jiang zu bekämpfen (liuxia ta da Lao Jiang)* R: Lin Qi, Changchun (Dongbei)
1948 *Lichter aus zehntausend Heimen (wanjia denghuo)* R: Shen Fu, Peking (Kunlun) (23.11.83 WDR)
1948 *Frühling in einer kleinen Stadt (xiaocheng zhi chun)* R: Fei Mu, Shanghai (Wenhua) (10.11.93 ARTE)
1949 *Ein Leben voller Hoffnung (xiwang zai renjian)* R: Shen Fu, Peking (Kunlun)
1949 *Krähen und Spatzen (wuya yu maque)* R: Zheng Junli, Peking (Kunlun)
1949 *Töchter Chinas (Zhonghua nüer)* R: Ling Zifeng, Changchun (Dongbei) (7.6.51 DDR-Kino)
1949 *Die Brücke (qiao)* R: Wang Bin, Changchun (Dongbei)
1949 *Tränen des Perlflusses (Zhujiang lei)* R: Wang Weiyi, Kanton (Nanguo)
1949 *Rückkehr in die eigenen Reihen (huidao ziji duiwu lai)* R: Chen Ying, Changchun (Dongbei)
1949 *Endlose Lichter (guangmang wanzhang)* R: Xu Ke, Changchun (Dongbei)
1949 *Weißgekleideter Kämpfer (baiyi zhanshi)* R: Feng Bailu, Changchun (Dongbei)

1950 *Das weißhaarige Mädchen (baimaonü)* R: Wang Bin und Shui Hua, Changchun (Dongbei)
1950 *Zhao Yiman (Zhao Yiman)* R: Sha Meng, Changchun (Dongbei)
1950 *Frühlingsstrahlen in der Inneren Mongolei (Neimeng chunguang)* R: Gan Xuewei, Changchun (Dongbei)
1950 *Das Leben des Wu Xun (Wu Xun zhuan)* R: Sun Yu, Peking (Kunlun)
1951 *Zugführer Guan (Guan lianzhang)* R: Shi Hui, Shanghai (Wenhua)
1951 *Ein verheiratetes Paar (women fufu zhi jian)* R: Zheng Junli, Peking (Kunlun)
1952 *Tor Nr.6 (liuhao men)* R: Lü Ban, Changchun (Dongbei)
1952 *Neue Helden und Heldinnen (xin ernü yingxiong zhuan)* R: Lü Ban und Shi Dongshan, Peking
1952 *Kämpfe im Norden und Süden (nanzheng beizhan)* R: Chen Ying und Tang Xiaodan, Shanghai
1953 *Mit taktischem Geschick den Berg Hua erobern (zhiqu Huashan)* R: Guo Wei, Peking (*Aktion Tigerberg*, 10.1.64 DDR-Kino)
1953 *Liang Shanbo und Zhu Yingtai (Liang Shanbo yu Zhu Yingtai)* R: Sang Hu und Huang Sha, Shanghai
1954 *Erkundungen am anderen Flußufer (du jiang zhen cha ji)* R: Wang Bin und Tang Xiaodan, Shanghai
1954 *Zwischenfall (yichang fengbo)* R: Xie Jin, Shanghai (Tianma) (*Die Abenteuer des Hirten*, 21.12.56 DDR-Kino)
1955 *Dong Cunrui (Dong Cunrui)* R: Guo Wei, Changchun
1956 *Die Familie (jia)* R: Chen Xihe und Ye Ming, Shanghai (*Das Haus des Mandarins*, 25.4.58 DDR-Kino, 12.6.58 DFF1, 16.2.83 ZDF)
1956 *Segen (zhufu)* R: Sang Hu, Peking (*Neujahrsopfer*, 6.7.84 DFF2)
1956 *Bevor der neue Direktor kommt (xin juzhang daolai zhi qian)* R: Lü Ban, Changchun
1956 *Fünfzehn Schnüre Geld (shiwu guan)* R: Tao Jin, Shanghai
1956 *Li Shizhen (Li Shizhen)* R: Shen Fu, Shanghai (28.3.86 ARD)
1956 *Hua Mulan (Hua Mulan)* R: Liu Guoquan und Zhang Xinshi, Changchun
1957 *Song Jingshi (Song Jingshi)* R: Zheng Junli und Sun Yu, Shanghai
1957 *Treue Partner (qingchang yishen)* R: Xu Changlin, Shanghai (Tianma)
1957 *Basketballspielerin Nr. 5 (nülan wuhao)* R: Xie Jin, Shanghai (Tianma) (*Das Herz spielt mit*, 20.3.59 DDR-Kino, 1.10.59 DFF1)
1957 *Unbeendete Komödie (wei wancheng de xiju)* R: Lü Ban, Changchun
1957 *Tagebuch einer Krankenschwester (hushi riji)* R: Tao Jin, Jiangnan
1957 *Stadt ohne Nächte (buye cheng)* R: Tang Xiaodan, Jiangnan
1958 *Stählerne Männer und eiserne Pferde (gangren tiema)* R: Lu Ren, Haiyan
1958 *Huang Baomei (Huang Baomei)* R: Xie Jin, Shanghai (Tianma)
1958 *Revolution in zwanzig Tagen (ershi tian de geming)* R: Ge Xin, Shanghai (Tianma)
1959 *Die Fabrik wie das eigene Zuhause lieben (aichang rujia)* R: Zhao Ming, Changchun
1959 *Lin Zexu (Lin Zexu)* R: Zheng Junli und Cen Fan, Haiyan (*Kein Opium für China*, 9.8.70 ZDF)
1959 *Lied der Jugend (qingchun zhi ge)* R: Cui Wei und Chen Huaiai, Peking
1959 *Die jungen Leute aus unserem Dorf (women cunli de nianqingren)* R: Su Li, Changchun
1959 *Der Sturm (fengbao)* R: Jin Shan, Peking
1959 *Der Laden der Familie Lin (Linjia puzi)* R: Shui Hua, Peking

1959 *Die neue Geschichte eines alten Soldaten (laobing xinzhuan)* R: Shen Fu, Haiyan
1959 *Insel ohne Namen (wuming dao)* R: Xie Tieli, Peking
1959 *Doppelhochzeit (shuanghunji)* R: Mu Kefu und Wu Tian, Changchun
1960 *Das rote Frauenbataillon (hongse niangzi jun)* R: Xie Jin, Shanghai (Tianma) (22.7.68 ARD)
1960 *Dritte Schwester Liu (Liu sanjie)* R: Su Li, Changchun
1960 *Eine revolutionäre Familie (geming jiating)* R: Shui Hua, Peking
1960 *Chronik der Roten Fahne (hongqi pu)* R: Ling Zifeng und Hu Su, Peking und Tianjin
1960 *Der Affenkönig besiegt das Knochengespenst dreimal (Sun Wukong san dabai gujing)* R: Yang Xiaozhong und Yu Zhongying, Shanghai
1961 *Plötzlicher Regensturm (baofeng zhouyu)* R: Xie Tieli, Peking (*Orkan*, 10.12.79 ARD)
1962 *Die Seeschlacht von 1884 (jiawu fengyun)* R: Lin Nong, Changchun (*Die Seeschlacht*, 30.9.79 ZDF)
1962 *Großer Li, Kleiner Li und Alter Li (Da Li, Xiao Li he Lao Li)* R: Xie Jin, Shanghai (Tianma)
1962 *Li Shuangshuang (Li Shuangshuang)* R: Lu Ren, Haiyan
1962 *Feuer auf den Ebenen (liao yuan)* R: Zhang Junxiang und Gu Erji, Shanghai (Tianma)
1962 *Der Traum der Roten Kammer (hongloumeng)* R: Cen Fan, Haiyan
1963 *Leibeigene (nongnu)* R: Li Jun, Peking (Bayi)
1963 *Früher Frühling im Februar (zaochun eryue)* R: Xie Tieli, Peking
1963 *Der Norden und Süden des Landes (beiguo jiangnan)* R: Shen Fu, Haiyan
1963 *Was nagt an dir? (manyi bu manyi?)* R: Yan Gong, Changchun
1963 *Der Akrobat (feidaohua)* R: Yan Li und Li Wei, Haiyan
1964 *Lei Feng (Lei Feng)* R: Dong Zhaoqi, Peking
1964 *Rote Blumen am Tianshan (Tianshan de honghua)* R: Cui Wei, Chen Huaiai und Liu Baode, Xi'an und Peking
1964 *Ashima (Ashima)* R: Liu Qiong, Haiyan
1964 *Heroische Söhne und Töchter (yingxiong ernü)* R: Wu Zhaodi, Changchun (29.7.74 ARD)
1964 *Die Truppen stehen vor den Stadttoren (binglin chengxia)* R: Lin Nong, Changchun
1965 *Bühnenschwestern (wutai jiemei)* R: Xie Jin, Shanghai (Tianma)
1964 *Auf Wachtposten unter Neonlichtern (nihongdeng xia de shaobing)* R: Wang Ping und Ge Xin, Shanghai (Tianma)
1965 *Ewiges Leben in der Feuersbrunst (liehuo zhong yongsheng)* R: Shui Hua, Peking
1968 *Die großartige Erklärung (weida de shengming)* R: unbekannt, Shanghai
1970 *Den Tigerberg mit taktischem Geschick erobern (zhiqu Weihushan)* R: Xie Tieli, Peking
1970 *Die Rote Laterne (hongdengji)* R: Cheng Yin, Peking (Bayi)
1971 *Shajiabang (Shajiabang)* R: Wu Zhaodi, Changchun
1971 *Das rote Frauenbataillon (hongse niangzi jun)* R: Pan Wenzhan und Fu Jie, Peking
1972 *Das weißhaarige Mädchen (baimaonü)* R: Sang Hu, Shanghai
1973 *Im Hafen (haigang)* R: Xie Tieli und Xie Jin, Peking 1972 und Shanghai
1974 *Glutrotes Zeitalter (huohong de niandai)* R: Fu Chaowu, Sun Yongping und Yu Zhongying, Shanghai

1974 *Funkelnde Rote Sterne (shanshan de hongxing)* R: Li Jun, Peking (Bayi)
1974 *Der Scout (zhencha bing)* R: Li Wenhua, Peking
1974 *Guerillas auf den Ebenen (pingyuan youjidui)* R: Wu Zhaodi und Chang Zhenhua, Changchun
1974 *Eiserne Giganten (gangtie juren)* R: Yan Gong, Changchun
1975 *Die Pioniere (chuangye)* R: Yu Yanfu, Changchun
1975 *Haixia (Haixia)* R: Qian Jiang, Chen Huaiai und Wang Haowei, Peking
1975 *Mit den alten Ideen brechen (juelie)* R: Li Wenhua, Peking
1975 *Roter Regen (hong yu)* R: Cui Wei, Peking
1975 *Zweiter Frühling (dierge chuntian)* R: Sang Hu und Wang Xiuwen, Shanghai
1975 *Frühlingssproß (chunmiao)* R: Xie Jin, Shanghai
1975 *Golden glänzende Straße (jinguang dadao)* R: Lin Nong und Sun Yu, Changchun
1976 *Gegenangriff (fanji)* R: Li Wenhua, Peking
1977 *Jugend (qingchun)* R: Xie Jin, Shanghai
1977 *Oktobersturm (shiyue de fengyun)* R: Zhang Yi, Chengdu (Emei)
1978 *Die Schlacht im Leopardental (Baoziwan zhandou)* R: Wang Jiayi und Jiang Shusen, Changchun
1978 *Früher Frühling im südlichen Grenzgebiet (nanjiang chunzao)* R: Guo Jun und Xiao Lang, Peking
1978 *Die Strömung des Großen Flusses (dahe benliu)* R: Xie Tieli und Chen Huaiai, Peking (*Der große Fluß fließt*, 13.11.80 ZDF)
1978 *Die Laterne (deng)* R: Yin Yiqing, Peking
1978 *Strenger Prozeß (yanjun de licheng)* R: Su Li und Zhang Jianyou, Changchun
1979 *Das Lied von Lei Feng (Lei Feng zhi ge)* R: Wang Shaoyan, Peking (Bayi)
1979 *Kleine Blume (Xiaohua)* R: Zhang Zheng. Peking
1979 *Sehnsucht nach Heimkehr (guixin sijian)* R: Li Jun Peking (Bayi) (29.1.86 ZDF)
1979 *Erschütterungen des Lebens (shenghuo de chanyin)* R: Teng Wenji, Xi'an
1979 *Das Lachen der Gequälten (kunaoren de xiao)* R: Yang Yanjin und Deng Yimin, Shanghai (*Das Lachen eines in Schwierigkeiten befindlichen Mannes*, 18.11.80 ZDF)
1979 *Zwillingspaare (talia he talia)* R: Sang Hu, Shanghai
1979 *Bittere Liebe (kulian)* d.i. *Sonne und Regen (taiyang he yu)* R: Peng Ning, Changchun
1980 *Innerhalb und außerhalb des Gerichtsaals (fating neiwai)* R: Cong Lianwen, Chengdu (Emei)
1980 *Die Legende vom Tianyun Berg (Tianyunshan chuanqi)* R: Xie Jin, Shanghai (*Die Legende vom Tianyun-Gebirge*, 19.4.82 ARD)
1980 *Ahorn (feng)* R: Zhang, Chengdu (Emei)
1980 *Der dumme Wang Laoda (benren Wang Laaoda)* R: Guo Wei, Peking
1980 *Liebe und Erbe (aiqing yu yichan)* R: Yan Xueshu, Xi'an
1980 *Nächtlicher Regen am Berg der Hoffnung (Bashan yeyu)* R: Wu Yigong und Wu Yonggang, Shanghai (*Nächtlicher Regen in den Bergen von Sichuan*, 7.12.83 WDR)
1980 *Heute Nacht leuchten die Sterne (jinye xingguang canlan)* R: Xie Tieli, Peking (Bayi)
1980 *Sie lieben sich (tamen zai xiangai)* R: Qian Jiang und Zhao Yuan, Peking
1981 *Gasse (xiaojie)* R: Yang Yanjin, Shanghai
1981 *Siegeswille (shaou)* R: Zhang Nuanxin, Peking (Qingnian) (*Sport ist ihr Leben*, 24.4.82 ARD)

1981 *Die Menschen unserer Zeit (dangdai ren)* R: Huang Shuqin, Changsha (Xiaoxiang)
1981 *Busenfreunde (zhiyin)* R: Xie Tieli, Chen Huaiai und Ba Hong, Peking (*Der General und die Kurtisane*, 23.11.84 DDR-Kino, 2.4.86 DFF1)
1982 *Die wahre Geschichte des Ah Q (A Q zhengzhuan)* R: Cen Fan, Shanghai (4.7.86 DDR-Kino, 8.4.88 DFF2)
1982 *Geschichten aus der Südstadt (chengnan jiushi)* R: Wu Yigong, Shanghai (*Erinnerungen an das alte Peking*, 5.2.85 DFF1, 5.4.85 ZDF)
1982 *Der Pferdehirt (mumaren)* R: Xie Jin, Shanghai (28.9.84 DDR-Kino)
1982 *Ewige Jugend (qingchun wansui)* R: Huang Shuqin, Shanghai
1982 *Der zerbrechliche Nachen (yiye xiaozhou)* R: Huang Jianzhong, Peking
1982 *Wie Sie wünschen (ruyi)* R: Huang Jianzhong, Peking (26.2.85 ZDF)
1982 *Roter Elephant (hongxiang)* R: Tian Zhuangzhuang, Xie Xiaojing und Zhang Jianya, Peking
1983 *Der Kandidat (houbu duiyuan)* R: Wu Ziniu und Chen Lu, Changsha (Xiaoxiang) (15.5.89 ZDF)
1983 *Unter der Brücke (daqiao xiamian)* R: Bai Chen, Shanghai (15.10.85 DFF1, 28.10.85 ZDF)
1983 *Herr Bao und sein Sohn (Baoshi fuzi)* R: Xie Tieli, Peking
1983 *Die ältere Schwester (jiejie)* R: Wu Yigong, Shanghai
1983 *Sechsundzwanzig Mädchen (ershiliuge guniang)* R: Huang Jianzhong, Peking
1983 *Unser Land (women de tianye)* R: Xie Fei, Peking
1983 *Das Blut bleibt heiß (xue, zong shi rede)* R: Wen Yan, Peking
1983 *Fluß ohne Bojen (meiyou hangbiao de heliu)* R: Wu Tianming, Xi'an (*In den Stromschnellen*, 9.12.85 ARD)
1984 *Das Leben der Menschen (rensheng)* R: Wu Tianming, Xi'an
1984 *Gelbe Erde (huang tudi)* R: Chen Kaige, Nanning (Guangxi) (*Gelbes Land*, 21.4.87 DFF2, 18.5.87 ARD)
1984 *Auf geht's, China (jiayou, Zhongguo dui)* R: Zhang Junzhao, Nanning (Guangxi)
1984 *Mädchen aus einer guten Familie (liangjia funü)* R: Huang Jianzhong, Peking (*Eine gute Frau*, 2.10.87 DDR-Kino, 18.11.92 MDR)
1984 *Freunde aus der Kindheit (tongnian de pengyou)* R: Huang Shuqin, Shanghai
1984 *Grenzstadt (biancheng)* R: Ling Zifeng, Peking (*Am Fuß der weißen Pagode*, 20.5.88 DFF1, 16.12.92 MDR)
1984 *Blumenkränze am Fuß der Berge (gaoshan xia de huahuan)* R: Xie Jin, Shanghai
1984 *Einer und Acht (yige he bage)* R: Zhang Junzhao, Nanning (Guangxi)
1984 *September (jiuyue)* R: Tian Zhuangzhuang, Kunming
1984 *Das schwarze Tal der Blutsauger (diexue heigu)* R: Wu Ziniu, Changsha (Xiaoxiang)
1985 *Geopferte Jugend (qingchun ji)* R: Zhang Nuanxin, Peking (Qingnian) (*Das war eine schöne Zeit*, 29.4.88 DFF1, 23.6.89 West3)
1985 *Der einsame Mörder (gudu de moushazhe)* R: Zhang Junzhao, Nanning (Guangxi)
1985 *Der Zwischenfall der schwarzen Kanonen (heipao shijian)* R: Huang Jianxin, Xi'an (*Der Zwischenfall mit der schwarzen Kanone*, 1.6.87 ARD)
1985 *In den Jagdgebieten (liechang zhasa)* R: Tian Zhuangzhuang, Xi'an
1985 *Militärschwester (nüer lou)* R: Hu Mei, Peking (Bayi)
1985 *Meine Mitschüler und ich (wo he wo de tongxuemen)* R: Peng Xiaolian, Shanghai

1986 *Die Leiden eines jungen Ehrenmannes (shaoye de monan)* R: Wu Yigong, Shanghai (*Ein Chinese sucht seinen Mörder*, 25.12.87 ARD, 7.7.89 DDR-Kino)
1986 *Zhenzhens Friseurladen (Zhenzhen de fawu)* R: Xu Tongjun, Peking (Qingnian)
1986 *Blutige Kämpfe im Dorfe Taierzhuang (xuezhan Taierzhuang)* R: Yang Guangyuan, Nanning
1986 *Sun Zhongshan (Sun Zhongshan)* R: Ding Yingnan, Kanton (Zhujiang) (*Das Ende eines Kaiserreichs*, 27.4.88 Video)
1986 *Blutbad um eine schwarze Kiste (heixia diexue ji)* R: Zhong Shuhuang, Shanghai (*Das kleine schwarze Kästchen*, 16.12.88 DDR-Kino)
1986 *Die göttliche Peitsche (shenbian)* R: Zhang Zien, Xi'an
1986 *Die zwei Paläste der Kaiserinwitwe (liang gong huangtaihou)* R: Wang Xuexin, Changchun
1986 *Fragen eines Toten an die Lebenden (yige sizhe dui shengzhe de fangwen)* R: Huang Jianzhong, Peking
1986 *Das Mädchen aus Hunan (xiangnü Xiaoxiao)* R: Xie Fei, Peking (Qingnian) (5.4.89 ZDF, 30.9.89 DFF2)
1986 *Das Dorf Hibiskus (Furong zhen)* R: Xie Jin, Shanghai (*Die Stadt Hibiskus*, 13.1.89 Kino, 25.9.89 ARD)
1986 *Die große Militärparade (dayuebing)* R: Chen Kaige, Nanning
1986 *Die falsche Stelle (cuowei)* R: Huang Jianxin, Xi'an (*Verwirrung*, 16.6.89 DDR-Kino)
1986 *Der Pferdedieb (daomazei)* R: Tian Zhuangzhang, Xi'an (2.11.89 ZDF)
1986 *Das wortbrüchige Dorf (shixin de cunzhuang)* R: Wang Haowei, Peking
1986 *Die erste Frau in Bergen und Wäldern (shanlinzhong tou yige nüren)* R: Wang Junzheng, Peking
1986 *Der letzte Wintertag (zuihou yige dongri)* R: Wu Ziniu, Changsha (Xiaoxiang)
1986 *Schwanengesang (juexiang)* R: Zhang Zeming, Kanton (Zhujiang) (25.5.87 ARD)
1987 *Der alte Brunnen (laojing)* R: Wu Tianming, Xi'an (16.10.89 ARD, 28.9.90 DDR-Kino)
1987 *Menschen, Geister, Gefühle (ren, gui, qing)* R: Huang Shuqin, Shanghai (*Die Schauspielerin und der Geist*, 25.9.90 DFF1, 23.11.92 ORB)
1987 *Sänfte der Tränen (huajiao lei)* R: Zhang Nuanxin, Peking (Qingnian)
1987 *Auf der Suche nach einem ganzen Kerl (xunzhao nanzihan)* R: Zeng Xueqiang, Nanning (Guangxi)
1987 *Unberührte Frauen (zhennü)* R: Huang Jianzhong, Peking (*Zwei tugendhafte Frauen*, 9.3.90 Kino)
1987 *Das Jadeit-Majiang Spiel (feicui majiang)* R: Yu Xiaoyang, Peking
1987 *Tod eines Models (nümote zhi si)* R: Guangbu Daoerji, Changchun
1987 *Fern dem Kriege (yuanli zhanzheng de niandai)* R: Hu Mei, Peking
1987 *König der Kinder (haiziwang)* R: Chen Kaige, Xi'an (13.9.89 ZDF)
1987 *Der Gushu Künstler (gushu yiren)* R: Tian Zhuangzhang, Peking
1987 *Taubenbaum (gezishu)* R: Wu Ziniu, Changsha (Xiaoxiang)
1987 *Das rote Kornfeld (hong gaoliang)* R: Zhang Yimou, Xi'an (8.6.89 Kino, 4.10.89 ZDF)
1987 *Etwas Zucker in den Kaffee (gei kafei jia dian tang)* R: Sun Zhou, Kanton (Zhujiang)
1988 *Die heimliche Erstürmung des Goldenen Dreiecks (michuang jinsanjiao)* R: Zheng Dongtian, Peking (Qingnian)

1988 *Bogenlampe (huguang)* R: Zhang Junzhao, Nanning (Guangxi)
1988 *Deckname Puma (daihao Meizhoubao)* R: Zhang Yimou, Xi'an
1988 *Schütze ohne Gewehr (wuqiang de qiangshou)* R: Hu Mei, Peking
1988 *Rock-Jugend (yaogun qingnian)* R: Tian Zhuangzhuang, Peking
1988 *Der Dorfweg begleitet mich heimwärts (cunlu dai wo huijia)* R: Wang Haowei, Peking
1988 *Die Rückseite des Goldbanners (jinbian beihou)* R: Wang Haowei, Peking
1988 *Die Suche nach den Gespenstern (xunzhao mogui)* R: Wang Haowei, Peking
1988 *Abendglocken (wanzhong)* R: Wu Ziniu, Peking (Bayi) (24.7.91 ZDF)
1988 *Der fröhliche Held (huanle yingxiong)* R: Wu Ziniu, Fuzhou (Fujian)
1988 *Die Grenze zwischen Leben und Tod (yinyang jie)* R: Wu Ziniu, Fuzhou (Fujian)
1988 *Samsara (lunhui)* R: Huang Jianxin, Xi'an
1988 *Frauengeschichte (nüren de gushi)* R: Peng Xiaolian, Shanghai
1988 *Sonne und Regen (taiyang yu)* R: Zhang Zeming, Kanton (Zhujiang) (30.10.89 ARD)
1989 *Die letzten Aristokraten (zuihou de guizu)* R: Xie Jin, Shanghai
1989 *Schicksalsjahr (benmingnian)* R: Xie Fei, Peking (Qingnian)
1989 *Geschichten meiner Kindheit (tongnian huiyi)* R: Hu Xueyang, Shanghai
1990 *Die Glocken vom Tempel der Reinheit (qingliang si de zhongsheng)* R: Xie Jin, Shanghai
1990 *Belagerte Stadt (weicheng)* R: Huang Shuqin, Shanghai
1990 *Guten Morgen Peking (Beijing ni zao)* R: Zhang Nuanxin, Peking (Qingnian)
1990 *Drachenjahr-Polizisten (longnian jingguan)* R: Huang Jianzhong, Peking
1990 *Mama (mama)* R: Zhang Yuan, Xi'an (13.3.95 MDR)
1990 *Kindheit in Ruijin (tongnian zai Ruijin)* R: Huang Jun, Peking (27.3.95 MDR)
1990 *Judou (Judou)* R: Zhang Yimou, Xi'an (19.9.91 Kino)
1990 *Illegale Leben (tebie shoushushi)* R: Tian Zhuangzhuang, Xi'an
1990 *Große Mühle (da mofang)* R: Wu Ziniu, Changsha (Xiaoxiang)
1990 *Blutiger Morgen (xuese qingchen)* R: Li Shaohong, Peking (20.3.95 MDR)
1990 *Ah, Xiangxue (a, Xiangxue)* R: Wang Haowei, Peking (*Die Federtasche*, 12.12.93 N3)
1990 *Jemand liebt mich (youren pianpian aishang wo)* R: Ning Ying, Peking
1991 *Frühlingsfest (guonian)* R: Huang Jianzhong, Peking
1991 *Morgenstern (qimingxing)* R: Xie Jin, Shanghai
1991 *Eine konfuzianische Familie (que li renjia)* R: Wu Yigong, Shanghai
1991 *Blutbeflecktes Schwert (bixue baodao)* R: Yang Qitian, Peking
1991 *Jugend Karaoke (qingchun Kala OK)* R: Wang Xuexin, Changchun
1991 *Mao Zedong und sein Sohn (Mao Zedong he ta de erzi)* R: Zhang Jinbiao, Changsha
1991 *Die Degenfechter aus dem Dorfe Shuangqi (Shuangqi zhen daoke)* R: He Ping, Xi'an (*Das Duell der Schwertkämpfer*, 27.2.95 MDR)
1991 *Xiaoxue (Xiaoxue)* R: Qi Jian, Changchun
1991 *Die Welt der Frauen (nüxing shijie)* R: Dong Kena, Changsha (Xiaoxiang)
1991 *Die Sonne am Dach der Welt (shijie wuji de taiyang)* R: Xie Fei, Nanning (Guangxi)
1991 *Die Weissagung (bianzou bianchang)* R: Chen Kaige, Xi'an (*Die Weissagung/ Life on a String*, 23.4.92 Kino, 4.5.94 ARD)
1991 *Rote Laterne (dahong denglong gaogaogua)* R: Zhang Yimou, Xi'an (30.7.92 Kino, 27.4.94 ARD, Video)
1991 *Li Lianying, Eunuch des Kaisers (da taijian Li Lianying)* R: Tian Zhuangzhuang, Xi'an

1991 *Jugend ohne Reue (qingchun wuhui)* R: Zhou Xiaowen, Xi'an
1992 *Der japanische Krieger (dongying youxia)* R: Zhang Xinyan, Fuzhou (Fujian)
1992 *Die Geschichte Mao Zedongs (Mao Zedong de gushi)* R: Han Sanping, Changsha (Xiaoxiang)
1992 *Berggott (shanshen)* R: Huang Jianzhong, Peking
1992 *Liu Shaoqis vierundvierzig Tage (Liu Shaoqi de sishisi tian)* R: Zhang Jinbiao, Peking
1992 *Hemmungslos (kuang)* R: Ling Zifeng, Chengdu (Emei)
1992 *Des Lebens Anfang (ren zhi chu)* R: Zheng Dongtian, Peking
1992 *Die Erde daheim (laoniang tu)* R: Wang Jixing, Chengdu (Emei)
1992 *Die Sesammüllerin (xianghunnü)* R: Xie Fei, Tianjin und Changchun (*Die Frauen vom See der unschuldigen Seelen*, 20.2.95 MDR)
1992 *Die rückwärtige Frau (liushou nüshi)* R: Hu Xueyang, Shanghai
1992 *Steh auf, fürchte dich nicht (zhanzhiluo, bie paxia)* R: Huang Jianxin, Xi'an (*Geh aufrecht!*, 11.5.94 ARD)
1992 *Sonnenberg (Taiyangshan)* R: Wu Ziniu, Fuzhou
1992 *Die Geschichte der Qiuju (Qiuju da guansi)* R: Zhang Yimou, Peking (22.4.93 Kino, 9.5.94 Premiere)
1992 *Familienporträt (sishi buhuo)* R: Li Shaohong, Peking
1992 *Die Treuherzigen (xinxiang)* R: Sun Zhou, Kanton (Zhujiang)
1992 *Scheidung (lihun)* R: Wang Haowei, Peking
1993 *Die Chongqing Verhandlungen (Chongqing tanpan)* R: Li Qiankuan, Xiao Guiyun und Zhang Yifei, Changchun
1993 *Drachen aus dem Meer (long chu hai)* R: Zhang Liang, Kanton (Zhujiang)
1993 *Asian Autorally (yaxi yasaiche)* R: Qi Jian, Peking (Qingnian)
1993 *Die Explosion (paoda shuangdeng)* R: He Ping, Xi'an
1993 *Monduntergang am Yuchang Fluß (yueluo Yuchanghe)* R: Xie Tieli, Peking
1993 *Die Seele des Malers (huahun)* R: Huang Shuqin, Shanghai
1993 *Peking Bastard (Beijing zazhong)* R: Zhang Yuan, Peking
1993 *Rote Perlen (xuanlian)* R: He Jianjun, Peking (1994 Kino)
1993 *Wintertage, Frühlingstage (dongchun de rizi)* R: Wang Xiaoshuai, Peking (Mai 1994 Kino)
1993 *Heroische Floßschar (beilie paibang)* R: Huang Jun, Changchun und Jiangxi (*Die Hure und die Flößer*, 6.3.95 MDR)
1993 *Niemand jubelt (wuren hecai)* R: Xia Gang, Peking
1993 *Lebewohl meine Konkubine (bawang bieji)* R: Chen Kaige, Taipei (2.12.93 Kino, 19.11.95 ARD)
1993 *Der blaue Drachen (lan fengzheng)* R: Tian Zhuangzhuang, Xi'an (1.6.94 ARD)
1993 *Wukui (Wukui)* R: Huang Jianxin, Xi'an (*Die Braut des hölzernen Mannes*, 19.10.95 Premiere)
1993 *Der Weg zu den Schwarzen Bergen (Heishan lu)* R: Zhou Xiaowen, Xi'an
1993 *Zum Spaß (zhaole)* R: Ning Ying, Peking
1994 *Grüne Schlange (qing she)* R: Xu Ke, Shanghai
1994 *Börsenfieber (gufeng)* R: Li Guoli, Changsha (Xiaoxiang)
1994 *Haus des Nebels (wuzhai)* R: Huang Jianzhong, Peking
1994 *Der alte Mann und sein Hund (laoren yu gou)* R: Xie Jin, Shanghai
1994 *Eine Geschichte aus Yunnan (Yunnan gushi)* R: Zhang Nuanxin, Peking (Qingnian)
1994 *Das Leben mit dir (yu ni tongzhu)* R: Huang Jun, Fuzhou (Fujian)
1994 *Das große Spiel (da youxi)* R: Wang Xiaoshuai, Peking

1994 *Leben (huozhe)* R: Zhang Yimou, Shanghai (*Leben!*, 28.7.94 Kino, 20.2.95 Video)
1994 *Ermo (Ermo)* R: Zhou Xiaowen, Xi'an
1994 *Feuerfuchs (huohu)* R: Wu Ziniu, Changchun
1994 *Gesicht gegen Gesicht, Rücken gegen Rücken (lian kao lian, bei kao bei)* R: Huang Jianxin, Xi'an
1994 *In der Hitze der Sonne (yangguang canlan de rizi)* R: Jiang Wen, Peking
1994 *Rouge (hongfen)* R: Li Shaohong, Peking
1995 *Shanghai Serenade (yao a yao, yao dao waipo qiao)* R: Zhang Yimou, Shanghai (23.11.95 Kino)
1995 *Der Platz (guangchang)* R: Zhang Yuan, Peking
1995 *Der Postmann (youchai)* R: He Jianjun, Peking
1995 *Schmutz (toufa luanle)* R: Guan Hu, Peking
1995 *Südliches China (nan Zhongguo)* R: Zhang Nuanxin, Peking
1995 *Das Tal der Sonne (riguang xiagu)* R: He Ping, Peking
1995 *Temptress Moon (fengyue)* R: Chen Kaige, Shanghai
1995 *Auf Streife (mingjing gushi)* R: Ning Ying, Peking
1995 *Regenwolken über Wushan (Wushan yunyu)* R: Zhang Ming, Peking
1995 *Der Fremde (muoshengren)* R: Huang Jun, Peking
1995 *Söhne (erzi)* R: Zhang Yuan, Peking
1995 *Eine mongolische Sage (heima)* R: Xie Fei, Peking
1995 *Das Lied des Kaisers (qinsong)* R: Zhou Xiaowen, Xi'an
1996 *Links blinken, rechts abbiegen (da zuodeng, xiang you zhuan)* R: Huang Jianxin, Xi'an
1996 *Living Dream (qianniu hua)* R: Hu Xueyang, Peking

2. Taiwan (1923–1996)

1923 *Mitleidloser Himmel (laotian wuqing)* R: Li Songfen und Zheng Chaoren,
1925 *Wer ist schuld? (shei zhi guo)* R: Liu Xiyang
1928 *Yang Guoxian löst den Fall (Yang Guoxian xun an)* R: Lin Dengbo
1929 *Blutige Spur (xuehen)* R: Zhang Yunhe
1948 *Der Hafen von Hualian (Hualian gang)* R: He Feiguang
1949 *Sturm am Ali Berg (Alishan fengyun)* R: Zhang Che
1950 *Aus dem Alptraum erwacht (emeng chuxing)* R: Zong You
1951 *Ewig zusammen (yongbu fenli)* R: Xu Xingfu
1951 *Alles freut sich (jieda huanxi)* R: Tang Shaohua
1952 *Ach so! (yuanlai ruci)* R: Zong You
1952 *Duftende Blüte in der Truppe (junzhong fangcao)* R: Xu Xinfu
1952 *Frühling in Jiahe (Jiahe shengchun)* R: Zong You
1953 *Ein bewundernswertes Mädchen in den Flammen des Krieges (fenghuo liren)* R: Hu Jie
1954 *Wertvoller Ehemann (qianjin zhangfu)* R: Chen Wenrong
1954 *Der Gott des Luoflusses (Luoshen)* R: Xiong Guang
1954 *Frühling in Meigang (Meigang chunhui)* R: Zong You
1955 *Flucht (ben)* R: Xiong Guang
1955 *Der Yangnü See (Yangnü hu)* R: Fang Mian
1955 *Auf Abwegen (qilu)* R: Xu Xinfu

1955 *Xue Pinggui und Wang Baochuan (Xue Pinggui yu Wang Baochuan)* R: He Jiming
1956 *Glänzende Aussichten (jinxiu qiancheng)* R: Zong You
1956 *Achtzehn Jahre des Wahnsinns (fennü shiba nian)* R: Bai Ke,
1956 *Ein zerstörtes Netz rettet die Liebe (powang bu qingtian)* R: Shen Jiang
1957 *Die Suche nach dem Ehemann (chifeng xunfu ji)* R: Wang Liuzhao
1957 *Die Flucht des Liebhabers (xiao qingren taowang)* R: Zhang Ying
1958 *Ewiger Wind (changfeng wanli)* R: Wang Fangshu
1959 *Ewige Eintracht (yongjie tongxin)* R: Tian Chen
1959 *Der Felsvorsprung (xuanya)* R: Zong You
1960 *Die Entführung der Kinder (yin rong jie)* R: Zong You
1961 *Der Familie zum Nutzen (yijia yishi)* R: Zong You
1963 *In den Straßen und Gassen (jietou xiangwei)* R: Li Xing
1963 *Liang Shanbo und Zhu Yingtai (Liang Shanbo yu Zhu Yingtai)* R: Li Hanxiang
1964 *Vernichtender Haß (wuxia jianchou)* R: Zhang Che
1964 *Die Entenzüchterfamilie (yang ya renjia)* R: Li Xing
1965 *Rauch und Nebel (yanyu mengmeng)* R: Wang Yin
1966 *Gebt mir mein Land zurück (huan wo heshan)* R: Li Jia, 2 Teile
1966 *Die Herberge am Drachentor (longmen kezhan)* R: King Hu (Hu Jinquan), (*Die Herberge zum Drachentor*, 4.3.89 ZDF)
1967 *Weg (lu)* R: Li Xing
1968 *Frühling im kleinen Dorf (xiaozhen chun hui)* R: Yang Wengan
1968 *Meine Braut und ich (xinniang yu wo)* R: Bai Jingrui
1969 *Sturm über dem Yangzi Strom (Yangzijiang fengyun)* R: Li Hanxiang
1969 *Heute kehren wir nicht heim (jintian bu huijia)* R: Bai Jingrui
1970 *Auf Wiedersehen A Lang (zaijian A Lang)* R: Bai Jingrui
1971 *Abschied im Herbst (qiujue)* R: Li Xing
1972 *Zwei schlecht aussehende Männer (liangge choulou de nanren)* R: Bai Jingrui
1972 *Eine ritterliche Frau (xianü)* R: King Hu (Hu Jinquan)
1973 *Liebe im weißen Haus (baiwu zhi lian)* R: Bai Jingrui
1974 *Unvergänglicher Märtyrer (yinglie qianqiu)* R: Ding Shanxi
1975 *Qiuxia (Qiuxia)* R: Song Cunshan
1976 *Ein Schiff auf den Wellen des Ozeans (wangyang zhong de yitiao chuan)* R: Li Xing
1977 *Märtyrer der Jian Brücke (Jianqiao yinglie zhuan)* R: Zhang Zengze
1977 *Die Geschichte einer kleinen Stadt (xiaocheng gushi)* R: Li Xing
1978 *Mond über dem Strand (shatan shang de yueliang)* R: Bai Jingrui
1979 *Fröhliche Gesichter (huanyan)* R: Song Cunshou
1979 *Die Quelle (yuan)* R: Zhang Yaoqi
1981 *Shanghai Aufzeichnungen (Shanghai shehui dangan)* R: Wang Jujin
1982 *In unserer Zeit (guangyin de gushi)* R: Hou Hsiao-hsien, Edward Yang (Yang Dechang) u.a.
1983 *Eine große Puppe für seinen Sohn (erzi de da wanou)* R: Hou Hsiao-hsien
1983 *Die Leute aus Fenggui (Fenggui lai de ren)* R: Hou Hsiao-hsien, (*Die fernen Tage meiner Kindheit*, 31.5.89 ZDF)
1983 *Ein Tag am Strand (haitan de yi tian)* R: Edward Yang (Yang Dechang)
1984 *Dongdongs Ferien (Dongdong de jiaqi)* R: Hou Hsiao-hsien, (*Große Ferien*, 9.5.88 S3)
1985 *Geschichten einer fernen Kindheit (tongnian wangshi)* R: Hou Hsiao-hsien, (6.12.86 Kino, 8.1.90 ARD)

1985 *Eine Geschichte aus Taipei (qingmei zhuma)* R: Edward Yang (Yang Dechang), (*Taipei Story*, 1.6.89 ZDF)
1986 *Staub im Wind (shaonian ye anla)* R: Hou Hsiao-hsien
1986 *Die Terroristen (kongbufenzi)* R: Edward Yang (Yang Dechang) (*Die Spur des Schreckens*, 22.1.90 ARD)
1987 *Tochter des Nils (Niluohe nüer)* R: Hou Hsiao-hsien
1987 *Der Strohmann (daocaoren)* R: Wang Tung
1987 *Staub der Engel (lianlian fengchen)* R: Hsü Hsiaoming, (*Liebe, Wind, Staub*, Kino, 15.1.90 ARD)
1989 *Stadt der Traurigkeit (beiqing chengshi)* R: Hou Hsiao-hsien, (26.3.92 Kino, 17.10.95 3SAT)
1989 *Bananenparadies (xiangjiao tiantang)* R: Wang Tung
1991 *Die Angelegenheit um die Ermordung eines Jugendlichen in der Gulingstraße (Gulingjie shaonian sharen shijian)* R: Edward Yang (Yang Dechang), (*Ein Sommer zum Verlieben*, 25.5.94 ARD)
1991 *Fünf Mädchen und ein Seil (wuge nüren he yigen shengzi)* R: Yeh Hungwei, (23.11.93 W3)
1992 *Die neue Herberge am Drachentor (xin longmen kezhan)* R: Xu Ke und Li Huimin
1992 *Schiebende Hände (tui shou)* R: Ang Lee (Li An), (21.12.93 W3)
1992 *Das Land der Pfirsichblüte (anlian taohuayuan)* R: Stan Lai (Lai Shengchuan), (11/93 Kino)
1992 *Schweigender Berg (wuyan de shanqiu)* R: Wang Tung
1992 *Jugendliche Rebellen des Neongottes (qinqshaonian Nazha)* R: Tsai Ming-liang
1993 *Der Puppenspieler (ximeng rensheng)* R: Hou Hsiao-hsien
1993 *Das Hochzeitsbankett (xiyan)* R: Ang Lee (Li An), (7.10.93 Kino, 1.5.94 Video, 5.10.94 Premiere)
1993 *Achtzehn (shiba)* R: Ho Ping
1994 *Eat Drink Man Woman (yin shi nan nü)* R: Ang Lee (Li An), (15.9.94 Kino, 5.10.95 Premiere)
1994 *Es lebe die Liebe (aiqing wansui)* R: Tsai Ming-liang
1995 *Sinn und Sinnlichkeit (shaonü xiaoyu)* R: Ang Lee (Li An), (3/96 Kino)
1995 *Die Gesellschaft des Roten Lotus (feixia ahda)* R: Stan Lai (Lai Shengchuan)
1995 *Geliebenes Leben (duosang)* R: Wu Nianzhen
1995 *Goodman, goodwoman (haonan, haonü)* R: Hou Hsiao-hsien
1996 *Goodbye South, Goodbye (nanguo, zaijan nanguo)* R: Hou Hsiao-hsien
1996 *Mahjong (majiang)* R: Edward Yang (Yang Dechang)

3. Hongkong (1924–1996)

1924 *Eine Seite aus der Geschichte (xunye qianqiu)* R: Li Minwei
1937 *Die Schlacht um Shanghai (Songhu kangzhan jishi)* R: Li Minwei
1937 *Marschlied (qianjinqu)* R: Ma Guoyan
1937 *Zurück ins Vaterland (hui zuguo qu)* R: Hong Zhonghao
1937 *Chinesische Jugend (Zhongguo qingnian)* R: Huang Dacai
1937 *Märtyrer des Widerstandskrieges (lieshi kangzhan)* R: Feng Zhigang
1938 *Unüberwindliche Kämpfer (wudi wushutuan)* R: Wu Yonggang
1938 *Kriegerinnen (nü zhanshi)* R: Gao Lihen

1938 *Brennendes Shanghai (huozhong de Shanghai)* R: Lu Si
1938 *Marsch der Guerillas (youji jinxing qu)* R: Situ Huimin
1941 *Zehntausend Li voraus (qiancheng wanli)* R: Cai Chusheng
1947 *Eine alles in sich vereinende Liebe (chang xiangsi)* R: He Zhaozhang
1947 *Ein Traum von Frühling (chun zhi meng)* R: Zhu Shilin
1947 *Wo ist mein Schatz? (yuren hechu)* R: Zhu Shilin
1947 *Jeder hat seine Zeit (geyou qianqiu)* R: Zhu Shilin
1948 *Wilde Feuer und Frühlingswinde (yehuo chunfeng)* R: Ouyang Yuqian
1948 *Das Lied des Singmädchens (genü zhi ge)* R: Fang Peilin
1948 *Stählerne Krieger (tiexue naner)* R: Wang Yuanlong
1949 *Die Art zu lieben (lianai zhi dao)* R: Ouyang Yuqian
1949 *Heirat unter Blutsverwandten (jie qin)* R: Zhang Min
1949 *Familie auf dem Wasser (shuishang renjia)* R: Gu Eryi
1949 *Die wahre Geschichte des Huang Feihong (Huang Feihong zhuan)* R: Hu Peng
1949 *Verschwende nicht deine Jugend (mofu qingchun)* R: Wu Zuguang
1950 *Banker La und der smarte Feitiannan (jingji La yu Feitiannan)* R: Mo Kangshi
1950 *Die fehlgeplante Liebesfalle (baicuo mihun zhen)* R: Mo Kangshi
1950 *Die unbekannte Frau (yidai yaoji)* R: Li Pingqian
1950 *Die Wildgans vom Süden (nanlai yan)* R: Yue Feng
1951 *Mehr als nur ein Paar (shuang liao fuqi)* R: Jiang Weiguang
1951 *Der verdorbene Hochzeitstag (wu jiaqi)* R: Zhu Shilin
1952 *Der Komet des Lachens landet auf der Erde (xiaoxing jiang diqiu)* R: Liang Feng
1952 *Lang lebe die Braut (xinniang wansui)* R: Yan Youxiang
1953 *Liebeslied (liange)* R: Wang Hao
1953 *Kleine Phönix (Xiao Fengxian)* R: Tu Guangqi
1955 *Auf der Kreuzung (shizi jietou)* R: Mo Kangshi
1956 *Der Pfirsichblütenfluß (Taohuajiang)* R: Wang Tianlin
1956 *Die Rosen erblühen (qiangwei chuchukai)* R: Wang Tianlin
1957 *Die Romanze des Jadesaals (xuangong yanshi)* R: Zuo Ji
1958 *A Chao heiratet (A Chao jiehun)* R: Wu Hui
1958 *Zwei Dummköpfe im Paradies (liang sha you tiantang)* R: Yang Gongliang
1958 *Das Wunder der Liebe (qing dou chukai)* R: Zhu Shilin
1958 *Hab acht vor Taschendieben (tifang xiaoshou)* R: Tao Qin
1958 *Wilde Phantasien (xiangru feifei)* R: Yan Youxiang
1958 *Huang Feihongs größter Kampf (Huang Feihong longzheng hudou)* R: Hu Peng
1959 *Geld (qian)* R: Wu Hui
1959 *Der romantische Wirrkopf (duoqing zhuzhi ya)* R: Ren Huhua
1959 *Die Abenteuer des Herrn Wang mit einem unbändigen Mädchen (Wang xiansheng qi zheng yanzhi ma)* R: Huang Hesheng
1959 *Der Stuhl (jinshan dashao)* R: Zuo Ji
1960 *Intime Partner (nanxiong nandi)* R: Qin Jian
1960 *Schwester Langbein (changtui jiejie)* R: Tang Huang
1960 *Ein liebendes Paar (xinxin xiangyin)* R: Yi Wen
1960 *Wilde Rose (ye meigui zhi lian)* R: Wang Tianlin
1961 *Nordsüdliche Harmonie (nanbeihe)* R: Wang Tianlin
1961 *Endlose Liebe (buliao qing)* R: Tao Qin
1963 *Eine Königin, drei Könige (yi hou san wang)* R: Chen Liepin
1963 *Zweiundsiebzig Familien unter einem Dach (qishier jia fangke)* R: Wang Weiyi
1963 *Königin der Fabrik (gongchang huanghou)* R: Mo Kangshi

1964 *Der junge Krieger Lung Kim Fei (rulai shenzhang)* R: Ling Yun, 2 Teile
1964 *Stockwerk mit vierzehn Familien (yilou shisi huo)* R: Yang Gongliang
1964 *Dreimal gelächelt (san xiao)* R: Li Pingqian
1966 *Das eine Millionen Dollar Erbe (yichan yibaiwan)* R: Chu Yuan
1967 *Der unbekannte Held Yi Zhimei (guaixia Yi Zhimei)* R: Wang Feng
1968 *Jung, ledig und schwanger (yunü tianding)* R: Chu Yuan
1969 *Singender Dieb (dadao gewang)* R: Zhang Che
1970 *Vom Wege (luke yu daoke)* R: Zhang Zengze
1970 *Der Chinesische Boxer (longhu dou)* R: Wang Yu
1971 *Der große Bruder (tangshan daxiong)* R: Luo Wei
1972 *Der Boxkönig (tianxia diyi quan)* R: Zheng Changhe
1972 *Die Faust der Raserei (jing wu men)* R: Luo Wei
1972 *Der Warlord (da junfa)* R: Li Hanxiang
1973 *Der wilde Drachen überquert den Fluß (menglong guojiang)* R: Bruce Lee (Li Xiaolong)
1973 *Todesspiele (siwang youxi)* R: Joseph Velasco
1973 *Legenden von Betrügereien (pianshu jinghua)* R: Li Hanxiang
1973 *Das Schicksal des Lee Khan (yingchun zhi fengbo)* R: King Hu (Hu Jinquan), (*Der letzte Kampf des Lee Khan*, 22.4.89 ZDF)
1974 *Auf wiedersehen China (zaijian Zhongguo)* R: Shu Shuen (Tang Shuxuan), (18.7.86 ZDF)
1975 *Die Tapferen (zhonglie tu)* R: King Hu (Hu Jinquan), (*Die Mutigen*, 16.4.82 ZDF)
1975 *Die Schüler des Shaolin (hongquan xiaozi)* R: Zhang Che
1976 *Das magische Blatt (tianya mingyue dao)* R: Chu Yuan, (4.4.80 Kino)
1978 *Betrunkener Meister (zui quan)* R: Yuan Heping, (*Sie nannten ihn Knochenbrecher*, 16.8.79 Kino, 1984 ZDF)
1978 *Extras (qiejia fei)* R: Yim Ho (Yan Hao)
1979 *Das Geheimnis (fengjie)* R: Ann Hui (Xu Anhua)
1979 *Regen in den Bergen (Kongshan lingyu)* R: King Hu (Hu Jinquan), (18.5.82 ZDF)
1980 *Zusammenprall mit den Regeln (zhuang dao zheng)* R: Ann Hui (Xu Anhua)
1980 *Nachtzug (yeche)* R: Yim Ho (Yan Hao),
1980 *Gefährliche Begegnung der ersten Art (diyi leixing weixian)* R: Tsui Hark (Xu Ke), (*Wir kommen und werden euch fressen*, Kino 27.8.82)
1980 *Der junge Meister (shidi chuma)* R: Jackie Chan (Cheng Long), (14.4.88 Video)
1981 *Vater und Sohn (Fuziqing)* R: Allen Fong (Fang Yuping), (17.6.82 ARD)
1981 *Die Geschichte von Woo Viet (Hu Yue de gushi)* R: Ann Hui (Xu Anhua)
1981 *Hochzeitsglocken (gongzi jiao)* R: Yim Ho (Yan Hao)
1982 *Boat People (touben nuhai)* R: Ann Hui (Xu Anhua)
1982 *Projekt A (A jihua)* R: Jackie Chan (Cheng Long), (10.8.91 ZDF)
1982 *Die Toten und die Tödlichen (ren xia ren)* R: Wu Ma
1983 *Ah Ying (banbian ren)* R: Allen Fong (Fang Yuping)
1983 *Die Krieger vom magischen Berg (xin shushan jianxia)* R: Tsui Hark (Xu Ke)
1984 *Heimkehr (sishui liunian)* R: Yim Ho (Yan Hao), (*Das Dorf meiner frühen Liebe*, 1.3.89 ZDF)
1984 *Shanghai Blues (Shanghai zhi ye)* R: Tsui Hark (Xu Ke), (16.8.93 Video)
1984 *Liebe in der gefallenen Stadt (qingcheng zhi lian)* R: Ann Hui (Xu Anhua), (*Eine Liebe in Hongkong*, 20.8.85 ZDF)
1985 *Arbeiterklasse (dagong huangdi)* R: Tsui Hark (Xu Ke)

1985 *Die Herzen der Frauen (nüren xin)* R: Stanley Kwan (Guan Jinpeng)
1985 *Polizeistory (jingcha gushi)* R: Jackie Chan (Cheng Long), (*Police Story*, 21.8.86 Kino, 12/86 Video)
1986 *Peking Opera Blues (daoma dan)* R: Tsui Hark (Xu Ke), (30.6.88 Kino, 11/90 Video)
1986 *Die Rose (meigui de gushi)* R: Yang Fan
1986 *Wie das Wetter (Meiguo xin)* R: Allen Fong (Fang Yuping)
1986 *Gefühle unter dem Boden (dixia qing)* R: Stanley Kwan (Guan Jinpeng)
1986 *Heldenhafter Charakter (yingxiong bense)* R: John Woo (Wu Yusen), (18.3.88 Video)
1987 *Rouge (yanzhi kou)* R: Stanley Kwan (Guan Jinpeng)
1987 *Dame in Schwarz (duoming jiaren)* R: Sun Zhong
1987 *A Chinese Ghost Story (qiannü youhun)* R: Cheng Xiaodong, (2.1.92 Kino, 23.3.92 Video, 11.7.94 ZDF)
1987 *Die Liebe Gottes (longxiong hudi)* R: Jackie Chan (Cheng Long), (*Der rechte Arm der Götter*, 26.11.87 Kino, 5/88 Video)
1987 *Buddhas Schloß (tian pusa)* R: Yim Ho (Yan Hao)
1987 *Die Romanze vom Buch und Schwert (shujian enchoulu)* R: Ann Hui (Xu Anhua), (1988 Kino, 1995 W3)
1987 *Heldenhafter Charakter II (yingxiong bense II)* R: John Woo (Wu Yusen), (17.8.92 Video)
1988 *Sieben kleine Segen (qi xiaofu)* R: Alex Law (Luo Qirui), (*Leben hinter Masken*, 11.3.91 ARD)
1988 *Ich liebe Kosmonauten (wo ai taikongren)* R: Clara Law (Luo Zhuoyao)
1988 *Der letzte Eunuch (Zhongguo zuihou yige taijian)* R: Jacob Cheung (Zhang Zhiliang)
1988 *Nächtliche Sterne (jinye xingguang canlan)* R: Ann Hui (Xu Anhua), (*Sterne in der Nacht*, 8.4.91 ARD)
1988 *Jugendbanden (tongdang)* R: Lawrence Ah Mon (Liu Guochang)
1988 *Wie Tränen vergehen (wangjiao kamen)* R: Wong Kar-wai (Wang Jiawei),
1989 *Heldenhafter Charakter III (yingxiong bense III)* R: Tsui Hark (Xu Ke), (15.6.92 Video)
1989 *Der Killer (diexue shuangxiong)* R: John Woo (Wu Yusen)
1989 *Phantasien eines Yuppies (xiaonanren zhou ji)* R: Gordon Chan (Chen Jiashang)
1989 *Vollmond über New York (ren zai Niu Yue)* R: Stanley Kwan (Guan Jinpeng), (14.12.93 W3)
1989 *Nachrichten-Angriff (shenxing taibao)* R: Peter Chan Ho-Sun (Chen Kexin)
1990 *Lied des Exils (ketu qiuhen)* R: Ann Hui (Xu Anhua) (*Lied der Verbannung*, 30.11.93 W3)
1990 *Tage des Aufruhrs (A Fei zhengzhuan)* R: Wong Kar-wai (Wang Jiawei)
1990 *Die Königin der Temple Street (quanwang)* R: Lawrence Ah Mon (Liu Guochang)
1990 *Roter Nebel (gungun hongchen)* R: Yim Ho (Yan Hao)
1990 *Träume des Ruhms (miaojie huanghou)* R: Lawrence Ah Mon (Liu Guochang)
1991 *Inspektor Pink Drachen (shentan Ma Rulong)* R: Gordon Chan (Chen Jiashang)
1991 *Ferien in Shanghai (Shanghai jiaqi)* R: Ann Hui (Xu Anhua)
1991 *Tierkreismorde (jidao zhuizong)* R: Ann Hui (Xu Anhua)
1991 *Mittel-Bühne (Ruan Lingyu)* R: Stanley Kwan (Guan Jinpeng)
1991 *Lee Rock (Leiluo zhuan)* R: Lawrence Ah Mon (Liu Guochang)

1992 *Haltet die Rastlosen (fanfei zufengyun)* R: Lawrence Ah Mon (Liu Guochang)
1992 *Drei Sommer (gege de qingren)* R: Lawrence Ah Mon (Liu Guochang)
1992 *König der Bettler (wuzhuang yuansu qir)* R: Gordon Chan (Chen Jiashang)
1992 *Der Schachkönig (qiwang)* R: Yim Ho (Yan Hao)
1993 *Wenn Berge aufeinander treffen (dajie ju)* R: Lawrence Ah Mon (Liu Guochang)
1994 *Neue Legende des Shaolin (hong xiguan)* R: Wang Jing
1994 *Die letzte Chance (feihu xiongxin)* R: Gordon Chan (Chen Jiashang)
1994 *Chongqing Express (Chongqing senlin)* R: Wong Kar-wai (Wang Jiawei), (1996 Kino)
1994 *Er ist ein Mann, sie eine Frau (jinzhi yuye)* R: Peter Chan Ho-Sun (Chen Kexin)
1994 *Rote Rose, weiße Rose (hong meigui, bai meigui)* R: Stanley Kwan (Guan Jinpeng)
1994 *Die Asche der Zeit (dongxie xidu)* R: Wong Kar-wai (Wang Jiawei)
1994 *Der Tag, als die Sonne erkaltete (tianguo nizi)* R: Yim Ho (Yan Hao)
1995 *Sommerschnee (nüren, sishi)* R: Ann Hui (Xu Anhua)
1995 *Anderthalb (gen wo zou yihui)* R: Lawrence Ah Mon (Liu Guochang)
1996 *Fallen Angels (duoluo tianshi)* R: Wong Kar-wai (Wang Jiawei)

Bibliographie

1. Zeitschriften

(Zeitschriften in westlichen Sprachen mit regelmäßigen Beiträgen zum chinesischen Kino)

»Afterimage«. London.
»Asian Cinema«. Asian Cinema Studies Society, Hamden.
»black box«. Hamburg.
»Cahier du Cinéma«. Paris.
»Camera Obscura«. Berkeley.
»China Quarterly, The«. Oxford.
»China Screen«. Peking.
»Chinese Literature«. Peking.
»Cinema Journal«. Illinois.
»Cinemaya«. New Delhi.
»Discourse«. Berkeley.
»East-West Film Journal«. East-West Center, Honolulu.
»epd Film«. Frankfurt/M.
»Far Eastern Economic Review«. Hongkong.
»Film Comment«. New York.
»film-dienst«. Köln.
»Free China Review«. Taipei.
»Independent Formosa«. Tokio.
»Modern China«. Univ of California, Los Angeles.
»Modern Chinese Literature«. Univ. of Colorado, Boulder.
»Monthly Film Bulletin«. London.
»Positif«. Paris.
»Screen«. Oxford.
»Screen International«. London.
»Sight & Sound«. London.
»The China Quarterly«. London.
»Variety«. New York.
»Wide Angle«. Athen/Ohio

2. Bücher und Artikel in westlichen Sprachen

An Jingfu: ›The Pain of a Half Taoist: Taoist Principles, Chinese Landscape Painting and *King of the Children*‹. In: Linda C. Ehrlich; David Desser (Hg.): *Cinematic Landscapes...* S.117–126.
Armes, Roy: *Third World Filmmaking and the West*. Berkeley 1987.
Austin, Bill: ›*Urban Realism:* Xie Fei Upstages the Fifth Generation‹. In: »China Screen«. 2/1990, S.36.
Balemi, Andreas: *Der neue taiwanische Film der 80er Jahre*. Bern 1996.

Bao Yuheng: ›The Mirror of Chinese Society. Chinese Film Classics (1905–1949)‹. In: »Chinese Literature«. Winter 1985, S.190ff.
Bartke, Wolfgang: *Biographic Dictionary and Analysis of China's Party Leadership 1922-1988*. München 1990.
Bary, W. Theodore de (Hg.): *Sources of Chinese Tradition*. New York 1960.
Bauer, Wolfgang: *China und die Hoffnung auf Glück*. München 1971.
Bazin, André: *Qu'est-ce que le cinéma?* 4 Bd., Paris 1958–62.
Bergeron, Régis: *Le Cinéma Chinois:* I, 1905-1949. Lausanne 1977
- *Le Cinéma Chinois*, 1949-1983. 3 Bd., Paris 1983–84.
- ›Chinese Film Comes of Age‹. In: »China Screen«. 1/1988, S.14.
Berry, Chris: ›Stereotypes and ambiguities: An examination of the feature films of the Chinese Cultural Revolution‹. In: »Journal of Asian Culture«. 6/1982, S.37–72.
- ›The sublimate text: Sex and revolution in *Big Road*‹. In: »East-West Film Journal«. 2/1988, S.2f.
- (Hg.) *Perspectives on Chinese Cinema*. London 1991.
- ›Chinese Urban Cinema: Hyper-realism versus Absurdism‹. In »East-West Film Journal«. December 1988, S.76–87.
- ›Chinese Women's Cinema‹. In: »Camera Obscura«. September 1988, S.8–41.
- ›Market Forces: China's Fifth Generation Faces the Bottom Line‹. In: Berry, Chris (Hg.): *Perspectives...* S.114-25.
- ›Now You See It, Now You Don't. The Arbitrary History and Unstable Future of Censorship in the People's Republic of China‹. In: »Cinemaya«. Summer 1989, S.46–55.
- ›Race: Chinese Film and the Politics of Nationalism‹. In: »Cinema Journal«. Winter 1992, S.45-58.
- ›Sexual Difference and the Viewing Subject in *Li Shuangshuang* and *The In-laws*‹. In: Berry, Chris (Hg.): *Perspectives...* S.30-39.
- ›From Post-Colonialism to Post-Socialism: The Chinese Context of the Fifth Generation‹. In: Klaus Eder; Deac Rossell (Hg.): *New Chinese Cinema.* S.74–83.
- ›Neither One Thing nor Another: Toward a Study of the Viewing Subject and Chinese Cinema in the 1980s‹. In Nick Browne u.a. (Hg.): *New Chinese Cinemas.* S.88–116.
- ›*Farewell to My Concubine*: At What Price Success?‹ In: »Cinemaya«. 20/1993, S.20-22.
- ›The Other Side of Taiwan: Huang Ming-chuan an The *Man from Island West*‹. In: »Cinemaya«. 19/1993, S.32–34.
- ›Taiwanese Melodrama Returs with a Twist in *The Wedding Banquet*‹. In: »Cinemaya«. 21/1993, S.52–54.
- und Mary Ann Farquhar: ›Post-Socialist Strategies: An Analysis of *Yellow Earth* and *Black Cannon Incident*‹. In: Linda C. Ehrlich; David Desser (Hg.): *Cinematic Landscapes...* S.81–116.
- ›A Nation T(w/o)o: Chinese Cinema(s) and Nationhood(s)‹. In Dissanayake, Wimal (Hg.): *Colonialism and Nationalism in Asian Cinema.* S.42–64.
- ›China's New Women's Cinema‹. In: »Camera Obscura«. 18/1989, S.8-19.
- ›Race (Minzu). Chinese Film and the Politics of Nationalism‹. In: »Cinema Journal«. Winter 1992, S.45–59.
- ›Seeking Truth from Fiction: Feature Films as Historiography in Deng's China‹. In: »Film History«. (London) Spring 1995.
- *A Bit on the Side: East-West Topographies of Desire*. Sydney 1994.
Birch, Cyril: *Chinese Communist Literature*. New York/London 1963.
- *Studies in Chinese Literary Genres*. Berkeley 1974.

Bishop, Robert L.: *Qilai! Mobilizing One Billion Chinese. The Chinese Communication System.* Ames, Iowa 1989.
Brooks, Peter: *The Melodramatic Imagination.* New York 1985.
Browne, Nick: ›Society and Subjectivity: On the Political Economy of Chinese Melodrama‹. In Nick Browne u.a. (Hg): *New Chinese Cinemas.* S.40–56.
– und Paul G. Pickowicz; Vivian Sobchack; Esther Yau (Hg.): *New Chinese Cinemas. Forms, Identities, Politics.* Cambridge University Press, New York 1994.
Bush, S. und Chr. Murck (Hg.): *Theories of the Arts in China.* Princeton, N.J. 1983.
Chang, T.C.; S.Y. Chen; Y.T. Lin (Hg.): *Pai Hua's Cinematic Script Unrequited Love.* Taipei 1981.
Chang Xiangru: ›Movies in the Middle Nation: Attitudes of Chinese Audiences‹. In: »Independent«. November 1986, S.14–19.
Chen Kaige: *Kinder des Drachen. Eine Jugend in der Kulturrevolution.* Leipzig 1994.
– ›Breaking the Circle: The Cinema and Cultural Change in China‹. In: »Cineaste«. Februar 1990, S.28–31.
Chen, Robert: ›Dispersion, Ambivalence and Hybridity: A Cultural-Historical Investigation of Film Experience in Taiwan in the 1980s‹. Diss., University of Southern California 1993.
Cheng King-hung: ›Social Reality as constructed in Chinese Cinema under Deng Xiaoping‹. Diss., Chinese University of Hongkong 1986.
Cheng, Joseph Y.S. (Hg.): *Hong Kong in Search of a Future.* Oxford 1984.
Cheshire, Godfrey: ›Time Span: The Cinema of Hou Hsiao-Hsien‹. In: »Film Comment«. 6/1993, S.56–63.
Chiao, Peggy: ›A City of Sadness: Interview with Hou Xiaoxian‹. In: »Cinemaya«. Spring 1989, S.40–42.
– ›Contrasting Images: Taiwan and Hong Kong Films‹. In: »Free China Review«. February 1988, S.12–19.
– ›The Distinct Taiwanese and Hong Kong Cinemas‹. In: Berry, Chris (Hg.): *Perspectives...* S.155–65.
– ›Reel Contact Across the Taiwan Straits‹. In: Klaus Eder; Deac Rossell (Hg.): *New Chinese Cinema.* S.48–57.
Chou Yang (d.i. Zhou Yang): *A Great Debate on the Literary Front.* Peking 1965.
Chow, Rey: ›Male Narcissism and National Culture: Subjectivity in Chen Kaige's *King of the Children*‹. In: Widmer, Ellen und David Der-wei Wang (Hg.): *From May Fourth...* S.327–59.
– ›Silent is the Ancient Plain: Music, Filmmaking and the Conception of Reform in China's New Cinema‹. In: »Discourse«. 2/1990, S.82–109.
– *Primitive Passions. Visuality, Sexuality, Ethnography, and Contemporary Chinese Cinema.* New York 1995.
Chow Tse-tsung: *The May Fourth Movement.* 2 Bd., Stanford 1960.
Chu, Godwin C.: *Popular Media in China. Shaping new Cultural Patterns.* Honolulu 1978.
Chute, David: ›Made in Hong Kong‹. In: »Film Comment«. June 1988, S.33–56.
– ›Beyond the Law‹. In: »Film Comment«. 1/1994, S.60–62.
Clark, Paul: *Chinese Cinema: Culture and Politics since 1949.* Cambridge, Mass. 1987.
– ›Ethnic Minorities in Chinese Films: Cinema and the Exotic‹. In: »East-West Film Journal«. June 1987, S.115–31.
– ›The Film Industry in the 1970s‹. In: McDougall, Bonnie S. (Hg.): *Popular Literature...* S.177–96.

- ›Film Making in China: From the Cultural Revolution to 1981‹. In: »China Quarterly«. June 1983, S.304–22.
- ›Reinventing China: The Fifth Generation Filmmakers‹. In: »Modern Chinese Literature«. Spring 1989, S.121–36.
- ›Chinese Cinema in 1989 from a Historical Point of View‹. In: »China Screen«. 3/1989, S.25.
- ›Chinese Cinema's New Look‹. In: »China Screen«. 1/1988, S.15.
- ›The New Naturalism in Chinese Films‹. In: »China Screen«. 4/1992, S.36.
- ›Heroes Without Battlefield. A History of the Chinese Film Making Since 1949‹. Diss., Harvard University 1983.
- ›Two Hundred Flowers on Chinese Screens‹. In: Chris Berry (Hg.): *Perspectives*... S.40–61.

Cohen, Arthur A.: *The Communism of Mao Tse-tung*. Chicago 1964.
Costa, José Manuel; Gil Abrunhosa: *Cinema chines*. Lissabon 1987.
Croizier, Ralph: *China's Cultural Legacy and Communism*. London 1970.
Dissanayake, Wimal (Hg.): *Cinema and Cultural Identity, Reflections on Films from Japan, India and China*. Lanham 1988.
- (Hg.): *Melodrama and Asian Cinema*. New York 1993.
- (Hg.): *Colonialism and Nationalism in Asian Cinema*. Bloomington 1994.
- ›Nationhood, History, and Cinema: Reflections on the Asian Scene‹. In: Ders. (Hg.): *Colonialism and Nationalism in Asian Cinema*. S.ix-xxix.

Dolezalova, Anna: ›Two Waves of Criticism of the Film Script Bitter Love and of the Writer Bai Hua in 1981‹. In: »Asian and African Studies«. 19/1983, S.27–54.
Downing, J.D.H. (Hg.): *Film and Politics in the Third World*. New York 1987.
Duke, Michael S.: *Blooming and Contending. Chinese Literature in the Post-Mao Era*. Bloomington 1985.
Eberhard, Wolfram: *Lexikon chinesischer Symbole*. Köln 1982.
- *The Chinese Silver Screen: Hong Kong and Taiwanese Motion Pictures in the 1960s*. Taipei 1972.
- *A History of China*. Berkeley 1960.

Eberstein, Bernd: *Das chinesische Theater im 20. Jahrhundert*. Wiesbaden 1983.
Ebon, Martin (Hg.): *Five Chinese Communist Plays*. New York 1975.
Eder, Klaus; Deac Rossell (Hg.): *New Chinese Cinema*. London 1993.
Ehrlich, Linda C.; David Desser (Hg.): *Cinematic Landscapes. Observations on the Visual Arts and Cinema of China and Japan*. Austin 1994.
- und Ma Ning: ›Course College File: East Asian Cinema‹. In: »Journal of Film and Video«. 2/1990.

Eichenberger, Ambros: *Weder Western – noch Eastern. Das andere Kino in Asien*. Bremen 1984.
Elley, Derek: ›Tiananmen and the 5th Generation‹. In: Klaus Eder; Deac Rossell (Hg.): *New Chinese Cinema*. S.38-47.
Ellis, Jack C.: *A History of Film*. Englewood Cliffs 1979.
Fairbank, John King: *The GGreat Chinesee Revolution: 1800–1985*. New York 1986.
Farquhar, Mary Ann: ›The Hidden Gender in *Yellow Earth*‹. In: »Screen«. Summer 1992, S.154-64.
Faubel, Jeffrey: ›Cultural Introspection in Chinese Cinema: The Fifth Generation of Chinese Filmmakers‹. MA-Arbeit, Indiana University 1990.
Faurot, Jeanette L. (Hg.): *Chinese Fiction from Taiwan: Critial Perspectives*. Bloomington 1980.
Fei Zhengxing: ›A Stylistic Analysis of the Films by Zhang Yimou and Xie Jin‹. Diss., Temple University 1993.

Fokkema, D.W.: *Literary Doctrine in China and Soviet Influence 1956–1960.* London/Paris 1965.
Forke, Alfred: *Geschichte der alten, mittelalterlichen, neueren chinesischen Philosophie.* 3 Bd., Hamburg 1964.
Fu Poshek: ›Patriotism or Profit: Hong Kong Cinema during the Second World War‹. In: Law Kar (Hg.): *Early Images of Hong Kong and China.* S.73–79.
Gabriel, Teshome: *Third Cinema in the Third World: The Aesthetics of Liberation.* Ann Arbor 1982.
Gernet, Jacques: *Ancient China.* Berkeley 1968.
– *Die chinesische Welt.* Frankfurt/M. 1979.
Gilbert, Harriett (Hg.): *The Sexual Imagination from Acker to Zola: A Feminist Companion.* London 1993.
Gilbert, Steven: *A Review of Identification Theories.* Clark Univ. 1975.
Giles, Herbert: *A History of Chinese Literature.* New York 1928.
Glaessner, Verina: *Kung Fu. Cinema of Vengeance.* New York 1973.
Goldblatt, Howard (Hg.): *Chinese Literature for the 1980s. The Fourth Congress of Writers and Artists.* Armonk, New York 1982.
Goldman, Merle: *Literary Dissent in Communist China.* Cambridge, Mass. 1967.
– *China's Intellectuals, Advise and Dissent.* Cambridge, Mass. 1981.
– (Hg.): *China's Intellectuals and the State: In Search of a New Relationship.* Cambridge, Mass. 1987.
– (Hg.): *Modern Chinese Literature in the May Fourth Era.* Cambridge, Mass. 1977.
Goodman, David S.: *Beijing Street Voices. The Poetry and Politics of China's Democracy Movement.* London 1981.
Granet, Marcel: *Chinese Civilization.* New York 1930.
Gregor, Ulrich; Enno Patalas: *Geschichte des Films.* 2 Bd., Reinbek 1976.
Guback, Thomas H.: *The International Film Industry.* Bloomington 1969.
Hao Dazheng: ›Chinese Visual Representation: Painting and Cinema‹. In: Linda C. Ehrlich; David Desser (Hg.): *Cinematic Landscapes...* S.39–44.
Haus der Kulturen der Welt (Hg.): *China Avantgarde.* Berlin 1993.
He Yuhuai: *Cycles of Repression and Relaxation. Politico-Literary Events in China 1976–1989.* Bochum 1992.
Heberer, Thomas: *Yaogun Yinyue: Jugend-, Subkultur und Rockmusik in China.* Münster 1994.
Hendrich, Imke: ›Ausländische Kinofilme und damit zusammenhängende Rezeptionsphänomene in der VR China‹. MA-Arbeit, Universität Hamburg 1995.
Hitchcock, Peter: ›The Aesthetics of Alienation or China's Fifth Generation‹. In: »Cultural Studies«. January 1992, S.116–41.
Hoare, Stephanie Alison: ›Melodrama and Innovation: Literary Adaptation in Contemporary Chinese Film‹. Diss., Cornell University 1989.
Hong Kong Television and Films Authority: *Annual Departmental Report by the Commision for Television and Films.* Hongkong, jährlich.
Horowitz, Steven: *Electric Shadows. A Festival of Chinese Cinema.* Intern. Filmfestival, San Francisco 1981.
Howe, Christopher: *Shanghai, Revolution and Development in an Asian Metropolis.* Cambridge, Mass. 1981.
Howse, Hugh: ›The Role of Mass Media in China‹. In: Ders: *The Chinese Model.* Hamburg 1965.
Hsia, C.T.: *Der klassische chinesische Roman. Eine Einführung.* Frankfurt/M. 1989.
– *A History of Modern Chinese Fiction.* New Haven 1971.

Hsia, T.A.: *The Gate of Darkness. Studies on the Leftist Literary Movement in China.* London 1968.
Hsiung, Deh Ta: ›The Chinese Cinema Today‹. In: »Chinese Quarterly«. No.4, S.82-87.
Hsu Tao-Ching: *The Chinese Conception of the Theatre.* Seattle 1985.
Huaco, George A.: *The Sociology of Film Art.* New York 1965.
Huang, Vivian: ›Taiwan's Social Realism: New Cinema Weathers Commercial Pressures and Fickle Audiences‹. In: »Independent«. January–February 1990, S.24–27.
Ivens, Joris: *Die Kamera und ich.* Reinbek 1974.
– *Joris Ivens and China.* Peking 1983.
Jaivin, Linda: ›Guns and better: A survey of recent Chinese Cinema‹. In: »China News Analysis«. 15.8.1992, S.1–9.
Jameson, Fredric: ›Remapping Taipei‹. In: Nick Browne u.a. (Hg.): *New Chinese Cinemas.* S.117–150.
– »*Third-World Literature in the Era of Multinational Capital*«, Social Text Nr. 15, Herbst 1986.
Jarvie, Ian C.: *Window on Hong Kong. A Sociological Study of the Hong Kong Film Industry and Its Audience.* Hongkong 1977.
Johnson, David; Andrew J. Nathan; Evelyn Rawski (Hg.): *Popular Culture in Late Imperial China.* Berkeley 1985.
Joseph, W.A.; C.P.W. Wong und D. Zweig (Hg.): *New Perspectives on the Cultural Revolution.* New York 1991.
»Jump Cut«. März 1986 und März 1989. (zum chinesischen Kino).
Kames, Peggy: ›Stadtfilm in China. Von der Wiederentdeckung der Stadt zum urbanen Realismus; die achtziger und die frühen neunziger Jahre‹. MA-Arbeit, Humboldt Universität Berlin 1993.
Kaplan, E. Ann: Melodrama/Subjectivity/Ideology: The Relevance of Western Melodrama Theories to Recent Chinese Cinema‹. In: »East-West Film Journal«. January 1991, S.6–27.
– ›Problematizing Cross-Cultural Analysis: The Case of Women in the Recent Chinese Cinema‹. In: »Wide Angle«. 2/1989, S.40–50.
Kindermann, Gottfred-Karl (Hg.): *Konfuzianismus, Sunyatsenismus und chinesischer Kommunismus.* Freiburg/Br. 1963.
Kramer, Stefan: ›Vergangenheitsbewältigung und deren künstlerische Umsetzung in der frühen Phase des Regiewerks Zhang Yimous‹. MA-Arbeit, Ruhr-Universität Bochum 1993.
– *Schattenbilder. Filmgeschichte Chinas und die Avantgarde der achtziger und neunziger Jahre.* Dortmund 1996.
– ›Tradition, Revolution und Innovation. Zur Geschichte der Filmmusik in China‹. In: »film-dienst«. 25/1994, S.34–38.
– ›Kulturelle Harmonie und soziale Mißklänge. Neue Filme aus Hongkong, Taiwan und der Volksrepublik China‹. In: »film-dienst« 13/1995, S.36–39.
– ›Westliche Schattenspiele‹. In: »film-dienst«. 14/1995, S.34–36.
– ›Künstlerisches Opium. Das progressive Kino der 30er und 40er Jahre‹. In: »film-dienst«. 15/1995, S.36–38.
– ›Der Traum einer Massenkultur. Das Propagandakino Mao Zedongs‹. In: »film-dienst«. 17/1995, S.36–39.
– ›Wundenverarbeitung und künstlerischer Neuanfang. Das Reformkino der 80er Jahre‹. In: »film-dienst«. 18/1995, S.36–39.
– ›Eine verlorene Generation‹. In: »film-dienst«. 19/1995, S.34–37.
– ›Wege in die Zukunft. Eine junge Avantgarde‹. In: »film-dienst«. 22/1995, S.33–36.

- ›Ich mache keine Politik, ich mache Filme. Gespräch mit dem chinesischen Regisseur Zhang Yimou‹. In: »Süddeutsche Zeitung«. 18.5.1995.
- ›Shanghai Serenade‹. In: »film-dienst«. 24/1995, S.29–30.
- ›Abrechnung mit den verordneten Utopien. Die bedrängte Film-Avantgarde in China zwischen Sozialismus und Modernisierung‹. In: »Süddeutsche Zeitung«. 5.9.1995.
- ›Aufbruch in die Gegenwart. Asiatische Filme wenden sich von alten Ideologien ab und widmen sich dem realen Leben‹. In: »Süddeutsche Zeitung«. 17.2.1996.
- ›Bollwerke gegen die Zukunftsangst. Das neue Hongkong-Kino zwischen chinesischer Tradition und westlicher Lebensart‹. In: »Süddeutsche Zeitung«. 17.7.1996.
- ›Chinesische Filmwirtschaft zwischen Markt und Ideologie‹. In: »Blickpunkt: Film«. 13/1996.
- ›Hongkong dreht schon in China‹. In: »Blickpunkt: Film«. 20/21/1996.
- ›Die Würfel fallen. Das Kino in Hongkong und China vor der Vereinigung‹. In: »film-dienst«. 19/1996, S.33–35.
- ›Die Zeit des Wirtschaftswunders. Patriotismus und Nationalismus im asiatischen Kino. In: »film-dienst«. 23/1996, 38–40.

Kreimeier, Klaus: *Joris Ivens, ein Filmer an den Fronten der Weltrevolution*. Berlin 1976.

Kubin, Wolfgang (Hg.): *Moderne chinesische Literatur*. Frankfurt/M. 1985.

Kwok Wah Lau, Jenny: ›A Cultural Interpretation of the Contemporary Cinema of China and Hong Kong‹. Diss., Northwestern University 1989.
- ›Towards a Cultural Understanding of Cinema: A Comparison of Contemporary Films from the People's Republic of China and Hong Kong‹. In: »Wide Angle«. July 1989, S.42–49.
- ›Judou: A hermeneutical Reading of Cross-cultural Cinema‹. In: »Film Quarterly«. 2/1991-92, S.2–9.
- ›Judou: An Experiment in Color and Portraiture in Chinese Cinema‹. In: Linda C. Ehrlich; David Desser (Hg.): *Cinematic Landscapes...* S.127–145.
- ›Farewell my Concubine: History, Melodrama, and Ideology in Pan-Chinese Cinema‹. In: »Film Quarterly«. Fall 1995, S.16–27.

Lau, Shing-hon (Hg.): *A Study of the Hong Kong Martial Arts Film*. Hongkong 1980.

Law, Kar (Hg.): *Hong Kong Cinema in the Eighties*. Hongkong 1991.
- (Hg.): *Mandarin Films and Popular Songs: 40's-60's*. Hongkong 1993.
- (Hg.): *Early Images of Hong Kong & China*. Hongkong 1995.
- ›A Comparative Analysis of Cantonese and Mandarin Comedies‹. In: Li Cheuk-to (Hg.): *The Traditions of Hong Kong Comedy*. S.13–16.
- ›The Shadow of Tradition and the Left-Right Struggle‹. In: Li Cheuk-to (Hg.): *The China Factor in Hong Kong Cinema*. S.15–20.
- ›Early Impressions of the Hong Kong Cinema: 1909–1915‹. In: Ders. (Hg.): *Early Images of Hong Kong and China*. S.28-29.

Law Wai-ming: ›Hong Kong's Cinematic Beginnings 1896–1908‹. In: Law Kar (Hg.): *Early Images of Hong Kong and China*. S.23–26.

Lee, Leo Ou-Fan: ›The Tradition of Modern Chinese Cinema: Some Preliminary Explorations and Hypotheses‹. In: Chris Berry (Hg.): *Perspectives...* S.6–20.
- ›Two Films from Hong Kong: Parody and Allegory‹. In: Nick Browne u.a. (Hg.): *New Chinese Cinemas*. S.202–16.

Lee, Linda: *Die Bruce-Lee-Story*. Niedernhausen/Ts. 1993.

Legge, James (Übers.): *The Chinese Classics*. 5 Bd., Hongkong 1960.

Lent, John (Hg.): *The Asian Film Industry*. Austin 1990.

Lessing, Ferdinand: *Über die Symbolsprache in der chinesischen Kunst.* Frankfurt/M. o.J.
Leung Noong-kong: ›The Changing Power Relationship Between China and Hong Kong‹. In: Li Cheuk-to (Hg.): *Changes in Hong Kong Society through Cinema.* S.25-28.
Lexikon des Internationalen Films. Reinbek 1995. Bd. 1–10.
Leyda, Jay: *Dianying – Electric Shadows. An Account of Films and the Film Audience in China.* Cambridge, Mass. 1972.
Li Cheuk-to: ›Cinema in Hong Kong: Contemporary Currents‹. In: »Cinemaya«. Autumn 1988, S.4–9.
– ›A Review of Hong Kong Cinema, 1988-1989‹. In: *The Ninth Hawaii International Film Festival Viewers Guide.* East-West Center Honolulu 1989, S.36–39.
– (Hg.): *Cantonese Melodrama (1950-1969).* Hongkong 1986.
– (Hg.): *Cantonese Opera Film Retrospective.* Hongkong 1987.
– (Hg.): *Changes in Hong Kong Society through Cinema.* Hongkong 1988.
– (Hg.): *The China Factor in Hong Kong Cinema.* Hongkong 1990.
– (Hg.): *A Study of Hong Kong Cinema in the Seventies.* Hongkong 1984.
– (Hg.): *The Traditions of Hong Kong Comedy.* Hongkong 1985.
– ›The Return of the Father: Hong Kong New Wave and Its Chinese Context in the 1980s‹. In: Nick Browne u.a. (Hg.): *New Chinese Cinemas.* S.160–79.
– ›Tsui Hark and Western Interest in Hong Kong Cinema‹. In: »Cinemaya«. 21/1993, S.50-51
Li, H.C.: ›Chinese Electric Shadows. A Selected Bibliography of Materials in English‹. In: »Modern Chinese Literature«. 2/1993, S.117–53.
– ›More Chinese Electric Shadows: A Supplementary List‹. In: »Modern Chinese Literature«. 8/1994, S.237–52.
Li He (Hg.): *Phantoms of the Hong Kong Cinema.* Hongkong 1989.
Liao Pinghui: ›Rewriting Taiwanese National History: The February 28 Incident as Spectacle‹. In: »Public Culture«. 5/1993, S.281–96.
Lin Niantong: ›A Study of the Theories of Chinese Cinema in Their Relationship to Classical Aesthetics‹. In: »Modern Chinese Literature«. Spring 1985, S.185–200.
Link, Perry; Richard Madsen; Paul G. Pickowicz (Hg.): *Unofficial China: Popular Culture and Thought in the People's Republic.* Boulder, Colo. 1989.
Liu, Alan P.L.: *The Film Industry in Communist China.* Cambridge, Mass. 1965.
Liu, Jerry (Hg.): *The Hong Kong Contemporary Cinema.* Hongkong 1982.
– *Hong Kong Cinema '82.* Hongkong 1983.
– *Hong Kong Cinema '83.* Hongkong 1984.
Lösel, Jörg: *Die politische Funktion des Spielfilms in der Volksrepublik China zwischen 1949 und 1965.* München 1980.
Lopate, Phillip: ›Tian Zhuangzhuang: Odd Man Out‹. In: »Film Comment«. 4/1994, S.60–64.
Luo Xueying: ›The Ambitions of Zhang Yimou‹. In: »Chinese Literature«. Winter 1990, S.168–76.
Ma Ning: ›Culture and Politics in Chinese Film Melodrama: Traditional Sacred, Moral Economy and the Xie Jin Mode‹. Diss., Monash University 1992.
– ›New Chinese Cinema: A Critical Account of the Fifth Generation‹: In: »Cinemaya«. Winter 1988/89.
– ›Notes on the New Filmmakers‹. In G.S. Semsel (Hg.): *Chinese Film. The State of the Art in the People's Republic.* S.63–106.
– ›Symbolic Representation and Symbolic Violence: Chinese Family Melodrama of the Early 1980s‹. In: »East-West Film Journal«. December 1989, S.79–109.

- ›Spatiality and Subjectivity in Xie Jin's Melodrama of the New Period‹. In: Nick Browne u.a. (Hg.): *New Chinese Cinemas*. S.15–39.
- MacCann, Richard (Hg.): *Film and Society*. New York 1963.
- MacFarquhar, Roderick: *The Hundred Flower Campaign and the Chinese Intellectuals*. New York 1981.
- *The Origins of the Cultural Revolution*. 2 Bd., New York 1974 und 1983.
- Mackerras, Colin: *The Performing Arts in Contemporary China*. London und Boston 1981.
- Martin, Helmut: ›Der chinesische Film. Entwicklung und neue Perspektiven nach dem Machtwechsel 1976/77‹. In: »Medien und Erziehung«. 3/1977. S.197–202.
- ›Chinas Filmindustrie‹. In: »China Aktuell«. Nov. 1972. S.30–34.
- ›Film (China, Hongkong, Taiwan)‹. In: Franke, Wolfgang und Brunhild Staiger (Hg.): *China Handbuch*. Düsseldorf 1974.
- ›China‹. In: Kurowski, U.: *Lexikon des Internationalen Films*. München 1975.
- ›Rückblick auf den chinesischen Film: Die Situation am Ende der Mao Ära‹. In: Ders.: *Chinabilder*. Bd.II: *Chinesische Literatur am Ende des 20. Jahrhunderts*. Dortmund 1996.
- *Cult and Canon. The Origins and Development of State Maoism*. Armong NY/London 1982.
- Mayer, Michael F.: *The Film Industries*. New York 1979.
- McDonagh, Maitland: ›Action Painter John Woo‹. In: »Film Comment«. 5/1993, S.46–49.
- McDougall, Bonnie S. (Hg.): *Mao Zedong's Talks at the Yan'an Conference on Literature and Arts*. Michigan 1980.
- (Hg.): *Popular Chinese Literature and Performing Arts in the People's Republic of China, 1949–1979*. Berkeley 1984.
- *The Yellow Earth*. Hongkong 1991.
- Mei Lanfang: *Forty Years on the Stage*. 2 Bd., Peking 1954.
- Monaco, James: *How to Read a Film*. London/New York 1977.
- Montagu, Ivor: *Film World*. Harmondsworth 1964.
- Morgan, H.T.: *Chinese Symbols and Superstitions*. South Pasadena 1942.
- Ng, Ho: ›A Preliminary Plot Analysis of Cantonese Comedy‹. In: Li Cheuk-to (Hg.): *The Traditions of Hong Kong Comedy*. S.21–26.
- ›Kung-fu Comedies: Tradition, Structure, Character‹. In: Lau Shing-hon (Hg.): *A Study of the Hong Kong Martial Arts Film*. S.42–55.
- ›Exile, A Story of Love and Hate‹. In: Li Cheuk-to (Hg.): *The China Factor in Hong Kong Cinema*. S.31–40.
- Liu, Jen-Kai: *Chinas technokratische Führungselite in der Nachfolge Deng Xiaopings. Ausgewählte Biographien*. Hamburg 1994.
- Ni Zhen: ›Classical Chinese Painting and Cinematographic Signification‹. In: Linda C. Ehrlich; David Desser (Hg.): *Cinematic Landscapes...* S.63–80.
- Nienhauser, W.H. (Hg.): *The Indiana Companion to Traditional Chinese Literature*. Bloomington 1986.
- Nornes, Markus: ›The Terrorizer‹. In: »Film Quarterly«. Spring 1989, S.43–47.
- North, C.J.: ›The Chinese Motion Picture Market‹. In: »Trade Information Bulletin«. Nr. 467, U.S. Department of Commerce 1927.
- Opletal, Helmut: *Die Informationspolitik der Volksrepublik China: von der Kulturrevolution bis zum Sturz der Viererbande (1965–1976)*. Bochum 1981.
- Osterland, Martin: *Gesellschaftsbilder in Filmen*. Stuttgart 1970.
- Peschel, Sabine (Hg.): *Die Gelbe Kultur. Der Film Heshang: Traditionskritik in China*. Bad Honnef 1991.

Petitprez, Veronique: ›Being a Woman in the Films of the Fifth Generation‹. In: »Cinemaya«. 21/1993, S.32–36.
Petterson, M.: ›The Chinese Film Industry. Impressions‹. In: »Filmmakers Monthly«. 5/1979, S.19–24.
Pickowicz, Paul G.: ›Melodramatic Representation and the May Fourth Tradition of Chinese Cinema‹. In: Widmer, Ellen; David Der-wei Wang (Hg.): *From May Fourth to June Fourth...* S.295–326.
– ›Popular Cinema and Political Thought in Post-Mao China: Reflections on Official Pronouncements, Film and the Film Audience‹. In: Link, Perry; Richard Madsen; Paul G. Pickowicz (Hg.): *Unofficial China: Popular Culture and Thought in the People's Republic.* S.37–53.
– ›Huang Jianxin and the Notion of Postsocialism‹. In: Nick Browne u.a. (Hg.): *New Chinese Cinemas.* S.57-87.
Pines, Jim; Paul Willemen (Hg.): *Questions of Third Cinema.* London 1989.
Pohl, Karl-Heinz; Gudrun Wacker; Liu Huiru (Hg.): *Chinesische Intellektuelle im 20. Jahrhundert. Zwischen Tradition und Moderne.* Hamburg 1993.
Quiquemelle, Marie-Claire; Jean-Loup Passek (Hg.): *Le Cinéma Chinois.* Paris 1985.
– ›The Introduction of the Camera to China‹. In: Law Kar (Hg.): *Early Images of China and Hong Kong.* S.16-19.
Rayns, Tony (Hg.): *More Electric Shadows. Chinese Cinema 1922–1984.* London 1985.
– und Chen Kaige: *King of the Children and the New Chinese Cinema.* London 1989.
– ›Breakthroughs and Setbacks: The Origins of the New Chinese Cinema‹. In: Berry Chris (Hg.): *Perspectives...* S.104–13.
– ›The Position of Women in New Chinese Cinema‹. In: »East-West Film Journal«. 2/1987, S.32-45.
– ›Cultural Abnormalities – A Distant Perspective on Hong Kong Cinema in the 80s‹. In: Law, Kar (Hg.): *Hong Kong Cinema in the Eighties.* S.62–67.
– ›Bruce Lee and Other Stories‹. In: Li Cheuk-to (Hg.): *A Study of Hong Kong Cinema in the Seventies.* S.26–29.
– ›The Redirected Embrace‹. In: Li Cheuk-to (Hg.): *The China Factor in Hong Kong Cinema.* S.49–57.
– ›Chivalry's Last Hurrah – John Woo‹. In: »Monthly Film Bulletin«. 9/1990, S.276.
– ›Loosening the Knot: On Set with Zhang Yimou‹. In: »Sight and Sound«. May 1994, S.16-19.
– ›Lonesome Tonight'. In: »Sight and Sound«. March 1993, S.14–17.
– und Scott Meek (Hg.): *Electric Shadows. 45 Years of Chinese Cinema.* London 1980.
Reichenbach, Thomas: *Die Demokratiebewegung in China 1989.* Hamburg 1994.
Reynaud, Berenice: ›John Woo's Art Action Movie‹. In: »Sight and Sound«. May 1993, S.22–24.
Rothman, William: ›*The Goddess:* Reflections on melodrama East and West‹. In: Wimal Dissanayake (Hg.): *Melodrama and Asian Cinema.* S.59–72.
Sadoul, Georges: *Histoire générale du cinéma.* 6 Bd., Paris 1973–75.
Sander, H.D.: *Marxistische Ideologie und allgemeine Kunsttheorie.* Tübingen 1970.
Schamus, James (Hg.): *Eat Drink Man Woman, The Wedding Banquet – Two Films by Ang Lee.* New York 1994.
Schmidt-Glintzer, Helwig: *Geschichte der chinesischen Literatur.* München 1990.
Schwarcz, Vera: *The Chinese Enlightment. Intellectuals and the Legacy of the May Fourth Movement of 1919.* Berkeley 1986.

Scott, A.C.: *Literature and the Arts in Twentieth Century China*. London 1965.
- *Contemporary Arts in Communist China: Conflict of Western and Traditional Techniques*. London 1962.
Sek Kei: ›Achievement and Crisis: *Hong Kong Cinema in the 80s*‹. In: Law Kar (Hg.): *Hong Kong Cinema in the Eighties*. S.52–61.
- ›The Development of Martial Arts in Hong Kong Cinema‹. In: Lau Shing-hon (Hg.): *A Study of the Hong Kong Martial Arts Film*. S.27–41.
- ›The Social Psychology of Hong Kong Cinema‹. In: Li Cheuk-to (Hg.): *Changes in Hong Kong Society through Cinema*. S.15–20.
Semsel, George S. (Hg.): *Chinese Film: State of the Art*. New York 1987.
- (Hg.): *Chinese Film Theory. A Guide to the New Era*. New York 1990.
- (Hg.): *Film in Contemporary China. Critical Debates, 1979–1989*. New York 1993.
Seung-Soo, K.: ›The Communication Industries in Modern China: Between Maoism and the Market‹. Diss., University of Leicester 1987.
Shao Mujun: ›Notes on *Red Sorghum*‹. In: »Chinese Literature«. Spring 1989. S.172–80.
- ›Chinese Film amidst the Tide of Reform‹. In: »East-West Film Journal«. Dezember 1986, S.59–68.
- ›On the Ruins of Modern Beliefs‹. In Klaus Eder; Deac Rossell (Hg.): *New Chinese Cinema*. S.19–37.
Shu, Kei (Hg.): *A Comparative Study of Post-War Mandarin and Cantonese Cinema: the Films of Zhu Shilin, Qin Jian and Other Directors*. Hong Kong 1983.
- (Hg.): *Cantonese Cinema Retrospective (1960–69)*. Hongkong 1982.
- (Hg.): *Hong Kong – Shanghai: Cinema of Two Cities*. Hongkong 1984.
Stacey, Judith: *Patriarchy and Socialist Revolution in China*. Berkeley 1983.
Sutton, Donald S.: ›Ritual History and the Films of Zhang Yimou‹. In: »East-West Film Journal«. 2/1994, S.31–46.
Tang, B.B.: ›Cinema in the Republic of China‹. MA-Arbeit, California State University, Northridge 1975.
Taubmann, Wolfgang (Hg.): *Urban Problems and Urban Development in China*. Hamburg 1993.
Tay, William: ›The Ideology of Initiation: The Films of Hou Hsao-hsien‹. In: Nick Browne u.a. (Hg.): *New Chinese Cinemas*. S.151–59.
Teo, Stephen: ›Politics and Social Issues in Hong Kong Cinema‹. In: Li Cheuk-to (Hg.): *Changes in Hong Kong Society through Cinema*. S.38–41.
- ›Tracing the Electric Shadow: A Brief History of the Early Hong Kong Cinema‹. In: Law Kar (Hg.): *Early Images of Hong Kong and China*. S.45–52.
Thirty Years of Chinese Film. Peking 1991.
Tian Zhuangzhuang: ›Reflections‹. In: »Cinemaya«. Autumn 1989.
Tilden, N.A.: ›Hong Kong Film‹. MA-Arbeit, San Francisco State University 1975.
Tobias, Mel: *Memoirs of an Asian Moviegoer*. Hongkong 1982.
Umard, Ralph: *Film ohne Grenzen: Das neue Hongkong Kino*. Lappersdorf 1996.
Wang Yuejin: ›Mixing Memory and Desire: *Red Sorghum*: A Chinese Version of Masculinity and Femininity‹. In: »Public Culture«. Fall 1989, S.31–53.
- ›*The Old Well*: A Womb or a Tomb?‹. In: »Framework«. 35/1988, S.73–82.
- ›The Rhetoric of Mirror, Shadow and Moon: *Samsara* and the Problem of Representation of Self in China‹. In: »East-West Film Journal«. July 1991, S.69–92.
- ›Melodrama as Historical Understanding: The Making and Unmaking of Communist History‹. In: Wimal Dissanayake (Hg.): *Melodrama and Asian Cinema*. S.73–100.

Way, E.T.: ›Motion Pictures in China‹. In: »Trade Information Bulletin«. U.S. Department of Commerce. Nr. 722, 1930.
Weggel, Oskar: *Massenkommunikation in der VR China*. Hamburg 1970.
- Zwischen Marx und Konfuzius. München 1988.
- *Geschichte Chinas im 20. Jahrhundert*. Stuttgart 1989.
Werner, E.T.C.: *A Dictionary of Chinese Mythology*. Shanghai 1932, New York 1961.
Widmer, Ellen; David Der-wei Wang (Hg.): *From May Fourth to June Fourth: Fiction and Film in Twentieth Century China*. Cambridge, Mass. 1993.
Wiley, Christopher J.: *A Film Guide on China*. Los Angeles 1974.
Williams, C.A.S.: *Manual of Chinese Metaphor*. Shanghai 1920.
- *Chinese Symbolism and Art Motives*. New York 1960.
Wilson, Patricia: ›The Founding of the Northeast Film Studio, 1946–1949‹. In: G.S. Semsel (Hg.): *Chinese Film. The State of the Art in the People's Republic*. S.15–34.
Wolfenstein, Martha und Nathan Leithes: *Movies. A Psychological Study*. New York 1960.
Woo, John: ›Chinese Poetry in Motion‹. In: »Sight and Sound«. July 1994, S.61.
Wright, Basil: *The Long View. An International History of Cinema*. St. Albans 1976.
Wu Xianggui: ›The Chinese Film Industry since 1977‹. Diss., Univ. of Oregon 1992.
Xia Hong: ›Film Theory in the People's Republic of China: The New Era‹. In: G.S. Semsel (Hg.): *Chinese Film. The State of the Art in the People's Republic*. S.35–62.
Xu, Harry Haixin: ›Ideological Politics in the Art of China's Film Adaptations‹. Diss., Cornell University 1992.
Yau, Esther C.M.: ›Cultural and Economic Dislocations: Filmic Phantasies of Chinese Women in the 1980s‹. In: »Wide Angle«. Spring 1989, S.6–21.
- ›Filmic Discourse on Women in Chinese Cinema: Art, Ideology and Social Relations (1949–1965)‹. Diss., University of California, Los Angeles 1990.
- ›International Phantasy and the New Chinese Cinema‹. In: »Quarterly Review of Film and Video«. 3/1993, S.95–107.
- ›Is China the End of Hermeneutics? Or, Political and Cultural Usage of Non Han Women in Mainland Chinese Films‹. In: »Discourse«. 2/1989, S.115–36.
- ›*Yellow Earth:* Western Aalysis on a Non-Western Text‹. In: »Film Quarterly«. 2/1987–88, S.22–33.
Yu Mo-wan: ›The Patriotic Tradition in Hong Kong Cinema: A Preliminary Study of Pre-War Patriotic Films‹. In: Law Kar (Hg.): *Early Images of Hong Kong and China*. S.60–68.
Zglinicki, Friedrich von: *Der Weg des Films*. 2 Bd., Hildesheim 1979.
Zhang Jiaxuan: ›*The Big Parade*‹. In: »Film Quarterly«. 1/1989-90, S.57–59.
Zhang Yingjin: ›Ideology of the Body in *Red Sorghum*: National Allegory, National Roots and Third Cinema‹. In: »East-West Film Journal«. June 1990, S.38-53.
- ›Configurations of the City in Modern Chinese Literature and Film‹. Diss., Stanford University 1992.
Zhu Hong (Hg.): *The Chinese Western*. New York 1988.

3. Bücher in chinesischer Sprache

Cai Guorong: *liushi niandai guopian mingdao mingzuo xuan (Bedeutende chinesische Regisseure der sechziger Jahre und ihre Filme)*. Taipei 1982.
- *Zhongguo jindai wenyi dianying yanjiu (Über die heutige Filmkunst in China)*. Taipei 1985.

Chen Boer: *Zhongguo dianying pinglun ji (Sammlung chinesischer Filmkritiken)*. Peking 1957.
Chen Feibao: *Taiwan dianying shihua (Geschichte des taiwanesischen Kinos)*. Peking 1988.
Chen Huiyang: *mengying ji. Zhongguo dianying yinxiang (Traumschatten. Eindrücke vom chinesischen Kino)*. Taipei 1990.
Chen Ruxiu: *Taiwan xin dianying de lishi wenhua jingyan (Der historische und kulturelle Hintergrund des modernen taiwanesischen Kinos)*. Taipei 1993.
Chen Yutong (Hg.): *dianying guannian taolun wenxuan (Ausgewählte Schriften zur Filmtheorie)*. Peking 1987.
– (Hg.): *dianying pinglun xuan – gushipian 1978-1980 (Filmkritiken – Spielfilme 1978-1980)*. Peking 1987.
Cheng Bugao: *yingtan yihui (Filmerinnerungen)*. Peking 1983.
Cheng Jihua, Li Shaobai und Xing Zuwen: *Zhongguo dianying fazhanshi (Entwicklungsgeschichte des chinesischen Films)*. 2 Bd., Peking 1963.
– und Zhang Junxiang (Hg.): *zhongguo dianying da cidian (Großes Wörterbuch des chinesischen Films)*. Shanghai 1995.
Cheng Shu'an: *Zhongguo dianying yanyuan cidian (Wörterbuch chinesisccher Filmschauspieler)*. Peking 1992.
Chiao, Peggy (Chiao Hsiung Ping, Hg.): *Taiwan xin dianying (Das neue taiwanesische Kino)*. Taipei 1988.
– *Xianggang dianying fengmao (Das Antlitz des Hongkonger Kinos)*. Taipei 1987.
– *Taiwan dianying zhong de zuozhe yu leixing (Akteure und Typen des taiwanesischen Kinos)*. Taipei 1991.
– *gaibian lishi de wunian (Fünf geschichtsverändernde Jahre)*. Taipei 1993.
Chun Hua: *diwudai daoyan (Die Fünfte Generation Regisseure)*. Peking 1988.
– *dianying yishu cankao ziliao (Über die Filmkunst)*. 11 Bd., Peking 1986.
Ding Wang: *wenhua dageming pinglunji (Filmaufsätze aus der Kulturrevolution)*. Hongkong 1967.
Du Yunzhi: *Zhongguo dianying shi (Geschichte des chinesischen Films)*. 3 Bd., Taipei 1961.
Gong Sunlu: *Zhongguo dianying shihua (Zur Geschichte des chinesischen Films)*. Hongkong 1961.
Hu Chang: *xin Zhongguo dianying de yaolan (Die Wiege des neuen chinesischen Kinos)*. Changchun 1986.
Hu Zhijiang (Hg.): *Zhongguo Minguo dianying shiye gaikuang (Die Filmindustrie in der Republik China)*. Taipei 1993.
Hua Jun: *diwudai (Die Fünfte Generation)*. Peking 1988.
Huang Mei: *Zhongguo dianying wenxue lunwenxuan (Essays zum chinesischen Film)*. 2 Bd. Peking 1985.
Jiang Hao: *panni tiancai: dalu yingtan de liupi heima (Geniale Rebellen: die sechs schwarzen Pferde des chinesischen Kinos)*. 2 Bd., Hongkong 1991.
Ke Ling: *dianying wenxue congtan (Gesammelte Aufsätze zum Film)*. Peking 1979.
Li Cheuk-to (Li Chaotao): *bashi niandai Xianggang dianying biji (Das Hongkonger Kino der achtziger Jahre)*. 2 Bd., Hongkong 1990.
Li Shaobai: *dianying lishi ji lilun (Geschichte und Theorie des Films)*. Peking 1991.
Li Xingye (Hg.): *fuxing zhi lu, 1977 nian zhi 1986 nian dianying chuangzuo yu lilun piping (Der Weg der Renaissance, Filmkunst, Theorie und Kritik von 1977 bis 1986)*. Peking 1989.
Lie Fu: *79– 89 dalu dianying zongping (Kritische Übersicht über das chinesische Kino von 1979– 89)*. Hongkong 1991.

Liu Shusheng: *Zhongguo diwudai dianying (Chinesisches Kino der Fünften Generation)*. Peking 1992.
Luo Yijun: *Zhongguo dianying lilun wenxuan 1920-89 (Aufsätze zur chinesischen Filmtheorie 1920–89)*. 2 Bd., Peking 1992.
Ma Yi: *Zhongguo xiju dianying cidian (Wörterbuch des chinesischen Theaters und Films)*. Peking 1993.
quanguo baokan dianying wenzhang mulu suoyin 1980-89 (Index chinesischer Artikel zum Film 1980–89). Peking 1994.
Ren Zhonglun: *xin shiqi dianying lun (Das Kino der neuen Ära)*. Shanghai 1991.
Shanghai dianying sishi nian (Vierzig Jahre Kino in Shanghai). Shanghai 1991.
Sun Yu: *dalu zhi ge (Das Lied von Breiter Weg)*. Taipei 1990.
Tian Han: *yingshi zhuiyi lu (Filmerinnerungen)*. Peking 1981.
Wang Yunman: *Zhongguo dianying yishu shilüe (Abriß der Geschichte der chinesischen Filmkunst)*. Peking 1989.
Xia Yan: *dianying lunwenji (Essays zum Film)*. Peking 1963.
– *Xia Yan tan dianying (Xia Yan über den Film)*. Peking 1993.
Xie Jin: *tan yilu (Über die Kunst)*. Shanghai 1989.
Xu Nanming: *dianying yishu cidian (Wörterbuch der Filmkunst)*. Peking 1986.
Yang Cun: *Zhongguo dianying sanshi nian (Dreißig Jahre chinesisches Kino)*. Hongkong 1954.
Yu Mo-wan: *Xianggang dianying bashi nian (Achtzig Jahre Kino in Hongkong)*. Hongkong 1994.
Yuan Muzhi: *jiefanqu de dianying (Film in den befreiten Gebieten)*. Peking 1963.
Yuan Wenshu: *dianying qiusuolu (Filmführer)*. Peking 1963.
Zhong Dianfei: *qiboshu (Die Geschichte von Aufstieg und Kampf)*. Peking 1986.
– *Zhong Dianfei wenji (Schriften Zhong Dianfeis)*. Peking 1994.
Zhongguo dianyingjia liezhuan (Biographien chinesische Filmschaffender). 7 Bd., Peking 1984ff.
Zhonghua Renmin Gongheguo dianying shiye sanshiwu nian 1949–84 (Fünfunddreißig Jahre Filmgeschichte der Volksrepublik China 1949–84). Peking 1985.
Zhongguo dianying juben xuanji (Sammlung chinesischer Filmdrehbücher). 14 Bd., Peking 1980ff.
Zhongguo dianying nianjian (Chinesischer Filmalmanach). 14 Bd., Peking 1980ff.
Zhongguo zuoyi dianying yundong (Die Bewegung des linken Films in China). Peking 1993.
Zhongguo yishu yingpian bianmu 1949–79 (Chinesischer Filmindex 1949–79). 2 Bd., Peking 1981.
Zhong Lei: *wushi nian lai de Zhongguo dianying (Fünfzig Jahre chinesisches Kino)*. Taipei 1965.
Zhu Ma: *dianying dianshi cidian (Film- und Fernsehwörterbuch)*. Chengdu 1988.

Register

1. Personen

Ah Mon, Lawrence
   (Liu Guochang) 劉國昌 269
Austen, Jane 246
Ba Jin 巴金 61
Bai Chen 白沉 102
Bai Hua 白樺 94, 102
Bai Sutong 220
Bazin, André 114, 119
Bergman, Ingmar 66
Bertolucci, Bernardo 229
Brodsky, Benjamin 10, 253
Cai Chusheng 蔡楚生 24, 31, 45, 78
Cao Yu 曹禺 50
Cen Fan 岑範 72, 93
Chang Zhenhua 常甄華 81
Chaplin, Charles Spencer 24, 31, 45, 78
Chen Duxiu 陳獨秀 15
Chen Fang 111
Chen Haoshan 133
Chen Huaiai 陳懷皚 69, 81, 102, 156
Chen Huangmei 陳荒煤 63
Chen Kaige 陳凱歌 26, 131, 154-168, 190, 226
Chen Wenrong 陳文榮 236
Chen Xihe 61
Cheng Bugao 程步高 23
Cheng Jihua 程季華 20, 78
Cheng Yin 陳穎 52, 80
Chengnan jiushi 103
Cheung, Jacob
   (Zhang Zhiliang) 張之亮 269
Chiang Ching-kuo 蔣金國 238
Chiang Kaishek
   (Jiang Jieshi) 蔣介石 20ff., 30ff., 44ff., 96, 212, 234ff., 251, 254-255
Ching Siu-tung
   (Cheng Xiaodong) 程小東 269
Chow, Raymond 258f.
Cixi 慈禧 109, 184
Cong Lianwen 從連文 89
Cui Wei 崔嵬 69
Deng Xiaoping 鄧小平 72, 75, 81, 83ff., 85, 88, 93, 97, 105f., 113, 129ff., 136, 154, 161, 174

Deng Yimin 鄧一民 97
Ding Ling 丁玲 22, 42, 50
Ding Yinnan 丁蔭楠 108
Dong Kena 董克娜 136
Dong Zhaoqi 董兆琪 76
Edison, Thomas Alva 253
Eisenstein, Sergej 18
Fei Mu 費穆 35
Fellini, Federico 66
Feng Bailu 馮白魯 52
Feng Jicai 馮驥才 111
Fong, Allen (Fang Yuping) 方育平 262f.
Fung Chi kwong 256
Gan Xuewei 干學偉 52
Ge Xin 葛鑫 77
Gong Li 鞏俐 143, 191
Griffith, David W. 9
Gu Eryi 顧而已 257
Gu Hua 古華 127
Guan Haifeng 管海峰 11
Guan Hu 管虎 229
Guo Jun 郭筠 82, 88
Guo Muruo 郭沫若 42
Guo Wei 郭維 57f., 63, 96
Han Sanping 韓三平 135
He Jianjun 何建軍 227
He Jinghzi 賀敬之 133, 136
He Ping 何平 139
Ho Ping 何平 249
Hong Shen 洪深 19, 22, 50
Hou Hsiao-hsien 侯孝賢 241ff., 246
Hsü Hsiao-ming 徐小明 249
Hu Jie 胡杰 236
Hu Mei 胡玫 220
Hu Qili 胡啓立 132
Hu Su 胡蘇 15
Hu Xueyang 胡雪楊 222
Hu Yaobang 胡耀邦 58
Hua Guofeng 華國鋒 82, 85
Huang Ch'un-ming 黃春明 242
Huang Jianxin 黃建新 154f., 168-179
Huang Jianzhong 黃健中 103, 122, 142, 146

Huang Jun 黃俊　222
Huang Sha 黃沙　58
Huang Shuqin 黃蜀芹　122, 124f., 142
Hui, Ann (Xu Anhua) 許鞍華　261f., 265
Jiang Qing 江青　19, 50, 77ff., 85-86, 109
Jiang Shusen 姜樹森　82
Jiang Wen 姜文　191, 229
Jiang Zemin 江澤民　136
Jin Shan 金山　34, 68
Ke Ling 柯靈　79, 257
Keaton, Buster　18
King Hu (Hu Jinquan) 胡金銓　237
Kong Jiesheng 孔捷生　219
Kracauer, Siegfried　144
Kurosawa, Akiro　66
Kwan, Stanley
　(Guan Jinpeng) 關錦鵬　263
Lang, Fritz　5
Lai, Stan (Lai Shengchuan) 賴聲川　247ff.
Lao She 老舍　50, 125
Law, Alex (Luo Qirui) 羅啓鋭　269
Law, Clara (Luo Zhuoyao) 羅卓瑤　269
Lee, Ang (Li An) 李安　244ff.
Lee, Bruce (Li Xiaolong) 李小龍　259
Li Dazhao 李大釗　15
Li Guoli 李國利　136
Li Hanxiang 李翰祥　237
Li Jieren 李劼人　135
Li Jun 李俊　65, 89
Li Minwei 黎民偉　10, 17, 254
Li Qiankuan 李前寬　135
Li Ruihan 李瑞環　132
Li Shangyin 李商隱　27
Li Shaohong 李少紅　133, 220
Li Wei 李偉　64
Li Wenhua 李文化　81
Li Yu 李煜　32
Li Zhun 李準　71
Liang Qichao 梁啓超　15
Lin Biao 林彪　79
Lin Haiyin 林海音　103
Lin Nong 林農　77
Ling Zifeng 凌子風　45, 52, 69, 103, 135
Liu Shaoqi 劉少奇　72, 74f., 81
Liu Zhongde 林彪　136
Lloyd, Harold　18
Lü Ban 呂班　61, 63
Lu Ren 魯韌　71
Lu Xun 魯迅　15, 22, 61, 93
Lu Yanzhou 魯彥周　98

Lumière, Auguste　1
Lumière, Louis　1, 253
Luo Guanzhong 羅貫中　6
Luo Wei 羅維
Mao Dun 矛盾
Mao Zedong 毛澤東　31, 39, 44, 46ff.,
　54f., 59, 63, 66, 70, 74f., 80, 82f., 85,
　87, 152f., 161, 194, 197, 212, 235
Maupassant, Guy de　17
May, Joe　5
Mei Lanfang 梅蘭芳　7
Menzius 孟子　239
Mo Yan 莫言　190
Molière, Jean Baptiste　17
Mu Kefu 穆可福　64
Nie Er 聶耳　135
Ning Ying 寧瀛　229
Ouyang Yuqian 歐陽予倩　7, 19, 22
Pathé, Charles　3
Peng Ning 彭寧　94
Peng Xiaolian 彭小蓮　220
Peng Zhen 彭真　72
Porter, Edwin S.　9
Qi Jian 戚健　136f.
Qian Jiang 錢江　81, 101
Qu Yang 屈原　95
Reinert, Robert　5
Ren Pengnian 任彭年
Ricalton, James　4
Rosenthal, Joseph　4
Rou Shi 柔石　73
Ruan Lingyu 阮玲玉　27
Sang Hu 桑狐　58, 80f.
Schnitzler, Arthur　267
Sha Meng 沙蒙　52
Shaw Run, Run (Shao Yifu) 邵逸夫　258
Shen Chongwen 沈從文　93, 120
Shen Fu 沈浮　35, 45, 62
Shen Xiling 沈西苓　29, 43
Shi Dongshan 史東山　29, 34
Shi Hui 石揮　56, 64
Shui Hua 水華　52, 69
Song Cong 宋淙　133
Stalin　48, 59
Sternberg, Joseph von　27
Su Li 蘇里　89
Sun Yatsen (Sun Yixian) 孫逸仙　9, 18, 20
Sun Yu 孫瑜　27f., 54, 62f., 108
Sun Zhou 孫周　218
Takamatsu Toyojiro　233

Tan Xinpei 譚鑫培 7
Tang Xiaodan 湯曉丹
Tao Cheng 69
Tao Jin 陶金 62
Tao Qian 陶潛 250
Teng Wenji 騰文驥 97
Thatcher, Margareth 265
Tian Fang 田方 48
Tian Han 田漢 19, 22, 29, 78
Tian Zhuangzhuang 田壯壯 131, 133, 137, 179-186, 210
Tie Ning 鐵凝 142
Tsai Ming-liang 蔡明亮 230, 251f.,
Tsui Hark (Xu Ke) 徐克 137, 266f.
Visconti, Luchino 66
Wan Ren 沙蒙 242
Wang Bin 王濱 51f., 57
Wang Guowei 王國維 15
Wang Haowei 王好爲 81, 125, 142
Wang Jiayi 王洪文 82
Wang Jing 王晶 96
Wang Jixing 王冀邢 135
Wang Junzheng 王君正 155
Wang Meng 王蒙 133
Wang Ping 王蘋 77
Wang Shuo 王碩 229
Wang Tung 王童 251
Wang Xiaoshuai 王小帥 137, 227f.
Wang Xiuwen 王秀文 81
Wang Xuexin 王學新 109, 137
Wei Jingsheng 魏京生 93
Wen Yan 文彦 91
Wong Kar-wai (Wang Jiawei) 王家衛 264
Wong Tak Choi 256
Wu Chengen 吳承恩 73, 229, 251
Wu Hui 吳回 262
Wu Tian 吳天 64
Wu Tianming 吳天明 104, 115ff., 133, 190
Wu Yigong 吳貽弓 101, 103, 110, 138
Wu Yonggang 吳永剛 26f.
Wu Zhaodi 吳兆堤 77, 180f.
Wu Ziniu 吳子牛 154f., 186-190
Xia Gang 夏鋼 155
Xia Yan 夏衍 22, 29, 45, 63, 78, 97, 134
Xiao Lang 肖朗 82, 88
Xie Fei 謝飛 104, 114f., 119ff., 142, 146ff.

Xie Jin 謝晉 66, 70, 72f., 80ff., 98ff., 103, 126ff., 140, 226,
Xie Tieli 謝鐵驪 73, 80f., 88, 102, 138
Xiong Guang 熊光 236
Xu Changlin 許長林 62
Xu Tongjun 許同均 107
Xu Xinfu 徐欣夫 235f.
Yan Gong 嚴恭 73, 82
Yan Li 嚴力 64
Yan Xueshu 顏學抒 101
Yang, Edward 楊德昌 246ff. (Yang Dechang)
Yang Guangyuan 楊光遠 107
Yang Mo 楊沫 69
Yang Qitian 楊啓天 137
Yang Xiaozhong 楊小仲 73
Yang Yanjin 楊延晉 97, 102
Yao Wenyuan 姚文元 80
Yeh Hung-wei 葉鴻偉 249
Yim Ho (Yan Hao) 嚴浩 263, 265f.
Yu Hua 雨花 210
Yu Lan 于藍 179
Yu Xiaoyang 于曉陽 111
Yu Yanfu 于彥夫 81
Yu Zhongying 俞仲英 73
Yuan Muzhi 袁牧之 31, 42f., 45, 48
Yuan Shikai 袁世凱 5, 9
Zeng Xueqiang 曾學強 108
Zhang Jianyou 張建優 89
Zhang Jinbiao 張今標 135
Zhang Junzhao 張軍釗 139, 190
Zhang Liang 張良 136
Zhang Manling 張曼玲 124
Zhang Min 章泯 257
Zhang Ming 張明 229
Zhang Nuanxin 張暖忻 103, 122, 124, 142, 144ff.
Zhang Shichuan 張石川 17, 22
Zhang Tianyi 張天翼 93
Zhang Xianliang 張賢亮 140
Zhang Xinyan 張心顔 137
Zhang Yi 張翼 82, 98
Zhang Yifei 張義飛
Zhang Yimou 張藝謀 118, 131, 133, 136, 154-156, 161, 190-216
Zhang Yuan 張元 133, 137, 223, 225f., 227
Zhang Zeming 張澤鳴 219f.
Zhang Zheng 張錚 89f.
Zhang Zien 張子恩 111

Zhao Dan 趙丹 29, 96
Zhao Ming 趙明 72
Zhao Yuan 趙元 101
Zhao Ziyang 趙紫陽 133f.
Zheng Dongtian 鄭洞天 135
Zheng Junli 鄭君里 31, 35, 45f., 62, 72, 78
Zheng Zhengqiu 鄭義 23

Zhong Dianfei 鐘惦斐 60f., 63, 79
Zhong Shuhuang 中叔皇 111
Zhou Enlai 周恩來 72, 81, 85
Zhou Xiaowen 周曉文 217
Zhou Yang 周揚 22, 45, 56, 97
Zhu Houze 朱厚澤 131
Zong You 宗由 236

2. Filme in Übersetzung

A Chinese Ghost Story 269
Abendglocken 187f.
Achttausend Li unter Wolken und Mond 34f.
Achtzehn 249
Ah, Xiangxue 125, 142
Ahorn 98
Akrobat, der 64
Affenkönig besiegt das Knochengespenst dreimal, der 73
Alte Brunnen, der 104, 116ff., 190
Alte Mann und sein Hund, der 140f.
Ältere Schwester 103
Angelegenheit um die Ermordung eines Jugendlichen in der Gulingstraße, die 246f.
Art zu lieben, die 257
Asian Autorally 137
Asche der Zeit, die 264
Auf Abwegen 236
Auf dem Songhuafluß 34
Auf der Kreuzung 28f.
Auf der Suche nach einem ganzen Kerl 108
Auf Streife 229
Auf Wachtposten unter Neonlichtern 77
Baldige Geburt 19
Bananenparadies 251
Basketballspielerin Nr. 5 72
Beheading a Chinese Boxer 5
Berg Dingjun, der 6
Berggott 146
Bevor der neue Direktor kommt 61
Bewundernswertes Mädchen in den Flammen des Krieges, ein 236
Bittere Liebe 94ff., 153
Blaue Drachen, der 184ff., 210
Blonde Venus 27

Blumenkränze am Fuß der Berge 127
Blut bleibt heiß, das 91
Blutbad um eine schwarze Kiste 111
Blutbeflecktes Schwert 137
Blutende Seelen 107
Blutige Kämpfe im Dorfe Taierzhuang 107
Blutiger Morgen 133, 220
Blutige Spur 234
Boat People 265
Börsenfieber 136
Boxer Attack on a Missionary Outpost 5
Breiter Weg 27
Brennendes Shanghai 256
Brücke, die 51
Bühnenschwestern 73
Busenfreunde 102
Canton River Scene 4
China zwischen Gestern und Heute 30
Chinesische Jugend 256
Chongqing Express 264
Chongqing Verhandlungen, die 135
Chronik der Roten Fahne 69
Dame in Schwarz 263
Deckname Puma 193
Degenfechter aus dem Dorfe Shuangqi, der 139
Diebstahl einer Pekingente, der 254
Dorf Hibiskus, das 127ff.
Dorfweg begleitet mich heimwärts, der 126
Dumme Wang Laoda, der 96
Dongdongs Ferien 242
Doppelhochzeit 64
Drachen aus dem Meer
Drachenjahr-Polizisten 146
Drei Sommer 269

Duftende Blüte in der Truppe   235
Eat Drink Man Woman   246
Einer und Acht   139, 190
Eiserne Giganten   82
Elegie des Gelben Flusses   134
Endlose Lichter   52
Erde daheim, die   135
Erkundungen am anderen Flußufer   58
Ermo   217
Erschütterungen des Lebens   97f.
Es lebe die Liebe   251f.
Etwas Zucker in den Kaffee   218
Ewige Jugend   103
Explosion, die   139
Fabrik wie das eigene Zuhause lieben, die   72
Fallen Angels   264
Falsche Stelle, die   170ff.
Familie, die   61, 93
Familie auf dem Wasser   257
Familienporträt   220
Februar
Fern dem Kriege   220
Feuerfuchs   189f.
Flucht   236
Fluß ohne Bojen   104
Fragen eines Toten an die Lebenden   122, 124
Frauengeschichte   220
Fremde, der   222
Fremder Mond   219
Freunde aus der Kindheit   103, 124
Fröhliche Held, der   188
Früher Frühling im Februar   73
Früher Frühling im südlichen Grenzgebiet   82, 88
Frühjahrsstrom fließt nach Osten, ein   31ff.
Frühling in einer kleinen Stadt   35
Frühlingsduft stört die Studien, der   7
Frühlingsfest   146
Frühlingssproß   81
Frühlingsstrahlen in der Inneren Mongolei   52
Fünf Mädchen und ein Seil   249
Fünfzehn Schnüre Geld   62
Gasse   102
Gefährliche Begegnung der ersten Art   266
Gegenangriff   81

Geheimnis, das   261f., 265
Gelbe Erde   157ff., 190
Geopferte Jugend   103, 124
Geschichte aus Taipei, eine   246f.
Geschichte aus Yunnan, eine   145
Geschichte der Qiuju, die   204ff.
Geschichte Mao Zedongs, die   135
Geschichten aus der Südstadt   103
Geschichten einer fernen Kindheit   242
Geschichten meiner Kindheit   222
Geschwister Blumen   23
Gesellschaft des roten Lotus, die   251
Gesicht gegen Gesicht, Rücken gegen Rücken   178
Glänzende Aussichten   236
Glocken vom Tempel der Reinheit, die   140ff.
Gold und Liebe   19
Göttinnen   26
Göttliche Peitsche, die   111
Goodbye South, Goodbye   244
Goodmen, Goodwoman   244
Grenze zwischen Leben und Tod, die   188
Grenzstadt   93
Große Erklärung, die   79
Große Militärparade, die   161ff., 190, 226
Große Mühle   188
Große Puppe für seinen Sohn, eine   242
Große Spiel, das   228
Großer Li, Kleiner Li, Alter Li   73
Grüne Schlange   137
Guerillas auf den Ebenen   81
Gushu Künstler, der   183
Guten Morgen Peking   144f.
Haus des Nebels   146
Heimkehr   265f.
Heimliche Erstürmung des Goldenen Dreiecks, die   111
Heirat unter Blutsverwandten   257
Heldenhafter Charakter   267
Hemmungslos   135
Herberge am Drachentor, die   237
Herrin der Welt, die   5
Heroische Floßschar   222
Heroische Söhne und Töchter   77
Heute Nacht leuchten die Sterne   102
Hochfliegende Pläne   29

Hochzeitsbankett, das 246
Hongkong Wharf Scene 4
Huang Baomei 10
Ich liebe Kosmonauten 269
Illegale Leben 183
Im Hafen 81
Im späten April erblühen die Rosen 19
In den Jagdgebieten 179f.
In der Hitze der Sonne 191, 229
In unserer Zeit 242, 246
Innerhalb und außerhalb des Gerichtsaals 89, 91
Jadeit-Majiang Spiel, das 111
Japanische Krieger, der 137
Jemand liebt mich 229
Judou 133, 193ff.
Jugend 82
Jugendbanden 269
Jugend ohne Reue 217
Jugendliche Rebellen des Neongottes 251
Junge Leute aus unserem Dorf 72
Kampf um den Himalaya 30
Kandidat, der 186
Kindheit in Ruijin 222
Kleine Blume 89f.
König der Kinder 165ff.
König der Masken 104
Konfuzianische Familie, eine 110, 138
Krähen und Spatzen 35f.
Kriegerinnen 256
La sortie des usines 1
Lachen der Gequälten, das 97
Laden der Familie Lin, der 69, 93
Land der Pfirsichblüte, das 249f.
Laterne, die 89
Le déjeuner de bébé 1
Leben 136, 210ff.
Leben der Menschen, das 104, 115ff.
Leben des Wu Xun, das 54f.
Leben mit dir, das 246
222
Leben voller Hoffnung, ein 35
Lebende Geist, der
Lebens Anfang, des 135
Lebewohl meine Konkubine 168
Legende vom Tianyun Berg, die 98ff.
Leibeigene 65
Leiden eines jungen Ehrenmannes, die 110

Letzte Eunuch, der 269
Letzte Kaiser, der 229
Letzte Wintertag, der 187
Letzten Aristokraten, die 127
Leute aus Fenggui, die 242
Li Lianying, Eunuch des Kaisers 184
Li Shizhen 62
Li Shuangshuang 71f.
Liang Shanbo und Zhu Yingtai 7
Lichter aus zehntausend Heimen 35
Liebe und Erbe 101
Lied der Fischer, das 24
Lied der Jugend, das 69
Lied des Kaisers, das 217
Links blinken, rechts abbiegen 179
Liu Shaoqis vierundvierzig Tage 135
Living Dream 222
Mädchen aus einer guten Familie 122, 123
Mädchen aus Hunan, das 104, 119ff.
Mahjong 249
Mama 133, 225f., 227
Mao Zedong und sein Sohn 135
Marsch der Jugend 29
Marschlied 256
Märtyrer des Widerstandskrieges 256
Meine Mitschüler und ich 220
Menschen, Geister, Gefühle 104, 125
Menschen unserer Zeit, die 103
Militärschwester 220
Mit taktischem Geschick den Berg Hua erobern 57
Mitleidloser Himmel 234
Monduntergang am Yuchang Fluß 138
Mongolische Sage, eine 149
Morgenstern 140f., 226
Nach drei Jahren 19
Nächtlicher Regen am Berg der Hoffnung 101
Nachtzug 263
Nankin Road Shanghai 4
Naval Life in China 4
Neues Land 30
Oktobersturm 82f.
Opium 5
Ost-Palais, West-Palais 226
Panzerkreuzer Potemkin 18
Peking Bastard 225f.
Peking Opera Blues 266f.
Pferdedieb, der 133, 179ff.

Pioniere, die 81
Platz, der 226
Postmann, der 227
Puppenspieler, der 243f.
Regenwolken über Wushan 229
Rein wie Jade, klar wie Eis 19
Reise nach dem Westen, die 80
Returning to China 4
Revolutionäre Familie, eine 69
Rock-Jugend 183
Rote Frauenbataillon, das 66ff., 80
Rote Laterne, die 80, 199ff.
Rote Perlen 227
Roter Elephant 179
Rotes Kornfeld 190ff.
Rotes Licht, roter Stern 219
Rouge 220
Rückseite des Goldbanners, die 126
Rückwärtige Frau, die 222
Samsara 173
Segen 61
Sänfte der Tränen 124
Scheidung 125
Schicksalsjahr 104, 146ff.
Schiebende Hände 245
Schlacht im Leopardental, die 82
Schmutz 229
Schöne Jugend 186
Schütze ohne Gewehr 220
Schwanengesang 219
Schwarze Tal der Blutsauger, das 186
Schweigender Berg 251
Seele des Malers, die 142ff.
Sehnsucht nach Heimkehr 89f.
Seidenraupen im Frühling 23
Sense and Sensibility 246
Sesammüllerin, die 104, 149f.
September 179
Shajiabang 80
Shanghai Aufzeichnungen 96
Shanghai Blues 267
Shanghai Serenade 136, 216
Shanghai Street Scene 4
Sie lieben sich 101
Sieben kleine Segen 269
Siegeswille 103
Singmädchen Rote Päonie 22
Sohn der Feudalfamilie Feng 19
Söhne 226
Söhne und Töchter Chinas 43

Sommer, ein 179
Song Jingshi 62
Sonne am Dach der Welt, die 149
Sonne und Regen 219
Sonnenberg 188
Spinnen, die 5
Sprich, wenn du etwas zu sagen hast! 216
Stadt der Traurigkeit 243
Stählerner Krieger 52
Staub der Engel 249
Staub im Wind 243
Steh auf, fürchte dich nicht 174ff.
Straßenengel 28
Strenger Prozeß 89
Strohmann, der 251
Strömung des großen Flusses, die 88f.
Sturm, der 68
Suche nach den Gespenstern, die 120
Südliches China 146
Sun Zhongshan 108
Tag am Strand, ein 246f.
Tag, als die Sonne erkaltete, der 265f.
Tage des Aufruhrs 264
Tal der Sonne, das 139
Taubenbaum 187
Temptress Moon 168
Terracotta Krieger 194
Terroristen, die 246ff.
Tigerberg mit taktischem Geschick erobern, den 80
Töchter Chinas 45, 52
Tochter des Nils 243
Tod eines Models 111
Todesspiele 259
Tränen vergehen 264
Treue Partner 62, 64
Treuherzigen, die 218
Truppen stehen vor den Stadttoren, die 77
Unberührte Frauen 122f.
Unschuldiger Geist in der Opiumhöhle 10, 17
Unser Land 104
Unsere Ecke 179
Unter der Brücke 102
Vater und Sohn 262f.
Vater und Sohn Bao 93
Verheiratetes Paar, ein 56
Verlaß ihn, um den Alten Jiang zu

bekämpfen 45
Wahre Geschichte des Ah Q, die 93
Waisenkind rettet seinen Großvater, ein 17
Was nagt an dir? 73
Weg zu den schwarzen Bergen, der 217
Weissagung, die 167
Weißgekleideter Kämpfer 52
Weißhaarige Mädchen, das 52 ff., 80
Welt der Frauen, die 136
Welt der Gelben Rasse, die 30
Wertvoller Ehemann 236
Widerstand den Amerikanern, Hilfe für Korea 50
Wie Sie wünschen 103
Wiederherstellung der Gerechtigkeit mit einem Tontopf 254
Wilde Feuer und Frühlingswinde 257
Wintertage, Frühlingstage 227
Wortbrüchige Dorf, das 125
Xiaohua 89
Xiaoxue 136
Yanan und die Achte Route Armee 43
Zeitalter der Unabhängigkeit 249
Zhao Yiman 52
Zhenzhens Friseurladen 107
Zugführer Guan 56
Zum Spaß 229
Zurück ins Vaterland 256
Zusammenprall mit den Regeln 262
Zwei Paläste der Kaiserinwitwe, die 109
Zweiter Frühling 81
Zwischenfall der schwarzen Kanonen, der 169

3. Filme in chinesischer Originalfassung

(Aufgenommen wurde als Hinweis auf die deutschen Titel jeweils nur die erste Nennung im Text)

a fei zhengzhuan 264
AQ zhengzhuan 93
a, xiangxue 125
aichang rujia 72
aiqing wansui 251
aiqing yu huangjin 19
aiqing yu yichan 101
anlian taohuayuan 249
baimaonü 52, 80
baiyi zhanshi 52
Baoshi fuzi 93
Baoziwan zhandou 82
baqianli lu yun he yue 34
Bashan yeyu 101
bawang bieji 168
Beijing ni zao 144
Beijing zazhong 225
beilie paibang 222
beiqing chengshi 243
ben 236
benmingnian 104, 146
benren Wang Laoda 96
biancheng 93
bianlian 104
bianzou, bianchang 167
bing lin chengxia 77
bixue baodao 137
chengnan jiushi 103
Chongqing senlin 264
Chongqing tanpan 135
chuangye 81
chuncan 23
chunmiao 81
chunxiang naoxue 7
cunlu dai wo huijia 126
cuowei 170
Da Li, Xiao Li he Lao Li 73
da mofang 188
da taijian Li Lianying 184
da youxi 228
da zuodeng, xiang you zhuan 179
dahe benliu 88
dahong denglong gaogaogua 199
daihao Meizhoubao 193
dalu 27
dangdai ren 103

daocaoren   251
daoma dan   266
daomazei   179
daqiao xiamian   102
dayuebing   161
deng   89
dierge chuntian   81
diexue heigu   186
dingjunshan   6
diyi leixing weixian   266
Dong Cunrui   58
dongchun de rizi   227
Dongdong de jiaqi   242
donggong xigong   227
dongxie xidu   264
dongying youxia   137
du jiang chen xia ji   58
duli shidai   249
duoluo tianshi   264
duoming jiaren   263
Ermo   217
erzi   226
erzi de da wanou   242
fanfei zufengyun
fanji   81
fating neiwai   89
feicui majiang   111
feidaohua   64
feixia ahda   251
feng   98
Feng dashaoye   19
fengbao   69
Fenggui lai de ren   242
fenghuo liren   236
fengjie   261
fengyue   168
Furongzhen   127
fuziqing   262
gangtie juren   82
gangtie zhanshi   52
gaoshan xia de huahuan   127
gege de qingren   269
gei kafei jia dian tang   218
geming jiating   69
genü Hongmudang   22
gezishu   187
Guan lianzhang   56
guangchang   226
guangmang wanzhang   52
guangyin de gushi   242

guer jiu zuji   17
gufeng   136
guixin sijian   89
Gulingjie shaonian sharen shijian   246
guonian   146
gushu yiren   183
haigang   81
haitan de yi tian   246
Haixia   81
haiziwang   165
haonan, haonü   244
heima   149
heiji huanhun   10
heipao shijian   169
Heishan lu   217
heixia diexue ji   111
heshang   134
hong gaoliang   190
hongdengji   80
hongfen   220
hongqi pu   69
hongse niangzi jun   66, 80
hongying, hongchen   219
hongxiang   179
houbu duiyuan   186
huahun   142
Huang Baomei   70
huang tudi   157
huanle yingxiong   188
huang yongyu   95
huaqiao lei   124
hui zuguo qu   256
huohu   189
huozhe   136 210
huozhong de Shanghai   256
jia   61
jie qin   257
jiejie   103
jinbian beihou   126
jinxiu qianchen   236
jinye xingguang canlan   102
jiuyue   179
Judou   133, 193 ff.
juexiang   219
junzhong fangcao   236
kang Mei, yuan Chao   50
kongbufenzi   246
kuang   135
kulian   94
kunaoren de xiao   97

lan fengzheng 184
laojing 104, 116
laoniang tu 135
laoren yu gou 140
laotian wuqing 234
Lei Feng 76
Li Shizhen 62
Li Shuangshuang 62
lian kao lian, bei kao bei 178
lianai zhi dao 257
liang gong huangtaihou 109
Liang Shanbo yu Zhu Yingtai 7, 58, 237
liangjia funü 122
lianlian fengchen 249
liechang zhasa 179
lieshi kangzhan 256
Linjia puzi 69
Liu Shaoqi de sishisi tian 135
liushou nüshi 222
liuxia ta da Lao Jiang 45
long chu hai 136
longmen kezhan 237
longnian jingguang 146
lunhui 173
majiang 249
malu tianshi 28
mama 133, 225 ff.
manyi bu manyi 73
Mao Zedong de gushi 135
Mao Zedong he ta de erzi 135
meiyou hangbiao de heliu 104
menglong guojiang
michuang jinsanjiao 111
mingjing gushi 229
muoshengren 222
nan Zhongguo 146
nanguo, zaijan nanguo 244
nanjiang chunzao 82, 88
Neimeng chunguang 52
nihongdeng xia de shaobing 77
Niluohe nüer 243
nongnu 65
nü zhanshi 256
nüer lou 220
nülan wuhao 72
nümote zhi si 111
nüren de gushi 220
nüxing shijie 136
paoda shuang deng 139

piaoliang de qingnian 186
pingyuan youjidui 81
qianniu hua 222
qi xiaofu 269
qianjin zhangfu 236
qianjinqu 256
qiannü youhun 269
qiao 51
qilu 236
qimingxing 140
qing she 137
qingchang yishen 62
qingchun 82
qingchun ji 103, 124
Qingchun Kala OK 137
qingchun wansui 103
qingchun wuhui 217
qingchun zhi ge 69
qingliang si de zhongsheng 140
qingmei zhuma 246
qingnian jinxingqu 29
qingshaonian Nazha 251
qinsong 217
qinyong 194
Qiuju da guansi 204
que li renjia 110
ren zhi chu 135
rensheng 104, 115
riguang xiagu 139
ruyi 103
san nian yihou 19
Shajiabang 80
Shanghai shehui dangan 96
Shanghai zhi ye 267
shanlinzhong tou yige nüren
shanshen 146
shaonian ye anla 243
shaou 103
shaoye de monan 110
shenbian 111
shenghuo de chanyin 97
shennü 26
shiba 249
shijie wuji de taiyang 149
shiwu guan 62
shixin de cunzhuang 125
shiyue de fengyun 82
shizi jietou 28
shuanghunji 64
shuangqizhen daoke 139

shuishang renjia   257
sishui buhuo   220
sishui liunian   265
siwang youxi   259
siyuelidi qiangwei chuchukai   19
Song Jingshi   62
Songhuajiang shang   34
Sun Wukong san dabai gujing   73
Sun Zhongshan   108
taiyang yu   219
taiyangshan   188
tamen zai xiangai   101
tebie shoushushi   183
tianguo nizi   265
Tianyunshan chuanqi   98
tongdang   269
tongnian huiji   222
tongnian de pengyou   103, 124
tongnian wangshi   242
tongnian zai Ruijin   222
tou kaoya   254
touben nuhai   265
toufa luanle   229
tui shou   245
wangjiao kamen   264
wanjia denghuo   35
wanzhong   187
wapen shengyuan   254
weida de shengming   79
wo ai taikongren   269
wo he wo de tongxuemen   220
women cunli de nianqingren   72
women de jiaoluo   179
women de tianye   179
women fufu zhi jian   56
Wu Xun zhuan   54
wuge nüren he yigen shengzi   249
Wukui   178
wuqiang de qiangshou   220
Wushan yunyu   229
wutai jiemei   73
wuya yu maque   35
wuyan de shanqiu   251
wuzhai   146
xianghunnü   104, 149
xiangjiao tiantang   251
xiangnü Xiaoxiao   104, 120
xiaocheng zhi chun   35
Xiaohua   89
xiaojie   102
Xiaoxue   136
xiatian de jingli   179
ximeng rensheng   243
xin juzhang daolai zhi qian   61
xintu   30
xinxiang   218
xiwang zai renjian   35
xiyan   246
xuanlian   227
xue hun   107
xuehen   234
xue, zong shi rede   91
xuese qingchen   220
xuezhang Taierzhuang   107
xunzhao mogui   126
xunzhao nanzihan   108
Yanan yu Balajun   43
yangguang canlan de rizi   191, 229
yanjun de licheng   89
yanzhi kou   263
yao a yao, yao dao waipo qiao   136, 216
yaogun qingnian   183
yeche   263
yehuo chunfeng   257
yige he bage   139, 190
yige sizhe dui shengzhe de fangwen   122
yijiang chunshui xiang dong liu   31
yin shi nan nü   246
yingxiong bense   267
yingxiong ernü   77
yinyang jie   188
youchai   227
yueluo yuchanghe   138
yueman yinglun   219
youren pianpian aishang wo   229
yu guang qu   24
yu jie, bing qing   19
yu ni tongzhu   222
yuanli zhanzheng de niandai   220
Yunnan gushi   145
zao sheng guizi   19
zaochun eryue   73
zhanzhiluo, bie paxia   174
zhaole   229
Zhao Yiman   52
zhennü   122
Zhenzhen de fawu   107
zhiqu Huashan   57

zhiqu Weihushan 80
zhiyin 102
Zhongguo qingnian 256
Zhongguo zuihou yige taijian 269
Zhonghua ernü 43
Zhonghua nüer 45, 52

zhuang dao zheng 262
zhuangzhi lingyun 29
zhufu 61
zimei Hua 23
zuihou de guizu 127
zuihou yige dongri 187

Bildquellenverzeichnis

Kalligraphie: »Abendländisches Schattenspiel« von Qian Juntao, Shanghai (Privatsammlung Stefan Kramer) II, Umschlagrückseite

Verband chinesischer Filmschaffender, Peking 6, 18, 26, 28, 33, 36, 43, 53, 61, 68, 71, 76

ARD, Frankfurt 160, 176, 185

Kinowelt Lizenzverwertungs GmbH, München Umschlagabbildung, 203, 209, 264, Umschlagrückseite

Stiftung Deutsche Kinemathek, Berlin 100, 117, 128, 139, 147, 225, 245

Pandora Film, Frankfurt 268

Trigon Film, Basel 183, 243

Wang Xiaoshuai, Peking 228

Geschichte des deutschen Films
Herausgegeben von
Wolfgang Jacobsen, Anton Kaes,
Hans Helmut Prinzler, in Zusammenarbeit mit der
Stiftung Deutsche Kinemathek, Berlin
1993. 596 Seiten, 300 s/w-Abb., gebunden
ISBN 3-476-00883-5

Einhundert Jahre deutscher Film: Die Geschichte der bewegten Bilder, ihrer Regisseure und Schauspieler; reichhaltig illustriert, mit einer umfangreichen Chronik zum Nachschlagen.

»Die Haupttugenden dieser ›Geschichte des deutschen Films‹: Die Vielfalt der Informations- und Argumentationsebenen, gewährleistet durch eine kluge Gliederung und durch die Vielzahl sachkundiger Autorinnen und Autoren. Die Klarheit und Übersichtlichkeit, zu der eine gut lesbare Sprache ebenso beiträgt wie die sorgfältige Zusammenstellung von Texten und Bildern, darüber hinaus ein Randspalten-Glossarium mit kommentierenden Zitaten und Kritikern.« *Deutschlandfunk*

VERLAG J.B. METZLER